BIBLIOTECA DE DERECHO ADMINISTRATIVO
Luigi Garofalo
(Director)

Carlos Antonio Agurto Gonzáles
Sonia Lidia Quequejana Mamani
Benigno Choque Cuenca
(Coordinadores Generales)

José Araujo-Juárez
Profesor de Postgrado e Investigador Asociado del Instituto de Investigaciones Jurídicas de la Universidad Católica Andrés Bello, Caracas, Venezuela. Miembro de la Asociación de Derecho Administrativo Iberoamericano, de la Asociación Española e Iberoamericana de Profesores e Investigadores de Derecho Administrativo, de la Asociación Internacional de Derecho Administrativo, del Foro Iberoamericano de Derecho Administrativo; y Miembro de Honor de la Asociación Mexicana de Derecho Administrativo, de la Asociación Dominicana de Derecho Administrativo y Miembro Honorario de la Asociación Venezolana de Derecho Administrativo.

La Justicia Administrativa y el Contencioso de Anulación

Edición al cuidado de
Carlos Antonio Agurto Gonzáles
Sonia Lidia Quequejana Mamani
Benigno Choque Cuenca

Ediciones Olejnik

editorial jurídica venezolana

Título: La Justicia Administrativa y el Contencioso de
Anulación

Huérfanos 611, Santiago - Chile
E-mail: contacto@edicionesolejnik.com
Web site: http://www.edicionesolejnik.com

Primera edición en Ediciones Olejnik: 2020

ISBN: 978-956-392-904-1

Diseño de Carátula: Ena Zuñiga
Diagramación: Luis A. Sierra Cárdenas

La edición de Ed. Olejnik fue impresa en Argentina 2020.

La reimpresión en coedición entre Ediciones Olejnik y Editorial Jurídica Venezolana, fue impresa por Lightning Source, an Ingram Content company, para Editorial Jurídica Venezolana International, 2020.

ÍNDICE

III
LA DIVISIÓN DE LOS SISTEMAS DE JUSTICIA ADMINISTRATIVA EN EL DERECHO COMPARADO

IV
EL SISTEMA DE JUSTICIA ADMINISTRATIVA EN VENEZUELA

VII
EL PROCEDIMIENTO CONTENCIOSO GENERAL

VIII
LA REVISIÓN CRÍTICA DEL PROCEDIMIENTO CONTENCIOSO DE ANULACIÓN

IX
LOS MOTIVOS DE ANULACIÓN

X
LA EXCEPCIÓN DE ILEGALIDAD

Al Maestro don Jesús González Pérez,
In memoriam

ÍNDICE DE ABREVIATURAS

Para mayor comodidad se ha utilizado, en el texto, el sistema de abreviaturas que se indica a continuación con relación a organismos, textos normativos y publicaciones periódicas de más frecuente uso:

ACPS: Academia de Ciencias Políticas y Sociales
Art: Artículo
C: Constitución de 1999, Venezuela
CC: Código Civil
CE: *Conseil d'Etat*, Francia
CF: Corte Federal
CFC: Corte Federal y de Casación
CPC: Código de Procedimiento Civil
CPCA: Corte Primera de lo Contencioso-Administrativo
CSJ: Corte Suprema de Justicia
CSJ/CP: Corte Suprema de Justicia, Corte Plena
DPGR: Doctrina de la Procuraduría General de la República
EJV: Editorial Jurídica Venezolana, Venezuela
EJVI: Editorial Jurídica Venezolana Internacional, Venezuela
EMC: Exposición de Motivos de la Constitución de 1999, Venezuela
Extr.: Extraordinario
FPGR: Fundación Procuraduría General de la República
FUNEDA: Fundación Estudios de Derecho Administrativo
GF: Gaceta Forense, Venezuela
GO: Gaceta Oficial de la República, Venezuela
IDP: Instituto de Derecho Público, UCV, Venezuela
LGDJ: *Librairie General de Droit et Jurisprudence*, Francia
LJCA: Ley de la Jurisdicción Contencioso Alemana (VwGO)
LJCAE: Ley de la Jurisdicción Contencioso Española
LOAP: Ley Orgánica de la Administración Pública
LOCSJ: Ley Orgánica de la Corte Suprema de Justicia
LOJCA: Ley Orgánica de la Jurisdicción Contencioso Administrativa
LOPA: Ley Orgánica de Procedimientos Administrativos
LOPGR: Ley Orgánica de la Procuraduría General de la República
LOTSJ: Ley Orgánica del Tribunal Supremo de Justicia
M: Memoria
PGR: Procuraduría General de la República
RAP: Revista de Administración Pública, España
RDA: Revista de Derecho Administrativo, Venezuela
RDC: Revista de Derecho Constitucional, Venezuela
RDP: Revista de Derecho Público, Venezuela

R.D.P.: *Revue de Droit Public*, Francia
RDPGR: Revista Doctrina Procuraduría General de la República, Venezuela
REDA: Revista de Estudios de Derecho Administrativo, España
REDC: Revista de Estudios de Derecho Constitucional, España
RF: Repertorio Forense
RFPGR: Revista Fundación Procuraduría General de la República, Venezuela
RTD: Revista Tachirense de Derecho, Venezuela
Sent: Sentencia
SF: Sala Federal
SFC: Sala Federal y de Casación
SPA-ET: Sala Político Administrativa-Especial Tributaria
UCV: Universidad Central de Venezuela
TC: *Tribunal de Conflicts*, Francia
TSJ: Tribunal Supremo de Justicia
TSJ/SC: Tribunal Supremo de Justicia, Sala Constitucional
TSJ/SCC: Tribunal Supremo de Justicia, Sala de Casación Civil
TSJ/SE: Tribunal Supremo de Justicia, Sala Electoral
TSJ/SPA: Tribunal Supremo de Justicia, Sala Político Administrativa
TSJ/SP: Tribunal Supremo de Justicia, Sala Plena

PRÓLOGO

El profesor y administrativista venezolano JOSÉ ARAUJO-JUÁREZ, como un nuevo producto de su permanente labor de investigación en temas de derecho público, ha culminado su obra más reciente titulada «LA JUSTICIA ADMINISTRATIVA Y EL CONTENCIOSO DE ANULACIÓN», respecto de la cual me ha hecho el honor de solicitarme algunos comentarios a título de prólogo.

Me parece que lo primero que debe destacarse del tema afrontado por el profesor ARAUJO-JUÁREZ es que no hay duda de que el contencioso de anulación es una de las instituciones primigenias y fundamentales del derecho administrativo, puesto en marcha por los franceses como una de las instituciones vertebrales de la nueva estructura del derecho a partir de la Revolución.

Como es sabido, el derecho administrativo, como especialidad en el escenario de las ciencias jurídicas, encuentra sus fundamentos esenciales en las figuras de la separación de poderes públicos y de los controles sobre sus actuaciones, como garantías para el ejercicio de esos poderes y para las libertades y derechos de los miembros de la sociedad.

A su vez, dentro del marco conceptual mencionado, la idea del control de la actuación de la administración, si bien en un principio se concibió como una solución en manos de órganos de la propia administración, como expresión de la figura de la *administración-juez* y mediante la idea de la *justicia retenida*, relativamente pronto pasó a concebirse como un control propiamente jurisdiccional, mediante la concepción de *justicia delegada*, por medio de órganos independientes de la administración, para cuyo ejercicio se concibieron los instrumentos básicos de los denominados *contencioso objetivo* y *contencioso subjetivo*, el primero de los cuales corresponde, en general, al concepto de contencioso de anulación que da lugar al título de la obra del profesor ARAUJO-JUÁREZ.

Centrado en ese panorama, en esta obra el autor realiza su tarea de investigador a través de un recorrido por las diferentes fuentes normativas, jurisprudenciales y doctrinales, inicialmente en un plano de derecho comparado, especialmente alrededor de los derechos francés, español, alemán e italiano, para descender a la superficie más cercana de su propio país, Venezuela, en un momento histórico en el cual el análisis conceptual y de derecho comparado es fundamental para iluminar el escenario de crisis institucional y democrática que se advierte en ese hermano país latinoamericano.

En esa dirección, el autor comienza por hacer una presentación general del control de la administración pública, partiendo de una reflexión sobre la teoría del control público, con sus principios, elementos y nociones básicas, pasando por la identificación y el análisis de los diferentes sistemas de control como el legislativo, el administrativo y el jurisdiccional, para terminar con la presentación de las diferentes clasificaciones del control público, tanto desde la perspectiva de las áreas de control (de legalidad, de mérito, fiscal, control de gestión y control de convencionalidad), de la oportunidad (preventivo, concomitante y sucesivo), del objeto (sobre las personas y sobre las actividades), de la ubicación (horizontal y vertical) y, dentro de las modalidades de control horizontal, las de control intraórgano, interórgano y extraórgano.

Con base en ese panorama, a pesar de la multiplicidad de mecanismos de control, el autor concluye que el control público que se realiza frente a la administración es en muchos aspectos insuficiente, y que dicha insuficiencia no puede ser corregida con un simple mejoramiento o perfeccionamiento de los mecanismos tradicionales, por lo cual plantea la necesidad de crear nuevos y adicionales mecanismos y órganos de control público, que obedezcan principalmente a la preocupación directa de la defensa de las personas frente a la administración pública.

A continuación, el autor se dedica a escudriñar los laberintos ya más concretos del control jurisdiccional de la administración pública desde la perspectiva del derecho comparado, para hacer comprender, de una parte, lo que denomina la teoría del control jurisdiccional, a través de los diferentes sistemas de control (sistemas de unidad jurisdiccional, dualidad jurisdiccional y jurisdicción especializada), para continuar con una teoría de la justicia administrativa, desde la perspectiva de sus antecedentes, creación y transformación en Francia, su consolidación contemporánea y la especial influencia del sistema francés de justicia administrativa, tanto en los sistemas jurídicos de los países europeos como en el derecho positivo venezolano.

Prosigue el trabajo con el capítulo que, para quien escribe estas líneas, constituye la columna vertebral de la obra en cuanto está dedicado al análisis conceptual, histórico y evolutivo de la división del contencioso administrativo dentro de los sistemas de justicia administrativa en el derecho comparado. Para ello, comienza con la presentación de los antecedentes, la naturaleza, los criterios y caracteres, el ámbito de aplicación y la evolución de los dos contenciosos clásicos: el contencioso de plena jurisdicción y el contencioso de anulación o recurso por exceso de poder. Con base en ello discurre sobre la crisis de esa división clásica del contencioso administrativo, en virtud de las discusiones y evoluciones que se han presentado y la revisión contemporánea de los conceptos, tanto en el derecho comparado europeo como en el derecho positivo venezolano.

Como conclusión de esas reflexiones, el autor plantea, con el apoyo de GARCÍA DE ENTERRÍA, la necesidad de un cambio de paradigma en el sentido de reflexionar sobre la significación de las importantes transformaciones que se han producido alrededor del tema, «*pues no se trata de simples reformas técnicas, más o menos valiosas, en el sistema francés de justicia administrativa, sino que se ha producido un cambio espectacular y sustancial del modelo mismo*».

Hace notar, con la ayuda del mismo tratadista, que el actual *recours pour excès de pouvoir* ha abandonado la esencia básica de la objetividad, con la proclamación del derecho a la tutela judicial efectiva como un derecho fundamental, de tal manera que dicho recurso ha dejado de ser objetivo para pasar a configurarse como un recurso para la tutela de un verdadero derecho subjetivo que permite pedir justicia al juez administrativo para la protección de un derecho material concreto.

No obstante las anteriores afirmaciones, también expresa, como lo consideramos válido y necesario para matizar los términos un tanto radicales utilizados para plantear dichas ideas, que el contencioso de anulación actual, además de tener ciertamente elementos subjetivos, «*puede y debe ser considerado, ayer como hoy, como un medio, y un medio particularmente importante, de control jurisdiccional al cual la administración pública debe estar sometida en vista de la salvaguarda del derecho objetivo. En otras palabras, se le debe continuar teniendo como la vía normal de control jurisdiccional de la legalidad de la actividad de la administración pública, cualquiera que puedan ser los avances legislativos o teóricos del contentieux de pleine juridiction*».

Con base en ese marco general teórico, el autor acomete el estudio más concreto y detallado del caso venezolano, para lo cual discurre a través de los aspectos históricos del sistema de justicia administrativa en Venezuela, su proceso de constitucionalización, especialmente por medio del análisis de los principios constitucionales y fundamentales aplicables a esa justicia, para acercarse al estudio del procedimiento contencioso general y desembocar en una revisión crítica del procedimiento contencioso de anulación, continuar con los motivos de anulación y terminar con el análisis de la figura de la excepción de ilegalidad.

Como el lector podrá constatar, el recorrido por este panorama permite tener una visión muy completa no solo del tema específico al que se refiere el título de la obra sino, en general, del control jurídico a que está sujeta la actividad pública y, en especial, del control jurisdiccional que la evolución del derecho ha creado y ha venido perfeccionando para someter la actividad de la administración pública al imperio de la legalidad y, a través de ello, buscar la garantía de los derechos de los miembros de la sociedad. Y lo anterior, no solo desde la perspectiva de la teoría general y del derecho comparado, sino desde la visión de la normatividad, la jurisprudencia y la doctrina de su propio país.

Para concluir, podemos afirmar que por medio de esta obra el profesor ARAUJO-JUÁREZ contribuye positivamente a la noble tarea de profundizar el estudio de las instituciones del derecho administrativo, como instrumentos para el mejoramiento de la vida en sociedad, como expresión del interés común, y de la vida de las personas que hacen parte de ella, para garantizar la vigencia de sus derechos individuales. De igual manera, la publicación de esta obra contribuye, sin duda, a consolidar la figura y la presencia del autor en los escenarios académicos del derecho administrativo en general y especialmente en los de América Latina.

Madrid (España), junio de 2019

LIBARDO RODRÍGUEZ

Presidente del Instituto Internacional de Derecho Administrativo - IIDA. Exconsejero de Estado de Colombia. Académico Honorario de la Real Academia de Jurisprudencia y Legislación de España. Profesor Honorífico de la Universidad Complutense de Madrid

EL CONTROL DE LA ADMINISTRACIÓN PÚBLICA*

1. TEORÍA DEL CONTROL PÚBLICO

A. Introducción

§1. Origen - La sociedad bien organizada, escribe R. DAVID[1], es aquella donde se encuentra bien establecida y garantizada la supremacía del Derecho. Es por ello que la forma en que la persona puede defenderse contra toda potestad, abuso y perjuicio proveniente del Estado, permite juzgar si una sociedad está sometida al Derecho, y más allá medir su grado de perfección.

En efecto, garantizar a todas las personas el acceso a la Justicia -con mayúscula- y, particularmente, a la Justicia administrativa que tiene por función resolver las controversias que surgen de las relaciones jurídicas entre la persona y la Administración Pública, someter a la censura del Juez toda actividad o inactividad administrativa contraria al Derecho, son algunos de los criterios para que un Estado de Derecho pueda ser realmente invocado.

El Estado, sea cual fuere el concepto que sobre su naturaleza se tenga, ha sido creado para cumplir determinados fines de interés público. Ahora bien, es sabido que por la aplicación de una legislación sectorizada y a veces confusa, la Administración Pública dispone de un arsenal inagotable de leyes, reglamentos, decretos, providencias y actos de todas las formas jurídicas. La Administración Pública cuyo papel crece sin cesar -aunque algunas voces se elevan para reclamar más Estado y menos Administración Pública- interviene cotidianamente en todos los actos de la vida pública y privada de las personas. Para ello se le dota de potestades derivadas del Poder Público que le permiten el ejercicio de funciones propias mediante el desenvolvimiento de numerosas actividades. Pero también la extensión de su papel en materia económica, social y cultural, acrecienta los medios cada vez más coercitivos de su intervención. Y esta presencia cada vez más pesada como constante no está exenta de abusos. Pero con mayor o menor intensidad, el ejercicio de tales potestades y actividades está sujeto también a sistemas, procedimientos y técnicas de lo que se ha dado en denominar la teoría del control público.

§2. Importancia - La importancia de la teoría del control público como principio fundamental del Derecho público y como uno de los elementos básicos del Estado de Derecho, fue puesta de manifiesto por E. SILVA CIMMA[2], al señalar que el mismo ha debido significar en la realidad una lenta pero gradual evolución de criterios hasta culminar en la convicción de que el control público es necesario e indispensable en todo sistema jurídico organizado. Además, entiende que el control público es de la esencia y está íntimamente vinculado a un régimen democrático de gobierno, con lo cual bien expresa que no hay Democracia sin control, ni control sin Democracia.

---

* Este capítulo ahora enteramente revisado fue inicialmente publicado por el autor en *El control y la Responsabilidad en la Administración Pública*, FUNEDA, Caracas, 2012.

[1] David, R., «La depassement du droit et les systemes de droit contemporains», en *Archives de philosophie du droit et de sociologie juridique*, Paris, 1963, p. 4.

[2] Silva Cimma, E., *El Control Público, Filosofía-Principios*. Ed. CGR, Caracas, 1976, pp. 25-27.

De ahí que para que el control público se perfeccione y desarrolle en su más amplio sentido, es menester la existencia de un sistema de control público generalmente contenido en la C que implique garantías de respeto e independencia por su gestión. Así también para que la acción de las esferas políticas y administrativas de un Estado importe garantía de que ese actuar no caerá en los límites de la arbitrariedad, es necesario un control jurídico fuerte, eficaz, objetivo e independiente (L. PIETRI[3]). De esta suerte se debe considerar como *telos* de toda C, en su sentido ontológico, la creación de instituciones para limitar y controlar el Poder Público (K. LOEWENSTEIN[4]).

Así, pues, el sistema del control público, esto es, en qué consiste, por qué y para qué se instituye, cuáles son los principios básicos, sus diversas modalidades y formas, sostiene SILVA CIMMA[5], debe partir de un presupuesto elemental: para que haya control público eficaz es menester no sólo que se comprenda la necesidad real de su existencia, sino que se subentienda también la convicción de que sólo sometida a principios constitucionales básicos podrá desenvolverse y desarrollarse la acción institucional dentro de un Estado, y sólo eso se da en un Estado democrático. De ahí que SILVA CIMMA concluya que desde un punto de vista institucional y formal, a la vez que el control público -en sus diversos matices- tiene por finalidad el respeto del Ordenamiento jurídico general por parte de los órganos llamados a ejercer el Poder Público, y que trasladado ese concepto al campo puramente administrativo, el control público persigue, en una palabra, la subordinación de la Administración Pública en todos sus aspectos al sistema de Derecho.

Por su parte, A. GORDILLO[6] señala que la gran cuestión del Derecho administrativo contemporáneo es cómo controlar una Administración Pública que por su natural crecimiento ha incrementado de hecho considerablemente las posibilidades materiales de abuso y exceso, resultando que los métodos usuales se han visto rebasados por la realidad, dándose el resultado de sectores poblacionales sin acceso al control y, simultáneamente, el hecho de que tampoco los medios tradicionales empleados hasta ahora están probando en todos los casos ser tan eficaces en la forma en que se los concibió. Todo ello impone, pues, el análisis de la teoría del control público sobre la Administración Pública -dejando de lado en esta exposición el llamado control ciudadano o social de la gestión pública- aspecto medular del Derecho público contemporáneo.

B. Teoría del control público

a. Principio de juridicidad

§3. Planteamiento general - En su significación jurídica, debemos señalar como premisa fundamental que los titulares del ejercicio de las funciones del Estado y, de manera concreta de la función administrativa, están sometidos con la mayor amplitud en su ejercicio, en la concepción de un Estado de Derecho, a un sistema de control público, el cual va hacer efectivo el principio de legalidad y el principio de eficacia de la Administración Pública.

---

[3] Pietri, L., «Una democracia sin control fiscal es como la libertad sin Ley», en *Revista de Control Fiscal*, N° 38, 1965, pp. 22 y ss., cit. por Silva Cimma, E., Ob. cit., nota 2, p. 27.

[4] Loewenstein, K., *Teoría de la Constitución*, Edic. Ariel, Barcelona, 1979, p. 151.

[5] Silva Cimma, E., Ob. cit., nota 2, pp. 28 y 29.

[6] Gordillo, A., *Problemas del control de la Administración Pública en América Latina*, Cuaderno Civitas, Madrid, 1981, p. 12.

La expresión legalidad no designa aquí a la ley, sino al sistema de fuentes, esto es, a lo que se denomina «bloque de la legalidad» (M. Hauriou[7]), y por ello tal principio así entendido se le denomina más propiamente también principio «de juridicidad» (I. De Otto, Araujo-Juárez[8]). Significa negativamente que ninguna actividad realizada por la Administración Pública debe contrariar al Ordenamiento jurídico vigente. Positivamente implica la exigencia para toda manifestación -material o jurídica- de la actividad administrativa de una previa atribución legislativa formal. En este último sentido se proyecta en toda su intensidad en la denominada Administración Pública intervencionista u ordenadora, en particular en la medida que ésta -como es la regla- actúa en forma de supremacía, es decir, se manifieste mediante distintas técnicas de intervención en la libertad y propiedad de los particulares (personas de Derecho privado), si bien es en verdad la forma de actividad típica, pero no única, de la Administración Pública o actividad interventora de las actividades de las personas.

b. Sistema

§4. Planteamiento general - Desde ese punto de vista veremos cómo se articula, en tanto que sistema, dentro de un concepto mucho más general, el control público sobre la Administración Pública. A tal efecto, nos referiremos a la noción general de lo que ha sido el control, cuál es su génesis y cómo se traslada al campo jurídico, pues como tantas otras nociones o institutos jurídicos, la misma no tiene su origen en el campo del Derecho, sino en áreas distintas o ajenas al Derecho. Así, para abordar la noción de control público seguiremos muy de cerca el desarrollo de M. S. Giannini[9], por contener aportaciones interesantes sobre el tema, para quien la noción nace como una expresión si no propiamente jurídica, al menos como de la ciencia de la Administración (de comprobación: *contra rotulum)* y, por tanto, con un contenido bastante amplio que podría definirse como comprobación de regularidad de una función propia o ajena, siendo pues uno de los pocos casos de una noción nacida de la práctica administrativa que se extendió a otros campos como el Derecho.

§5. Plan - En este orden de ideas, son dos los elementos que configuran y que vamos a desagregar de la noción general de control en tanto que sistema y, por supuesto, todavía no desde el punto de vista jurídico: (i) una función; y (ii) unas normas según la cual ha de desarrollarse dicha función.

§5. a) Función - Desde este punto de vista, el ser de la función como elemento de la noción general de control se refiere a cualquier función; puede recaer sobre una persona física o grupo de ellas (por ejemplo, los gestores o usuarios de un servicio público), de un ente ideal (por ejemplo, un ente descentralizado funcionalmente), de una máquina (simple o compleja); en fin, de una cosa en cuanto apta para cumplir una función (función virtual).

De manera que la función desde una consideración no jurídica tiene una gran dimensión, una gran amplitud y está referida a muy diversos aspectos y, por su-

[7] Haurioiu, M., *Précis de droit administratif et de droit public,* 11 ème. ed., Sirey, Paris, 1927.

[8] De Otto, I., *Derecho Constitucional. Sistema de Fuentes,* Ariel Derecho, 7° reimp., 1999, Barcelona; Araujo-Juárez, J., *Derecho Administrativo Constitucional,* CIDEP-EJV, Caracas, 2017; y Araujo-Juárez, J., *Derecho Administrativo Constitucional,* Ediciones Olejnik, Chile, 2020.

[9] Giannini, M. S., «Control, noción y problemas en el Derecho italiano»; en *Anuario de Derecho Administrativo,* I, 1975/1976, Universidad de Chile, Santiago de Chile, 1976, p. 423.

puesto puede servir, como veremos más adelante, a muy diversas finalidades. De manera que de por sí la actividad, esto es, la función sobre la cual se proyecta el control puede estar referida no sólo a individuos, no sólo a entes en tanto que organización, la propia Administración Pública, sino también a cosas, independientemente de la finalidad que con ello se persiga.

Además, tenemos que en la noción general de control, no sólo es importante o relevante el concepto de función, sino que también lo es el otro elemento que la complementa, esto es, la norma.

§5. b) Norma - La presencia, la necesidad o la existencia de la norma o regla en relación con la cual se hace la comprobación de la regularidad o irregularidad de la función, es el otro elemento de la noción general. Desde este punto de vista es suficiente que exista, que esté prefijada la norma o la regla; es indiferente que lo sea con carácter objetivo, esto es, con el carácter científico, que responda a una ciencia determinada o que esa norma responda a una disposición o a una decisión de un ente subjetivo como pueden ser las normas que dicta el Estado, por ejemplo, a través de la Administración.

Por otra parte, es indiferente también para la noción general de control que tales normas sean escritas o no, pues el Ordenamiento jurídico está conformado también por fuentes jurídicas no escritas. En todo caso, en la realidad hay muchas normas que incluso no estando escritas, sin embargo, ya sea por la práctica, los precedentes, la costumbre o ya sea simplemente por la tradición, existen ciertas ciencias o ciertas actividades que están sujetas a unas normas, incluso quienes las conocen han de contar con conocimientos muy especializados, pudiendo ser simplemente reglas de práctica, como suele ocurrir en el ámbito de los aseguradores, de los expertos de arte, etc. Así las cosas, el mundo en que vivimos es y será un mundo lleno de controles de las más diversas especies.

Por supuesto, el concepto general de control se proyecta a las organizaciones que han sido creadas por el hombre y cuando esas organizaciones adquieren una cierta dimensión entonces empieza la necesidad de establecer controles, y se crean oficinas denominadas de control, de inspección, de fiscalización, etc., según sea la estructura de la organización y de las técnicas aplicadas, que tienen por única finalidad la de comprobar la regularidad del funcionamiento de las otras oficinas, reparticiones o sectores.

§6. Caracteres - Finalmente, Giannini[10] procede a señalar con respecto al concepto general de control las observaciones siguientes:

a. Es indiferente el hecho de la pertenencia de la función sobre la cual recae la actividad de comprobación de la regularidad; puede ser tanto propia como ajena, vale decir, tanto si pertenece dicha función a la órbita de actividades de quien controla, como si pertenece ella a la órbita de atribuciones de otro.

b. Es indiferente el destino o -mejor dicho- la orientación del control, que puede ser cualquier dirección, servir a cualquier finalidad; puede ser tanto un momento operativo como un momento lógico de una actividad de mayor alcance; puede incluso expresarse en un acto autónomo que en cuanto tal, posee un fin propio.

---

[10] Giannini, M. S., Ob. cit., nota 9, p. 425.

c. Por último, la noción general de control se extiende también a la ciencia jurídica y a la normativa jurídica, donde exista comprobación jurídica de regularidad de funciones.

c. Noción jurídica

a'. Cuestión previa

§7. Planteamiento general - Ahora veamos cómo se proyecta el concepto general de control -que recordamos, nace y se origina fuera del campo del Derecho- al ámbito jurídico. Es sobre su base que la doctrina va a elaborar la teoría de los «*controles en sentido jurídico*», para luego desembocar con este concepto a un sistema muy específico de control público ya no del Poder Público en general, sino de una categoría de sujetos públicos como son las Administraciones Públicas, que analizaremos a continuación.

El autor citado Loewenstein[11] sostiene que la calificación de un sistema político como democrático constitucional depende de la existencia o carencia de instituciones efectivas por medio de las cuales el ejercicio del Poder Público está distribuido entre los detentadores del mismo, y por medio de los cuales éstos están sometidos al control. Ahora, las instituciones para controlar el Poder Público no nacen ni operan por sí solas; de ahí, también, la necesidad de institucionalizar el control del Poder Público mediante una ordenada creación de medios que se van incorporando al proceso del Poder público.

§8. Definición - Se puede definir con M. Waline[12] el control «*como la verificación de la conformidad de una acción (en el caso una actividad administrativa) con una norma que se le impone a aquella*». Esta puede ser una norma jurídica (entonces se hablara de control jurídico) o de una norma de buena ejecución (se hablará entonces de un control de eficacia o de gestión).

En este orden de ideas, la función de control jurídico, esto es, la actividad de comprobación o de verificación de la regularidad jurídica de una actividad o una función en concreto, es una de las más importantes del Poder Público, pues está destinada a comprobar la observancia por parte de los entes o sujetos -públicos o privados- de las normas que regulan la convivencia, la producción de bienes y servicios, normas que prohíben, ordenan o conforman algo. Un poder de comprobación a fin de determinar la adecuación de la conducta según la norma, es decir, un control que se traduce, a su vez, en actos o técnicas de control tales como auditorías, inspecciones, acceso a documentos, órdenes de exhibición, suministro de datos, autorizaciones, etc., los cuales son manifestaciones específicas de actividades que la doctrina incluye entre las de policía administrativa o, más precisamente, de vigilancia de policía.

Bajo la perspectiva señalada, el autor Giannini[13] concluye:

> Todos estos casos señalados son estructuralmente unitarios: se trata de normas, o mejor, de prescripciones (ya que a menudo la normativa atribuye a las autoridades administrativas el poder de dictar actos generales) que imponen a

[11] Loewenstein, K., Ob. cit., nota 4, p. 149.
[12] Waline, M., *Précis de droit administratif*, t. I, éd. Montchrestien, 1969, p. 516.
[13] Giannini, M. S., Ob. cit., nota 9, p. 429.

los sujetos ciertas conductas, personas que se encuentren agrupadas en alguna colectividad o agrupación, o que actúan como empresarios agrarios, industriales o comerciales o profesionales que ejercen un oficio, etc., o bien prescripciones que establecen cualidades positivas y/o negativas, de bienes y servicios. Estas prescripciones son obligatorias y pueden no ser observadas; de aquí la importancia primordial que asume la «actividad de control», que está dirigida precisamente a que ellas sean observadas; el control, en consecuencia, está principalmente en función de la observancia de las prescripciones establecidas en el interés de la colectividad toda; sólo secundariamente está en función de la inobservancia y reprensión de los abusos, puesto que sea la inobservancia, sea la represión, ambas comportan la adopción de medidas posteriores, las que generalmente conciernan a servicios distintos de los que tiene a su cargo el control.

Por tanto, es evidente que al hablar de control en sentido jurídico tengamos que referimos al concepto de Ordenamiento jurídico, porque éste equivale a Derecho y si el Derecho, en su esencia, sostiene M. De La Cuétara[14] trata de la exigencia de una determinada conducta a otro sujeto, y en lo que ahora nos concierne, se manifiesta en la existencia de determinadas conductas exigibles en relación con las distintas actividades de las Administraciones Públicas.

b'. Ordenamiento jurídico

§9. Carácter - El autor S. Romano[15] en su obra clásica de comienzos del siglo XX define, o mejor aún, describe al Ordenamiento jurídico como el conjunto de normas jurídicas relacionadas entre sí, escalonadas o jerarquizadas que rigen en un momento a un país o a una sociedad determinada.

De manera que desde el punto de vista del concepto de control y, por supuesto del «control en sentido jurídico», un elemento fundamental es el concepto de Ordenamiento jurídico que cuando está referido al Derecho administrativo constituye un Ordenamiento jurídico-administrativo (E. García De Enterría[16]) dentro de ese macrocosmos que es el Ordenamiento jurídico general de un país determinado, así como la articulación que existe entre aquél y los demás Ordenamientos jurídicos secundarios, autonómicos y supraestatales o internacionales lo que también lo vuelve más complejo.

Así, el Ordenamiento jurídico-administrativo se nos presenta como una unidad que tiene vida propia, independiente y distinta a las normas que lo conforman, integran o configuran. Por tanto, más que un agregado de normas, más que una acumulación de normas, es el conjunto de principios estructurales que informan un sistema jurídico específico en un momento dado, en una sociedad determinada.

§10. Elementos - Las notas o elementos configurativos de un Ordenamiento jurídico, contrapuesto si se quiere a la temática del control en sentido jurídico son los siguientes: (i) el condicionamiento; (ii) los derechos fundamentales; y por último (iii) los sistemas de control.

---

14 De La Cuétara, M., *La actividad de la administración*, Tecnos, Madrid, 1983.

15 Romano, S., *Ordenamiento Jurídico*, trad. del italiano, Madrid, 1973.

16 García De Enterría, E., y Fernández, T.-R., *Curso de Derecho Administrativo*, t. 1, 12° ed., Thomson-Civitas, Madrid, Reimp. 2005, pp. 69 y ss.

§10. a) Condicionamiento - En primer lugar, el Ordenamiento jurídico va a actuar como condicionamiento tanto de las actividades públicas de los distintos órganos que ejercen el Poder Público, como de las actividades de las personas que en su relación con la Administración Pública adquieren la denominación de administrados, simples (habitantes) o cualificados (gestores o usuarios, etc.). En cualquiera de ellas, el Ordenamiento jurídico va a actuar como un condicionamiento de tales actividades, con las cuales hay que confrontar la regularidad de las mismas, que cuando se haya referido a la Administración Pública se denominará principio de la legalidad administrativa.

§10. b) Derechos fundamentales - En segundo lugar, una nota configurativa del Ordenamiento jurídico es la consagración de los derechos fundamentales dentro del gran aporte que hizo la Escuela pandectística alemana, en la construcción de lo que conocemos como Estado de Derecho.

§10. c) Sistemas de control - En tercer y último lugar, la efectividad de ese Ordenamiento jurídico a través de los distintos sistemas de control. Ese Ordenamiento jurídico es efectivo, si a su vez consagra sistemas que tengan por finalidad, el control con la mayor amplitud tanto de los centros o complejos de órganos que ejercen el Poder Público como de los particulares entre sí o en sus relaciones con aquél pues, repetimos, ese Ordenamiento jurídico funge a su vez de condicionamiento de tales actividades.

Por tanto, resumiendo, son tres los elementos configurativos de un Ordenamiento jurídico:

a. El propio Ordenamiento jurídico que actúa como condicionamiento del ejercicio del Poder Público y de la actividad de las personas.
b. La consagración de los denominados derechos fundamentales o derechos humanos.
c. Y por último, la efectividad de ese Ordenamiento jurídico, en tanto y en cuanto construya, establezca o consagre sistemas de control público de la actividad: por un lado, sobre los centros o complejos de órganos que ejercen el Poder Público; y por el otro, sobre la actividad de las personas.

En tal sentido, en este capítulo emprenderemos el análisis somero de las diversas técnicas institucionales y de procedimientos que limitan y controlan a los diversos detentadores del Poder Público, en el ejercicio de las funciones que le han sido asignadas, y por razones metodológicas, al sistema de control público sobre la actividad de la Administración Pública que es la más extensa del Estado.

2. SISTEMAS DE CONTROL PÚBLICO

§11. Planteamiento general - Uno de los problemas que plantea el sistema de control público es su ejercicio en cuanto a los sujetos públicos que han de realizarlo, su consagración en normas positivas y las modalidades mediante las cuales ha de llevarse a cabo.

Ahora, tomando a préstamo la modalidad metodológica que impusieron LOEWENSTEIN y M. GARCÍA PELAYO[17], a quienes se sigue en este tema, la doctrina clasi-

[17] Loewenstein, K., Ob. cit., nota 4, pp. 149-468; y García Pelayo, M., *Derecho Constitucional Comparado*, Madrid, 1959, pp. 294-324.

fica el sistema de control público sobre la Administración Pública desde sus diversos ángulos y enfoques y, por ende, las clasificaciones pueden obedecer a distintos criterios, a saber: finalidad o naturaleza de la actividad; oportunidad; objeto; ubicación del órgano o del titular del control; y por último, la vinculación de los órganos entre los cuales se establece la actividad de control (J. R. DROMI[18]).

§12. Plan - En tal sentido, y tal vez la más importante a los efectos de nuestra exposición, es la clasificación del sistema de control público que atiende a la finalidad o naturaleza de la actividad, así: (i) el control legislativo; (ii) el control administrativo; y por último (iii) el control jurisdiccional.

Veamos cómo se presenta en el Ordenamiento jurídico esta primera clasificación del sistema jurídico del control público.

A. Control legislativo

§13. Planteamiento general - El control legislativo -o también llamado parlamentario- es el que se ejerce por el Poder legislativo. Su alcance y características dependen del papel que en el cuadro del sistema de gobierno represente, y se ejerce no sobre una función jurídica sino política del Gobierno y de la Administración Pública; por consiguiente, el control legislativo es un control público eminentemente político (Art. 187, nums. 3, 10, 11, 16 y 17 de la C).

Pues bien, el control legislativo también consagra mecanismos que son tradicionales y que el Ordenamiento constitucional recepta, así: las interpelaciones, las investigaciones, las preguntas, las autorizaciones y las aprobaciones y cualquier otro mecanismo que establezcan las leyes y su reglamento (Art. 222 de la C), y cuyo análisis ha sido llevado a cabo de manera exhaustiva por A. R. BREWER-CARÍAS[19]:

a. Dentro de las técnicas se mencionan las interpelaciones para pedir, verbalmente o por escrito, respuesta o explicaciones a las observaciones que el Poder Legislativo haya resuelto hacer.

b. También las investigaciones o la facultad de investigación parlamentaria de la Asamblea Nacional a través de las distintas Comisiones -permanentes, ordinarias y especiales- que nombra (Art. 193 de la C) o de la Comisión Delegada en caso de receso de aquella (Art. 193, num. 5 de la C).

c. Los votos o moción de censura que se dan a los altos funcionarios y en ese mismo orden el denominado juicio político (Art. 187, num. 10 de la C), de acuerdo con el principio de responsabilidad política.

d. Además, tenemos también otra técnica que tiene que ver con la irnprobación de la memoria y cuenta de los Ministros (Art. de la C).

e. Finalmente, las distintas manifestaciones del control legislativo a través de: autorizaciones a los funcionarios públicos para aceptar cargos, honores o recompensas de gobiernos extranjeros (Art. 187, num. 13 de la C); aprobaciones de nombramientos: embajadores o altos funcionarios del Estado (Art. 187, num. 14 de la C); o, en fin, autorizar o no presupuestos,

---

[18] Dromi, J. R., *Prerrogativas y Garantías Administrativas, 2° Parte. Garantías del Administrado*, UCT, Tucumán, 1979, pp. 9 y ss.

[19] Brewer-Carías, A. R., *La Constitución de 1999. Derecho Constitucional Venezolano*, t. I, EJV, Caracas, p. 464 y ss.

empréstitos (Art. 187, num. 6 de la C), que traducen una gran actividad de control político que desempeña el Poder Legislativo.

B. Control administrativo

a. Concepto

§14. Planteamiento general - El control administrativo propiamente tal es el que se ejerce dentro de la propia Administración Pública -control interno-, pues es preciso dotarla de un sistema o mecanismos de control de la actividad -interior y exterior- por ella desplegada.

§15. Modalidades - Cuando se hace referencia al control administrativo se alude a un sistema de «auto-control» efectuado internamente por los órganos y entes en ejercicio de la función administrativa, y habrá que distinguir, a su vez, las modalidades siguientes: (i) control jerárquico; y (ii) control de tutela.

§16. Sistema de control jerárquico - El denominado sistema de control jerárquico, interno o de auto-control y, de consiguiente, aquel que se ostenta en ejercicio de la función administrativa, es el que se realiza dentro de la propia Administración Pública, que se concreta ya sobre órganos propiamente internos o entes externos, paralelos o independientes de aquéllos. Aquí tenemos un supuesto muy concreto donde la función no es ajena sino que es propia del órgano que ejerce la actividad de control público.

Este sistema de auto-control se divide a su vez en dos manifestaciones: (i) de oficio; y (ii) a instancia de parte.

§16. a) De oficio - Se realiza de oficio o a iniciativa propia del órgano que actúa, ejerce o realiza el auto-control. Desde este punto de vista, el control es emanación de las facultades de dirección, supervisión y control inherentes al principio de jerarquía (Art. 28 de la LOAP[20]), y estaría referido de acuerdo con Arts. 81 al 96 de la LOPA[21] a las modalidades de la revisión de oficio, a saber: confirmación, convalidación, modificación, reposición, revocación o anulación, que son todas ellas manifestaciones muy concretas en el Ordenamiento jurídico venezolano de esta modalidad de autocontrol, por propia iniciativa del órgano titular de la actividad de control[22].

§16. b) A instancia de parte - La otra modalidad es el auto-control que se ejerce a instancia o iniciativa del sujeto afectado en sus situaciones subjetivas, donde cabe distinguir:

---

[20] Publicada en GO N° 37.305 del 17-10-2001, luego reformada mediante Decreto con Rango, Valor y Fuerza de Ley Orgánica de la Administración Pública publicada en GO N° 5.890 Extr. del 31-07-2008, y por último reformada mediante Decreto con Rango, Valor y Fuerza de Ley Orgánica de la Administración Pública publicada en GO N° 6.147 Extr. del 17-11-2014.

[21] Publicada en GO N° 2.818 Extr. del 01-07-1981.

[22] Remitimos muy deferentemente al lector para un desarrollo del tema a Araujo-Juárez, J., *Tratado de Derecho Administrativo Formal*, 3° reimp., Vadell Hnos., Caracas, 2007; y *Derecho Administrativo General*. Vol. V *Procedimiento y Recurso Administrativo*, Editorial Paredes, Caracas, 2010. Asimismo, a Brewer-Carías, A. R., *El Derecho Administrativo y la Ley Orgánica de Procedimientos Administrativos*, Col. Estudios Jurídicos N° 6, EJV, Caracas, 2003.

a. Los recursos administrativos.

b. Los reclamos o quejas -que no recurso de queja como impropiamente lo denomina un sector de la doctrina-.

c. Y por último, las denuncias administrativas que en Venezuela no tienen carácter general sino sólo algunos textos específicos receptan tal modalidad.

§17. Sistema de control de tutela - En segundo lugar, tenemos otra modalidad que se conoce con la denominación de control de tutela o de tutela administrativa (Art. 117 y ss. de la LOAP), que ya no se da al interior de una organización sino que se ejerce por una organización y se proyecta sobre una organización distinta. Con tal denominación se designa la técnica de control de carácter limitado, otorgada a un órgano sobre los entes descentralizados funcionalmente que de él dependen para velar por la legalidad y oportunidad de sus actos y su adecuación de aquel sector del interés público de la competencia del órgano de adscripción.

A pesar que la expresión tutela tiene su origen en el Derecho privado, que hace referencia del incapaz o el menor, en el campo del Derecho administrativo ese concepto de tutela no tiene esa connotación de una suerte de minusvalía sino, por el contrario, se refiere a la necesidad de la articulación o a la relación que existe entre Administraciones Públicas distintas: por un lado una Administración Central, y por el otro, una Administración Pública descentralizada funcionalmente o por servicios, que en Venezuela aluden a las distintas categorías de establecimientos o institutos públicos. En tal sentido, la tutela técnica comprende la formulación de la política de actuación y el control de su ejecución[23].

b. Clasificación

§18. Plan - Las técnicas a través de las cuales se manifiesta el control de tutela son muy diversas porque también es muy diverso el grado de tutela que pueda establecerse en la ley fundacional del ente descentralizado de que se trate, que puede consagrar una tutela mayor o menor, en razón de la mayor o menor autonomía que se le reconoce con relación al órgano de adscripción.

En tal sentido, las clases o modalidades de control de tutela son fundamentalmente dos, como bien ha señalado la Procuraduría General de la República[24]: (i) la tutela técnica; y (ii) la tutela financiera.

§18. a) Tutela técnica - La tutela técnica se manifiesta a través mecanismos de muy diversa naturaleza (Arts. 119 a 121 de la LOAP): autorizaciones, aprobaciones, etc.; y con carácter general la LOPA recepta una técnica que es el indebidamente denominado «recurso jerárquico impropio», pues no es ningún recurso jerárquico porque no hay relación de jerarquía.

§18. b) Tutela financiera - La tutela o el control financiero se refiere al control público que se ejerce sobre la actuación económica de los entes descentralizados funcionalmente.

En definitiva, si el ejercicio de la potestad de control público sobre la actividad de los particulares está referido a impedir conductas contrarias a los intereses

[23] Vid. DPGR, 1981, Ed. Procuraduría General de la República, Caracas, 1982.

[24] Remitimos muy deferentemente al lector a la obra: Araujo-Juárez, J., *Derecho Administrativo General*. Vol.II *Administración Pública*, Editorial Paredes, Caracas, 2011.

generales, el control público que se ejerce sobre las Administraciones Públicas se refiere concreta y expresamente a la defensa del interés público implicado en dichas actividades. Este último constituye, pues, un control público distinto en su fundamento, intensidad y finalidad.

C. Control jurisdiccional

a. Régimen jurídico

§19. Origen - Por último, dentro de la clasificación que atiende a la finalidad o naturaleza de la actividad tenemos el control jurisdiccional, fundamentalmente de origen francés (*contrôle juridictionnel*), que se realiza, ya no a través de la función administrativa, ya no a través de una función legislativa, sino fundamentalmente y de manera concreta, mediante el ejercicio de la función jurisdiccional o judicial -control externo-.

Sostiene la doctrina que el Derecho administrativo se hubo desarrollado gracias al sistema de control jurisdiccional de la Administración Pública, así como el control jurisdiccional lo fue gracias al Derecho administrativo; y así se han alimentado uno del otro. Y si acaso es necesario hoy día encontrar una justificación de la Justicia administrativa, la misma se halla en la constatación de que ha logrado controlar a la Administración Pública mediante mecanismos que la han permitido hacerle respetar el Derecho al cual esta se encuentra vinculada (P. DELVOLVÉ[25]).

Así las cosas, el control jurisdiccional de la Administración Pública (en su estructura, en su actividad, en sus fines) reside, en lo esencial, en el sistema de Justicia administrativa o de control jurisdiccional contencioso-administrativo, como pieza central del orden democrático sustantivo y de lo que se ha convenido en llamar Estado de Derecho (GARCÍA DE ENTERRÍA[26]). En efecto, el sistema de Justicia administrativa fue instituido inicialmente para ejercer una función jurisdiccional, consistente en resolver los litigios en los cuales la Administración Pública era parte. Pero esta función primera ha engendrado, a su vez, una serie de funciones no menos importantes, las unas manifiestas como son la función de control, o en un menor grado, la función normativa. Así, al poner fin a las situaciones conflictivas, sometiendo a la Administración Pública al Derecho y formulando reglas que se imponen a la Administración Pública, el Juez administrativo cumple la misión en el sentido más amplio del término de administrar o impartir Justicia administrativa -con mayúscula y en singular-.

Ahora, no cabe la posibilidad de tener cabal entendimiento del sistema de Justicia administrativa, sin tener la comprensión histórica del momento en que el mismo aparece y evoluciona tanto en Francia donde nace el sistema -y sirve enseguida de modelo a los diversos Estados de régimen administrativo como lo ha sido Venezuela-, no sólo porque es un hito fundamental de la historia del sistema de Justicia administrativa, sino porque es un sistema vigente, lo que permitirá determinar las bondades o no del nuevo modelo a raíz de la entrada en vigencia de la LOJCA[27], cuyo

---

25 Delvolvé. P., *Le droit administratif*, 3° ed., Dalloz, Paris, p. 103.

26 García De Enterría, E., *Las transformaciones de la Justicia Administrativa: de Excepción Singular a la Plenitud Jurisdiccional. ¿Un cambio de Paradigma?*, Thomson-Civitas, Pamplona, 2007, p. 12.

27 Sancionada por la Asamblea Nacional el 15-12-2009 y publicada en GO N° 39.447 del 16-06-2010, y luego reimpresa por «error material» en GO N° 39.451 del 22-06-2010. Previamente, la TSJ/SC había declarado la «constitucionalidad del carácter orgánico» de la LOJCA, en Sent. N° 290 del 23-04-2010.

objeto es regular la organización, funcionamiento y competencias de los órganos de la Jurisdicción Contencioso Administrativa (Art. 1).

Ahora bien, la instauración del sistema de Justicia administrativa en Venezuela se va configurando en lenta pero gradual evolución a través de largos periodos. No hay duda, tampoco, como lo sostuvo el Alto Tribunal[28] que el mismo se ha inspirado en el sistema francés. Pero también afirmamos desde ya que no ha sido una simple imitación, sino que su especificidad se ha construido conforme a nuestra propia realidad, que hunde sus raíces en nuestra tradición constitucional y legislativa, pues ha estado previsto y regulado: primero, por las Constituciones a partir de 1830; y segundo, también por los textos legales referidos a la organización y funcionamiento del Alto Tribunal «así fuere de manera transitoria» hasta la efectiva promulgación de la vigente LOJCA.

En efecto, sostiene Brewer-Carías[29] que la construcción del sistema de Justicia administrativa en el país ha sido obra por excelencia de los tribunales, del foro y de la academia venezolanos, por supuesto, con la ilustración de la mejor doctrina del Derecho administrativo comparado, pero desarrollada sobre la base de nuestras normas constitucionales y legales que se fueron incorporando al Ordenamiento jurídico.

§20. Fundamento - Ahora el fundamento del control jurisdiccional es como lo señala A. Moles Caubet[30], un fundamento implícito en la sujeción de los órganos del Poder Público a la C y al resto del Ordenamiento jurídico general (Art. 117 de la C), y además un doble fundamento explícito.

En primer lugar, ante la evidencia de que la actividad de la Administración Pública se proyecta sobre las personas, éstas disponen de un derecho subjetivo y de rango constitucional a la tutela jurisdiccional efectiva de los tribunales en el ejercicio de sus derechos e intereses.

En segundo lugar, el Art. 259 de la C de 1961 al constitucionalizar el sistema contencioso-administrativo estableció que los órganos de la Jurisdicción Contencioso Administrativa eran competentes para:

a. Anular los actos administrativos generales o individuales contrarios a derecho.

b. Condenar al pago de sumas de dinero y a la reparación de daños y perjuicios originados en responsabilidad de la Administración Pública.

c. Y por último, disponer lo necesario para el restablecimiento de las situaciones jurídicas subjetivas lesionadas por la actividad administrativa.

b. Funciones

§21. Plan - El contencioso-administrativo incluye también una doble función: (i) la función de control; y (ii) la función justicial.

---

[28] Sent. N° 162, de la CSJ/SPA del 03-08-1982, RDP N° 11, p. 135; y CSJ/SPA, del 21-06-1983, RDP N°15, p. 170.

[29] Brewer-Carías, A. R., «Introducción general al régimen de la Jurisdicción Contencioso Administrativa» en *Ley Orgánica de la Jurisdicción Contencioso Administrativa*, en colaboración con Hernández-Mendible, V., 2° ed., Caracas, 2011, pp. 12 y 13.

[30] Moles Caubet, A., «El Sistema Contencioso Administrativo venezolano en el Derecho Comparado», en *Estudios de Derecho Público*, Acosta-Hoenicka, O., (Compilador), UCV, Caracas, 1997, p. 431 y ss.

§21. a) Función de control - En efecto, pese a su carácter netamente jurisdiccional, es de control de la Administración Pública. Históricamente el control de lo contencioso-administrativo fue originalmente una incumbencia de la propia Administración Pública, bien de oficio o mediante el recurso gracioso o jerárquico, mediante los poderes de control, censura y tutela que en un primer momento ejerce el Ministro, lo cual se denomina la teoría del Ministro-juez. Más tarde, con la creación del Consejo de Estado francés se pasa a la etapa de la denominada justicia retenida hasta que se jurisdiccionaliza cuando tiene atribuida la denominada justicia delegada, actuando como un auténtico tribunal, aspecto este sobre el cual volveremos más adelante.

§21. b) Función justicial - El actual Estado de Derecho tiene el atributo de la Justicia (Art. 2 de la C), consistente en una potestad-deber que decide definitivamente, mediante las debidas garantías, respecto a situaciones jurídicas subjetivas (Moles Caubet[31]). La función justicial tiene los cometidos siguientes: declarar derechos, mantener la integridad de los derechos atribuidos, restablecer los derechos cuando fueren perturbados, resarciendo subsidiariamente los daños y perjuicios de cualquier otra manera irrigados.

Ahora, las situaciones jurídicas subjetivas se componen: de una parte, de derechos, poderes, intereses legítimos o de hecho (situación activa); y de otra, de deberes, sujeciones y obligaciones (situación pasiva), las cuales pueden ser de índole privada (paridad) o de índole administrativa (sujeción). En tal sentido, la Administración Pública obrando de manera antijurídica puede afectar las situaciones jurídicas subjetivas produciendo una ilegitimidad y su especie la ilegalidad, lo cual comporta como sanción la anulación absoluta o la anulación relativa (Arts. 19 y 20 de la LOPA); ya sea la inoportunidad, que es la disconformidad con el interés público prevalente; y por último, la ilicitud, que es la actividad administrativa productora de daños, lo cual configura la responsabilidad administrativa.

En Venezuela, de acuerdo con el Art. 259 de la C, a diferencia de otros sistemas jurídicos que establecen un sistema de jurisdicción doble o dualidad de jurisdicción, no hay sino una sola jurisdicción, una jurisdicción única (principio de unidad jurisdiccional), no obstante que quepa dentro de la misma establecer diferencias receptadas incluso por el Ordenamiento constitucional. En consecuencia, se consagra un sistema justicialista de la jurisdicción contencioso-administrativa, tendencia predominante en la legislación nacional, de atribuir el control jurisdiccional de la Administración Pública a los órganos del Poder Judicial.

De allí que pudiéramos hablar en Venezuela de una jurisdicción ordinaria que estaría constituida por la jurisdicción civil, y ésta a su vez, por la mercantil y la laboral; y de otra parte la jurisdicción penal, ésta a su vez integrada por la jurisdicción militar, lo cual se derivaría de los Arts. 48 y 261 de la C. En segundo lugar tendremos la jurisdicción constitucional que estaría fundamentalmente integrada por la justicia o la jurisdicción constitucional; además se podría introducir una tercera que es la referida a la acción de colisión de leyes, lo cual es un tema que nunca ha sido objeto de desarrollo exhaustivo por parte de la doctrina constitucionalista. Por último, tenemos la jurisdicción contencioso administrativa que consagra el Art. 259 de la C vigente.

---

[31] Moles Caubet, A., Ob. cit., nota 30, pp. 435-436.

Pues bien, el control jurisdiccional general admite una clasificación en función de la naturaleza de la actividad:

a. Sobre la función legislativa propiamente dicha, a través de dos garantías fundamentales como son: la acción popular de inconstitucionalidad y el amparo constitucional en una modalidad muy concreta que es el amparo constitucional contra normas.

b. Sobre la propia función jurisdiccional, a través de las distintas vías de derecho como son: la apelación, el recurso de casación, el recurso de invalidación, la revisión y el amparo judicial contra decisiones judiciales.

c. Finalmente, sobre la función administrativa que se canaliza: ya a través del sistema procesal constitucional o ya del sistema contencioso-administrativo.

Como vemos, hoy día la posibilidad de control jurisdiccional sobre las distintas funciones jurídicas del Estado, y de manera muy concreta sobre las funciones que ejercen las diversas Administraciones Públicas, es mucho más amplia que lo que receptó inicialmente la jurisprudencia venezolana[32]. Vemos entonces que el abanico de garantías que persigue hacer plenamente efectivo el Ordenamiento jurídico constituye un sistema de control público bastante amplio y ha contado con técnicas de control importantes en nuestro país receptado formalmente en la LOCSJ de 1976, derogada posteriormente por la LOTSJ de 2004[33], y en la ya citada LOJCA.

3. CLASIFICACIÓN DEL CONTROL PÚBLICO

A. Contenido

§22. Plan - El contenido de las diferentes modalidades de control público puede estar referido a cinco grandes áreas:

§22. a) Control de legalidad - En primer lugar, un control de legalidad o de juridicidad que persigue que la actividad controlada se ajuste al denominado bloque de la legalidad, o si se quiere en términos más amplios y tal vez más precisos, al conjunto de las normas jurídicas que regulan la conducta del órgano o ente público controlado, sean estas normas contenidas en la C, las leyes y demás actos normativos.

§22. b) Control de mérito - En segundo lugar, el control de mérito, donde lo que se revisa son todos los aspectos constitutivos del mérito, esto es, la oportunidad o conveniencia de la actividad administrativa controlada.

---

32 Sent. CSJ/SPA, del 10-01-1980.

33 Vid. Ley Orgánica de la Corte Suprema de Justicia publicada en GO N° 1.893 Extr. del 30-07-1976. Esta ley fue derogada por la Ley Orgánica del Tribunal Supremo de Justicia publicada en la GO Nª 37.942 del 20-05-2004, derogada a su vez por la LOTSJ de 2010, la cual fue objeto de reimpresión por 2° vez en GO N° 39.522 del 01-10-2010 corrigiendo los Arts. 6, 9, 13, 70 y 73 de la reimpresión publicada en GO N° 39.483 del 09-08-2010 por error material en la publicada en GO N° 5.991 Ext. del 29-07-2010. Vid. Brewer-Carias, A.R., *Ley Orgánica del Tribunal Supremo de Justicia*, Col. Textos Legislativos N° 28, EJV, 2004; y Brewer-Carias, A.R., en colaboración con Hernández-Mendible, V., *Ley Orgánica del Tribunal Supremo de Justicia, El Tribunal Supremo de Justicia y los procesos y procedimientos constitucionales y contencioso electorales*, Col. Textos Legislativos N° 48, EJV, 2010.

En nuestro país el control de mérito está reservado a la propia Administración Pública, estándole vedado al Poder judicial el control sobre el mismo.

§22. c) Control fiscal - En tercer lugar, en razón de que las tareas administrativas propiamente dichas tienen un contenido eminentemente económico dada la estrecha conexión que la gestión pública guarda con el patrimonio público, el control fiscal -interno y externo- no sólo verifica el cumplimiento de la legalidad, sino también los principios de buena gestión económica, como son la eficacia y eficiencia del gasto público[34].

En nuestro país le está encomendado fundamentalmente a la Contraloría General de la República el control, vigilancia y fiscalización de los ingresos, gastos, bienes públicos y bienes nacionales, así como las operaciones relativas a los mismos (Art. 287 de la C) y cuyo desarrollo se hace en Ley Orgánica de la Administración Financiera del Sector Público (LOAFSP[35]).

§22. d) Control de gestión - La forma de control más avanzado es el control de gestión o de resultados, que se expresa a través de mecanismos que buscan evaluar y controlar los resultados generales de la gestión. Esto es, tiende a verificar y evaluar la forma cómo los órganos y entes públicos han realizado su actividad, la consonancia de esa actividad con las decisiones, planes y programas preestablecidos, y el cumplimiento o incumplimiento de los objetivos y metas previamente trazados, específicamente en la inversión de los caudales y bienes puestos al servicio de la Administración Pública (Silva Cimma[36]).

El control de gestión es hoy ciertamente la forma más interesante y moderna de procedimiento de control autónomo sobre la Administración Pública (por ejemplo, los Arts. 237 y 244 de la C).

§22. e) Control de convencionalidad - Por último, otro de los fenómenos más importantes en curso de desarrollo es la pérdida del anclaje estatal del Derecho administrativo, que creció y se desarrolló como un producto del Estado. En tal sentido, la globalización jurídica, así sea de modo fragmentario, se extiende rápidamente, estableciendo principios que tienen relevancia directa en los Derechos administrativos nacionales, incluso asegurando una tutela jurisdiccional multinivel. Ya los derechos humanos son tutelados frente a las Administraciones Públicas, no solo por Jueces nacionales sino también por Jueces supranacionales.

En tal sentido mencionamos la importancia creciente que en el orden normativo y jurisprudencial sobre el Derecho internacional convencional -denominado bloque de la convencionalidad- y sus interpretaciones ha adquirido la teoría del control de convencionalidad, como mecanismo para cumplir en el Ordenamiento interno con los estándares o criterios fijados normativamente en los instrumentos jurídicos internacionales vinculantes -Acuerdos, Tratados, Convenios, Convenciones, etc.- y sus interpretaciones, con relación a las exigencias de protección y efica-

---

[34] Girón, S., *El Control Fiscal, La Contraloría General de la República. Organización y Procedimientos,* Madrid, 1968; asimismo Orlando S., F. J., «El sistema de control interno según la Ley Orgánica de la Administración Financiera del Sector Público», en *El Derecho Público a los 100 números de la Revista de Derecho Público. 1980-2005*, EJV, Caracas, 2006, pp. 449 y ss.

[35] Publicada en la GO N° 6.210 Extr. del 30-12-2015; y la Ley Orgánica de la Contraloría General de la República y del Sistema Nacional de Control Fiscal, publicada en la G O N° 6.013 Extr. del 23-12-2010.

[36] Silva Cimma, E., Ob. cit., nota 2, p. 59.

cia de los derechos humanos, con lo cual también se abre una nueva época y se proyecta como nuevo paradigma del Derecho administrativo contemporáneo, y cuya temática ya ha sido abordada por la doctrina (C. Ayala Corao, A. B. Brewer-Carías, V. Hernández-Mendible, J. O. Santofimio Gamboa[37]).

B. Oportunidad

§23. Plan - Otra clasificación del control público de la Administración Pública tiene que ver con la oportunidad en que se realiza la actividad de control público.

Desde ese punto de vista, la clasificación más usual distingue entre los controles que intervienen: (i) antes (preventivo); (ii) durante (concomitante); y (iii) después (sucesivo) de la actividad administrativa controlada.

§23. a) Control preventivo - Es el que se ejerce, por así decirlo, *a priori*, pues actúa antes de la formación del acto o de la ejecución de la actividad administrativa sometida a control público. Como manifestación por antonomasia tenemos la técnica de la autorización que en el Derecho administrativo tiene dos finalidades y se proyectan a dos destinatarios distintos: (i) cuando la autorización tiene por objeto a la propia Administración Pública, estará referido a una actividad de control interno, como ya la habíamos mencionado; y (ii) cuando la autorización está referida, por el contrario, a las personas, es una manifestación de la potestad de policía administrativa, para realizar o ejercer efectivamente un determinado derecho que ostenta, que se encuentra ya en la esfera jurídica de la persona pero que requiere el levantamiento de un obstáculo legal.

También controles preventivos no solamente los tenemos en la sede administrativa sino también en el ámbito legislativo, que son también una suerte de autorizaciones que se dan en el ejercicio de la actividad parlamentaria, a través de actos sin forma de ley como son los denominados actos privativos del Poder Legislativo para que el Poder Ejecutivo realice una determinada actividad; por ejemplo, los acuerdos de aprobación de los convenios de asociación, son un caso típico de control si se quiere anticipado o previo porque se debe dar este acuerdo antes de firmar los respectivos convenios de asociación que prevé la Ley Orgánica de Hidrocarburos[38].

---

[37] Ayala Corao, C., «Hacia el control de convencionalidad», en *Libro Homenaje al Dr. Néstor Pedro Sagües La Justicia Constitucional en el Estado Social de Derecho*, (Coord. G. Pérez Salazar), Caracas, 2012; Brewer-Carías, A. R., *Estudios sobre control de convencionalidad*, EJV, 2015; «Sobre el control de convencionalidad ejercido por los Tribunales nacionales y el Derecho Administrativo», en Hernández-Mendible, V. R. y J. L. Villegas Moreno (Dirs.), *Hacia un Derecho Administrativo para retornar a la democracia. Liber Amicorum al Profesor José R. Araujo-Juárez*, Centro de Estudios de Regulación Económica (CERECO) Universidad Monteávila-Centro para la Integración y el Derecho Público (CIDEP), Caracas, 2018, pp. 265-284 y *Control de convencionalidad. Marco conceptual, antecedentes, derecho de amparo y derecho administrativo*, Biblioteca de derecho administrativo, Ediciones Olejnik, Buenos Aires-Santiago de Chile- Madrid, 2019; Hernández- Mendible, V., «La Convencionalización del Derecho Público en América», en Hernández-Mendible, V. R. y J. L. Villegas Moreno (Dirs.), *Hacia un Derecho Administrativo para retornar a la democracia. Liber Amicorum al Profesor José R. Araujo- Juárez*, Centro de Estudios de Regulación Económica (CERECO) Universidad Monteávila- Centro para la Integración y el Derecho Público (CIDEP), Caracas, 2018, pp. 233-263; y Santofimio, Gamboa, J. O., *El concepto de convencionalidad. Vicisitudes para su construcción sustancial en el sistema interamericano de Derechos Humanos. Ideas rectoras*, 2° ed., Universidad Externado de Colombia, Bogotá, 2018.

[38] Publicada en GO N° 38.493 del 04-08-2006.

Por último, en sede jurisdiccional tenemos una suerte de controles preventivos o anticipados como, por ejemplo, el caso típico en el contencioso-administrativo que es la medida cautelar de la suspensión de los efectos del acto administrativo, la cual inicialmente en nuestro país fuera acordada por el juez sin texto alguno, y luego positivizada mediante normas de rango legal tanto en la LOCSJ (art. 136), hasta su consagración tanto en la vigente LOPA (Art. 87) como en la LOJCA (Art. 69 y 103 y ss.).

§23. b) Control concomitante - El control concomitante que se ejerce fundamental y mayoritariamente dentro de la organización administrativa, por ejemplo, las intervenciones de las contralorías internas de las organizaciones administrativas se realizan durante el desarrollo de la actividad administrativa controlada.

§23. c) Control sucesivo - Es aquél que actúa después (*a posteriori*) y se ejerce luego de realizarse el acto o la actividad administrativa sobre los que recae el control, que puede ser de personas públicas o privadas.

En sede administrativa tenemos: los controles de oficio que realiza la propia Administración Pública de revocación (Art. 82 de la LOPA), anulación (Art. 83 de la LOPA), convalidación (Art. 81, de la LOPA); o ya sea a instancia del particular por las siguientes vías de derecho: los recursos administrativos (Arts. 85 al 96 de la LOPA) y la acción de anulación (Art. 83 de la LOPA), los cuales tienen carácter *ex-post.*

Desde el punto de vista del control administrativo, hay una diferencia fundamental en el Derecho administrativo, entre autorizaciones y aprobaciones. En el caso de las autorizaciones intervienen antes y, por tanto, son un elemento de validez del acto controlado; mientras que las aprobaciones al intervenir *ex-post* o después, no afectan la validez sino la eficacia del acto controlado; el acto puede ser válido, perfecto y si la aprobación no interviene entonces simplemente ese acto no adquiere eficacia, esto es, no surte efectos.

En el ámbito jurisdiccional tenemos fundamentalmente los distintos módulos procesales que ha construido el sistema contencioso-administrativo venezolano (Arts. 8 y 9 de la LOJCA).

C. Objeto

§24. Plan - Por lo que respecta al criterio del objeto sobre el que recae la actividad de control público sobre la Administración Pública son fundamentalmente dos:

§24. a) Personas - Cuando se hace referencia al control sobre las personas, está referido fundamentalmente a controlar la conducta de las personas que desempeñan funciones públicas en la Administración Pública, mediante los mecanismos del régimen de administración del personal y el régimen disciplinario.

§24. b) Actividades - Por el contrario, cuando el control está referido a la actividad administrativa, de manera general abarca la totalidad de la gestión de los órganos o entes públicos o privados y comprende los actos y hechos que son el contenido mismo de la actividad administrativa.

D. Ubicación

§25. Plan - Por lo que respecta a la ubicación de los órganos que ejercen el control público, Loewenstein[39], distingue fundamentalmente dos grandes categorías de técnicas: (i) las de control horizontal; y (ii) las de control vertical.

---

[39] Loewenstein, K., Ob. cit., nota 4, p. 149 y ss.

§25. a) Control horizontal - El control horizontal comprende la vinculación que guardan los órganos entre sí, en igualdad de condiciones, en un mismo nivel de jerarquía, inter-paritarios; no hay una posición de supremacía entre uno y otro.

§25. b) Control vertical - En el control vertical, el criterio diferenciador es la posición de jerarquía que ocupa uno con relación a los otros, fundamentalmente es una estructura interna y, por ende, el control es una manifestación del principio de jerarquía que ejerce la máxima autoridad sobre los órganos subordinados.

Por supuesto, esta configuración de controles horizontales o verticales da lugar a todos estos esquemas de federalismo, regionalismo, centralización o descentralización, delegación, avocación y todas aquellas combinaciones que pudiéramos hacer desde el punto de vista del control en sentido jurídico.

E. Vinculación

§26. Plan - La última clasificación concierne a modalidades de control horizontal, a la vinculación que existe entre los órganos que ejercen el control y sobre los cuales se proyecta el control público. Así tenemos desde ese punto de vista: (i) el control intraórgano; (ii) el control ínterórgano; y (iii) el control extraórgano.

§26. a) Control intraórgano - Este control público alude o hace referencia a los controles internos o que operan dentro una misma estructura orgánica. Los procedimientos públicos pueden ser diversos: administrativos, legislativos o jurisdiccionales y cada uno de ellos funciona en la práctica como medio de control de la legalidad y de protección de los administrados.

La otra modalidad o manifestación tiene que ver, según J. García Trevijano-Fos[40], con el sistema de control de los órganos colegiados, los mecanismos de organización y funcionamiento de los mismos -por ejemplo, el *quórum* de instalación, el *quórum* de deliberación, etc.-.

Con relación a la oportunidad, si entrecruzamos clasificaciones, como los controles públicos preventivos y los controles represivos, tenemos las consultas, los informes con carácter obligatorio o no; estaremos en tales casos en presencia de un mecanismo de control ya sea desde el punto de vista legal o desde el punto de vista técnico, de acuerdo con la naturaleza de la opinión o del informe requerido dentro de un procedimiento cualquiera (Art. 54 de la LOPA).

Finalmente, las intervenciones de los institutos públicos, autónomos, empresas, asociaciones o fundaciones del Estado (Art. 126 de la LOAP); o en fin, las rendiciones de cuentas son otros tantos mecanismos que hay internamente a los fines de concretar la función de control desde el punto de vista intraórgano.

§26. b) Control interórgano - También tenemos el control interórgano, que a diferencia de los anteriores resulta de las relaciones que se establecen entre diversos sistemas orgánicos que cooperan en la gestión estatal, ya no dentro o al interior de un sistema, sino son diversos sistemas interórganos: así tenemos el control legislativo; el *ombudsman* o la Defensoría del Pueblo (Art. 280 de la C) que es una manifestación de control ínterórgano de una institución sobre las otras organizaciones fundamentales del Poder Ejecutivo o de la Administración Pública, y de manera concreta, le corresponde velar por el correcto funcionamiento de los servicios públicos (Art. 280, num. 2 de la C).

---

[40] García Trevijano-Fos, J., *Tratado de Derecho Administrativo*, t. I, Reus, Madrid, 1970.

§26. c) Control extraórgano - Por último, tenemos el control extraórgano que se da desde afuera de los diversos sistemas orgánicos y fundamentalmente se mencionan, por ejemplo, los sistemas de concertación, de contratos y planes y todo lo que tiene que ver fundamentalmente con los diversos órganos del Poder Público en el ejercicio de las funciones legislativas.

§27. Conclusión - Como resumen a lo que llevamos dicho podemos concluir en el sentido que todo ello configura un importante sistema de control público sobre la Administración Pública, pero también se advierte una hipótesis de insuficiencia de los mismos.

En efecto, el control legislativo cuya posible gran eficacia teóricamente ha sido destacada, y se estima que ésta debe ser una función fundamental, sin embargo, la realidad la desvanece hasta convertirla en un control formal, intrascendente y casi meramente declarativo.

Con respecto a los controles de naturaleza jurisdiccional es bastante general la objeción que señala, entre otros, dos puntos centrales en que los mismos son deficitarios: tiempo y costo, lo cual conduce a que importantes sectores de personas de hecho quedan ajenos a la posibilidad de reclamar control jurisdiccional sobre la Administración Pública.

Finalmente, los controles administrativos también en los hechos se ejercen de manera deficitaria, entre otras causas, porque cuando actúan hacen énfasis sobre el control de la legalidad, dejando de lado los aspectos atinentes al mérito o gestión de la actividad administrativa. Es indiscutible que la actividad que las Administraciones Públicas habrán de desarrollar debería, en cuanto al control público, estar centrada en especial sobre el control de gestión; sin embargo, por ahora en nuestro Derecho positivo tiene aplicación muy limitada en el sector público.

En suma, el control público que se realiza frente a la Administración Pública es en muchos aspectos insuficiente, y no puede ser corregida con un simple mejoramiento o perfeccionamiento de los mecanismos tradicionales, haciéndose necesaria la creación de nuevos y adicionales mecanismos y órganos de control público, y principalmente no existe órgano alguno que tenga a su cargo preocuparse directa y principalmente por la defensa de las personas frente a la Administración Pública, lo cual exige una reforma perentoria en ese sentido.

II

EL CONTROL JURISDICCIONAL DE LA ADMINISTRACIÓN PÚBLICA EN EL DERECHO COMPARADO

1. TEORÍA DEL CONTROL JURISDICCIONAL

§28. Planteamiento general - La doctrina[41] ha sostenido que entre las cuestiones que se encuentran en el centro del debate decimonónico acerca de la creación del control jurisdiccional de la Administración Pública y cuyo conocimiento resulta hoy determinante para comprender el sistema de la Justicia administrativa, el primer problema se expresa en los términos siguientes: ¿Debe instrumentarse el control o revisión jurisdiccional a través de la jurisdicción ordinaria o bien por medio de una jurisdicción especial?

A lo anterior se responde que desde el punto de vista de los titulares llamados a ejercer el control jurisdiccional de la Administración Pública, los diferentes Derechos positivos han establecido diversos sistemas, condicionados por el momento histórico y el Ordenamiento jurídico y, de manera capital, porque han habido interpretaciones dispares con respecto a la aplicación del principio de separación de poderes. En efecto, como bien sostiene L. Rodríguez R.[42], a pesar de existir acuerdo sobre la necesidad e importancia del control jurisdiccional de la Administración Pública, un análisis de Derecho comparado permite constatar que no existe coincidencia en la forma como se organiza su ejercicio. Por el contrario, se encuentran diversos modelos o sistemas de Justicia administrativa.

Así las cosas, el control jurisdiccional de la Administración Pública se realiza por medio de sistemas disímiles en el Derecho comparado, que pueden clasificarse, con diversos matices, según predomine el criterio de que dicho control debe realizarse por los mismos jueces que tradicionalmente han tenido a su cargo la solución de las controversias entre particulares, o por jueces especializados que conforman una jurisdicción administrativa autónoma de la jurisdicción común u ordinaria.

---

41 Sommermann, K.-P., «La Justicia Administrativa Alemana», en *La Justicia Administrativa en el Derecho Comparado*, Barnes Vázquez, J., Civitas, Madrid, 1993, p. 37.

42 Rodríguez R., L., «Los Sistemas de Control Jurisdiccional de la Administración en el Derecho Comparado», en *El Control y la Responsabilidad en la Administración Pública, IV Congreso Internacional de Derecho Administrativo*, Coord. Alejandro Canónico, EJV, Caracas, 2012, p. 492.

No obstante, la evolución de los sistemas básicos de control jurisdiccional muestra evidentes acercamientos entre ellos, que permiten afirmar que en la actualidad dichos controles difícilmente se presentan en estado absoluto o puro, tanto por la dificultad de desconocer que el régimen jurídico de la Administración Pública conlleva particularidades propias, por lo menos en ciertos temas, como también por la dificultad de pretender que el régimen de la Administración Pública debe ser totalmente autónomo y que necesariamente sus jueces deben ser completamente independientes de los jueces comunes. También es cierto que no es fácil, ni en ocasiones posible, una total equiparación entre sistemas, al entremezclarse conceptos que no tiene su equivalente en los demás sistemas jurídicos comparados.

Ahora bien, la atribución a un Poder Judicial institucionalmente dotado de independencia, del control de la conformidad del ejercicio del Poder Público a la legalidad, es la nota característica esencial del Estado de Derecho. También otra de las notas características del sistema de control jurisdiccional es su plenitud, pues se ejerce sobre todas los órganos, centros o complejos orgánicos que ejercen el Poder Público. Así se ha dicho que el Estado de Derecho también implica la máxima posibilidad de justiciabilidad de la Administración Pública (O. Mayer[43]). Lo único que podría quedar sujeto a discusión a su respecto, es el medio, la forma o modo como se va a imponer el control jurisdiccional sobre la Administración Pública, destacándose fundamentalmente los modelos siguientes: (i) el sistema de la unidad jurisdiccional; (ii) el sistema de la dualidad jurisdiccional; y por último (iii) el sistema de la jurisdicción especializada, aspecto que abordaremos desde una perspectiva comparada por lo que encierra de utilidad dogmática y práctica.

A. Sistema de la unidad jurisdiccional

§29. Concepto - A. Sandulli[44] sostiene que si bien hay sectores del Derecho público en los cuales la reconstrucción histórica no aporta ninguna contribución especial, en cambio, el ejemplo más significativo para comprender la importancia de la historia para el estudio de la Justicia administrativa lo constituye, probablemente, la dicotomía entre monismo y dualismo jurisdiccional, basada fundamentalmente en los dos sistemas jurídicos (*summa divisio*) del mundo occidental (G. Braibant[45]).

El sistema denominado indistintamente monista, judicialista, de unidad de la jurisdicción o de la unidad jurisdiccional, es consecuencia de la independencia judicial ante el Rey (desde el siglo XVII), que concibe al Juez como un órgano del Derecho frente al cual el Poder Ejecutivo tiene poderes limitados. De acuerdo con ello, la fuerza de los actos públicos es la fuerza de la ley en que se apoyan, de donde deriva que su incumplimiento equivale a infringir la ley y aquí está la razón decisiva que da entrada a los tribunales, quienes detentan un absoluto control jurisdiccional.

En este supuesto, el titular del control jurisdiccional de la Administración Pública es un órgano independiente, que no forma parte de la Administración

---

[43] Mayer, O., *Derecho Administrativo Alemán*, trad. española del original francés de 1903, Buenos Aires, 1949-1951, t. I, p. 217.

[44] Sandulli, A., «Apuntes de Derecho Procesal Administrativo Italiano», *Corso di diritto amministrativo diretto da Sabino Cassese*, Seconda edizione, Giuffré Editore, Milano, 2013, p. 1.

[45] Braibant, G., «La juridiction administrative en droit comparé», en *Deuxième centenaire du Conseil d'Etat*, vol. II, RA, PUF, 2001, pp. 336.

Pública. Así la competencia para juzgar a la Administración Pública se haya atribuida a los tribunales ordinarios, como es el caso del Derecho anglosajón, esto es, los mismos tribunales que juzgan las controversias entre particulares. Y es que la existencia de un Derecho público diferente del Derecho privado, no comporta teóricamente la existencia de un orden jurisdiccional administrativo distinto del orden jurisdiccional ordinario (R. Odent[46]).

El sistema de la unidad jurisdiccional parte de la lógica de que existe una unidad de derecho sustancial, de procedimientos y de jurisdicción, de tal manera que las controversias entre particulares y entre estos y la Administración Pública se solucionan por el mismo Juez, con idénticos procedimientos y aplicando el mismo derecho sustancial. Este sistema de control jurisdiccional es el típicamente existente en el *common law*, pero también se aplica en algunos países de la tradición del *régime administratif*.

Sin embargo, la evolución del control jurisdiccional de la Administración Pública muestra que el sistema de la unidad jurisdiccional puro es quizás el que con menor frecuencia aparece, ni siquiera en los países de la tradición del *common law*, pues sus atenuaciones, además de ser cada vez más frecuentes, son más intensas. Estas se reflejan tanto desde el punto de vista de las formas de la organización en las llamadas cuasi-jurisdicciones administrativas (*administrative tribunals*), en las cámaras o salas especializadas y en las cortes especializadas, como desde el punto de vista del derecho sustancial aplicable a la Administración Pública. Así tenemos el caso de Estados Unidos de América, que cuenta con varias cortes especializadas en ciertas materias administrativas, pero subordinadas funcionalmente a la Corte Suprema de Justicia, como es la *Court of Federal Claims*; y por último de Inglaterra, donde existe la *Administrative Court* como una parte (*division*) de la Corte Suprema (*High Court*), especializada también sobre materia administrativa.

B. Sistema de la dualidad jurisdiccional

§30. Concepto - El problema de la unidad o de la dualidad jurisdiccional depende de la prevalencia del principio de legalidad o del principio de separación de poderes (E. Giucciardi[47]). Es así como en sus orígenes, la concepción francesa tiene como fundamento la particular interpretación del principio de separación de poderes. De ahí que la concepción francesa de la Justicia administrativa reposa sobre la institución en dos órdenes de jurisdicción -administrativo y judicial». Se estableció así un vínculo estrecho entre el mencionado principio -regla política-, y el principio de separación de las autoridades administrativas y las autoridades jurisdiccionales -regla jurídica de distribución de competencias-.

Este sistema denominado también dualista, de la doble jurisdicción o de la sustantividad, o en fin pluralistas, otorga la titularidad del control jurisdiccional a la propia Administración Pública por medio de órganos especializados, que no tienen ninguna vinculación con el Poder Judicial, y que además actúan separada e independientemente de las autoridades que ejecutan funciones administrativas (Administración activa). Finalmente, dentro de este sistema cabe distinguir si los órganos que lo conforman ostentan exclusivamente competencias jurisdiccionales, o si

[46] Odent, R., *Contentieux administrative,* Fascicule I, Les cours de droit, 6° ed., Paris, 1977-1981, p. 16.

[47] Guicciardi, E., *La giustizia amministrativa*, Padova, 1943, pp. 33 y ss.

además ejercen competencias consultivas en asuntos de administración en todo caso de manera separada.

Este es el sistema que impera en Francia, donde -repetimos- surge históricamente por una peculiar comprensión del principio de separación de poderes, al prohibirse que los tribunales ordinarios llamados «judiciales» pudieran intervenir en litigios contra la Administración Pública, o perturbar de cualquier manera su funcionamiento. El régimen jurídico francés se define esencialmente por la dualidad de jurisdicciones.

En el estado actual del Derecho en Francia existe consagrado este sistema contencioso- administrativo en el cual el Consejo de Estado es el juez administrativo superior, pero formando parte de la Administración pública, sin poder invadir el dominio de la Administración activa, al igual que los demás tribunales administrativos. Sin embargo, el sistema de la doble jurisdicción aparece no ya para proteger a la Administración Pública contra las interferencias de los tribunales judiciales, sino como una regla de división de trabajo (P. Duez y G. Debeyre[48]). Por ello mismo se le denomina sistema de la dualidad jurisdiccional, por cuanto existen dos órdenes jurisdiccionales con idéntica jerarquía e independientes entre sí, en la cúspide de los cuales se encuentran, de un lado la Corte de Casación, y del otro el Consejo de Estado con funciones jurisdiccionales y consultivas.

Es la forma de organización que más se acerca a la concepción teórica y filosófica del sistema de *régime administratif*, pues reconoce la existencia de un verdadero Juez de control sobre la Administración Pública, con la independencia y demás atributos que caracterizan el ejercicio de la función jurisdiccional de resolver las controversias, que lo deslindan del aparato administrativo y de los funcionarios controlados, y que aplica el derecho sustancial propio de la Administración pública.

Este sistema de organización del control jurisdiccional de la Administración pública se presenta, en ocasiones, mediante jurisdicciones administrativas con funciones exclusivamente jurisdiccionales como son los casos de Alemania, Suecia, Finlandia, Austria, Portugal, Luxemburgo y Uruguay. La más importante diferencia que distingue el modelo francés consiste en que el Consejo de Estado ha conservado su función primitiva de consejero de gobierno -función consultiva- que ejerce paralelamente a su función jurisdiccional (Italia, Colombia). Fuera del Consejo de Estado, los demás tribunales administrativos solo ejercen funciones jurisdiccionales.

El modelo francés ha influenciado a los sistemas que funcionan en los Países Bajos, Bélgica, Italia, Grecia, Colombia, Líbano, Egipto, Turquía, Argelia, Túnez, entre otros. Como conclusión general de este punto, puede afirmarse que el estudio de la evolución de los sistemas de control jurisdiccional de la Administración Pública refleja una tendencia hacia el dualismo predicado por el sistema de *régime administratif* y, con ello, hacia la necesidad de que la Administración pública se someta a un régimen jurídico especial cuyo juzgamiento corresponda a un Juez igualmente especial a través de procedimientos también especiales.

C. Sistema de la jurisdicción especializada

§31. Concepto - En este último sistema de control jurisdiccional de la Administración Pública, el mismo está atribuido al Poder Judicial, pero dado el grado de

[48] Duez, P., et Debeyre, G., *Traité de droit administratif*, Dalloz, Paris, 1952.

la especialización y la independencia que en la práctica tiene el orden jurisdiccional competente, nos permite verificar que existe una verdadera jurisdicción administrativa, por lo que estimamos resulta acertado proponer catalogarlos como una tercera categoría.

En efecto, la jurisdicción administrativa en tales casos por su naturaleza, organización y funcionamiento es, sobre todo, una jurisdicción especializada, distinta de la común u ordinaria. Por ello es necesario crear dentro del Ordenamiento jurisdiccional, no sólo tribunales independientes de la Administración Pública pero diferentes de los ordinarios y especializados en cuestiones contencioso-administrativas. Estos tribunales especiales, sin embargo, no quiebran la unidad de jurisdicción, a la cual continuarán perteneciendo. Este es el sistema que se encuentra consagrado en España y Venezuela.

La presentación que realiza la doctrina, es obligado decirlo, no se corresponde de manera rigurosa con las legislaciones positivas, pero permite precisar una visión general de las varias posibilidades existentes en el Derecho comparado, para contrastarlas con el sistema de la Jurisdicción Contencioso Administrativa venezolano.

2. TEORÍA DE LA JUSTICIA ADMINISTRATIVA

A. Introducción

§32. Planteamiento general - La Justicia administrativa -sostiene J. BARNÉS VÁZQUEZ[49]- se erige en la llave maestra del Derecho administrativo, en la medida que es la pieza central que da explicación y vida al entero sistema. De ahí que por más que parezca un lugar común, es necesario comenzar afirmando que el sistema de control público de la Administración Pública por los tribunales de la Justicia administrativa, esto es, el sistema contencioso-administrativo, es siempre un tema capital del Derecho público contemporáneo, pero también es el mejor barómetro del Estado de Derecho, donde se pone a prueba el progreso adquirido por las garantías ciudadanas, pues la cota más alta del Estado de Derecho es la de instrumentarse también como Estado de Justicia, según proclama el Art. 2 de la C vigente, pero entendiendo esta expresión como muy bien sostiene GARCÍA DE ENTERRÍA[50], no en cualquier sentido impreciso o retórico, sino como justicia judicial plenaria.

En efecto, la Justicia administrativa es un criterio para medir la efectividad real del Estado de Derecho que se caracteriza: por un lado, por la sujeción de la acción de los Poderes Públicos al Derecho; y por el otro, por la posibilidad de impugnar sus decisiones ante la Justicia. Los dos elementos principales del Estado de Derecho están, pues, en la base del sistema de Justicia administrativa; la existencia del primero presupone, la presencia del segundo en el Estado donde aquél está presente.

Sin embargo, esta primera aproximación es insuficiente, pues son muchos los aspectos sugerentes que resultan de su análisis. En tal sentido, vamos a tratar los antecedentes, evolución y consolidación de la Justicia administrativa, cuestiones capitales que es necesario examinar, y que son el presupuesto de otros temas que serán tratados con profundidad más adelante.

---

[49] Barnés Vázquez, J., «Introducción» a *La Justicia Administrativa en el Derecho Comparado*, Civitas, Madrid, 1993, p. 31.

[50] García De Enterría, E., *La lucha contra las inmunidades del poder*, Cuaderno Civitas 3° Ed., Madrid, p. 98.

B. Antecedentes

§33. Planteamiento general - Debemos señalar como premisa fundamental que los titulares de las funciones jurídico-estatales y, de manera concreta de la función o actividad administrativa, están sometidos en su ejercicio, en la concepción de un Estado de Derecho, a los diversos controles públicos analizado ya más arriba, los cuales van hacer efectivo el principio de la legalidad o de la juridicidad.

Desde ese punto de vista veremos cómo se articula, en tanto que sistema, dentro de un concepto mucho más general, el control jurisdiccional que se realiza, insistimos, fundamentalmente y de manera concreta, a través del ejercicio de la función jurisdiccional. A tal efecto, nos referiremos a la noción general de lo que ha sido el sistema de Justicia administrativa, cómo se origina o cuál es su génesis y cómo se consolida en el campo jurídico, pues como tantas otras nociones o institutos jurídicos, la misma ha sido objeto de una lenta pero sostenida evolución.

§34. Comprensión histórica - Hablar del sistema de Justicia administrativa es recordar, previamente, que su existencia no es algo que surgió de pronto sino que es el producto de oscilantes e intermitentes contingencias históricas que han precedido su origen, evolución y consolidación; que le han impreso su marca y le han conferido su originalidad con respecto a otros sistemas jurídicos de control jurisdiccional de la actividad de la Administración Pública.

Ahora, para tener cabal entendimiento del sistema de Justicia administrativa es necesario tener la comprensión histórica del momento en que el mismo aparece y evoluciona tanto en Francia que es su país de origen como en el Derecho comparado, no sólo porque es un hito fundamental de la historia del sistema de Justicia administrativa moderno, sino porque es un sistema vigente, lo que nos permitirá determinar las bondades o no del nuevo modelo implantado a raíz de la entrada en vigencia de la LOJCA.

Finalmente, no cabe la posibilidad de tener cabal entendimiento de una institución jurídica cualquiera, sin tener la comprensión histórica del momento en que la misma aparece, no sólo porque es un hito fundamental de la historia del Derecho público moderno, sino porque es un sistema vigente, aunque necesitado de una profunda revisión, lo que dará lugar a que se puedan determinar las bondades o no del diseño del modelo de Justicia administrativa imperantes hoy día en nuestro Ordenamiento jurídico a partir de la entrada en vigencia de la LOJCA.

C. *Régime administratif*

§35. Planteamiento general - Hablar del sistema de Justicia administrativa es recordar, previamente, que su existencia no es algo que surgió de pronto, sino que -repetimos- es el producto de oscilantes e intermitentes contingencias históricas que han precedido su origen y evolución.

Por ello, teniendo en cuenta lo que ese sistema le debe a la historia, no es inútil recordar en qué consistió dicha evolución, antes de presentar los principios fundamentales que son expresión de una institución que cuenta con más de doscientos años. Prescindiendo de antecedentes remotos, el sistema de Justicia administrativa fue una creación jurídica enteramente nueva, que surge súbitamente con la Revolución Francesa[51], se afirma en el siglo XIX, y conocerá un espectacular despliegue a lo largo del siglo XX, y que ahora en el siglo XXI, es pieza central del orden democrático sustantivo y de lo que se ha convenido en llamar Estado de Derecho[52].

§36. Postulados - Cuando la Revolución Francesa consagra junto con el principio de libertad, el denominado principio de legalidad al proclamar la exigencia de que los distintos Poderes Públicos debía ajustar sus actividades a la Ley, va a nacer un sistema -llamado por M. Hauriou[53] *régime administratif* de tipo francés-, el cual se caracteriza por los postulados fundamentales siguientes (J. Rivero[54]).

El primero es el postulado según el cual la Administración pública, guardiana del interés general debe hacerlo prevalecer, y por esta razón se la inviste de prerrogativas exorbitantes al Derecho común, inconcebibles entre particulares. Es la noción de la *puissance publique* (poder público).

El segundo postulado, puesto que se trata de un Estado de Derecho, es el de la necesidad, aun reconociendo tales prerrogativas exorbitantes al Derecho común en cabeza de la Administración Pública, de que sean fijadas con precisión y de limitarlas en interés del principio de la libertad de las personas mediante reglas de Derecho. Es el *principe de legalité* (principio de legalidad). La autonomía del Derecho administrativo con relación al Derecho común o privado se afirma a través de estos dos postulados.

Y el tercer y último postulado que emerge de los ya mencionados, es la necesidad de someter el ejercicio de la actividad de la Administración Pública al control de un Juez, para verificar que esta se desarrolle conforme con principio de legalidad, y al cual se ha juzgado necesario subordinarla. Así surge todo un sistema de control jurisdiccional de la actividad administrativa: es un sistema específico de *justice administrative* (Justicia administrativa) singular y atípica, por oposición a la justicia «de Derecho común».

D. Origen

§37. Planteamiento general - La Justicia administrativa tiene su origen, en una razón circunstancial que determinó en Francia que la interpretación del principio de separación de poderes -principio estructural del Poder Público, dogmático e indiscutible- no se adecuara según imponían sus propias auténticas fuentes y que, por el contrario, se afirmara una idea heterodoxa sobre la independencia del Poder ejecutivo respecto de los Poderes legislativo y judicial, y se asentaran desde los comienzos revolucionarios, las bases de lo que luego se habría de conocer como *régime administratif* propiamente tal (García De Enterría[55]).

---

[51] También hay que acudir a la época de la Revolución Francesa para encontrar los orígenes paralelos del Derecho administrativo y la Justicia administrativa. Véase por todos Ortiz-Álvarez, L. A., *Revolución Francesa y Justicia Administrativa*, Colección Cuadernos N° 7, Editorial Sherwood, Caracas, 2003.

[52] García De Enterría, E., Ob. cit., nota 26, pp. 11 y 12.

[53] Hauriou, M., *Précis de droit administrative et de droit public general*, Reimp. de la 12e édition, Sirey, 1933, Dalloz, 2002, pp. 1-3.

[54] Rivero, J., et Waline, J., *Droit administratif*, 21 éme édition, Dalloz, Paris, 2006, pp. 469 y ss.

[55] García De Enterría, E., *Revolución Francesa y Administración contemporánea*, Taurus, Madrid, 1984, p. 34.

En efecto, la Justicia administrativa es el producto de las circunstancias que se engendraron al final del Antiguo Régimen y al comienzo de la Revolución Francesa, como fue la reacción contra las prácticas de los antiguos Parlamentos judiciales, considerados como abusivos por la Administración real: la creación de un sistema especial de resolución de las controversias nacidas de la actividad de la Administración Pública, fue el objeto de una justificación teórica que vino a establecer el principio de separación de las autoridades administrativas y judiciales, consagrado por el Art. 13 de la básica Ley del 16-24 de agosto de 1790, y el Art. único del Decreto 16 Fructidor del Año III (o 03-09-1795), texto que la doctrina considera no sólo la primera piedra del peculiar sistema jurídico francés de control jurisdiccional de la Administración Pública, sino que continúa marcando aún hoy mismo uno de sus rasgos esenciales.

Con respecto a estos dos textos, todavía existen divergencias sobre cuál fue su verdadero sentido y alcance. Es que deseaban ¿sustraer todas las controversias administrativas de la competencia del juez común, o sólo prohibirle que se inmiscuyera en la actividad administrativa? El fin perseguido ¿Era la ausencia de todo recurso contra la Administración Pública o, por el contrario, la puesta en funcionamiento de un modo original de control? Al respecto, señala la doctrina que la verdadera razón práctica fue la voluntad de excluir en forma absoluta el control judicial sobre la Administración Pública (B. Fiorini[56]). A partir de ahí, paradójicamente, el sistema de control evolucionó hacia la creación de una verdadera Justicia administrativa, cuya existencia reposa hoy día en Francia sobre una razón de rango constitucional, punto este sobre el cual volveremos.

Pues bien, en un principio, proclamada la teoría de separación de poderes, se va a interpretar en el sentido antes indicado de afirmar «*la independencia de la Administración frente a los Tribunales*» (J. González Pérez[57]), y que va a ser idea capital en el pensamiento de los legisladores de la época, y se formulará de modo categórico por los tratadistas posteriores hasta nuestros días. Así fue admitido, invocándose el principio de separación de poderes «a la francesa», el apotegma central que «*juzgar a la Administración Pública sigue siendo administrar*» (Henrion De Pansey[58]).

Desde entonces, las consecuencias de la concepción francesa del principio de separación de poderes son claras: por lo pronto, sustraer el conocimiento de las reclamaciones contra actos y operaciones de la Administración Pública de los órganos judiciales. Así, el ciudadano que sufría una lesión en su esfera jurídica como consecuencia de la actividad de la Administración Pública, no tenía otro camino que deducir sus reclamaciones ante órganos encuadrados dentro de la propia Administración Pública, que al origen eran órganos puramente administrativos, para devenir judiciales sólo después de una lenta y progresiva evolución.

Así las cosas, entre esas dos explicaciones debió transcurrir un largo periodo de formación de la Justicia administrativa, del cual trazaremos brevemente las grandes etapas.

---

56 Fiorini, B., *Derecho Administrativo*, t. II, 2° ed., Abeledo-Perrot, Buenos Aires, 1976, p. 591.
57 González Pérez, J., *Manual de derecho procesal administrativo*, 3° ed., Civitas, Madrid, 2001, p. 70.
58 Henrion De Pansey, cit, por Odent, R, Ob. cit., nota 46, p. 39.

E. Formación de la justicia administrativa

§38. Planteamiento general - El principio de separación de las autoridades administrativas y las autoridades judiciales va a engendrar la distinción de las tres etapas del periodo de formación de la Justicia administrativa.

En efecto, a partir de 1790, el poder judicial no puede juzgar a la Administración Pública: es el sistema puro y simple que se conoce como la teoría del Ministro-juez (I). Después del año VIII (1799), aparece un embrión de la Justicia administrativa que funciona sobre la base del principio de la denominada justicia retenida (II). Y luego, desde 1872, el juez administrativo es el juez de la Administración Pública: la Justicia administrativa se consolida hasta nuestros días, con el reconocimiento inicial a su favor de un verdadero poder de juzgar, y más tarde de ejecutar lo juzgado: es la denominada justicia delegada (IV). Y por último, el reconocimiento constitucional del juez administrativo y su competencia.

Veamos someramente cada una de ellas.

a. Sistema del ministro-juez

§39. Planteamiento general - Durante los inicios de la Revolución Francesa, la primera preocupación fue limitar la potestad de los tribunales ordinarios (llamados judiciales), pues la separación de poderes implicaba fijar límites estrictos al Poder judicial frente al Poder legislativo y al Poder ejecutivo. Por tanto, se imponía establecer un mecanismo de resolución de las controversias administrativas.

Ahora bien, por un lado, la conciencia de la especificidad de los litigios administrativos les disuade de someter tales controversias pura y simplemente a la Justicia común; mientras que del otro, se descarta la idea de crear tribunales especiales, para no resucitar la justicia de excepción, muy practicada en el Antiguo Régimen. Es por ello que se escoge una tercera vía, la de confiar el cuidado de resolver las controversias administrativas a la Administración Pública misma (sistema de auto-control) que se concreta precisamente en la anulación por vía jerárquica de los actos ilegales.

A partir de ahí, el legislador prohibió en reiteradas oportunidades a los tribunales comunes conocer de los actos y operaciones de la Administración Pública. En efecto, el Art. 13 de la Ley del 7-14 de octubre de 1790 sobre la organización judicial, determina cuáles son los órganos competentes para conocer de las reclamaciones deducidas frente a la Administración Pública en los términos siguientes: «*Las funciones judiciales son distintas y permanecerán separadas de las funciones administrativas. Los jueces no podrán, bajo penas de prevaricación, perturbar, de ninguna manera, las acciones de los cuerpos administrativos, ni citar a los administradores por razón de sus funciones*».

En el nivel central, el control de la Administración es confiado al mismo Rey, y a la caída de este el Ministro, quien recibe esta competencia en tanto que jefe de la Administración general. En el plano local, son los directores de Departamento y los de Distrito, quienes reciben una competencia de la misma naturaleza sobre los asuntos de su jurisdicción. Evidentemente, en esta etapa no puede decirse que exista Justicia administrativa en el sentido moderno sino, por el contrario, confusión de las funciones administrativas y contenciosas en beneficio de la Administración Pública misma.

Ahora, este sistema inicial de control puramente interno se mostró insatisfactorio y funcionó mal por razones que tuvieron que ver más con el contexto político. En un primer tiempo, la anarquía paraliza el sistema; después, a partir de 1793, es la arbitrariedad más absoluta con el gobierno revolucionario.

En conclusión, señala la doctrina: «*La experiencia de estos diez años hizo resaltar todos los inconvenientes de una justicia administrada por hombres políticos, y, en contrapartida, las ventajas y las garantías que presentaba un órgano técnico jurisdiccional*» (ODENT[59]).

b. Sistema de la justicia retenida

§40. Planteamiento general - Por cuanto el sistema inicial no ofrecía garantía alguna a los ciudadanos, va a ser profundamente modificado. En esta etapa, la C del 22 Frimario del Año VIII (o 13-12-1799) instituye el régimen del Consulado y se procede a una reorganización administrativa general: va a estar naturalmente preocupado de lograr que se resuelvan las controversias administrativas en condiciones aceptables, no sólo para la Administración Pública misma, sino para los ciudadanos.

También para un sector de la doctrina, el Año VIII es considerado el punto de partida del Derecho administrativo (M.-H. Renault[60]), expresión que aparece empleada por primera vez en 1808, por el precursor francés de la ciencia administrativa: C.-J. Bonnin[61]. Desde entonces también comienza la historia singular del Derecho administrativo, sin duda, la más alta y valiosa expresión del «*monumento jurídico de la Revolución*» (García De Enterría[62]).

Así las cosas, la C del Año VIII crea también, con atribuciones nuevas, un Consejo de Estado. El Art. 52 de este texto precisa: «*Bajo la dirección de los Cónsules, un Consejo de Estado se encargara de redactar los proyectos de ley y los reglamentos de la Administración pública, así como de resolver las dificultades que se eleven en materia administrativa*».

Es esta última función la que va a hacer del Consejo de Estado la pieza esencial que está en el origen del sistema contencioso administrativo. También, el Consulado en el Año VIII (28 de enero-febrero) crea los Consejos de Prefectura encargados, bajo la dirección del Prefecto, de resolver un cierto número de controversias de los Departamentos. Así, estos organismos administrativos reciben una tarea consultiva en un doble sentido: son encargados de dar opiniones a la Administración Pública activa con ocasión de los asuntos administrativos, pero también con ocasión de los asuntos contenciosos. Estos organismos no tienen todavía carácter judicial. Son organismos encargados de instruir el asunto y de elevar a la Administración Pública activa un proyecto de decisión.

Por tanto, surge así el primer sistema de Justicia administrativa que desde entonces recibirá el nombre de «contencioso-administrativo», -cuya expresión es tomada del Antiguo Régimen- el cual fue instituido inicialmente para ejercer una función jurisdiccional, consistente en resolver los litigios donde la Administración Pública era parte.

---

59 Odent, R., Ob. cit., nota 46, p. 37.

60 Renault, M.-H., *Histoire du droit administratif*, Ellipses, Paris, 2007, p. 57.

61 Bonnin, Ch. J., *De l'importance et de la necessité d'un code administratif*, Paris, 1808.

62 García De Enterría, E., Ob. cit., nota 55, p. 67.

En efecto desde su creación en el Art. 52 de la C del año VIII (1799), el *Conseil d'Etat* tiene la función «*de resolver las dificultades que surjan en materia administrativa*», la que va a hacer la pieza esencial que está en el origen del sistema de Justicia administrativa. Pero esta función primera ha engendrado, a su vez, una serie de funciones no menos importantes, las unas manifiestas como son la función de control jurisdiccional, o en un menor grado, la creación de reglas de Derecho que se le imponen (Rivero[63]), hasta convertirse hoy día en un Derecho enteramente codificado por obra del Código de Justicia Administrativa aprobado por Ley francesa de 04-05-2000.

Posteriormente, el 5 Nivoso del Año VIII (o 26-12-1799), un reglamento viene a completar las disposiciones constitucionales, donde se precisa que el Consejo de Estado va a conocer las cuestiones que surjan en materia administrativa, aun cuando entre sus facultades no va a estar la de decisión, que seguirá retenida por los órganos de la Administración Pública activa (Emperador, Rey o Gobierno, según sea el caso).

Por tanto, si bien el poder de juzgar permanece en manos de la Administración Pública, se va perfilando el anuncio, al menos funcional, de una separación entre la Administración-activa y la Administración-juez. Es el sistema que se va a conocer después bajo la denominación de la justicia retenida. A pesar de todo, estas serán las bases de una evolución lenta hacia una verdadera Justicia administrativa singular y atípica.

Este sistema de control que presentaba la particularidad de confiar el examen de las controversias administrativas a órganos especializados y distintos de la Administración Pública activa -principio que se eleva a la categoría de esencial en el sistema- fue objeto de vigorosas críticas por parte de los detractores que denunciaban la ausencia de independencia de tales organismos frente a aquella. Estos fuertes ataques tienen que ver con: el carácter no público de su procedimiento, la timidez de su jurisprudencia, la libre designación y remoción de los funcionarios, y el abuso de solicitudes de conflictos de competencia.

Las críticas fueron particularmente virulentas frente al Consejo de Estado, cuya existencia se vio amenazada en numerosas ocasiones, particularmente en los años de 1814, 1830 y sobre todo en 1871, donde incluso fue reemplazado por una Comisión provisional.

A pesar de ello, el sistema de Justicia administrativa va a resistir los fuertes ataques, gracias a reformas importantes que se inician mediante dos decretos de fechas 11 y 22 de julio de 1806, que marcan el verdadero punto de partida de la jurisdicción contencioso-administrativa al: separar las funciones consultiva y contenciosa -caracterizada ésta por la permanencia y autonomía del personal- en el seno del propio Consejo de Estado; consagrar la publicidad de las audiencias; asimilar más el procedimiento contradictorio a un proceso judicial auténtico; y finalmente, los abogados obtienen el derecho de realizar observaciones orales a los escritos presentados, de modo que se asiste a una jurisdiccionalización progresiva del sistema de control de la Administración Pública.

c. Sistema de la justicia delegada

§41. Planteamiento general - Es la última etapa de esta evolución, la que hizo penetrar el sistema de control jurisdiccional de la Administración Pública en el

[63] Rivero, J., «Le juge administratif francais, un juge qui gouverne», en *Dalloz*, Paris, cron. p. 21.

mundo del Estado de Derecho, caracterizado por el reconocimiento a favor del Juez de una verdadera función jurisdiccional. En esta etapa, el poder de juzgar le fue delegado al Consejo de Estado: la verdadera separación de la Administración pública y del Juez se impone desde entonces.

En efecto, la fecha decisiva en la evolución del sistema de Justicia administrativa es el 24-05-1872, cuando se dicta la Ley que significa el abandono del sistema de la justicia retenida y el advenimiento de la Justicia administrativa moderna, al confiársele al Consejo de Estado, «*en nombre del pueblo francés*», el poder de decidir por sí las controversias administrativas. Esta Ley restablece, además, el Tribunal de Conflictos creado por la C de 1848 (Art. 89) y de existencia breve, que va a estar encargado de resolver los conflictos de competencia que pudieran plantearse entre la jurisdicción administrativa y la jurisdicción común, competencia que hasta ese momento tenía el propio Consejo de Estado.

En este punto, es necesario mencionar la discusión sobre el momento exacto en que el Consejo de Estado abandonó la denominada teoría del Ministro-juez, en virtud de la cual todas las controversias debían ser sometidas, en primer término, al ministro que resolvía en calidad de juez, al ser considerado este como «*juez de derecho común*», y sólo luego, en apelación al Consejo de Estado.

Al respecto la doctrina señala que fue la decisión del Consejo de Estado, fallo *Cadot*, la que marcó una etapa capital en la evolución del sistema de Justicia administrativa, al dar el golpe de gracia a la teoría del Ministro-juez y al hacer del Consejo de Estado, el juez de derecho común de la Justicia administrativa hasta 1953, cuando la jurisdicción de derecho común de la Justicia administrativa es confiada a los tribunales administrativos. Gracias al mencionado fallo, no sólo se pudo desarrollar toda la jurisprudencia administrativa, sino que también sin él no hubiera sido posible la más importante reconfiguración legislativa de 1953 (L. Long y otros[64]), la cual es seguida de otras de 1980 (Ley de 16-07-1980), 1987 (Ley de 31-12-1987), 1990 (Ley de 25-06-1990), 1995 (Ley de 08-02-1995), 2000 (Ley de 30-06-2000), y que culmina con el Código de Justicia Administrativa sancionado el 04-05-2000 y en vigor a partir del 01-01-2001.

Por tanto, se concluye, 1872 marca el nacimiento de la etapa que se conoce como de la justicia delegada, esto es, una verdadera Justicia administrativa, distinta de la organización judicial, que a medida que se extiende y se refuerza el control jurisdiccional sobre la actividad de la Administración Pública, se concibe como la garantía real del Estado de Derecho (D. Lochak)[65]. En conclusión, al poner fin a las situaciones conflictivas, con vinculación plena de la Administración Pública al principio de legalidad, el Juez administrativo cumple la misión en el sentido más amplio del término de administrar Justicia administrativa.

También, el periodo que se abre después de 1872 aparece hoy como la edad clásica del Derecho administrativo, donde las sistematizaciones doctrinales encuentran su equilibrio y vigor pero, sobre todo, es el momento en que la acción creado-

---

[64] Vid. CE, del 13-12-1889, en Long, M., Weil, P., Braibant G., Delvolvé, P. et Genevois, B., *Los Grandes Fallos de la Jurisprudencia Administrativa Francesa*, Ed. Librería del Profesional, Bogotá, 2000, N° 5, pp. 21-23.

[65] Lochak, D., *La justice administrative*, Monchrestien, Clefs-Politique, Paris, 1992, p. 28.

ra del Consejo de Estado francés va a desplegarse con una gran audacia, multiplicando las iniciativas, y haciendo de la jurisprudencia, la fuente esencial del progreso del Derecho administrativo (Rivero[66]).

d. Consagración constitucional

§42. Planteamiento general - La existencia de la Justicia administrativa en Francia y su corolario, el sistema de dualidad jurisdiccional, podía aparecer hasta una fecha reciente como la secuela de una tradición histórica, pero susceptible de ser cuestionada algún día. Al reconocérsele, recientemente, el fundamento constitucional que le hacía falta, esto es, la C del 22 Frimario del Año VIII (o 13-12-1799), por cuanto la C francesa de 1958 no hace ninguna referencia expresa a su existencia, a diferencia de lo que ocurre en los modelos constitucionales alemán, español y venezolano.

En efecto, la consagración constitucional contemporánea del sistema de Justicia administrativa en Francia por parte del Consejo Constitucional se hubo efectuado en dos tiempos.

El primero mediante el fallo *Leyes de validación de actos administrativos*[67], el Consejo Constitucional por primera vez ha elevado a rango de principio de valor constitucional la existencia misma de la jurisdicción del orden administrativo, le reconoció valor constitucional al principio de la independencia de la Justicia administrativa, así como el carácter específico de sus funciones, en tanto que principio fundamental reconocido por la leyes de la República, específicamente, la Ley del 24-05-1872 aún vigente.

En el segundo fallo, y cuya importancia es más capital, el Consejo Constitucional fue más categórico. Dos sentencias han sido particularmente firmes sobre la naturaleza de la competencia de la Justicia administrativa y, por ende, sobre su existencia misma[68]. Para decidir, el Consejo Constitucional se fundamentó sobre la concepción francesa del principio de separación de poderes, para consagrar la existencia de un nuevo principio fundamental reconocido por las leyes de la República, según el cual, el tribunal contencioso administrativo tiene competencia exclusiva para decidir «*la anulación o la reforma de las decisiones adoptadas, en el ejercicio de las prerrogativas de poder público, por las autoridades que ejercen el poder ejecutivo, las colectividades territoriales de la República, o los organismos públicos colocados bajo sus autoridad o control*».

En definitiva: se erige, pues, hoy día, en un principio de valor y rango constitucional, la existencia misma de la Justicia administrativa, a la vez que los fundamentos esenciales de distribución de competencias entre los dos órdenes jurisdiccionales, que sólo el Poder constituyente podría desvirtuar, y frente al cual el Legislador no tiene potestad para desconocerla.

---

[66] Rivero, J., «Derecho administrativo francés y derechos administrativos extranjeros», en *Páginas de derecho administrativo*, Temis, 2002, p. 124.

[67] Vid. Consejo Constitucional, del 22-07-1980, n. 80-119 DC., fallo *Lois de validation d'actes administratifs*, Rec. C. Const., p. 46.

[68] Vid. Consejo Constitucional, del 23-01-1987, fallo *Conseil de la concurrence*, en RFDA, 1987, p. 299; N° 86-244 DC, Rec. C. Const., p. 8; y Consejo Constitucional, 28-07-1989.

3. CONSOLIDACIÓN CONTEMPORÁNEA

A. Justificación técnica

§43. Planteamiento general - Rivero[69], como autoridad más significativa, señala que al término de la evolución que hemos trazado, la Justicia administrativa ha dejado de ser flanco de las críticas de los detractores, pues ella se ha mostrado suficientemente independiente para juzgar, imparcialmente, las controversias surgidas entre la Administración Pública y los ciudadanos.

Sin embargo, esto no sería suficiente para explicar su mantenimiento. En efecto, las razones que determinaron su creación hoy día han desaparecido. Si la Justicia administrativa ha sobrevivido, no es sólo por la fuerza de la tradición; es porque las razones que justificaron su creación han sido sustituidas por otras nuevas. Además, es notorio el papel fundamental que a la Justicia administrativa le ha correspondido en la elaboración de una nueva ciencia jurídica: un Derecho administrativo autónomo y original.

Pues bien, los caracteres particulares de este Derecho administrativo permiten pensar que los tribunales comunes no estarían preparados para aplicarlo y continuar su desarrollo. Muy informados de las realidades administrativas, sólo los jueces contencioso administrativos saben hasta dónde pueden ir en el ejercicio del control que ellos le imponen a la Administración Pública; y ellos llegan tan lejos en la medida de la seguridad de no ir demasiado lejos.

En efecto, nadie duda hoy día que la creación de la Justicia administrativa ha comportado el desarrollo de un Derecho específico. Ahora, tanto el Derecho administrativo como el Derecho procesal administrativo -o Derecho administrativo jurisdiccional- más directamente orientado hacia la resolución de las controversias administrativas, se caracterizan por la complejidad de sus reglas. Estas disciplinas exigen su manejo por parte de un juez especializado que domine esa complejidad: el juez contencioso administrativo (J. Viguier[70]).

Por tanto, concluye la doctrina, la existencia de un Derecho administrativo original es lo que constituye hoy día, la única justificación sólida (Rivero[71]) y moderna, fundamentalmente de orden técnico (Viguier[72]), de la existencia de la Justicia administrativa contemporánea. A su justificación primitiva, monstruosa construcción revolucionaria (González Pérez[73]), y esencialmente política -la preocupación de defender la independencia del Poder ejecutivo contra el Poder judicial-, se la ha sustituido por una justificación eminentemente técnica, fundada sobre la idea de la división del trabajo entre dos órdenes de jurisdicciones especializadas, en la aplicación de dos Derechos diferentes.

Por último, las personas, confiadas en la independencia e idoneidad de su juez contencioso administrativo; y la Administración Pública, segura del conocimiento que este tiene de sus necesidades, encuentran, igualmente, su cuota de seguridad en esta solución, y aceptan sufrir los posibles inconvenientes, en razón de las ventajas superiores que de la misma obtienen.

---

69 Rivero, J., *La reforme du contentieux administratif*, RDPSP, Paris, 1953, p. 926.
70 Viguier, J., *Le contentieux administratif*, Dalloz-Droit public, Paris, 1998, p. 10.
71 Rivero, J., *Ob. cit.*, nota 69, p. 928.
72 Viguier, J., *Ob. cit.*, nota 70, p. 11.
73 González Pérez, J., Ob. cit., nota 70, p. 70.

B. Especificidad

§44. Planteamiento general - El sistema de Justicia administrativa tiene rasgos específicos. Con ello se quiere significar que cuenta con una estructura jurídica, institucional y procedimental especial, sobre muchos aspectos distinta de las demás jurisdicciones y, principalmente, de la jurisdicción ordinaria.

§45. Controversia - El primer elemento de la Justicia administrativa es la situación contenciosa, la controversia. La existencia de la controversia da una finalidad a la instancia y le confiere su carácter contencioso. La controversia es un elemento esencial del contencioso (Hauriou[74]), sin el cual no puede existir.

Durante mucho tiempo se han sostenido definiciones formales de la controversia, las cuales no son satisfactorias, puesto que no determinan la naturaleza profunda y muy especial del fenómeno contencioso, ni sus caracteres, con lo cual se explica en realidad, la existencia de una función jurídica estatal, esto es, la función jurisdiccional, cuyo objeto es resolver las situaciones controvertidas.

Por ello se constata que la doctrina contemporánea ha prestado atención al análisis del fenómeno contencioso, principalmente, a partir de R. Bonnard, quien ha combatido con éxito la noción corriente de la controversia, que se hacía depender simplemente en dos pretensiones contrarias, y la ha presentado como un fenómeno específico del mundo del Derecho. Es así como el fenómeno contencioso es fundamentalmente un hecho de orden psico-social y, por ende, extra-procesal.

Es una diferencia de opinión relativa a una conducta, a una actividad determinada -un desacuerdo en la valoración de un acto, de un hecho o de una omisión- a la que otro sujeto estima como susceptible de causarle agravio y, por tal razón, cuestiona la regularidad de tal actividad o de sus efectos, en orden al restablecimiento del daño causado o alegado. Por tanto, es una diferencia de opinión y no una lucha de fuerzas, si bien puede degenerar como tal. No es tampoco una discusión de orden académico sobre la realidad de un hecho.

En mérito a lo anterior, se puede sostener que la controversia es, en definitiva, una diferencia con trascendencia jurídica relativa a una conducta determinada, ya sea sobre una actividad pasada que ha producido sus efectos y continúa eventualmente produciéndolos, ya sea sobre una actividad inminente y que deberá normalmente producir tal o cual efecto.

Para que el fenómeno contencioso se produzca, es necesario que la actividad considerada le parezca a otro sujeto como susceptible de causarle lesión o agravio. De otro modo ningún desacuerdo puede originar. El daño puede aparecer como consecuencia de los efectos de un acto -jurídico o material- y no del acto mismo. Sin embargo, no es necesario que el daño sea real, es suficiente que otro sujeto prevea que tal actividad puede causarle daño, que ella le parezca como tal. Esta es la razón elemental de por qué los fenómenos contenciosos son prácticamente inevitables.

Pues bien, para que la situación contenciosa o controversia se materialice, es necesario que se manifieste una resistencia latente o una oposición formal a su actividad a sus efectos. Es en ese momento que los dos sujetos envueltos en esta situación se dan cuenta de su oposición recíproca. Un elemento externo es, pues, necesario a la

[74] Hauriou, M., Ob. cit., nota 53, p. 383.

manifestación de la situación contenciosa, que será precisamente esa resistencia latente o esa oposición formal. Para vencer esa resistencia, el autor del acto deberá formular una pretensión para que la misma cese o una pretensión que se enfrenta a una oposición formal. Es en ese momento que la controversia ha nacido.

Ahora bien: ¿En qué consiste ésta? En cuestionar la regularidad de la actividad administrativa -jurídica o material- que se presenta como causante del agravio. Es necesario que la regularidad del acto o actividad o sus efectos -tengan relación con un derecho subjetivo (protegido por una regla) o con normas pre-establecidas-, sean cuestionadas para que haya verdaderamente controversia.

§46. Rasgos distintivos - La situaciones controvertidas suscitadas por la actividad administrativa son de la misma naturaleza y poseen los mismos caracteres fundamentales que las que sirven para definir al fenómeno contencioso en general, aquellas tiene por objeto cuestionar la legalidad, tanto de los actos administrativos como de sus efectos: la principal importancia del concepto de contencioso-administrativo en general es la de constituir el medio más eficiente para obligar a la Administración Pública a actuar dentro del principio de legalidad.

Es por ello que tales controversias poseen los caracteres especiales que dan al contencioso-administrativo, considerado en sí mismo y en su estructura institucional y procedimental, sus rasgos distintivos. Las razones son las que relacionamos a continuación.

En primer lugar, la Justicia administrativa corresponde a las controversias donde se cuestiona la regularidad de la actividad -entendida ésta como conjunto de actos y hechos jurídicos- de la Administración Pública, lo cual origina un contencioso importante, muy diferente por su objeto al contencioso entre las personas privadas.

En segundo lugar, la Administración Pública no sólo detenta prerrogativas exorbitantes que no tienen equivalente en las personas privadas, sino que también está sujeta a obligaciones que tampoco tienen éstas. De lo cual resulta que en la Justicia administrativa es posible invocar principios y reglas de Derecho que no podrían hacerse en las controversias que surgen entre personas privadas.

¿Cuáles son esos principios y esas normas? Ellos están constituidos por un conjunto de decisiones de fondo o de forma que contiene el Derecho positivo y que imponen a la Administración Pública obligaciones especiales, muy precisas, que condicionan sus relaciones entre sus órganos, por un lado, y frente a las personas, por el otro. Son precisamente esas normas exorbitantes al Derecho común susceptibles de ser invocadas en apoyo de las pretensiones de las personas, a los fines del restablecimiento de las situaciones jurídicas subjetivas, las que le dan también a los litigios administrativos caracteres particulares.

Finalmente, la especificidad de la Justicia administrativa no deriva solamente de los caracteres expuestos, sino también de que la Administración Pública tiene siempre el carácter de parte en las situaciones contenciosas que origina su actividad administrativa. Ahora, no es parte como cualquier otro sujeto; pues, sin duda, al perseguir la realización del bien de la colectividad, del interés general, debe tener en cuenta, incluso si se encuentra envuelta en un litigio, los intereses de los particulares para conciliarlos con el interés público.

En la actualidad, ya nadie pone en duda que la institución de la Justicia administrativa deba ser regulada en forma especial y preferente, por tener caracteres propios y muy *sui generis* en relación con el Derecho procesal civil. Basta sólo tener en cuenta que uno de los sujetos en las controversias es la propia Administración Pública.

En consecuencia, la especificidad de la Justicia administrativa frente a la jurisdicción ordinaria se pone de manifiesto por:

a. El carácter jurídico-público de una de las partes que contienden: la Administración Pública.
b. Las reglas que aplica derivan de un Derecho autónomo, común, normal y estatutario de carácter público: el Derecho administrativo.
c. Las relaciones jurídicas que rige son de Derecho público: las relaciones jurídico-públicas.
d. La forma misma de accionar que tienen las personas privadas son distintas de las del Derecho común.
e. Y por último, la trascendencia o repercusión que el litigio ha de tener sobre los intereses de la colectividad le dan un carácter especial y distinto: los intereses generales o públicos.

En consecuencia, la Justicia administrativa presenta, en sí misma, rasgos que la distinguen de los otros contenciosos, como también lo será su estructura institucional y procedimental, lo cual se explica, al menos en parte, por las diferencias de fondo que se acaban de exponer.

C. Apreciación crítica

§47. Planteamiento general - Llegado a este punto, parece necesario preguntarse: ¿se debe mantener o es necesario suprimir la Justicia administrativa? Esta ha sido una pregunta recurrente a lo largo de su existencia, y que con enfoque pedagógico, hoy día se les plantea a los alumnos de Derecho en las universidades francesas, buscando con ello hacerlos reflexionar.

En efecto, si hay algo que impacta al estudiar la evolución que ha conocido la Justicia administrativa, es ver que su consolidación progresiva ha ido de la mano de su crítica y cuestionamiento permanente, aún de su propia existencia. Es una crítica fundamentalmente política, tanto por su objeto como por sus modos de expresión, que encuentra eco en las discusiones que oponen a sus partidarios y detractores, y que testimonia hasta qué punto la Justicia administrativa está estrechamente vinculada a una cierta concepción del Estado y de las relaciones entre los distintos Poderes Públicos.

Así, para los detractores, el cuestionamiento más radical es de orden ideológico, incluso si no es presentado como tal. Se dice que sería un vestigio de una época convulsionada, de una concepción superada, casi retrógrada de la Administración Pública, situada por encima de las personas, sometida a un Derecho exorbitante al Derecho común; y, por último, dotada de privilegios exorbitantes, dentro de los cuales figura en el primer rango, el privilegio de la jurisdicción.

Del lado de los defensores se invoca, en primer lugar, la especificidad del Derecho administrativo, que requiere de un juez idóneo: el Juez administrativo. El segundo argumento tiene que ver con el conocimiento profundo que tendría el Juez administrativo, resultado de la formación y conocimiento que debería tener de la Administración Pública.

Así las cosas, hoy día se puede afirmar que la Justicia administrativa francesa ha salido airosamente reforzada después de doscientos años de historia por su prestigio y, en general, por el respeto a sus *arrêts*. No obstante las críticas de que ha sido objeto, ella ha atravesado revoluciones, ha sido conservada y respetada, tanto por regímenes autoritarios como por regímenes liberales; en fin, ha sobrevivido a las numerosas crisis que han marcado su existencia, edificándose sobre unas bases institucionales o principios fundamentales que abordaremos más adelante.

4. INFLUENCIA DEL SISTEMA DE JUSTICIA ADMINISTRATIVA FRANCÉS

§48. Planteamiento general - Señala González Pérez[75] que la importancia del sistema de Justicia administrativa francés, es tanto en su país de origen como también en el contexto del Derecho comparado. El éxito de la Justicia administrativa configurado en Francia va a originar su recepción en el resto de Europa, y más tarde en Latinoamérica. Y es que la generalización del sistema de Justicia administrativa en los Estados contemporáneos se explica por su perfecta adecuación a los dogmas democráticos del imperio de la Ley y de la responsabilidad por los actos que pretendiesen eludirlo (García De Enterría[76]).

Dentro de Francia no hay duda que ha producido esplendidos resultados, al punto que ha llegado a afirmarse que «*sin la jurisprudencia del Consejo de Estado no habría Derecho administrativo en Francia*» (Waline[77]). Sin embargo, el valor del sistema de Justicia administrativa francés no se debe limitar a considerar que ha hecho posible una institución creadora del Derecho administrativo, pues como bien señala Rivero[78], también su influencia se proyecta al Derecho comparado en dos direcciones.

Por un lado, la influencia sobre las instituciones jurídicas, que consiste en el préstamo hecho de un país a otro de todo o parte de su sistema jurídico, de su legislación y de sus instituciones jurídicas. Pero que el más importante artículo de exportación, y puede ser el mejor, es el del sistema de control jurisdiccional de la Administración Pública por un juez especializado. La existencia de una Justicia administrativa, más o menos inspirada en el Derecho administrativo francés, la recepción de reglas de fondo desarrolladas por este, el principio de la autonomía del Derecho administrativo con relación al Derecho privado, todas las técnicas y procedimientos que permiten el control jurisdiccional de la legalidad de la actividad administrativa y, principalmente, el denominado *recours pour excès de pouvoir* -o recurso por exceso de poder-, son señales ciertas de la influencia del Derecho administrativo francés en el mundo. En este sentido también sostiene Rivero[79] que en el mercado internacional de productos jurídicos, el *recours pour excès de pouvoir* es uno de los mejores productos de exportación.

Pero existe, además del criterio institucional del cual se acaba de hablar, un segundo criterio que permite medir su influencia, y es la influencia de la doctrina jurídica de ese país. Es así que cuando los doctrinarios de un país adoptan para hablar del Derecho administrativo nacional, para analizarlo y sistematizarlo, los

---

75 González Pérez, J., Ob. cit., nota 57, p. 291.
76 García De Enterría, E., Ob. cit., nota 55, p. 58.
77 Waline, M., *L'action du Conseil d'État dans la vie francaise*, LJCE, p. 123.
78 Rivero, J., Ob. cit., nota 66, p. 222.
79 Rivero, J., Ob. cit., nota 69, pp. 571-572.

conceptos de base que fueron deducidos en otro país, las nociones fundamentales, las categorías esenciales por las cuales en ese país se ha organizado ese Derecho; que cuando para presentar su Derecho nacional en forma coherente se invocan las sistematizaciones elaboradas en otra parte, aquí nos encontramos también con otra forma de difusión del Derecho administrativo francés, cuya doctrina inspira así el Derecho administrativo nacional de otros países. De ahí que desde el punto de vista doctrinal, tampoco se puede negar la influencia francesa, tanto en la doctrina -escrita o enseñada- como en la jurisprudencia, lo que ha representado un desarrollo en grado superlativo del Derecho administrativo y la Justicia administrativa en los países de Europa y de América Latina, de acuerdo con los contextos históricos y culturales en que se insertan la institución en los Ordenamientos positivos.

Pues bien, a partir de estos dos criterios, esto es, el de la imitación institucional y el de la influencia de la doctrina, se puede tratar de medir también la influencia del sistema de Justicia administrativa francés en el Derecho comparado europeo y, de manera concreta, en el Derecho positivo venezolano.

A. Derecho comparado europeo

§49. Derecho alemán - En el caso de la Justicia administrativa alemana, su historia está íntimamente vinculada al desarrollo del principio rector del Estado de Derecho, cuando a partir de 1830 se le identifica en Alemania con un Ordenamiento político en el que se excluyen la arbitrariedad estatal, se asegurara la libertad individual y se promueve el desarrollo individual (R. VON MOHL[80]).

Es así como en la misma época se presentan las primeras propuesta para transformar la Justicia administrativa, entonces ubicada dentro de la Administración Pública como mecanismo de autocontrol, en una Justicia administrativa independiente. Junto con el principio de legalidad, la tutela judicial se estableció como uno de los elementos claves del concepto de favor del control por la experimentada jurisdicción ordinaria, R. VON GNEIST (1879) se inclinaba hacia una Justicia administrativa independiente. De la misma manera que tanto en Francia (1872) y España (1888) se estaba transformando el control del Consejo de Estado de una justicia retenida en una justicia delegada, en Alemania se empiezan a crear los primeros tribunales administrativos en varios *Länders* alemanes (1863) y recién después de la II Guerra Mundial fue establecida en la jurisdicción administrativa federal. En primera instancia siguieron actuando órganos especializados de la Administración Pública, pero en última instancia intervenían ahora tribunales independientes (SOMMERMANN[81]).

Luego más tarde en la segunda mitad del siglo XIX la noción de Estado de Derecho se transforma paulatinamente en un concepto formal, englobando elementos como el principio de legalidad, el control judicial y la responsabilidad del Estado[82]. A este entendimiento formal va a corresponder una finalidad según la cual el control judicial refiere principalmente a la protección de la integridad del Ordenamiento jurídico objetivo, mientras otros tribunales, más fieles a la idea ini-

---

[80] Cit. por Sommermann, K.-P., «El papel de la ley alemana de la justicia administrativa para la realización del Estado de Derecho», en *Ley de la Justicia Administrativa Alemana*, Fundacion Konrad Adenauer, Abeledo-Perrot, Buenos Aires, 2009, pp. 3 y 4.

[81] Sommermann, K.-P., Ob. cit., nota 80, pp. 3 y 4.

[82] Sommermann, K.-P., Ob. cit., nota 80, pp. 5 y 6.

cial del Estado de Derecho consideraron que el objetivo primordial de los tribunales administrativos era la tutela judicial de los derechos públicos subjetivos de los ciudadanos. Luego se opta definitivamente por un sistema subjetivo que va a tener una consagración definitiva con el Art. 19, apart. 4 de la Ley Fundamental de Bonn de 1949, mediante la garantía a la vía judicial (A. Uhle y Marc Lehr[83]).

Así las cosas, en 1949 se crearon las bases constitucionales para el establecimiento de una jurisdicción contencioso-administrativa independiente y efectiva, pero solo entraría en vigor la LJCA (VwGO), para todo el territorio federal el 01-04-1960.

Esta misión corresponde a un concepto de Estado de Derecho que, en su vertiente material, refiere a la protección de la dignidad humana y de la libertad individual frente a los poderes públicos y que, por consiguiente, en su vertiente formal se basa en un sistema de garantías y principios que sirven para realizar este fin como particularmente la primacía de la Constitución, la separación de poderes, la legalidad de la actuación administrativa, la tutela judicial por tribunales independientes, la responsabilidad patrimonial del Estado, la prohibición de un trato arbitrario, la seguridad jurídica y el respeto al principio de proporcionalidad (Sommermann).

Hoy día es claro que la base de la Justicia administrativa alemana se fundamenta en el principio contenido en el Art. 19, apartado 4, frase 1 de la Ley Fundamental de Bonn, que se expone y desarrolla a través de una sencilla regulación del proceso por parte de la LJCA que procede del año 1960, que viene a ser la fuente principal que regula la Justicia administrativa en Alemania en la LJCA, y que unificó en su momento la organización y el procedimiento judicial de la jurisdicción contencioso administrativa alemana.

§50. Derecho español - Es el caso del Derecho español, sostiene S. Rosado Pacheco[84], la influencia ha procedido del modelo del Derecho francés, cuando un tanto convencionalmente se fija como punto de partida de la Justicia administrativa, la Ley de Consejos Provinciales de 02-04-1845 y la Ley de 06-07-1845 sobre el Consejo Real, sobre el principio de exclusión de los jueces de los asuntos administrativos. De esta forma los Consejos Provinciales, junto a su función consultiva de gobierno y administración, actuaba además como «tribunales en los asuntos administrativos» (Art. 8).

Luego el sistema se modifica en el periodo 1868-1875 sometiendo la actuación de las autoridades administrativas a los tribunales ordinarios, con un sistema de justicia delegada o, mejor aún, de control jurisdiccional puro. Luego, se dicta el Decreto de 29-01-1875 devolviendo al Consejo de Estado y ahora, a las comisiones provinciales los asuntos contencioso-administrativos.

Posteriormente con la Ley de 13-09-1888, sobre el ejercicio de la jurisdicción contencioso administrativa, conocida como Ley Santamaría de Paredes, se llega a una posición ecléctica o de sistema mixto. Sin embargo, la Justicia administrativa

[83] Uhle y Marc Lehr, A. «La protección jurídica-administrativa de la República Federal de Alemania», en *Ley de la Justicia Administrativa Alemana*, Fundación Konrad Adenauer, Abeledo-Perrot, Buenos Aires, 2009, p. 90.

[84] Rosado Pacheco, S, «La Jurisdicción Contencioso-Administrativa en España», en *Modelos Europeos de Justicia Contencioso-Administrativa*, Ciencias Jurídicas y Sociales, Madrid, 2007, pp. 17 y 18.

evolucionó hacia un sistema plenamente judicial constituyéndose un verdadero «contencioso-administrativo» ante jueces y tribunales. Es decir, se instituye un sistema de jurisdicción contencioso administrativo especial y distinto del civil y penal, pero no retenida, sino delegada y ejercida por tribunales de composición mixta administrativo judicial.

Finalmente, la influencia francesa se manifiesta de manera nítida en la ley reguladora de la jurisdicción contencioso administrativa del 26-12-1956, Sin embargo, a partir de la promulgación de la Constitución de 1978 y de la actual ley de la Jurisdicción Contencioso Administrativa, 29/1998, de 13 de julio, se ha producido un paulatino influjo también del Derecho positivo alemán.

Así las cosas, la Justicia administrativa tiene hoy día en España un triple fundamento constitucional.

En primer lugar, el Art. 24.1 de la Constitución española la configura como un derecho fundamental a obtener la tutela judicial efectiva de los jueces y tribunales en el ejercicio de los derechos e intereses de las personas sin que, en ningún caso, pueda producirse indefensión.

En segundo lugar, el anterior fundamento nuclear de la Justicia administrativa española lo completa y reafirma el Art. 106.1 de la Constitución española al someter al Poder Ejecutivo al imperio de la ley y su control por el Poder Judicial, como rasgo distintivo y característico del Estado de Derecho.

Y por último, el modelo español se separa del modelo francés al Consagrar en el Art. 117 de la Constitución española, el principio de la jurisdicción especializada de la Justicia administrativa.

§51. Derecho italiano - Sostiene S. Cassarino[85] que el sistema italiano de Justicia administrativa, esto es, el modo en que se organiza en Italia la tutela de los sujetos en relación con la Administración Pública es, sustancialmente, todavía hoy, aquél que se formó en el Siglo XIX durante los primeros decenios posteriores a la unificación del Estado italiano, y que se fraguó a partir de algunas importantes leyes de reforma, aún vigentes.

Ahora bien, el sistema de Justicia administrativa francés también se impuso en sus inicios en Italia como consecuencia del expansionismo franco-napoleónico en los denominados Estados vasallos. La caída de Napoleón y el regreso de los soberanos legítimos durante la Restauración, no implicaron un desmantelamiento total del sistema que en la mayor parte de los casos se mantuvo casi intacto en sus elementos distintivos.

Luego con la expedición de las R*egie Patenti* del 25 de agosto y del 31 de diciembre de 1842, y luego con el edicto Regio del 29-10-1847, se realizó la primera implantación del contencioso administrativo. Este se encargó -para controversias específicamente indicadas- a los Consejos de Intendencia, lo cuales eran denomina-

---

[85] Cassarino, S., «El problema de la jurisdicción administrativa» en *Documentación Administrativa*, N° 248-249, 1997, pp. 21 y ss. Asimismo Romano, A., «I caratteri originari della giurisdizione amministrativa e la loro evoluzione» en *Diritto processuale amministrativo*, 4/1994, pp. 635 y ss., en especial pp. 664 y ss.; y Falcon, G., «Italia. La justicia administrativa», en *La Justicia Administrativa en el Derecho Comparado* (Coord. J. Barnés Vázquez), Civitas, Madrid, 1993, pp. 207 y ss.

dos jueces ordinarios del contencioso administrativo, contra cuyas decisiones estaba admitida la apelación ante la Cámara de Cuentas. En todo caso se podía acudir ante los representantes de la Administración estatal periférica para las cuestiones «puramente administrativas».

Después de la constitucionalización del Reino a través de la concesión en 1848, de una Carta Estatutaria, el modelo del contencioso-administrativo empezó a ser objeto de vivaces críticas doctrinales por su carácter escasamente garantizador y por la excesiva cercanía de los jueces administrativos a los aparatos burocráticos. Se desarrollan de este modo las propuestas que buscan transferir a la autoridad jurisdiccional ordinaria las controversias entre los ciudadanos y la Administración Pública, antes correspondientes a los ya indicados Consejos. Sin embargo, estos intentos no tuvieron éxito, y prevalecieron las posiciones de quienes, en lugar de una alternativa radical, apuntaban a una más simple y limitada racionalización del sistema existente.

A la reforma se llega, por último, en 1859, por obra de algunos decretos reales se fijó los nuevos parámetros del sistema contencioso-administrativo. Mientras que a los jueces civiles les tocaba resolver las cuestiones nacientes por la lesión de un «derecho» de los particulares, a los tribunales contencioso-administrativos correspondía juzgar las controversias que implicaban siempre una violación de un derecho subjetivo, pero que hacían parte de una lista preestablecida de materias reguladas por el Derecho público. Por el resto -es decir, cuando eran afectados simples «intereses»- existía en todo caso la posibilidad de utilizar los habituales, pero poco eficaces recurso de naturaleza exclusivamente administrativa.

También es de señalar que los tribunales del contencioso-administrativo se distinguían entre ordinarios y especiales, pero todos hacían parte del Poder Ejecutivo, aunque sus integrantes gozaban de una tasa diferenciada de autonomía respecto del mismo.

Después de conseguida la unidad estatal en 1861, como consecuencia de la extinción de los Estados precedentes, se procedió a la adopción de las leyes de uniformidad del Ordenamiento jurídico, mediante el dictado de códigos válidos en todo el territorio nacional y en todo caso leyes idénticas, específicamente con la Ley del 20-03-1865, N° 2248, que entre otros aspectos, uno de sus textos estaba dirigido específicamente a «la abolición del contencioso administrativo», al efectuarse la supresión de los denominados tribunales ordinarios del contencioso administrativo. Esta ley es fundamental para entender el sistema de Justicia administrativa hasta ahora vigente el Italia, que opta por la solución siguiente: al juez ordinario civil le viene atribuida la tutela jurisdiccional solamente de los derechos (entendidos en sentido propio) llamados, en la terminología de le época «derechos civiles y políticos». Estos últimos eran garantizados por sí mismos y, frente a ellos, también el Poder Ejecutivo debía detenerse. Sin embargo, dominada la ley por la idea de evitar la intromisión del Poder Judicial en los asunto de la Administración Pública, previó que los tribunales ordinarios pudieran más bien examinar el acto administrativo que conlleve lesiones del derecho, pero limitándose a juzgar sus efectos, sin poder anularlo o modificarlo, siendo permitido únicamente a los tribunales «desaplicar», es decir, no tomarlo en cuenta a los fines de la decisión que se iba a tomar, si fuera considerado ilegitimo: es decir, resolver la controversia como si el acto administrativo no existiera.

Las otras pretensiones, esto es, las que la persona podía ostentar frente al ejercicio (hipotéticamente ilegitimo) del poder administrativo no poseían tutela jurisdiccional. Estas pretensiones, que en todo caso tenían naturaleza de «intereses», y no la de «derechos», habrían sido llamadas posteriormente «intereses legítimos», el cual revestiría tanta importancia en el Derecho administrativo italiano, como sucede hasta hoy día. Siendo para estos desconocida la tutela jurisdiccional, solo era posible el recurso en vía jerárquica al órgano administrativo superior y, una vez agotada esta, el recurso extraordinario al Rey. Luego, el recurso era el único posible, si se impugnaba el acto por un órgano administrativos, o en todo caso no inserto en una jerarquía.

Luego con la ley N° 5992/1889, en medio de una amplia revisión de los Ordenamientos administrativos, se creó una nueva Sección del Consejo de Estado (la IV), a quien le fue atribuida la competencia de carácter general *«para decidir los recursos por incompetencia, por exceso de poder o por violación de la ley, contra actos y proveimientos de una autoridad administrativa o de un cuerpo administrativo deliberante, que tengan por objeto un interés de parte de individuos o de entes morales jurídicos»*. Es decir, para tutelar estas posiciones menores por violaciones de sus intereses legítimos, los recurrentes -además de los normales remedios administrativos- tenían ahora entonces a disposición un verdadero Juez, aun cuando sea de naturaleza administrativa, y gozaban, por tanto, de mayores garantías en el plano procesal. En conclusión, se mantiene en todo caso el modelo dualista, es decir, basado en la concurrencia de dos órdenes de autoridades para dirimir el contencioso-administrativo (los Jueces ordinarios y los Jueces administrativos), que van a girar alrededor de la distinción, muchas veces incomprensible y casi siempre desvanecedora, entre derechos subjetivos e intereses legítimos. Diferencia que produce no pocas dificultades en el plano interpretativo y aplicativo.

En algunos casos, taxativamente señalados, a la IV Sección le correspondía también una jurisdicción de «mérito», que permitía al juez administrativo juzgar la oportunidad del acto impugnado y de proceder incluso a una modificación de él, total o parcial.

Después con la Ley del 07-03-1907, N° 62 se reconoce final y explícitamente el carácter jurisdiccional del Consejo de Estado y de las GPA, en su calidad de Jueces del contencioso-administrativo.

Por último, sostiene SANDULLI[86], con la entrada en vigencia de la Constitución republicana de 1948, se establecen disposiciones de diverso tipo encaminadas a constitucionalizar los principios y caracteres del sistema de Justicia administrativa italiana, en orden a hacer ver justiciable la acción administrativa Art. 24, 1° c.; el principio de que todo acto administrativo es impugnable (c.1); no hay límite a que la tutela tenga amplia plenitud de ser accionada (c.2); la especialidad del juez administrativo (Art. 102, c.2. cost); y finalmente los que conciernen a la Justicia administrativa y su conformación (Art. 100, c.1, cost), permiten afirmar que se hubo delineado un nuevo modelo de jurisdicción administrativa, efectivamente plena y paritaria.

Finalmente, la reforma del proceso administrativo a través de la Ley N° 205/2000 introdujo novedades significativas, que van en dirección de asegurar la mayor efectivi-

[86] Sandulli, A., Ob. cit., nota 44, pp. 10 y ss.

dad de la tutela jurisdiccional administrativa y de la ampliación de los medios de sustanciación y de los poderes de conocimiento y decisión del Juez frente al poder público, en conformidad con el impulso producido en ese sentido en el ámbito del proceso de integración europea, y que vino a constituir base fundamental en vista de la adopción posterior del Código del proceso administrativo, mediante el decreto legislativo N° 104 del 2010, que finalmente dota al proceso administrativo italiano de una disciplina orgánica.

B. Derecho positivo venezolano

§52. Planteamiento general - La Constitución de 28-03-1864 concreta el régimen federal, y como consecuencia de ello se crean dos jurisdicciones: por un lado, la jurisdicción federal (estatal o nacional), en cuya cúspide se encuentra la Alta Corte Federal, quien va a ser la reguladora de la Federación; y por el otro, la jurisdicción de los Estados federados. Ello venía a significar, la independencia y autonomía de cada jurisdicción estadal, por lo que la administración de la Justicia nacía y moría en cada Estado. En su vértice existían las denominadas Cortes Supremas Estadales, cuyas decisiones no tenían revisión ante la jurisdicción federal.

Posteriormente, la Constitución de 05-05-1945 nacionaliza la administración de Justicia en Venezuela. En efecto, la existencia de las dos jurisdicciones, la federal (nacional) y la de los Estados (estadal) -que había sido la más sobresaliente característica de la administración de Justicia desde 1864- desaparece con la C de 1945. A partir de entonces, los Estados pierden la potestad de administrar Justicia en sus respectivas circunscripciones y los tribunales estadales en ellos existentes pasan a ser órganos de la justicia federal (nacional).

A consecuencia de ello, las leyes orgánicas de tribunales del Distrito Federal y de las demás entidades federales tendrían que ser derogadas y sustituidas por la primera Ley Orgánica del Poder Judicial de 1948. Por tanto, era necesaria la reorganización de la CFC y una precisa redistribución de competencias entre ésta y los demás tribunales de la República; sin embargo, la Constitución de 1945 al enumerar las atribuciones de la CFC mantuvo las señaladas en la Constitución de 1936.

En todo caso, debe mencionarse que como consecuencia de la nacionalización de la administración de Justicia se suprime la tercera instancia y con ella desaparecen las Cortes Supremas de los Estados y del Distrito Federal, que en principio habían tenido hasta entonces su propia jurisdicción constitucional y administrativa en sus respectivas circunscripciones judiciales.

Finalmente, de acuerdo con el Art. 206 de la Constitución de 1961, y que reproduce el Art. 259 de la Constitución de 1999 (C), el sistema de la jurisdicción especializada es la base de la organización y funcionamiento de los órganos judiciales, de forma que la jurisdicción es única y su ejercicio corresponde en régimen de exclusividad, al TSJ y a los demás tribunales determinados en la Ley Orgánica del Poder Judicial (LOPJ)[87], sin perjuicio de las específicas potestades jurisdiccionales reconocida directa y expresamente por la Constitución a otros órganos del Poder Público. Con esta salvedad, son únicamente el Alto Tribunal y los demás tribunales a los que se refiere la Constitución, los que tienen adjudicada la potestad jurisdiccional en todo tipo de procesos, juzgando y haciendo ejecutar lo juzgado con relación a la Administración Pública.

---

[87] Publicada en GO N° 5.262 Extr. del 11-09-1998.

Asimismo, el principio de la jurisdicción especializada es la base y fundamento de la Jurisdicción Contencioso Administrativa, de forma que la jurisdicción es única y su ejercicio corresponde en régimen de exclusividad a los tribunales determinados en la LOPJ.

Dicho lo anterior, el principio de la jurisdicción especializada nos lleva a ratificar que el ejercicio genérico de la potestad de juzgar y hacer ejecutar lo juzgado corresponde al Poder judicial y, por imperativo constitucional, sólo y exclusivamente a los órganos jurisdiccionales reconocidos en la LOPJ. De acuerdo con el principio de la jurisdicción especializada no se puede constituir en el seno de la Administración Pública jurisdicción especial alguna, llámese como se le quiera llamar.

Ahora bien, a los efectos organizativos se divide el conjunto de órganos judiciales en diferentes órdenes jurisdiccionales, en función de la materia o de la especialización que le es dada a conocer, a saber: el orden jurisdiccional ordinario; y el orden jurisdiccional especial. En conclusión, el orden jurisdiccional administrativo es uno más entre los diversos órdenes jurisdiccionales especiales, al igual que los demás plenamente integrados en el Poder Judicial. La Jurisdicción Contencioso Administrativa es la especie de un género, y el género es la jurisdicción[88].

En tal sentido, según la Exposición de Motivos de la derogada Constitución de 1961, el sistema venezolano consagró el sistema judicialista de la Jurisdicción Contencioso Administrativa. El Ordenamiento jurídico que más acerca al sistema de unidad de jurisdicción hasta el punto de haberse llegado a definir el proceso administrativo, no en función de la materia litigiosa, sino en razón de ser parte una Administración Pública es el venezolano, según señala GONZÁLEZ PÉREZ[89].

En este orden de ideas, el Alto Tribunal[90] sostuvo lo siguiente:

> Como fue indicado dentro de la Exposición de Motivos de la Constitución, ésta consagra el carácter judicialista de la Jurisdicción Contencioso-Administrativa apartándose así del sistema francés y reafirmando la tendencia de la legislación nacional consistente en otorgar el control jurisdiccional de la legalidad de los actos de la Administración a los órganos del Poder Judicial.

Así, pues, y a diferencia de lo que acontece en países como Francia, Colombia, y otros, en nuestro país los tribunales que conocen de la materia contencioso-administrativa no constituyen una suerte de jurisdicción paralela a la jurisdicción judicial, pues están formalmente integrados al Poder Judicial. Sin embargo, si podría afirmarse que la Jurisdicción Contencioso Administrativa constituye un modelo o sistema de jurisdicción especializada, esto es, que son tribunales especializados, para denotar que su misión especial es conocer con carácter general de la materia contencioso- administrativa.

§53. Efectos - Finalmente, la adopción del sistema de jurisdicción especializada en Venezuela, lo que comporta es la inconstitucionalidad de los tribunales no encuadrados dentro del Poder Judicial para conocer de cualquier tipo de pretensión procesal frente a la Administración Pública.

---

88 Sent. CPCA del 31-03-1982, RDP N° 10, p. 152.

89 González Pérez, J., Original del *Discurso Inaugural* de las VI Jornadas de Derecho Administrativo. Cien Años de Derecho Administrativo en Venezuela, San Cristóbal, mayo de 2009.

90 Sent. CSJ/SPA del 14-02-1970, GF N° 70, p. 179.

En tal sentido, en Venezuela el ámbito del orden jurisdiccional contencioso-administrativo, en principio, se extiende a todo litigio en que sea parte una Administración Pública en sentido amplio. Uno de los problemas a verificar es si es una Administración Pública, empresa, sociedad civil o fundación del Estado, la persona frente a la que se deduce la pretensión o incluso, la persona que la deduce. Por eso no se excluyen del ámbito de la Jurisdicción Contencioso Administrativa las cuestiones civiles y mercantiles. Pero sí las de tránsito y de índole penal y laboral, aunque sea parte la Administración Pública. Sin embargo, lo anterior no indica que en Venezuela juegue únicamente un concepto subjetivo de Administración Pública, ya que sí corresponde también a la Jurisdicción Contencioso Administrativa, el conocimiento de pretensiones frente al ejercicio de la función administrativa de otros órganos que aun no perteneciendo al Poder Ejecutivo ejercen el Poder Público (Poder Legislativo, Poder Judicial, y los novedosos Poder Electoral y Poder Ciudadano).

III

LA DIVISIÓN DE LOS SISTEMAS DE JUSTICIA ADMINISTRATIVA EN EL DERECHO COMPARADO

§54. Planteamiento general - La otra de las cuestiones que se encuentran en el centro del debate acerca del sistema de control jurisdiccional de la Administración Pública hace referencia a los fines de la Justicia administrativa: ¿Sirve a la tutela subjetiva del individuo o, por el contrario, tiene por objeto la defensa de la legalidad objetiva?

A lo anterior hay que responder que en este tema no se ha producido una evolución rectilínea como se pondrá de relieve a continuación, a partir de la división de las vías de derecho o módulos procesales dentro de los sistemas de la Justicia administrativa o del contencioso-administrativo en el Derecho comparado.

1. DIVISIÓN DEL CONTENCIOSO-ADMINISTRATIVO

§55. Clasificación - El nacimiento del sistema de Justicia administrativa francés, del cual son tributarios la mayor parte de los sistemas existentes, por razones históricas, fue montado sobre la técnica de los diferentes grupos, ramas, o en un lenguaje más jurídico y por ende más generalizado, la división del contencioso-administrativo, a los cuales corresponden regímenes particulares, pudiendo al efecto determinarse varias clasificaciones que se corresponde con la distinción de las cuestiones o materias contenciosas en función de la naturaleza de los principales recursos y de la naturaleza y extensión de los poderes de que dispone el Juez administrativo. Este nacimiento está vinculado al nombre de E. LAFERRIÈRE[91], quien formula la primera presentación sistematizada en una obra capital sobre la materia.

En sus orígenes, tanto la doctrina como la jurisprudencia no concebían la necesidad de proponer una distinción de las vías de derecho o módulos procesales dentro del sistema de la Justicia administrativa, o del contencioso-administrativo como se le conoce más generalmente. Fue solamente a partir del Decreto de fecha 02-11-1864 que comenzó a hacerse la distinción. Y es que existen importantes razones para estudiar detenidamente la distinción entre: por un lado, el *contentieux de l'anulation* (contencioso de anulación); y por el otro, el *contentieux de pleine juridiction* o *plein contentieux* (contencioso de plena jurisdicción), tal cual los administrativistas franceses los concibieron y construyeron en sus orígenes. Principalmente porque la misma constituye el fundamento de este estudio. Sin embargo, debemos precisar que el sistema contencioso-administrativo general hoy día está integrado también por otras vías de Derecho, además de los recursos mencionados, si bien estos constituyen, bien de lejos, los más importantes.

Moles Caubet[92] nos enseña que cuando aparece el sistema de Justicia administrativa en Francia, el único recurso existente estaba fundado en el desconocimiento o menoscabo de un derecho subjetivo, llamándose entonces contencioso administrativo «ordinario» (L. Aucoc[93]) hasta llegar a convertirse en contencioso de «plena jurisdicción». Este recurso se excluía cuando se trataba de materias de «pura administración», o cuando el interés general estaba presente (R. Drago[94]).

Diferentemente, si se trataba de corregir los excesos de la Administración Pública contra los ciudadanos, éstos podrían interponer un recurso administrativo jerárquico que permitía al *Conseil d'Etat* anular el acto administrativo, sin tener que decidir sobre un derecho subjetivo, de donde deriva, después de una larga trayectoria, el *recours pour excès de pouvoir* (contencioso de anulación). La anterior clasificación fue adoptada tempranamente por los autores clásicos (Ducrocq, Berthélémy, Appleton, Hauriou), y que se mantiene aún vigente en algunos sistemas del Derecho comparado, a pesar de las críticas también válidas de que ha sido objeto a lo largo de su evolución según pondremos de relieve.

A. Contencioso de plena jurisdicción

§56. Origen - El primer contencioso-administrativo será el llamado *contentieux de pleine juridiction, plein contentieux* o contencioso de plena jurisdicción (o «contencioso de derechos» que es la expresión empleada de preferencia), con el cual el Consejo de Estado y luego los Consejos de Prefectura franceses[95] suplen simplemente al Juez ordinario en las relaciones en que una de las partes es la Administración Pública, y ello para que la exención subjetiva respecto de la jurisdicción ordinaria que se había derivado de la particular interpretación francesa del principio de separación de autoridades administrativas y judiciales, no fuera sólo un simple privilegio de arbitrariedad protegida (García De Enterría[96]).

Es, sencillamente, en el origen, una fórmula de protección frente a la Administración Pública completamente singular, un fuero administrativo propio en las relaciones patrimoniales de la Administración Pública con los administrados[97], por lo que ciertamente se parece más a un proceso tradicional, tal como se desarrolla en la jurisdicción ordinaria. Esta originalidad del recurso de plena jurisdicción nos conduce a analizar su naturaleza y ámbito.

§57. Naturaleza - La calificación de *contentieux de pleine juridiction* evoca la terminología de Laferrière[98], y que continúa siendo empleada con gran fortuna hasta

91 Laferrière, E., Traité de la juridiction administrative et des recours contentieux, 2 Vols., 1ére. Éd, Berget-Levrault, Paris, 1889.

92 Moles Caubet, A., «Vicisitudes del procedimiento administrativo venezolano», en *Estudios de Derecho Público*, Acosta-Hoenicka, O., (Compilador), UCV, Caracas, 1997, p. 349.

93 Aucoc, L., Conférence sur l'administration et le droit administratif, t. I, 3° ed., Dunod, 1885, pp. 471 y ss.

94 Drago, R., Auby, J. M., *Traité de contentieux administrative*, t. II, LGDJ, Paris, 1975, p. 131.

95 García De Enterría sostiene que es un lugar común de los autores de la época señalar que estas dos instituciones fueron organizadas precisamente, aunque no se hubiese precisado así, como órganos de la justicia administrativa, en *La lengua de los derechos. La formación del Derecho Público europeo tras la Revolución Francesa*, Civitas, Madrid, 2001, p. 191. En el mismo sentido, Chevallier, J., *L'elaboration historique du príncipe de separation*, Paris, pp. 32 y 33.

96 García De Enterría, E, Ob. cit., nota 95, p. 44.

97 García De Enterría, E, Ob. cit., nota 95, pp. 45 y 46.

98 Laferrière, E., Ob. cit., nota 91, t. I, pp. 15 y ss.

nuestros días. Este autor propone el criterio de los poderes, según su diversa naturaleza y su extensión, que el Juez administrativo ejerce: en el *contentieux de pleine juridiction*, el juez dispone de poderes más extensos, resolviendo como lo harían los tribunales ordinarios y, principalmente, pronunciando condenas pecuniarias; mientras que en el *contentieux de l´anulation* los poderes del juez están limitados a la anulación de los actos ilegales.

Es así como en el marco del *contentieux de pleine juridiction*, el juez además de anular puede modificar, reformar, y aún sustituir su propia decisión por aquella de la autoridad administrativa; y decidir a la vez sobre los hechos y el derecho en las mismas condiciones que lo haría un juez ordinario cuando resuelve un litigio entre particulares.

El otro criterio propuesto por la doctrina (L. Duguit y G. Jèze[99]) es la naturaleza de la cuestión llevada al Juez con ocasión del litigio. En el *contentieux de pleine juridiction* sería un recurso que se basa en el criterio de la naturaleza de las situaciones jurídicas en causa, y fundamentado sobre la lesión o atentado a un derecho subjetivo por el hecho de la actividad administrativa. Mientras que el *contentieux de l´anulation* solo estaría determinado por una cuestión de derecho objetivo.

En consecuencia, el *contentieux de pleine juridiction* es aquel donde el Juez administrativo tiene poderes para decidir sobre la existencia, el contenido o los efectos de derechos subjetivos, o incluso para decidir si han sido lesionados esos derechos que son principalmente los derechos contractuales o los derechos sobre la reparación en caso de responsabilidad extra-contractual de la Administración (Drago[100]).

§58. Ámbito - Finalmente, el *contentieux de pleine juridiction* se singulariza por la heterogeneidad de su ámbito, pues abarca sectores bien distintos. Los casos más típicos son aquellos en que la Administración Pública y los administrados se encuentran en una relación bilateral: contratos y negociaciones, compra-venta de bienes, relaciones de propiedad, etc.

En conclusión, el carácter complejo del ámbito del *contentieux de pleine juridiction* conduce a evocar las principales categorías que lo van a ir integrando, así: el contencioso contractual, el contencioso de la indemnización o responsabilidad, y otros más denominados contenciosos especiales: electoral, fiscal, función pública, etc.

B. Contencioso de anulación

§59. Planteamiento general - A la par del *contentieux de pleine juridiction*, surge muy tempranamente un mecanismo específico que se llamará *contentieux d´excés de pouvoir* («del exceso de poder»), o *contentieux de l´anulation* (contencioso de anulación), que junto al *contentieux de la déclaration* (contencioso de la declaración) conforman el género denominado *contentieux de la légalité* (contencioso de legalidad) -por oposición al género denominado *contentieux des droits* (contencioso de derechos) - dentro de cuyo contexto el *recours pour excès de pouvoir* constituye el elemento esencial (Drago[101]). En efecto, Drago nos enseña que al interior del contencioso de

---

[99] Duguit, L., *Droit Constitutionnel*, t. I, 1er ed., Paris, 1911, Paris, p. 271; y Jèze, G., «Exposé d'un théorie en faveur au Conseil d'Etat sur la clasification des recours en annulation et recours de pleine juridiction», RDP 1908, p. 671.

[100] Drago, R et Auby, J.-M., Ob. cit., nota 94, t. II, p. 87.

[101] Drago, R et Auby, J.-M., Ob. cit., nota 94, T. II, pp. 86 y 87.

legalidad, una división se hace entre las distintas vías de derecho en función de la naturaleza y extensión de los poderes del Juez administrativo y de la decisión que puede adoptar después del examen de la cuestión litigiosa.

Como cuestión previa señalamos que el *contentieux de l´anulation* no es un término absolutamente preciso, ni siquiera en el caso del contencioso administrativo francés, pues existen diversas vías de derecho que pueden conllevar como resultado la anulación del acto administrativo[102]. Por otra parte, también se distingue como género el *contentieux de l´anulation* de varios recursos como especie[103]. Y además, existen vasos comunicantes entre el *recours pour excès de pouvoir* (como emblema del contencioso de anulación) con el otro contencioso típico, el *contentieux de pleine juridiction*[104].

Así, en primer lugar se agrupan bajo el título de *contentieux de la déclaration* (contencioso de la declaración), una serie de situaciones contenciosas donde el juez administrativo se limita a una simple declaración sobre la legalidad de un acto administrativo en consideración al hecho, no de que pueda tener como resultado pronunciar la declaración de anulación del acto administrativo, sino sólo su desaplicación (por ejemplo, la figura de la *exception d'illegalité* o excepción de ilegalidad).

En segundo lugar, cuando el Juez administrativo tiene el poder de pronunciar la anulación del acto administrativo si ha constatado su inconformidad con el Derecho, se estaría en presencia del *contentieux de l´anulation*, cuya aplicación esencial la va a constituir un recurso específico que se denominará *recours pour excès de pouvoir o recours d'anulation* (recurso por exceso de poder o recurso de anulación), que simboliza toda la originalidad del contencioso administrativo francés, y el cual tiene un origen pretoriano en la medida que se puede decir que no sólo ha sido una invención del Consejo de Estado, sino que también es quien ha ido fijando todas sus reglas de Derecho.

El *recours pour excès de pouvoir* se define como un recurso tendiente a la anulación de una decisión administrativa y fundada sobre la violación por esta decisión

---

102 Chapus, R., Droit du contentieux administratif, 13 édition, Ed. Monchrestien, Paris, 2008, distingue tres recursos distintos dentro del exceso de poder: el general, el especial y el *déféré* prefectoral (Ibídem, p. 215 N° 233 a), y luego se refiere al *recours pour excès de pouvoir* como subgénero, al de apreciación de la legalidad y al de declaración de inexistencia (Ibídem, pp. 217-222), pero todos tendrían en común ser recursos objetivos (Ibídem, p. 222 Núm. 244 b).

103 Sería el contencioso de anulación el género, y como especie por ejemplo, el contencioso por exceso de poder (Morand-Deviller, J., Derecho Administrativo, Traducido de la 14° ed. (2015) por Zoraida Rincón Ardila y Juan C. Peláez Gutiérrez, Universidad Externado de Colombia/Bogotá, 2017, p. 699), que suele señalarse como la principal manifestación del primero (Waline, J., Droit Administratif, Dalloz, 26° édition, Paris, 2016, p. 675) o el recurso «de derecho común» contra todo acto administrativo (Ibídem, pp. 676 y 679). Es decir, la regla general. Pero cabe recordar que el término *excès de pouvoir* es polisémico y el recurso del mismo nombre ha sufrido numerosos cambios en cuanto a su propia concepción (Cfr. ESTEBAN, E. /P. ESTEBAN, «El concepto de exceso de poder en el derecho administrativo francés: Apología y decadencia de un mito jurídico-lingüístico», en Revista de llengua i dret Núm. 47, Escola d'Administració Pública de Catalunya, Barcelona, España, 2007, pp. 23-38, disponible en línea.

104 Cfr. en la doctrina reciente, entre otros, comentando la relación entre ambos tipos de contenciosos: Guyomar, M. /B. Seiller, Contentieux administratif, Dalloz, 4° ed, Paris, pp. 143-154.

de una regla de derecho. Por tanto, la calificación del recurso se vincula a dos elementos de la demanda presentada al Juez: las *conclusions*, que no pueden tender sino a la anulación del acto impugnado; y a los *moyens*, los cuales deben ser relativos a la violación de una regla de derecho.

Ahora, la expresión característica *d'excès de pouvoir* es inicialmente utilizada para calificar la situación de incompetencia y de sus efectos (incompetencia *rationae personae* o violación grosera de la ley atributiva de la competencia). En efecto, el vicio de incompetencia va a tomar un gran lugar y el Consejo de Estado va a utiliza la expresión *excès de pouvoir*, que los textos de la época revolucionaria habían empleado para calificar les *dépassements* de competencias de los tribunales del orden judicial (C del 03-09-1791 y luego la Constitución del Año III). Luego, el *recours pour excès de pouvoir* con el tiempo pasará a ocupar lugar predominante en el sistema contencioso-administrativo.

Por último, el contencioso «de legalidad» comprende también los recursos contra la ausencia de decisión (abstención o negativa) denominado por ello *recours pour carence* (recurso de abstención), que es una vía procesal genérica, cuyo objeto no es la anulación de un acto administrativo (expreso o tácito), sino el de solicitar la protección jurídica ante la inactividad de la Administración Pública.

a. Antecedentes

§60. Origen - Los doctrinarios no están de acuerdo sobre el origen exacto del *recours pour excès de pouvoir*. Así, para el autor P. Landon[105] el origen histórico de este recurso es el año 1852, que es cuando desde el punto de vista del control al cual da lugar, será comprendido como lo es hoy en día. Así las cosas, sería a partir de esta fecha que se formaría como una vía de derecho propiamente tal, al desgajar su individualidad de los demás recursos -administrativos o jurisdiccionales-. Sin embargo, M. Waline[106] señala en el Prefacio de la misma obra que el punto inicial se remonta a los primeros años de creación del *Conseil d'Etat* a comienzos del siglo XIX, referido al menos a tres de los motivos de anulación, así: (i) la incompetencia[107]; (ii) el vicio de forma[108]; y por último (iii) la violación de ley[109].

Por su parte, Drago[110] sostiene que durante este periodo no es posible todavía demostrar la existencia de un contencioso autónomo de anulación. El *Conseil d'Etat* anula los actos administrativos en virtud de los poderes generales que le han sido atribuidos por textos orgánicos, así como la tradición del control jerárquico que hereda del Consejo del Rey y de la jurisdicción ministerial.

Finalmente, M.-H. Renault[111] señala que son dos los fallos cardinales que marcan la etapa del control jurisdiccional del Consejo de Estado. En el *fallo Landrin*[112], en

---

105 Landon, P., *Histoire abrégée du recours pour excès de pouvoir des origins a 1954*, LGDJ, Paris, 1962, p. 10.
106 Waline, M., Préface, a la obra de Landon, P., *Histoire abrégée du recours pour excès de pouvoir des origins a 1954*, LGDJ, Paris, 1962, pp. II y III.
107 Vid. C.E. del 10-03-1807, fallo Lautier, Refonte du Sirey, 2.210.
108 Vid. C.E. del 14-07-1811, fallo Habitants de Montgard, Sirey, 2.523.
109 Vid. C.E. del 29-04-1809, fallo Félix et David, Sirey, 1809-1811.2.63.
110 Drago, R., Auby, J. M., Ob. cit., nota 94, p. 130.
111 Renault. M.-H., *Histoire du droit administratif*, Paris, 2007, p. 96.
112 Vid. C.E. del 04-05-1826.

lugar de decidir sobre derechos, el Consejo de Estado se erige en Juez de la legalidad de la acción administrativa. Penetra en la esfera de los actos de pura administración en nombre de la obligación impuesta a las autoridades públicas de respetar las leyes atributivas de competencias, y así deviene en censor de la regularidad de las operaciones de la Administración Pública. El *recours pour excès de pouvoir* moderno con sus finalidades particulares, había nacido.

Después con el *fallo Veuve Bouillet*[113], el Consejo de Estado se dota de una base legal para censurar un acto irregular de un ministro, al mismo tiempo que reconocía su pertenencia al dominio de la propia Administración Pública. Un considerando de la ley del 7-14 de octubre se incorpora en el fallo, para censurar la incompetencia administrativa que les atribuía la competencia para decidir sobre los reclamos de incompetencia y de exceso de poder frente a las autoridades administrativas. Si bien establecía un recurso puramente jerárquico, es considerado hasta hoy día como el fundamento jurídico del *recours pour excès de pouvoir.*

b. Naturaleza

§61. Plan - Por lo que se refiere a la naturaleza del *recours pour excès de pouvoir,* es pertinente mencionar cuál ha sido su distinto significado dentro de la evolución que hemos trazado del sistema de Justicia administrativa: (i) el sistema de la justicia retenida; y (ii) el sistema de la justicia delegada.

§61. a) Sistema de la justicia retenida - La naturaleza del *recours pour excès de pouvoir* no se encuentra perfectamente establecida en el sistema donde el Consejo de Estado francés sólo ejerce la denominada *justice retenue* o justicia «retenida», en la que los órganos consultivos técnicos realizan el estudio de las reclamaciones y formulan las oportunas propuestas de resolución, la cual va a ser adoptada ya por los órganos administrativos activos. Para un sector de la doctrina, según el espíritu del legislador del Art. 13 de la Ley de 16-24 de agosto de 1790, según el cual «*Las funciones judiciales son y serán distintas y quedarán siempre separadadas de las funciones administrativas*», el *recours pour excès de pouvoir* no es un recurso jurisdiccional sino sólo un recurso administrativo jerárquico.

Los doctrinarios recuerdan que el Consejo de Estado se hubo fundamentado inicialmente en el Art. 5 de la Ley de 7-14 de octubre de 1790[114], cuando al disponer la creación de tal institución, precisa que es encargado de «*resolver las dificultades que surjan en materia administrativa*», en razón de lo cual las reclamaciones frente a los cuerpos administrativos no podían ser en ningún caso de la competencia de los tribunales ordinarios. Por el contrario, las mismas tenían que ser elevadas ante el Rey, jefe de la administración general. Por tanto, será este texto el que tendrá en cuenta el *Consejo de Estado* en su preocupación, a partir de 1840, para fundamentar su competencia en derecho. Luego, el Art. 53 de la Constitución del año VIII (1799) ratifica tal función, que está al origen normativo del primer sistema de contencioso-administrativo.

En efecto, durante el llamado sistema de la justicia retenida, el *recours pour excès de pouvoir* es sólo parcialmente un recurso contencioso y no se vincula sino

---

113 Vid. C.E. del 24-03-1832.

114 Aucoc, L., Ob. cit., nota 93, p. 406; *Sauvel, R.* «*La justice retenue de 1806 à 1872*», en *R.D.P.*, Paris, 1970, 237.

parcialmente a la jurisdicción objetiva. Es una suerte de recurso cuasi-administrativo en razón de la confusión que existe todavía para esta época en la figura del Jefe de Estado de las funciones de administrar y juzgar (teoría del Ministro-juez). En este primer sistema se le confía a órganos administrativos especializados el estudio de las reclamaciones, quienes también van a formular las propuestas de resolución, la cual va a ser adoptada por los órganos administrativos activos, el ministro en causa el cual resolvía en primera instancia, que se convertiría en una suerte de Juez de derecho común e n materia administrativa . Es así como L. AUCOC al referirse al recurso por exceso de poder sostiene que la jurisdicción es activada por una petición que tiende *«únicamente a extinguir un acto irregular, sin que pueda, después de haber anulado el acto, sustituirlo por una decisión diferente. Ella se pronuncia en las mismas condiciones que la Corte de casación»*[115].

Con lo cual está señalando que es un contencioso de puro derecho, y donde sólo el derecho objetivo puede ser invocado.

Por otra parte, la división de ambos recursos contencioso- administrativos no es rigurosa, y la presencia de elementos subjetivos tiene repercusiones sobre las reglas de procedimiento y de la eficacia del *recours pour excès de pouvoir*. Este carácter se manifiesta tanto en la determinación del ámbito de aplicación como en el procedimiento a seguir.

En el caso del ámbito del objeto del *recours pour excès de pouvoir* comienza siendo bastante extenso, pues la naturaleza del acto puede ser muy amplia: será admisible contra las decisiones dictadas por las jurisdicciones administrativas en primera o última instancia, las decisiones no escritas, los contratos celebrados por la administración, el silencio o en fin simples actuaciones materiales. En la medida que tiene un carácter contencioso, durante el sistema de justicia retenida será una vía de derecho subjetiva, pues incluso puede tener causa en el incumplimiento de un contrato.

Finalmente, el Consejo de Estado llega a admitir la acumulación en un mismo recurso de las pretensiones de anulación por *excés de pouvoir* y las pretensiones persiguiendo otro fin. En definitiva, durante esta etapa la decisión del Consejo de Estado no se limita a la simple anulación, y es muy frecuente que sustituya a la Administración activa.

§61. b) Sistema de la justicia delegada - Durante el sistema de la llamada *justice délégue* o justicia «delegada», se pone fin al sistema anterior de justicia retenida, y a partir de la cual se va a caracterizar el sistema de Justicia administrativa como una jurisdicción verdadera, formalmente tal, y así el *recours pour excès de pouvoir* va a conocer un desarrollo considerable y con ello pasa a ocupar el lugar predominante en el sistema.

En efecto, la jurisdiccionalización del sistema de Justicia administrativa después de la Ley de 24-05-1872 -que instituye el sistema de la justicia «delegada» -, va a ser proclamada por el Consejo de Estado, quien va a resolver directamente, por propia autoridad, al afirmar expresamente en sus fallos que decide *au contentieux*, es decir, que como todo Tribunal, instruye un proceso jurisdiccional «a nombre del pueblo francés», y en 1889 se proclama Juez administrativo de derecho común, con lo cual desaparece igualmente la teoría del Ministro-juez. Luego el carácter plenamente jurisdiccional también va a ser reconocido por la doctrina más autorizada

115 Aucoc, L., Ob. cit., nota 93, p. 471 y ss.

(Laferriére, Appleton, Ducrocq, Hauriou, Berthélémy, Jacquelin, etc.). En conclusión, los elementos administrativos y subjetivos van desapareciendo en el *recours pour excès de pouvoir*. Así se convierte en una vía de derecho verdaderamente jurisdiccional y se alinea a la jurisdicción objetiva.

§62. Autonomía - Finalmente, Hauriou[116] va a sostener que el fundamento normativo del *recours pour excès de pouvoir* va a ser tanto la Ley del 7-14 de octubre de 1790 al señalar: «*Las reclamaciones de incompetencia frente a los cuerpos administrativos no son, en ningún caso, de la competencia de los tribunales, ellos deben ser llevados al rey, jefe de la administración general*», como el Art. 9 de la Ley del 24-05-1872, por cuanto su existencia es consagrada expresamente en los términos siguientes: «*El Consejo de Estado decide soberanamente* [...] *sobre las demandas de anulación por exceso de poder intentadas contra los actos de las diversas autoridades administrativas*».

En tal sentido, el *recours pour excès de pouvoir*, al adquirir carácter jurisdiccional a finales del siglo XIX, va a presentar unos caracteres que lo van a diferenciar claramente de los demás recursos, así: por un lado, del *contentieux de pleine juridiction* por su carácter objetivo que se afirma tanto en la determinación de su ámbito de aplicación, como en lo concerniente a la naturaleza y extensión del poder de control que el Juez administrativo ejerce y, por último, en la eficacia del recurso; y por el otro, el *recours pour excès de pouvoir*, que si bien durante sus inicios fue confundido con el *recurso judicial de casación* contra los actos administrativos, luego será objeto de una diferenciación clásica muy clara, al señalarse que mientras el primero va dirigido contra un acto administrativo, el recurso judicial de casación va dirigido contra la decisión de una jurisdicción administrativa en última instancia (Laferriére, Drago[117]).

c. Criterios

§63. Planteamiento general - Fundamentalmente han sido dos los criterios que son tomados en cuenta por la doctrina para efectuar la distinción entre el *recours pour excès de pouvoir* y el *contentieux de pleine juridiction*, así: (i) los poderes del Juez administrativo; y (ii) la naturaleza de la pretensión misma o de la cuestión planteada al Juez administrativo; o en fin, (iii) la síntesis de los dos criterios enunciados.

A tal efecto, el Juez administrativo utiliza los criterios mencionados de manera alternativa o acumulativa, al examinar la naturaleza de la pretensión y/o la naturaleza de los medios que se invocan en la demanda.

§63. a) Poderes del Juez - El autor francés Laferrière[118] es, hemos dicho más arriba, quien formula la primera presentación sistematizada del contencioso administrativo sobre la distinción de los poderes que el Juez administrativo ejerce, que no son ni de la misma naturaleza ni de la misma extensión en todas las materias contenciosas. No obstante, más que del *excés de pouvoir*, él hablaba del *contentieux de l´anulation*, en atención al poder acordado al Juez administrativo de extinguir el acto administrativo recurrido, de tal suerte que es como si no hubiera existido.

De acuerdo con el autor citado, mientras que los poderes de plena jurisdicción comportan por parte del Juez administrativo el ejercicio de un examen completo,

---

116 Hauriou, M., Ob. cit., nota 53, p. 395.

117 Laferrière, E., Ob. cit., nota 91, t. I, p. 278; y Drago, R., Auby, J. M., Ob. cit., nota 94, t. II, p. 133.

118 Laferrière, E., Ob. cit., nota 91, t. II, p. 15 y ss.

de hecho y de derecho, sobre el litigio; por el contrario, los poderes de anulación del Juez administrativo se encuentran limitados al derecho de anular los actos administrativos ilegales, sin que el Juez administrativo tenga el poder de reformarlos o de sustituirlos por su propia decisión. Por tanto, el fallo se limita a la anulación del acto administrativo o a su absolución, sin posibilidad de ningún otro pronunciamiento.

Así, para la pretensión que contiene el *recours pour excès de pouvoir*, no podía ser sino la declaración de anulación del acto recurrido (*declaration de l'anulation*); por los medios invocados la demanda sólo puede plantear motivos de legalidad (*moyens de legalité*), esto es, la violación de una norma jurídica o un estatuto legal y no la de un derecho subjetivo. La jurisdicción en materia del *recours pour excès de pouvoir* no vendría a ser propiamente una jurisdicción plenaria, sino parcial o reducida.

Sin embargo, la validez del criterio de los poderes del Juez administrativo es duramente cuestionada por G. Jèze[119], cuando señala que no es en función de los poderes que ejerce el Juez administrativo como se reconoce la naturaleza de un contencioso administrativo, sino que es a partir de su naturaleza como se determinan los poderes del Juez administrativo, esto es, le critica que toma el efecto por la causa. En tal sentido, sostiene que el criterio de Laferrière se basa en parte en afirmaciones inexactas, que le falta precisión. Le reprocha a la clasificación de considerar sólo cuestiones de procedimiento y no cuestiones de fondo, esto es, de tomar lo accesorio como principal. Que el Juez administrativo puede apreciar no solo el derecho sino también el hecho. Y por último sostiene que atenerse sólo la naturaleza de las pretensiones no resuelve la cuestión de la naturaleza del contencioso en causa, pues hay que saber cuándo y porqué la pretensión en un caso no puede ser sino la anulación o cuándo otra decisión.

Sin embargo, hoy día la división -si no el fundamento- propuesta por Laferrière sigue teniendo el favor del Consejo de Estado y de la generalidad de la doctrina administrativa (A. De Laubadère, J. Rivero, G. Vedel) y contencioso-administrativa (R. Drago, R. Odent, R. Chapus) francesas.

§63. b) Pretensión sometida al juez - Frente al criterio expuesto para buscar el fundamento de la división del contencioso-administrativo en razón de la naturaleza y extensión de los poderes del Juez administrativo, se plantea el criterio que opone los litigios según la naturaleza de la pretensión misma o cuestión sometida al Juez administrativo, y al que se le atribuye en el plano técnico una superioridad científica. Esto es, según el criterio de las pretensiones en el sentido de la doctrina procesal de J. Guasp y González Pérez[120].

En efecto, L. Duguit[121] y Jèze[122] proponen como criterio de distinción del contencioso-administrativo, la naturaleza de la pretensión de derecho planteada al Juez administrativo en la demanda. La pretensión puede ser de derecho objetivo, de legalidad, si se relaciona con el problema de saber si una regla de derecho o norma jurídica de origen constitucional, legal, administrativo o una situación general u objetiva, en sí misma o a nivel de su aplicación, ha sido desconocida por un acto

119 Jèze, G., Ob. cit., nota 99, p. 671.
120 Guasp, J., *La pretensión procesal*, Col. Civitas, Aranzadi, Madrid, 1985; y González Pérez, J., Ob. cit., nota 57, pp. 211 y ss.
121 Duguit, L., *Traité de droit constitutionnel*, t. 2, 3° ed, Ed. De Boccard, 1928, § 30 y 31.
122 Jeze, G., Ob. cit., nota 99, p. 671.

jurídico o material; o puede ser una pretensión de derecho subjetivo, si el Juez administrativo es llamado a resolver una pretensión que concierne a un derecho subjetivo o a una situación jurídica concreta.

§63. c) Contencioso objetivo-contencioso subjetivo - De lo expuesto surgió: por un lado, el denominado contencioso «objetivo», dentro del cual la doctrina vincula al *recours pour excès de pouvoir*, que si bien en su origen concernía tanto la legalidad objetiva como la legalidad subjetiva (Drago[123]), ahora se considera sólo la violación a la norma jurídica en causa; y del otro, el denominado contencioso «subjetivo», si tenía por objeto decidir sobre la existencia, el contenido o los efectos de derechos subjetivos, o sobre la lesión de que han podido ser objeto, que son fundamentalmente derechos contractuales o los de reparación en caso de responsabilidad administrativa. El problema fue entonces reconocer la existencia de esa situación, y si existe, determinar, en la eventualidad, en qué medida un acto o un hecho lo ha lesionado de manera irregular.

d. Caracteres

§64. Planteamiento general - Los primeros caracteres reveladores de esta nueva modalidad del *contentieux de l´anulation* (y por ende del *recours pour excès de pouvoir*) son aquellos que lo hacen aparecer de naturaleza objetiva y que hubo impactado a los teóricos del siglo XX.

Luego, la anterior división sería presentada desde otro plano, como sería el fundamento de los distintos contencioso-administrativos: el contencioso subjetivo sería aquél que está destinado asegurar la defensa de situaciones individuales; por el contrario, el contencioso objetivo persigue fundamentalmente la protección del interés general y, por consiguiente, las consideraciones atinentes a las situaciones subjetivas serán accesorias (Drago[124]).

En consecuencia, el Juez administrativo que conoce del *contentieux de l´anulation* habría de limitar su control al examen de la legalidad objetiva -si bien va a extender considerablemente el contenido de ésta- y sus poderes frente al acto impugnado son de simple anulación, y no podría ir más allá.

En este sentido, el carácter objetivo que se le atribuiría al *contentieux de l´anulation* se iría a manifestar, en primer lugar, por la prohibición de acumular la pretensión de indemnización a la pretensión de anulación. Sin embargo, se debe recordar que antes de 1872, el Consejo de Estado no prohibía la acumulación dentro de un recurso tendiente a la anulación por *excés de pouvoir*, de las pretensiones de condena a indemnización. Muy por el contrario, las admitía y decidía sobre las dos categorías de pretensiones con una sola y única decisión. También es cierto que para ese momento la división del contencioso-administrativo no se había consumado. En consecuencia, esta restricción va a marcar decididamente la separación del *contentieux de l´anulation* del *contentieux de pleine juridiction*.

En segundo lugar, señalamos que mientras estuvo en vigor el sistema de la justicia retenida, la instrucción del *recours pour excés de pouvoir* no era considerado *un procè fait à une partie* (un proceso entre partes). Por el contrario, es la creación progresiva de una instancia sin partes, de un recurso que abre un *procès fait à un acte*

[123] Drago, R. et Auby, J.-M., Ob. cit., nota 94, t. II, p. 141.
[124] Drago, R. et Auby, J.-M., Ob. cit., nota 94, t. II, p. 141.

(proceso al acto) (LAFERRIÈRE[125]). Este carácter se va a proyectar en la diferencia relacionada con la presencia y el papel de los sujetos que intervienen en la instancia. La Administración Pública no intervendría como demandada sino como defensora del acto impugnado; por su parte, las personas susceptibles de comparecer, sea para apoyar o para contravenir el *recours pour excés de pouvoir*, sólo van a tener la cualidad de simples intervinientes. Y por último, al término del proceso, de ser el caso, el juez administrativo va a dictar una decisión que tienen la autoridad absoluta de la cosa juzgada.

En tercer lugar, la creación de una condición de admisibilidad nueva como lo es la ausencia de recurso concurrente (denominado «paralelo»), cuya significación profunda, frente a la multiplicidad de recursos contenciosos donde el Consejo de Estado está llamado a conocer, es la especificidad de la vía de derecho en curso de creación. En efecto, el Consejo de Estado es conducido con frecuencia a decidir si el *recours pour excés de pouvoir* es admisible cuando un particular lesionado por un acto administrativo unilateral que estima ilegal, dispone igualmente de otra vía de derecho equivalente, que le permita sustraerse a las consecuencias del acto administrativo impugnado.

Por último, la tendencia del nuevo *recours pour excés de pouvoir* en darse un objeto propio -no solo el acto reglamentario al lado del acto administrativo- sino el acto de autoridad (*de commandement et de puissance publique*), por oposición al acto de gestión. En tal sentido, por ejemplo, el *recours pour excés de pouvoir* no va a poder seguir fundándose sobre el incumplimiento de un contrato celebrado por la Administración Pública.

En mérito a lo anterior, el Juez del *contentieux de l´anulation* es llevado a delimitar con más precisión que en el sistema precedente su ámbito de acción; por tanto, el *recours pour excés de pouvoir* procedería sólo contra los llamados *actes de pure administration, actes d´administration*, o en fin *actes administratifs*, esto es, actos dictados por la autoridad administrativa, unilateralmente, de una manera expresa y dotados de fuerza ejecutoria (IMBERT[126]).

§65. Derecho alemán - En el caso del Derecho alemán no conoce un recurso único (aunque este pueda ser abierto por varias pretensiones, como es el caso en España desde la reforma de la Ley 29/1998), sino que parte de una cláusula general en cuanto a los litigios admisibles, combinada con varias clases de acciones que son procedentes según la pretensión que el recurrente persigue. Cada clase de acción tiene determinados requisitos específicos de admisibilidad[127].

Por contraste con otros sistemas de Justicia administrativa, el ordenamiento alemán posee toda una suerte demandas o acciones, que se deducirán según las pretensiones del actor y cuya admisibilidad se condiciona también a requisitos diversos. Según el tipo de pretensión que alegue el demandante existen, al menos en la LJCA (VwGO), cinco clases de acciones más importantes, pero no existe prohibición de acoger acciones que el legislador alemán no haya expresamente establecido (SOMMERMAN[128]), y ellas son las siguientes.

---

[125] Laferriere, E., Ob. cit., nota 91, t. II, p. 561.

[126] Imbert, l., *L'évolution du recours pour excès de pouvoir. 1872-1900*, Dalloz, Paris, 1952, pp. 5 y 12.

[127] Imbert, l., Ob. cit., nota 126, p. 7.

[128] Sommerman, K.-P., Ob. cit., nota 80, pp. 69 a 94. Por su parte el autor Cassagne sostiene que no existe prohibición de acoger acciones que el legislador alemán no haya expresamen-

a. Acción impugnatoria o de anulación, es la que procede cuando lo que se pretende es la anulación de los actos de gravamen o de doble efecto o con efectos para terceros.

b. La demanda de imposición o de condena a dictar un acto. Se distinguen a su vez dos variantes: la que se dirige contra la negativa expresa, y la que se interpone contra la inactividad administrativa (anulación e imposición).

c. La acción o demanda general de prestación, que procede cuando el actor persigue, de una parte, la realización de una prestación o concreta actividad (una mera actividad administrativa); y de otra, oponerse a una acción administrativa futura o inminente.

d. La acción declarativa que es subsidiaria, que persigue se declare la existencia o inexistencia de un derecho o de una relación jurídica. A su vez tiene dos modalidades: acción anulatoria para declarar una ilegalidad; y en caso de haberse ejecutado el acto administrativo después de la interposición de la acción impugnatoria o de anulación, el actor podrá reconvertir su pretensión anulatoria por la pretensión para que se declare la ilegalidad del acto administrativo consumado (acción declarativa de prosecución).

e. Por último, el proceso contencioso-administrativo para el control de normas, esto es, para enjuiciar la legalidad y constitucionalidad de las normas que sean de aplicación al caso concreto.

§66. Derecho español - Por su parte en el Derecho español, el legislador ha procedido a superar en la vigente Ley 29/1998 (LJCAE)[129], la naturaleza o carácter revisor de los actos administrativos previos de dicha jurisdicción contencioso administrativa, ampliándose considerablemente el objeto de la misma y, por ello, diversificándose el sistema de acciones y pretensiones que pueden ejercerse para asegurar el principio de tutela jurisdiccional efectiva ante cualquier tipo de comportamiento del Poder Público.

En tal sentido, la Ley 29/1998 prevé cuatro acciones o pretensiones diferentes de recurso contencioso administrativo, y que en principio cubren la totalidad der la acción del Poder Público, de la manera siguiente:

a. El recurso contra actos administrativos, ya sean estos expresos o presuntos (Arts. 25.1 y 31 de la Ley 29/1998).

b. De manera directa o indirecta, contra la legalidad de una disposición con rango inferior a la ley (Arts. 25.1, 26, 27 y 31 de la Ley 29/1998).

c. El recurso contra la inactividad administrativa (Arts. 25.2, 29 y 32.1 Ley 29/1998).

d. Por último, el recurso contra actuaciones materiales constitutivas de vía de hecho (Arts. 25.2, 30 y 32.2 Ley 29/1998).

---

te establecido, en Cassagne, J. C., Gottschau, E. P., y Aberaustury, P., «Reflexiones sobre la Ley de la Justicia Administrativa Alemana. Desde el Derecho Administrativo Argentino», en *Ley de la Justicia Administrativa Alemana, Análisis comparado y traducción,* Abeledo Perrot, Buenos Aires, 2009, p. 44.

[129] Vid. Ley 29/1998, de 13 de julio, reguladora de la Jurisdicción Contencioso-administrativa, en Código de Derecho Administrativo, Ed. BOE, Madrid, 2018.

A este cuadro de acciones le corresponde un cuadro de pretensiones que se pueden ejercitar, por lo que nos dará en cada caso el contenido de la hipotética sentencia estimatoria.

e. Ámbito

§67. Planteamiento general - El *recours pour excès de pouvoir* es susceptible de ser planteado ante las jurisdicciones administrativas francesas contra todos los actos administrativos que presenten un efecto individual o reglamentario. Mientras que el Derecho alemán solo abre la acción impugnatoria de anulación contra los actos individuales (Art. 42 LJCA —VwGO—). Los actos reglamentarios, por el contrario, no son susceptibles de una acción ante el Juez administrativo sino dentro de los estrictos límites previstos en el Art. 47 LJCA (VwGO), que solo lo prevé contra ciertas decisiones de urbanismo así como contra ciertos actos reglamentarios de los *Länder* y de colectividades locales (D. Capitant[130]).

f. Evolución

§68. Planteamiento general - Finalmente, en sus orígenes, los poderes de control jurisdiccional de la legalidad por parte del Consejo de Estado francés para el sistema de la justicia retenida se encuentran poco desarrollados. En la primera mitad del siglo XIX, los motivos de anulación sólo están referidos principalmente a la legalidad externa: la incompetencia y el vicio de forma; más tarde la violación directa de la ley. Posteriormente, ya a mediados del siglo XIX, el Juez administrativo profundizará el control sobre la legalidad interna y la desviación de poder.

Es así como el *recours pour excès de pouvoir* va a demostrar su utilidad, y el propio Estado facilita su empleo al dictar un Decreto de fecha 02-11-1864[131] cuyo Art. 1, ord. 1° dispensa al justiciable de la obligación de asistencia de abogado y del pago de las tasas judiciales. Por supuesto, estas medidas van a favorecer su desarrollo que se consolidará poco después con la atribución al Consejo de Estado del sistema de justicia delegada en la que decide ya por propia autoridad, para lo cual es necesario encontrarle un nuevo fundamento legal. Este viene a ser el Art. 9 de la Ley del 24-05-1872, cuando al otorgarle al Consejo de Estado carácter jurisdiccional, le reconoce la competencia para decidir soberanamente sobre las demandas contra los actos de las diversas autoridades administrativas, y lo convierte a partir de ese momento en un verdadero recurso jurisdiccional «de derecho común».

Así el último cuarto del siglo XIX fue un periodo de afinación del *recours pour excès de pouvoir*, donde la autonomía es llevada al máximo frente al recurso administrativo como al recurso de plena jurisdicción, y aparece ya en este periodo como un instrumento de clasificación jurídica (Imbert[132]).

En definitiva, el *recours pour excès de pouvoir* se volvió una vía de derecho si bien «temperada», a la cual Laferriere[133] le niega un carácter subsidiario, al señalar que es una acción diferente pues «*responde a la idea de anulación, de casación, abstracción*

---

130 Capitant., D., «Punto de vista francés sobre la Ley Alemana de la Justicia Administrativa» (VwGO), en *Ley de la Justicia Administrativa Alemana, Análisis comparado y traducción*, Abeledo Perrot, Buenos Aires, 2009, pp. 105 y 106.

131 Cit. por Drago, R., Ob. cit., nota 94.

132 Imbert, L., Ob. cit., nota 126, p. V.

133 Laferriere, E., Ob. cit., nota 91, t. II, p. 478; Imbert, L., Ob. cit., nota 126, p. 53- 58.

hecha de toda decisión sobre el fondo de derecho, mientras que los otros procedimientos, de orden administrativo o judicial, tienen el fondo del derecho mismo como su objeto».

Paralelamente, el Consejo de Estado va a seguir profundizando su control animado por la doble preocupación de: (i) proteger a las personas contra la ilegalidad administrativa; y (ii) tomar en cuenta los imperativos de la acción administrativa.

Así las cosas, sin lugar a dudas, la evolución del *recours pour excès de pouvoir* constituye lo más original del sistema contencioso-administrativo y, por tanto, de la protección de la persona frente a la Administración Pública, en razón de lo cual no sólo se le ha situado en el rango de maravilla de la arqueología jurídica (Hauriou[134]), la más maravillosa creación de los juristas (Jèze[135]), o en fin la pieza maestra del sistema (González Pérez[136]), sino que se la ha transformado en «*una garantía jurídica irremplazable para los administrados*» (Odent[137]).

2. CRISIS DE LA DIVISIÓN DEL CONTENCIOSO-ADMINISTRATIVO

A. Discusión

§69. Planteamiento general - La doctrina hoy día se plantea ¿el *recours pour excès de pouvoir* -o contencioso de anulación- continúa presentando un carácter objetivo o un carácter subjetivo? Y es así como se constata que la idea de subjetivización del *recours pour excès de pouvoir* toma un lugar muy importante en el debate contemporáneo. Al respecto adelantamos que la respuesta debe ser de Derecho positivo.

Ahora bien, esta cuestión ha levantado una enorme discusión alimentada, en sentidos diferentes, tanto por: (i) la legislación; (ii) la jurisprudencia; y por último (iii) la doctrina científica.

§69. a) Legislación - La discusión tiene su origen en parte debido a las innovaciones legislativas acaecidas que han modificado el régimen tradicional del sistema contencioso- administrativo, en particular el caso de Alemania, España y Francia.

En el caso de Francia, a partir de la reforma introducida en el año 1953, donde el legislador resuelve poner fin a uno de los de los rasgos que se juzgaban esenciales de la institución como el de ser un proceso al acto, criticada por la doctrina al hacer de la Administración Pública una parte en el proceso, siendo que el *recours pour excès de pouvoir*, dirigido contra un acto, no podía referirse a la Administración Pública en sí misma.

Posteriormente con las leyes reformatorias francesas de 16-07-1980 y la de 1990, al dejar de lado el carácter puramente declarativo y aceptar que el Juez administrativo pueda imponer *injonctions* o conductas de hacer a la Administración Pública demandada, incluso ejecuciones impuestas con multas coercitivas para forzar su voluntad. O la ley de 08-02-1995 que ha llevado a su término esta línea evolutiva normalizando definitivamente las sentencias de condena. Algunos autores como F. Melleray[138] han visto, en

[134] Hauriou, M., note au Sirey. 1914.4.3.33.
[135] Jèze G., Ob. cit., nota 99.
[136] González Pérez, J., Ob. cit., nota 57, p. 70.
[137] Odent., R., Ob. cit., nota 46, Vol. I, p. 49.
[138] Melleray, F., «Déclaration de droits et recours pour excés de pouvoir», en RDP Paris, 1988, p. 1121.

el otorgamiento de estos nuevos poderes, el medio para que el Juez del *recours pour excès de pouvoir* reconozca al demandante derechos, calificados de subjetivos.

Así las cosas, el impacto en Francia de la codificación del contencioso administrativo desde 1980, se expresa en que este ha producido un efecto general de renovación del Estado de Derecho, que se manifiesta en el nivel de los principios de la Justicia administrativa, tanto en sus reglas organizativas como en los procesos jurisdiccionales (Chapus[139]). En conclusión, se trata de reformas que van a convertir resuelta y abiertamente a la jurisdicción administrativa en una verdadera y plenaria acción procesal de condena a la Administración Pública (García De Enterría[140]).

§69. b) Doctrina - Por lo que respecta a la doctrina, la división entre el *contentieux de l´anulation* y el *contentieux de pleine juridiction*, desde muy temprano fue cuestionada en su fundamento, pues para algunos autores era artificial y no se veía cuál era la utilidad para el sistema contencioso-administrativo (L. Trotabas[141]). También se hubo cuestionado su efectividad, cuando se sostiene que no hay en el Derecho positivo diferencias notables según sea la naturaleza del recurso contencioso que se ejerza. Y por último, en cuanto a los criterios se ha sostenido que el respectivo valor de los criterios está lejos de conseguir la unanimidad de la doctrina (C. De La Mardière[142]).

En este sentido, más recientemente De La Mardière[143] sostiene al respecto que un mito parece haberse edificado con respecto al *recours pour excès de pouvoir*, al hacer de esta vía de derecho una aspiración ideal a la represión de la ilegalidad, objeto de un contencioso perfectamente objetivo, y donde la finalidad no perseguiría sino la satisfacción del interés general. Pero sostiene que ello sería olvidar que la instauración del *recours pour excès de pouvoir* depende de una persona, el demandante, actuando en defensa de un interés, ante todo personal. Para concluir que el mito de la perfecta objetividad del *recours pour excès de pouvoir* ha constituido un freno a su desarrollo. Pues cada vez que se había querido ofrecer al demandante garantías suplementarias, se había sostenido que el *recours pour excès de pouvoir* se estaría «subjetivizando», y perdería sus ambiciosos ideales de objetividad para acercarse más a una demanda ordinaria.

§69. c) Jurisprudencia - Por lo que respecta a la jurisprudencia, se menciona en esa línea al propio Consejo de Estado francés al dictar el *fallo Lafage*[144], donde la cuestión no era sólo el pronunciamiento de una anulación, sino de un *contentieux de l´anulation* contra un acto administrativo con consecuencias pecuniarias (*une décision à objet pécuniere*): el Estado debía entregar al demandante el pago de una suma de dinero. Esto es, el Juez administrativo no podía separar su poder de anulación y la consecuencia inmediata de la misma.

---

139 Chapus, R., Ob. cit., nota 102, N° 180 A, p. 168
140 García De Enterría, E., Ob. cit., nota 26, p. 82.
141 Trotabas, L. *Contentieux fiscal et juridiction administrativa,* Melanges Negulesco, Bucarest, 1935, p. 791.
142 De La Mardière, C., *Recours pour excès de pouvoir et contentieux administratif de l'mpot,* LGDJ, Paris, 2002, p. 23.
143 De La Mardière, C., Ob. cit., nota 142, p. 40.
144 Vid. CE del 08-03-1912, Rec. Lebon, p. 348, conc. Pichat; RDP 1912, p. 266, note Jèze, G., Sirey, 1913, III, p. 1, note Hauriou. 8.

La jurisprudencia *Lafage* terminó por extenderse a todo dominio que respondía a su lógica, esto es, al conjunto de litigios administrativos con consecuencias pecuniarias donde sólo el derecho objetivo estaba cuestionado. En tal sentido, el Consejo de Estado admite que en los litigios que son del contencioso llamado «pecuniario y objetivo», el recurrente podía elegir entre ejercer un *recours pour excès de pouvoir* o un *recours de pleine juridiction*. Ahora en el llamado contencioso pecuniario y objetivo, toda demanda presentada bajo la forma de *recours pour excès de pouvoir* persigue, necesariamente, una anulación y, por extensión, el pronunciamiento en contra de la Administración Pública de una obligación de pagar una suma de dinero. Ahora, en principio esa opción le quitaba a la división del contencioso administrativo toda razón de ser.

Posteriormente, el Consejo de Estado procedió a un cambio de la jurisprudencia a partir del *fallo Mbakam*[145], que encuentra su base en la afirmación de Duguit y Jeze, al señalar que cada vez que se trate de una cuestión de dinero, se estaría en presencia de un contencioso subjetivo.

En conclusión, sostiene De La Mardière, el estudio del llamado contencioso pecuniario y objetivo ha servido para poner a prueba la división del contencioso-administrativo y cuan frágil es la clasificación del contencioso objetivo y pecuniario dentro del *contentieux de pleine juridiction*, que se debe principalmente a razones históricas, o peor aún, casi contingentes. Por tanto, concluye que no existe verdadero fundamento jurídico que pueda firmemente sostener la idea de que el contencioso pecuniario y objetivo debería ser de la competencia del *contentieux de pleine juridiction*.

Finalmente, el cuestionamiento del *recours pour excès de pouvoir* viene de la propia jurisdicción administrativa, a través de M. Woehrling[146], presidente del tribunal administrativo de Strasbourg, al señalar las debilidades del *contentieux de l´anulation* que, de ordinario, da poca satisfacción a las partes. Le reprocha al Juez del *excés de pouvoir* la limitación de decidir sólo sobre la legalidad del acto impugnado, sin pronunciarse sobre la situación jurídica en causa. Por ende, la sentencia que se dicta tiene la falla de no resolver totalmente el problema, por ejemplo al permitir que un nuevo acto sea adoptado, por cuanto deja a las partes en la expectativa, al no indicar claramente las consecuencias de la declaración de la anulación.

B. Revisión contemporánea

§70. Planteamiento general - El *recours pour excès de pouvoir*, sostiene García De Enterría[147], se justificaría en Francia, prácticamente hasta hoy mismo, como un recurso «objetivo» que se explicaría en la posición administrativa superior del Consejo de Estado y movido por el interés de éste en considerar una observancia de la legalidad por la Administración Pública, y no como una protección de derechos de los administrados.

Ahora bien, Drago[148] sostiene en Francia que los elementos de orden subjetivo que habían sido eliminados poco a poco hoy día no están ausentes, sino que se han introducido otros y la doctrina contemporánea pone el acento sobre esta orientación subjetiva del *recours pour excès de pouvoir* que Alibert hubo señalado ya tempra-

---

145 Vid. CE del 27-04-1988, AJDA, 1988, p. 484, chr. Azibert et Mme de Boisdeffre.

146 De La Mardière, C., «La redécouverte du plein contentieux», en *Le juge administratif à l'aube du XXIe siecle*, Presses universitaires de Grenoble, 1995, p. 247; y «Vers la fin du recours pour excés de pouvoir?», en Melanges Braibant, Dalloz, 1996, p. 777.

147 García De Enterría, E., Ob. cit., nota 95, pp. 193 y 194.

148 Drago, R. et Auby, J.-M., Ob. cit., nota 94.

namente en 1926[149], y que posteriormente la reforma francesa del año 1953 reitera. En este último sentido, la doctrina estima que como consecuencia de la misma, el *recours pour excès de pouvoir* da lugar a un litigio entre partes, en particular con la introducción del tercero opositor y de la apelación (Waline, Chapus, García De Enterría[150]); en igual sentido más tarde se va a pronunciar la jurisprudencia[151].

Por tanto, señala Drago[152], esta nueva concepción ha orientado un remarcable estudio de M. Kornprobst[153] que ha demostrado el papel considerable que ocupan los elementos subjetivos en el *recours pour excès de pouvoir*. Que es cierto, a diferencia de hace años, que hoy se concibe el *recours pour excès de pouvoir* como un instrumento de defensa de la situación personal de los demandantes y que una notable parte de su reforma corresponde a ese fundamento. Pero que también la jurisprudencia no ha renunciado a verlo como un sistema general de control de la legalidad de la actividad de la Administración Pública.

En efecto, la simplicidad de la decisión del contencioso de anulación ya no es tal. Así, pues, se ha pasado en las últimas décadas de la mera revisión de la legalidad al restablecimiento integral de esta[154], partiendo de la premisa de que el Juez administrativo tiene a su disposición medidas accesorias susceptibles de completar su fallo[155].

En consecuencia, el carácter objetivo del *contentieux de l´anulation* se ha ido matizando con el tiempo, al atenuarse la *summa divisio* entre *contentieux de pleine juridiction* y *contentieux pour excès de pouvoir*[156]. Hoy en día el Juez administrativo tiene las opciones entre anulación plena, anulación parcial[157], anulación suspensiva, modulación de la retroactividad[158] y abrogación con efecto diferido[159], atenuando la mera anulación retroactiva de resultar sus efectos perjudiciales[160].

---

149 Alibert, *Le controle juridictionnel de l'administration au moyen du recours pour excès de pouvoir*, Paris, 1926, pp. 44 y ss.

150 Waline, J., *Droit Administratif*, Dalloz, 26° edition, Paris, 2016, p. 498; y Chapus, R., Ob. cit., nota 102, pp. 210-211 N° 229; y García De Enterría, Ob. cit., nota 26, pp. 49-54.

151 Vid. CE del 15-02-1963, fallo Associatioin Les Amis de Chiberta, en RDP 1963.567, note Waline.

152 Drago, R. et Auby, J.-M., Ob. cit., nota 94, t. II, p. 144.

153 Kornprobst, B., *La notion de partie et le recours pour excès de pouvoir*, LGDJ, Paris, 1959.

154 Cfr. Guyomar et Seiller, Ob. cit., nota 104, pp. 155-157, N° 357-365.

155 Guyomar et Seiller, Ob. cit., nota 104, p. 461, N° 899. En lengua castellana puede verse entre otros una referencia a este asunto y la evolución del contencioso hasta la actualidad, entre otros, en: García De Enterría, Ob. cit., nota 26, pp. 79-98; Ali Aranguren, J. C., *Los paradigmas de la legalidad y la justicia en el Derecho Administrativo Francés*. Universidad Pública de Navarra, 2008, pp. 499-686; y Ortiz- Álvarez, Ob. cit., nota 55, pp. 219-229.

156 Al ponerse al recurso por exceso de poder, recordando a G. Jeze, al servicio de las libertades fundamentales, en los términos de Morand-Deviller, Ob. cit., nota 103, p. 702. De allí que se señala que la tendencia es hacia la unificación del contencioso de los derechos y el contencioso de anulación, enmarcado en la noción de los derechos públicos subjetivos (Morand-Deviller, Ob. cit., nota 103, p. 703).

157 Cfr. entre otros: Chapus, Ob. cit., nota 102, pp. 1003-1004 N° 1.121 b.

158 Cfr. en la doctrina reciente, entre otros: Guyomar et Seiller, Ob. cit., nota 104, pp. 472-474 y 484 N° 985.

159 Cfr. entre otros: Morand-Deviller, Ob. cit., nota 103, p. 702; Guyomar et Seiller, Ob. cit., nota 104, p. 125, N° 262 y 157, N° 366-370 y 462-466 N° 900-913; Waline, Ob. cit., nota 103, pp. 705-706 y 734- 736, quien enfatiza el carácter excepcional de la modulación de los efectos temporales de las anulaciones.

160 Guyomar et Seiller, Ob. cit., nota 104, p. 462 N° 903. Vid. una crítica a esta evolución jurisprudencial y legal sobre la base de que desnaturalizaría la esencia y propósito del recurso por exceso de poder en: Esteban y Esteban, Ob. cit., nota 103, pp. 35-38.

a. Escuela subjetivista

§71. Planteamiento general - Hoy día es común encontrar diversos autores que se refieren a la necesidad de consagración de una concepción subjetiva del proceso contencioso administrativo de origen alemán, conforme a la cual el sistema procesal se debe orientar a la solución de las diversas pretensiones que puedan tener las personas frente a la actividad o inactividad de la Administración Pública, con el fin de hacer realmente efectivos sus derechos subjetivos, en oposición a una concepción objetiva, de origen francés, la cual gira fundamentalmente alrededor de la idea de impugnación de un acto administrativo con las eventuales reparaciones a que pueda haber lugar como consecuencia de la anulación judicial del respectivo acto[161].

En efecto, en el centro del proceso que regula el Derecho alemán, antes que la mera legalidad se encuentran los intereses individuales de las personas que se convierten en el principal objeto de protección por parte del Juez administrativo. El control de legalidad del obrar de las autoridades administrativas aparece como un objetivo que complementa la protección de los derechos de las personas, no configurándose un proceso autónomo en el que se controla exclusivamente la observancia de la ley (Cassagne[162]).

Por su parte, en España es García De Enterría[163] quien asume la bandera de lo que pudiéramos llamar la «escuela subjetivista», y a quien seguimos muy de cerca en este punto, no sólo por la claridad de pensamiento sino por la contundencia de sus argumentos.

En efecto, García De Enterría sostiene categóricamente que el carácter «objetivo» del *recours pour excès de pouvoir* se debe a una confusión teórica, motivada en la dificultad de aplicar a este tipo de relaciones jurídico-administrativas la técnica del derecho subjetivo ordinario. Que nadie tiene, en efecto, un verdadero derecho a que la Administración Pública actúe de una determinada manera, o que una obra pública se sitúe en un lugar determinado y no en otro. Pero este equívoco ha sido resuelto en la doctrina jurídica recientemente en Alemania tras la Ley Fundamental de Bonn de 1947, y en España a partir de la Ley de la jurisdicción contencioso-administrativa de 1956.

Nadie tiene un derecho personal, en efecto, a que la Administración Pública actúe de manera que respete la Ley -continúa argumentando el citado autor-[164]; pero todos sí que tenemos un efectivo e inequívoco derecho a que la actuación de la Administración Pública no afecte a nuestro círculo vital, sino a través de competencias y procedimientos legales. Y por último, que donde está el derecho subjetivo es en la reacción frente a la actuación administrativa ilegal, reacción para la cual el Derecho arbitra la acción contencioso-administrativa.

En mérito de lo anterior, García De Enterría[165] concluye que todo el contencioso-administrativo y, en particular, el famoso *contentieux de l´anulation* o *recours pour*

---

161 Sobre esta concepción subjetiva del proceso contencioso administrativo, Vid. a González Pérez, J., «Acto administrativo y pretensión procesal», en Jorge Fernández Ruiz (coordinador), *Perspectivas del derecho administrativo en el siglo XXI,* Universidad Nacional Autónoma de México, México, 2002, pp. 7 y ss.; y a González-Varas Ibáñez, S. J., *Comentarios a la ley de la jurisdicción contencioso administrativa,* Editorial Tecnos, Madrid, 1999, pp. 34 y ss.

162 Cassagne, J. C., Gottschau, E. P., y Aberaustury, P., Ob. cit., nota 128, p. 44.

163 García De Enterría, E., Ob. cit., nota 95, pp. 193 y 194.

164 García De Enterría, E, Ob. cit., nota 95, p. 194.

165 García De Enterría, E., Ob. cit., nota 16, t. II, p. 593.

excès de pouvoir, es y no puede dejar de ser un recurso subjetivo, esto es, en el que se tutelan derechos subjetivos y que, por esa razón, si la tutela ha de ser efectiva, la jurisdicción ha de ser, en consecuencia, también plena. Esta hoy día es algo más que una opinión teórica, pues es ya un postulado constitucional. Pero es que además de que las pretensiones puedan incluir el reconocimiento de una situación jurídica subjetiva individualizada, hay la posibilidad de solicitar y obtener la adopción de las medidas adecuadas para el pleno restablecimiento de la misma[166].

§72. Criterio de conexidad - En efecto, García De Enterría[167] sostiene que en el *contentieux de l'anulation* o *recours pour excès de pouvoir*, el justiciable puede pretender más que la simple declaratoria de anulación del acto administrativo, ya que podría pedir toda pretensión que, en «conexión» con la anulación jurisdiccional, derivase de una titularidad subjetiva, entendida esta en el sentido genérico de situación jurídica individualizada.

Por tanto, concluye que en tales casos la impugnación no agota en sí misma el contenido de la pretensión (pretensión anulatoria), como la imposición a la Administración Pública de todas las conductas necesarias para que esa declaratoria despliegue la plenitud de sus efectos (pretensión de condena); estaríamos pues en presencia de lo que Chapus[168] en Francia menciona como «el recurso objetivo» concluyendo en una condena pecuniaria o recurso contra «una decisión a objeto pecuniario».

En tal sentido, en el Derecho español la Ley 29/1998 consagra la acción de impugnación de actos administrativos con una posible doble pretensión. De un lado la anulación del acto impugnado, y de otro, de manera conjunta el reconocimiento y restablecimiento de una situación jurídica individualizada.

Por su parte, en el Derecho alemán es posible la clasificación de las acciones en dos grandes categorías: de limitación o de prestación. En primer lugar están las acciones constitutivas destinadas a la fundamentación, supresión o modificación de una relación jurídica, y también como un clase especial de esta, la acción de anulación (Art. 42. 1 LJCA). Asimismo, las acciones declarativas que regula el Art. 71.1b LJCA.

b. Cambio de paradigma

§73. Planteamiento general - Lo antes expuesto conduce a García De Enterría[169] a sostener el interés en reflexionar sobre la significación de las espectaculares transformaciones, pues no se trata de simples reformas técnicas, más o menos valiosas, en el sistema francés de Justicia administrativa, sino que se ha producido un cambio espectacular y sustancial del modelo mismo.

Que el nuevo *recours pour excès de pouvoir* ha abandonado resueltamente el sustrato básico de la llamada «objetividad», con la proclamación como un verdadero derecho fundamental del derecho a la tutela judicial efectiva de cualquier derecho material que pudiese disponer el ciudadano. Simplemente dicho, el *recours pour excès de pouvoir* ha dejado de ser un recurso «objetivo» para pasar a configurarse, inequívoca y manifiestamente, como un recurso para la tutela de un verda-

[166] García De Enterría, E., Ob. cit., nota 16, t. II, p. 597.
[167] García De Enterría, E., Ob. cit., nota 16, t. II, p. 597.
[168] Chapus, R., Ob. cit., nota 102, p. 176 y 557.
[169] García De Enterría, E., Ob. cit., nota 55, p. 125.

dero derecho subjetivo, el pedir justicia al Juez administrativo para la protección de un derecho material concreto, derecho que en cuando tal postula su efectividad plena y completa, lo que implica en el Juez administrativo debe hacer lo necesario para que esa efectividad se cumpla, con lo cual cuenta ya con el poder no sólo de declarar lo que en Derecho procede, sino también con la obligación de hacer efectiva esa declaración.

Finalmente, observa que además de tener ciertamente elementos subjetivos, el *contentieux de l´anulation* puede y debe ser considerado, ayer como hoy, como un medio, y un medio particularmente importante, de control jurisdiccional al cual la Administración Pública debe estar sometida en vista de la salvaguarda del derecho objetivo. En otras palabras, se le debe continuar teniendo como la vía normal de control jurisdiccional de la legalidad de la actividad de la Administración Pública, cualquiera que puedan ser los avances legislativos o teóricos del *contentieux de pleine juridiction*. En tanto que el objeto del *contentieux de l´anulation* sigue siendo, principalmente, la salvaguarda de la legalidad administrativa, es por ello calificado por autorizada doctrina como un recurso «de utilidad pública» y «de orden público» (Chapus[170]).

Y es que en la imposibilidad de reducir el *contentieux de l´anulation* sólo a elementos subjetivos, esto es, únicamente como instrumento de defensa de los derechos e intereses de los particulares, tal y como lo ha demostrado excelentemente P. Weil[171], la conjunción de elementos objetivos y subjetivos se muestra afortunada, y no es deseable ver los segundos eliminar completamente los primeros.

c. Derecho comparado europeo

§74. Derecho alemán - Con la promulgación de la Ley Fundamental de 1949, que como hemos dicho, consagró definitivamente la idea de la tutela judicial efectiva de las personas, lo que tampoco impide, desde luego, que la jurisdicción contencioso administrativa sirva, al mismo tiempo, aunque en forma mediata, a la defensa de la legalidad objetiva (Sommermann[172]). Su sentido último reside, pues, en la defensa jurisdiccional de la persona individual[173].

Y es que históricamente el acto administrativo llegó a ser el objeto del proceso y afirmar o negar el acceso a la jurisdicción contencioso-administrativa. Sin embargo, esta concepción se vería superada por el Derecho alemán, que entronizaría la relación jurídico-publica como el fundamento de un nuevo Derecho contencioso-administrativo alemán quedando, por tanto, relegada a una posición secundaria la forma concreta de actuación de la Administración Pública. En esta nueva concepción legal profundizaría también la doctrina alemana, especialmente a partir de la década de los setenta. El acto administrativo, por efecto de la nueva teoría basada en la relación jurídica pasa, pues, a convertirse en una forma de actuación más de la Administración Pública, con la misma relevancia a efectos procesales que la simple actuación, el contrato o la norma. A partir de entonces, el acceso a la jurisdicción contencioso administrativa no queda ya condicionada a la previa existencia de un acto administrativo, sino en los casos en que se vulneren los derechos de los interesados.

---

170 Chapus, R., Ob. cit., nota 102, pp. 164, 168, 170.

171 Weil, P., «Préface» de la obra de Kornprobst, M., Ob. cit., nota 153.

172 Sommerman, K.-P., Ob. cit., nota 80, p. 38.

173 Sommerman, K.-P., Ob. cit., nota 80, p. 48.

En efecto, la doctrina alemana (Uhle y Marc Lehr[174]) sostiene que la protección judicial solo se otorga en los casos en los que se vulneran los derechos de los interesados, esto es, calificados como derechos subjetivos. En tanto que los derechos de esta naturaleza han sido lesionados, el Derecho contencioso-administrativo alemán contiene un sistema completo de defensa contra la acción ilegal de la Administración Pública y favorece el contenido de la garantía judicial de los derechos, en conformidad constitucional, del Art. 19, apartado 4, frase 1 de la Ley Fundamental.

El concepto amplio de derecho público subjetivo obedece a la denominada teoría de la protección normativa que es hoy dominante y se debe a O. Büler[175]. De acuerdo con esta doctrina, el derecho público subjetivo comprende todos los intereses individuales que el Ordenamiento jurídico estima dignos de protección y, por tanto, abarca aquellas posiciones que se designan en otros Ordenamientos (España, Italia, Venezuela, etc.) con el concepto de intereses legítimos.

De ahí que frente a la lesión de un derecho subjetivo se otorga la protección jurídica ante los tribunales de acuerdo con los Arts. 92 y 97 de la Ley Fundamental. Así se produce el mandato de la denominada «garantía de la efectividad de la protección jurídica», y que ha recibido el nombre en el Derecho comparado de la «tutela judicial efectiva». En tal sentido, la protección contra la violación del derecho subjetivo debe estar fundada en un control eficaz por parte de la potestad jurisdiccional.

Por su parte, la amplitud del control jurisdiccional de la Administración Pública tiene que concederse sin límites en el enjuiciamiento y en las medidas que se adopten. Producida una lesión del derecho, este debe ser reparado. Y es así que desde el punto de vista de la efectividad judicial puede ser indispensable que se reconozca la violación de derecho, la condena a una prestación o se dicte una sentencia indemnizatoria.

Finalmente, la efectiva protección requiere que las sentencias deban ser cumplidas, una vez firmes y ejecutables. También requiere que sea dictada a tiempo, ya que para ciertas pretensiones la protección jurídica debe resolverse en un procedimiento esencialmente rápido (Uhle Y Marc Lehr[176]).

§75. Derecho español - Por su parte, en España García De Enterría[177] sostiene que la idea convencional de que en el sistema contencioso-administrativo, con independencia de recursos muy limitados referidos a los derechos de carácter patrimonial donde se ejerce una plena jurisdicción equiparable a la otorgada por los demás tribunales, se ejerce sobre todo una jurisdicción supuestamente objetiva en la cual no sólo es que no habrían partes, sino que la sentencia no podría pronunciarse sobre ningún reconocimiento de derechos ni ninguna protección o tutela en favor de éstos, sino sólo la eventual anulación de un acto administrativo como técnica de puro restablecimiento de la legalidad, sería una simple restauración de la legalidad objetiva, y no para tutelar el derecho de nadie[178], la concepción objetiva del proceso, en el que realmente no se enjuiciaría propiamente a la Administración Pública como parte, sino al acto administrativo mismo (proceso al acto)[179]. Esta

174 Uhle y Marc Lehr, A., Ob. cit., nota 83, p. 94.
175 Cit. por Sommermann, K.-P., Ob. cit., nota 83, p. 49.
176 Uhle y Marc Lehr, A., Ob. cit., nota 83, p. 94.
177 García De Enterría, E., Ob. cit., nota 16, t. II, pp. 591 y 592.
178 García De Enterría, E., Ob. cit., nota 16, t, II, p. 392.
179 García De Enterría, E., Ob. cit., nota 16, t. II, p. 593.

concepción pareciera haber dejado una honda huella que siguen la senda los sistemas contencioso-administrativos en el Derecho comparado, incluido el Derecho positivo venezolano.

Así las cosas, en España se ha producido una notable evolución de las acciones en el ámbito de la Ley 29/1998, como consecuencia de la clara influencia del Derecho alemán hacia una sustancialmente mayor protección sin fisuras de la persona frente a la Administración Pública, en la diversificación de las acciones y pretensiones procesales a disposición de las personas que dejan de tener como referencia al acto administrativo para recurrir frente a la actividad -o inactividad- de la Administración Pública con la nueva perspectiva subjetiva del acceso a la jurisdicción contencioso administrativa. En efecto, aquella concepción arcaica ha sido rechazada expresamente mediante sentencia del Tribunal Constitucional español[180] al considerársela atentatoria contra el derecho fundamental a la tutela judicial efectiva.

d. Derecho positivo venezolano

§76. Planteamiento general - Con anterioridad a la entrada en vigencia de la derogada LOCSJ[181], el contencioso indemnizatorio patrimonial, cuando la reparación de los daños provenía como consecuencia del dictado de un acto administrativo ilegal, quedaba subordinado: primero, a haberse agotado la vía administrativa; y segundo, a resultar triunfante en el *contentieux de l´anulation*; y finalmente, a iniciar recién el *contentieux de pleine juridiction* ante el Juez competente, que era la división imperante en esa época. Por ende, el privilegio del acto previo, provocando la decisión administrativa recobraba todo su valor.

En efecto, se podía presentar el caso de que un acto administrativo lesionara un derecho subjetivo, que autorizaría un *contentieux de pleine juridiction* para obtener una reparación patrimonial. Ahora bien, con el sólo *contentieux de l´anulation* se obtendría un resultado insatisfactorio para el accionamiento desde el punto de vista patrimonial, y tendría que intentar posteriormente un *contentieux de pleine juridiction* para lograr este último fin, lo que, si así fuere, se tornaría a todas luces en una forma de denegación de justicia.

En tal caso, la derogada LOCSJ solucionaba este punto permitiendo la acumulación de las pretensiones bajo la forma del *contentieux de l´anulation*, en el cual se solicita a la vez tanto la anulación como la reparación correspondiente. En efecto, el derogado Art. 131 de la LOCSJ facilitaba al Juez administrativo para que en su decisión pudiese resolver ambas pretensiones: por una parte, la pretensión de anulación; y por la otra, la pretensión indemnizatoria[182]. Sin embargo, la aplicación de tal hipótesis lo era de interpretación restrictiva: sólo procedía acumular la pretensión de condena cuando esta era una consecuencia que derivaba en forma inmediata y necesaria del acto administrativo anulado[183].

---

180 Sent. N° 75/2008 del 23 de junio, f.j.4.

181 Publicada en GO N° 1.893 Ext. Del 30-07-1976. Sobre esta Ley pueden verse, entre otros: Calcaño De Temeltas, J., «Aspectos generales del régimen legal de la Corte Suprema de Justicia», en *Ley Orgánica del Tribunal Supremo de Justicia*, 2° ed. actualizada, EJV, 1991, pp. 9-134; y Brewer-Carías, A. R., «Algunos aspectos del proceso contencioso-administrativo», en *Ley Orgánica del Tribunal Supremo de Justicia*, 2° ed. actualizada, EJV, Caracas, 1991, pp. 137-290.

182 Vid., Sent. CPCA del 06-12-1984, RDP N° 20, p. 165; y 13-12-1984, RDP N° 20, p. 166.

183 Sent. CPCA del 17-05-1984, RDP N° 19, p. 168.

Al respecto debemos mencionar que si bien estuvimos dentro de los autores que en algún momento empleamos tales términos para trasladar la dicotomía clásica (que ya se vio previamente que hoy no es tal) entre *contentieux de l'anulation versus contentieux de pleine juridiction*, también más recientemente sostuvimos[184] que en el Derecho positivo ha quedado superada por la doctrina y la jurisprudencia, al ampliarse el elenco de los módulos procesales administrativos, hoy consagrados en la LOJCA. Incluso una atenta lectura de los Arts. 26 y 259 de la C autorizan esta conclusión, a los fines de garantizar una auténtica tutela judicial efectiva en el sistema jurisdiccional administrativo.

No obstante, hay que advertir que en Derecho comparado todavía se emplea con cierta frecuencia esta dicotomía, sin que en la mayoría de los casos se señalen las necesarias matizaciones que habría que hacer en su adopción.

[184] Araujo Juárez, J., «La configuración constitucional del contencioso administrativo en Venezuela. Antecedentes, origen, evolución y consolidación» en Hernández-Mendible, V. R. (Dir.): *La actividad e inactividad administrativa y la jurisdicción contencioso-administrativa*, EJV, Caracas, 2012, pp. 36 y ss. En el mismo sentido Brewer-Carías, A. R., Ob. cit., nota 29, pp. 66 y ss. A favor de mantener sin matizaciones la clasificación tomada del contencioso-administrativo francés (aunque la recepción es parcial puesto que la clasificación francesa incluye otras tipologías) estuvo Iribarren Monteverde, H.: «¿Existe en Venezuela un recurso autónomo de plena jurisdicción?», *RFPGR* N° 1, Caracas, 1986, pp. 113-153. El análisis más detallado para desestimar tal posición, partiendo de la premisa de que para hablar de un contencioso de anulación y de un contencioso por exceso de poder en nuestro ordenamiento, primero habría que esclarecer a qué se refiere tal terminología y con qué propósito se planteaba, dadas nuestras diferencias en lo histórico, conceptual, organizativo y procedimental con el modelo francés originario, lo aportó en su oportunidad: Caballero Ortiz, J., *Contencioso de plena jurisdicción y demás contra los entes públicos*, EJV, Caracas 1989, pp. 9-56 Más recientemente: Urosa Maggi, D.: «Origen y evolución del contencioso administrativo en Venezuela ¿influencia francesa o española? Repercusiones en la situación actual de la Justicia Administrativa venezolana y en sus perspectivas de cambio», *Boletín de la Academia de Ciencias Políticas y Sociales* N° 147, Caracas, 2009, pp. 120-126.

IV

EL SISTEMA DE JUSTICIA ADMINISTRATIVA EN VENEZUELA*

1. CRITERIOS DE COMPETENCIA

§77. Planteamiento general - No hay duda, como muy bien lo sostuvo el Máximo Tribunal[185], que el sistema de Justicia administrativa o contencioso-administrativo venezolano está «inspirado» en el francés, si bien su introducción se va configurando normativamente de manera progresiva a través de largos periodos. También afirmamos desde ya que no fue una simple «imitación» del sistema francés, sino que su especificidad se ha ido construyendo conforme a nuestra propia realidad, y hunde sus raíces en nuestra tradición constitucional y legislativa, pues ha estado previsto y regulado: primero, por los textos constitucionales a partir de 1830; y segundo, por los textos legales referidos a la organización y funcionamiento del Alto Tribunal -así fuere de manera transitoria- hasta la efectiva promulgación de la vigente LOJCA.

En tal sentido, debemos rechazar categóricamente la afirmación de la Exposición de Motivos del Proyecto de la LOJCA cuando sostiene que «*el control de los poderes públicos no se configuró conforme a la idiosincrasia del país, sino que fue el producto de la adaptación a nuestro medio de instituciones foráneas y la imitación de modelos que se fueron estructurando a través de la labor jurisprudencial y la doctrina, pero ajenas a nuestras propias realidades*».

No podemos estar más de acuerdo con la afirmación de Brewer-Carías[186], cuando sostiene que se trata de una afirmación sin fundamento porque, al contrario, pues como ya dijimos, la construcción de la Justicia administrativa venezolana ha sido obra de los tribunales, del foro y de la academia venezolanos, desarrollada sobre la base de nuestras normas constitucionales y legales que se fueron incorporando al Ordenamiento jurídico, por supuesto, con la ilustración de la mejor doctrina del Derecho administrativo contemporáneo, como pretendemos ponerlo de relieve más adelante.

---

* Este capítulo ahora enteramente revisado fue inicialmente publicado por el autor en la obra colectiva *La actividad e inactividad administrativa y la jurisdicción contencioso-administrativa* (Dir. V. R. Hernández-Mendible), EJV, N° 96, Caracas, 2012.

185 Sent. N° 162 de la CSJ/SPA del 03-08-1982, RDP N° 11, p. 135; y CSJ/SPA del 21-06-1983, RDP N° 15, p. 170.

186 Brewer-Carías, A. R., Ob. cit., nota 29, p. 13 y 14.

En efecto, la competencia que corresponde a los tribunales de la llamada Justicia administrativa o jurisdicción contencioso-administrativa, es decir, la aptitud jurídica que tienen tales tribunales para conocer de los litigios en materia contencioso-administrativa, se determina sobre la base de las reglas de competencia establecidas en la C y en las leyes de desarrollo. Así, el ámbito de la competencia de la Justicia administrativa proviene de la determinación que de él han hecho los textos jurídicos -constitucionales y legales-, ya sea en términos enumerativos («por enumeración o determinación de la ley»), o en términos de «cláusula general de competencia». En este último caso, el legislador no se limita a enunciar materias, sino a atribuir competencias enunciándolas como principio general (ARAUJO-JUÁREZ[187]).

§78. Criterios generales de competencia - En Venezuela, según el estado actual del Derecho positivo, en principio, existen tres cláusulas generales atributivas de la competencia de la Justicia administrativa, a saber: (i) el «Estado deudor»; (ii) el acto o contrato administrativo; y por último (iii) el servicio público. Es, pues, a través del análisis del caso concreto a la luz de estos tres criterios, cómo se determina si el conocimiento de un litigio corresponde o no a la jurisdicción contenciosa-administrativa.

Sin embargo, ello no ha sido siempre así; el estado actual del Derecho positivo en materia del contencioso de anulación, que es el objeto concreto de este estudio, es el resultado de un proceso de evolución de la formación de diversos criterios de atribución de competencias que se remontan a más de 150 años antes de la entrada en vigencia de la Constitución de 1999.

A. Criterios originales

§78. a) Planteamiento general - Desde el punto de vista de la configuración constitucional, el Derecho positivo había establecido tradicionalmente dos «sistemas» de atribución de la competencia a la jurisdicción contencioso-administrativa.

El primero basado en el criterio orgánico del «Estado-deudor» (denominación ésta que ha sido tomada del Derecho público francés), el cual hoy día está reconocido en los Arts. 9, nums. 4, 8 y 9; 23, nums. 1y 2; 24, nums. 1y 2; y 25, nums. 1 y 2 de la LOJCA; y el segundo basado en los criterios formales del acto administrativo y del contrato administrativo (formas jurídicas por antonomasia que revelan la actividad administrativa[188]) los que a su vez están reconocidos en los Arts. 9, num. 1; 23, nums. 5 y 6; 24, num. 5; y 25, nums. 3 y 6 de la LOJCA.

En este orden de ideas, la extinta CSJ en Sala Político-Administrativa[189] tuvo la ocasión de afirmarlo en los términos siguientes: «*la razón de ser de esta dualidad de*

---

[187] Araujo-Juárez, J., *Principios Generales de Derecho Procesal Administrativo*, Ed. Vadell Hermanos, Caracas, 1996.

[188] No se pretende retomar aquí la discusión en el Derecho positivo acerca de la incorrección de la Constitución (Art. 259) y de la LOJCA (Art. 9, num. 1) al diferenciar entre actos administrativos generales o de efectos generales y actos administrativos individuales o de efectos particulares, respectivamente. Bástenos por ahora señalar que en esta obra los primeros corresponden a los actos normativos, actos reglamentarios o simplemente reglamentos; mientras que los segundos a los actos administrativos propiamente dichos. Sobre la noción de acto administrativo Vid. *in extenso* a Araujo-Juárez J., Derecho *Administrativo General.* Vol. III *Acto y Contrato Administrativo*, Ediciones Paredes, Caracas, 2010, pp. 112-115.

[189] Sent. CSJ/SPA del 22-05-1995, caso *Manolo Domínguez Menda*, en Ortiz Álvarez, L. A., *Jurisprudencia de Responsabilidad Extracontractual del Estado*, EJV, Caracas, 1997, p. 539.

mecanismos de atribución de la competencia contencioso-administrativa se corresponde con la doble explicación que justifica la existencia de este orden jurisdiccional en Venezuela; en primer lugar, la salvaguarda del patrimonio público cuando pretenda comprometerse la responsabilidad patrimonial de la Administración; en segundo lugar, el resguardo y garantía de la irreductible especificidad de la actividad administrativa».

En efecto, cuando la jurisprudencia del Máximo Tribunal hacía referencia a nociones tales como las de servicio público, gestión pública-gestión privada y prerrogativas de poder público, en el propósito de dilucidar su competencia, ello siempre fue con el objeto de interpretar y desarrollar el alcance y significación de las categorías jurídicas del acto administrativo y del contrato administrativo, que eran los originales criterios legales de atribución de la competencia de la jurisdicción contencioso-administrativa.

Así, por ejemplo, para determinar la existencia de un contrato administrativo se examinaba con frecuencia si el objeto de la relación contractual estaba dirigida a la prestación de un servicio público; y para determinar la existencia de actos administrativos (por ejemplo en el caso de la teoría de los llamados «actos de autoridad»), se privilegió la verificación del ejercicio de prerrogativas de Poder Público conferidas por la ley. Pero era siempre a fin de determinar la existencia de actos o contratos administrativos, existencia que era en realidad lo que justificaba la competencia de la jurisdicción contencioso-administrativa.

Finalmente, Moles Caubet[190] señala que la derogada Constitución de 1961 enunció dos especies de jurisdicción contenciosa administrativa definiéndolas por sus efectos. Una, el contencioso de anulación, incluida la desviación de poder; y la otra, que versa sobre la preexistencia de derechos subjetivos, que se comprende en el contencioso de derechos o de plena jurisdicción.

B. Criterio adicional

§78. b) Planteamiento general - En este contexto, la vigente Constitución de 1999 recepta un tercer criterio de atribución de la competencia de la jurisdicción contencioso-administrativa: el servicio público, considerado en sí mismo (no ya como elemento presente en la noción de acto administrativo o de contrato administrativo). Se trata, pues, de un criterio material que atiende a la naturaleza prestacional de ciertos servicios de marcada trascendencia social.

En este sentido, la redacción del Art. 259 de la C es elocuente al revelar la razón que motivó al Constituyente a instituir un tal fuero especial: una mejor protección de los derechos de los gestores y usuarios de los servicios públicos. Por eso la norma atributiva de la competencia jurisdiccional se refiere a los «*reclamos por la prestación de servicios públicos*».

Por tanto, desde la entrada en vigencia de la Constitución de 1999, el Derecho nacional consolida un criterio material adicional de atribución de la competencia de la jurisdicción contencioso-administrativa, basado en la noción de servicio público *strictu sensu*[191], el cual ya aparecía referido con bastante antelación en la legis-

---

[190] Moles Caubet, A., «Rasgos generales de la Jurisdicción Contencioso-Administrativa», en *Estudios de Derecho Público*, Acosta-Hoenicka, O. (Compilador), UCV, Caracas, 1997, p. 391.

[191] Sobre la noción de servicio público Vid. *in extenso* a Araujo-Juárez, J., *Derecho Administrativo General*, Vol. IV. *Servicio Público*, Paredes Editores, Caracas, 2010.

lación venezolana según lo pondremos de relieve. De este modo, ahora se plantea sí basta o no con que un contencioso o litigio tenga por objeto un reclamo por la prestación de un servicio público, para concluir si la competencia corresponde o no a la jurisdicción contencioso-administrativa, y ello sin necesidad de que exista un acto administrativo o un contrato administrativo.

Luego, la LOJCA vino a llenar un vacío legal en torno al ámbito, procedimiento y formalidades del contencioso-administrativo de los servicios públicos elevado a rango constitucional (Art. 259 de la C).

Así las cosas, los criterios mencionados aparecieron en Venezuela -igual que en Francia- en orden inverso a lo largo de las sucesivas Constituciones, en función de los criterios de atribución de competencias señalados, por lo que con el fin de darle una mayor claridad a la segunda parte de esta obra y justificar que nuestro sistema contencioso de anulación tiene carta de naturaleza en el Derecho positivo, procederemos a separar en cuatro las etapas, fases o periodos de la configuración normativa del sistema contencioso de anulación en Venezuela, a saber: (i) antecedentes; (ii) origen; (iii) evolución; y por último (iv) consolidación.

2. CONFIGURACIÓN NORMATIVA DEL CONTENCIOSO DE ANULACIÓN

A. Antecedentes (1860-1922)

§79. Cuestión previa - Advertimos junto con Moles Caubet[192], que el sistema de justicia administrativa de nuestro país aparece tardíamente en las Constituciones, fundamentalmente reducido a una selección de remedios procesales que atienden a situaciones singulares. De ahí que en general se va ir determinando tan sólo como una competencia orgánica -no funcional- de un único órgano jurisdiccional, esto es, el Máximo Tribunal, y que existe en la medida que se le van atribuyendo algunas materias administrativas sometidas entonces a un proceso contencioso, con lo cual quedan sustraídas a las decisiones unilaterales de la Administración Pública.

Así, el criterio utilizado en sus orígenes es, pues, meramente cuantitativo, dependiendo del mayor o menor número de materias jurisdiccionalizadas, es decir, incluidas dentro de las competencias del más Alto Tribunal que regulan las diversas Constituciones, circunscribiéndonos por el momento al contencioso de anulación.

a. Constitución de 1864

§80. Disposiciones constitucionales - Con el Art. 92 de la Constitución de 1864[193] se inició tímidamente el contencioso de anulación sobre los actos del Poder Ejecutivo, por violación de los derechos garantizados a los Estados federales en la Constitución o que atacaran su independencia y titularidad. Por tal razón, la legitimación de la acción correspondía a las mayorías de las Legislaturas Provinciales, y más tarde a petición de cualquiera de los Poderes de un Estado federal.

§81. Desarrollo legislativo - Luego, la Ley sobre Organización de la Alta Corte Federal y demás Tribunales Nacionales de fecha 17-05-1869 introduce el

192 Moles Caubet, A. «El Sistema Contencioso Administrativo venezolano en el Derecho Comparado», en *Estudios de Derecho Público*, Acosta-Hoenicka, O. (Compilador), UCV, Caracas, 1997, p. 430.

193 Vid. GO, número suelto de 1864, en *Las Constituciones de Venezuela*, Estudio preliminar de Brewer-Carías, A. R., UCAT-CEC-IEAL, Madrid, 1985, pp. 335 y ss.

contencioso expropiatorio, esto es, la competencia para conocer de las expropiaciones públicas.

b. Constitución de 1893

§82. Disposiciones constitucionales - Posteriormente, se puede señalar que el sistema francés tuvo un tenue reflejo cuando apenas la Constitución de fecha 12-06-1893[194], además de reiterar la competencia para conocer de los juicios civiles contra la Nación (Art. 110, ord. 5), consagró escasas disposiciones contentivas de la competencia de la Alta Corte Federal para declarar la anulación de todos los actos a que se refieren los Arts. 118 y 119, siempre que emanen de la autoridad nacional o del Distrito Federal, por las causales siguientes (Art. 110, ords. 1 y 9): (i) la usurpación de autoridad (Art. 118 *eiusdem*) y (ii) por decisión acordada por requisición directa o indirecta de la fuerza, o de reunión de pueblo en actitud subversiva (Art. 119 *eiusdem*).

§83. Desarrollo legislativo - Por su parte, tanto la Ley Orgánica de la Alta Corte Federal y demás Tribunales Federales de la República de fecha 29-05-1894[195], como el Código Orgánico de la Corte Federal y de Casación de fecha 25-06-1910, consagran la competencia de la Corte Federal para conocer de las controversias en materia de títulos de minas y tierras baldías.

c. Constitución de 1922

§84. Disposiciones constitucionales - Finalmente, la Constitución de fecha 19-06-1922[196] atribuye a la Corte Federal y de Casación competencia para conocer de los juicios de anulación de títulos de minas, tierras baldías y ejidos y de las controversias que resulten de la negativa a expedirlos por parte de la autoridad competente.

B. Origen (1925-1936)

a. Constitución de 1925

§85. Planteamiento general - A juicio de la doctrina nacional es con la Constitución de fecha 24-06-1925[197] cuando se comenzó propiamente la construcción[198] pues se afirman los criterios básicos que configuran el sistema del contencioso de anulación venezolano (Brewer-Carías[199]); o cuando se establecen las «*bases del sistema contencioso-administrativo en Venezuela*» (J. Calcaño de Temeltas[200]), mientras que el sistema del contencioso de plena jurisdicción en al ámbito contractual es la Constitución de 1830, y que adquiere consolidación definitiva en la Constitución de 1961.

---

[194] Vid. GO, número suelto de 05-07-1893, en Ob. cit., nota 193, pp. 527 y ss.

[195] Vid. Ley del 29-05-1894 en *Leyes y Decretos de Venezuela 1893-1894*, Biblioteca de la Academia de Ciencias Jurídicas y Políticas, Serie República de Venezuela, Caracas, 1990, pp. 244 y ss.

[196] Vid. GO, número suelto de 24-06-1922, en Ob. cit., nota 193, pp. 673 y ss.

[197] Vid. GO número suelto de 01-07-1925, en Ob. cit., nota 193, pp. 697 y ss.

[198] Brewer-Carías, A. R., Ob. cit., nota 29, p. 15.

[199] Brewer-Carías, A. R., *Nuevas tendencias en el contencioso-administrativo en Venezuela*, EJV., Caracas, 1993.

[200] Calcaño de Temeltas, J. «Aspectos Generales del Régimen Legal de la Corte Suprema de Justicia», en *Ley Orgánica de la Corte Suprema de Justicia*, Colección Textos Legislativos N° 8, EJV, Caracas, 1991, p. 26.

En efecto, la Constitución de 1925 viene a establecerle a la Corte Federal y de Casación nuevas competencias, esta vez más extensas.

a'. Contencioso de anulación

§86. Disposiciones constitucionales - El contencioso de anulación adquiere autonomía e individualización del paralelo sistema de control jurisdiccional de inconstitucionalidad, para declarar la anulación de:

a. Los Decretos o Reglamentos que dictare el Ejecutivo Nacional para la ejecución de las leyes, que alteraran el espíritu, razón o propósito de ellas (Art. 120, ord. 12 de la C).

b. Los contratos administrativos propiamente dichos, al conocer de todas las cuestiones de anulación, caducidad, resolución, alcance, interpretación, cumplimiento y cualesquiera otras que se suscitasen (Art. 120, num. 13 de la C).

c. Todos los *actos* que emanen de autoridad nacional o del Distrito Federal, o de los altos funcionarios de la Estados (Art. 120, num. 12 de la C) con «extralimitación de facultades» (Art. 42 de la C), o dictados por requisición directa o indirecta de la fuerza o en actividad subversiva (Art. 43 de la C). Al respecto la doctrina[201] observa que si bien la fórmula del contencioso de anulación resulta restringida, no cabe duda que el término utilizado «extralimitación de facultades'' coincide filológicamente con el término *d'excés de pouvoir* (exceso de poder), pues la proposición latina *extra* significa «fuera de» y así «fuera de límites», en tanto que «exceso» proviene de «excederse», salir, o sea salirse del poder, lo cual es lo mismo que extralimitarlo. Inicialmente en Francia el concepto *d'excés de pouvoir* se aplica a la invasión por parte de las autoridades administrativas de la función de los jueces y tribunales ordinarios[202].

d. La responsabilidad extra-contractual por daños y perjuicios (Art. 120, num. 15 de la C).

e. Y por último, para conocer de las controversias, otorgamiento o negativa entre particulares en materia de títulos de concesiones (Art. 120, ord. 13 de la C).

De lo dicho hasta aquí se desprende que en Venezuela el ámbito del contencioso de anulación se va determinando generalmente por el criterio orgánico, estos es, por la circunstancia de que uno de los sujetos de la relación procesal es la Nación. Basta que la Nación sea parte o intervenga en un juicio para que la Corte Federal y de Casación conozca del mismo, ya en apelación o como tribunal de única instancia.

§87. Desarrollo legislativo - La evolución revela que en este periodo el criterio material, o lo que es lo mismo, el objeto de la controversia, puede extender la jurisdicción de la Corte Federal y de Casación para conocer de un litigio entre particulares en el que se discuta la legalidad de un acto administrativo, como acontece con los títulos de concesión. Tal es el caso de la Ley Orgánica de la Corte Federal y de Casación y de los demás Tribunales Federales de la República de fecha

201 Moles Caubet, A., Ob. cit., nota 192, p. 434.
202 García De Enterría, Ob. cit., nota 95, p. 192.

19-07-1925, que le otorga competencia a la Corte Federal y deCasación para conocer de las controversias entre particulares sobre la anulación de las concesiones mineras y de tierras baldías por falta de formalidades o violaciones de ley en su otorgamiento (Art. 11, ord. 7, Parágrafo Único).

A su vez, los Tribunales Federales conocían de (Art. 64): (i) La anulación y demás controversias que se suscitaran sobre las tierras baldías, concesiones mineras, permisos y contratos para la explotación de otros productos naturales (ord. 3) y aprovechamientos de las aguas del dominio público (ord. 4), (ii) Las controversias a que dieran lugar las marcas de fábrica, de comercio o de agricultura y las patentes de invención, (iii) Las cuestiones que se suscitaren a consecuencia del establecimiento de conductores eléctricos, (iv) Los procesos relativos a impuestos federales (ord. 5) y (v) y en general, de todos los juicios en que fuera parte la Nación, si su conocimiento no estaba expresamente atribuido a la CFC (ord. 1).

Al respecto es interesante recordar que la competencia de los Tribunales Federales en los asuntos que les estaban atribuidos por la ley de la materia, no derivaban del carácter contencioso-administrativo de los mismos, sino de la necesidad de sustraer de la jurisdicción de los Estados, los juicios en que fuera parte la Nación o que, en razón de la materia, fueren asuntos reservados a la competencia federal (nacional).

b'. Contencioso de abstención o en carencia

§88. Consagración legal - Por último, la Ley Orgánica de la Corte Federal y de Casación y de los demás Tribunales Federales de la República de fecha 19-07-1925[203] introduce un equivalente al *recours en carence* para «conocer de la negativa de los funcionarios federales a cumplir determinados actos a que están obligados por las leyes federales cuyo conocimiento no esté atribuido a otro Tribunal» (Art. 11, ord. 19).

b. Constitución de 1928

a'. Competencia

§89. Disposiciones constitucionales - La Constitución de fecha 22-05-1928[204] reitera la competencia de la Corte Federal y de Casación para declarar la anulación de (Art. 120, ord. 12 de la C):

a. Los Decretos o Reglamentos del Ejecutivo Federal para la ejecución de las leyes, cuando violaran el espíritu, razón o propósito de éstas.

b. Todos los actos de autoridad nacional, del Distrito Federal o de altos funcionarios de los Estados ejecutados con «extralimitación de facultades» o acordados por requisición directa de la fuerza o reunión de pueblo en actitud subversiva.

b'. Procedimientos

§90. Distinción - Finalmente, a partir de la Constitución de 1928, se somete a un tratamiento procesal diferente el contencioso de anulación y el llamado por la doctrina el contencioso de plena jurisdicción (Calcaño de Temeltas[205]).

---

[203] Vid. GO s/n de 19-07-1925, en Ob. cit., nota 193.

[204] Vid. GO s/n del 23-05-1928, en Ob. cit., nota 193.

[205] Calcaño de Temeltas, J., Ob. cit., nota 200, p. 27.

El Constituyente disponía que, cuando el acto tachado de anulación fuera una resolución ministerial relativa a: (i) la ejecución, interpretación o caducidad de algún contrato celebrado por el Ejecutivo Federal, concesiones mineras o tierras baldías, y (ii) la negativa a expedir títulos de concesiones, el procedimiento a seguir debía ser del juicio contencioso (Art. 120, ord. 13 de la C), destacaba así el carácter no contencioso que atribuía al contencioso de anulación, y dejaba al legislador ordinario determinar «*todo lo relativo a la anulación de los actos ejecutados con extralimitación de facultades*».

c. Constitución de 1931

a'. Contencioso de anulación

§91. Disposiciones constitucionales - La Constitución de fecha 07-07-1931[206] (Art. 120) mantiene invariable la referida esfera de competencias del Alto Tribunal, con las salvedades siguientes:

a. Amplía el contencioso de anulación a cualquier caso de «ilegalidad o abuso de poder» del acto administrativo (Ord. 12), con lo cual se consagra un contencioso administrativo general (Calcaño de Temeltas[207]) o más propiamente el principio de control universal de legalidad (Brewer-Carías[208]).

b. Se dispone, por vez primera, que las acciones de anulación contra las resoluciones ministeriales no podrían decidirse sino mediante el «juicio contencioso» prescrito en el numeral 13 del Art. 120 *eiusdem*. Durante las Constituciones anteriores de 1925 y 1928, la declaratoria de anulación las hacía la Corte Federal y de Casación/Sala Federal, sumariamente, sin contención, previo el estudio de la mera solicitud y recaudos presentados[209].

c. Y por último se dispone también por primera vez que caducarán dentro del término de trece meses, a partir de la fecha de su publicación (ord. 12).

b'. Excepción de ilegalidad

§92. Consagración constitucional - Finalmente, la denominada «excepción de ilegalidad» tiene raíz constitucional en su origen, en la Constitución de fecha 07-07-1931, al consagrar que «*La ilegalidad, como excepción, puede sí oponerse siempre*» (Art. 120, ord. 12) y reiterada en las Constituciones de 1936, 1945 y 1947, concepto este sobre el cual volveremos más adelante en el capítulo 10.

§93. Desarrollo legislativo - También fue consagrada a nivel legal por la Ley Orgánica de la Corte Federal y de Casación y de los demás Tribunales de la Republica de fecha 06-08-1941, al disponer que la ilegalidad del mismo acto puede oponerse siempre como excepción, salvo que la ley disponga lo contrario.

---

[206] Vid. GO N° suelto de 09-07-1931, en Ob. cit., nota 193, pp. 775 y ss.

[207] Calcaño de Temeltas, J., Ob. cit., nota 200, p. 25.

[208] Brewer-Carías, A. R., Ob. cit., nota 29, pp. 21 y ss.

[209] Sent. CFC/SF del 14-06-1938, M. 1939, pp. 236-237; y del 20-11-1940, M. 1941, pp. 268-269. Sin embargo, cuando se trataba de «*actos reglamentarios de una ley, la competencia es política y el procedimiento no contencioso*». Sent. CFC/SPA del 08-08-1940, M. 1941, pp. 213-214.

d. Constitución de 1936

§94. Disposiciones constitucionales - Es la Constitución de fecha 16-07-1936[210] la que: (i) atribuye a la Corte Federal y de Casación la facultad de declarar la anulación de todos los actos del Poder Público violatorios de la Constitución (Art. 123, ord. 11) y (ii) excluye del ámbito de aplicación del lapso de caducidad, las acciones de anulación contra los actos administrativos violatorios de «*los principios, garantías o derechos*» consagrados en la Constitución (Art. 123, ord. 11).

e. Ley especial

§95. Exhortación legislativa - Es de hace notar que ya en este periodo, con la reforma de la LOCFCTFR de 1941, el Legislador prevé la sanción de una ley especial conforme a la cual el Alto Tribunal, en Sala Político-Administrativa, sustanciaría y decidiría los juicios contencioso-administrativos y ejecutaría las sentencias que sobre ellos recayeran. Esta ley especial nunca llegó a sancionarse, pero la referencia a ella que hace el Legislador revela que existía una clara conciencia de la necesidad de una legislación *ad-hoc* para regular tan importante materia.

C. Evolución (1945-1953)

a. Constitución de 1945

§96. Disposiciones constitucionales - La Constitución de fecha 05-05-1945[211] «nacionaliza» la administración de Justicia en Venezuela. Por tanto, fue necesaria la reorganización de la Corte Federal y de Casación, y una precisa redistribución de competencias entre ésta y los demás tribunales de la República; sin embargo, la Constitución de 1945 al enumerar las atribuciones de la Corte Federal y de Casación mantuvo las señaladas en la Constitución de 1936.

§97. Desarrollo legislativo - A consecuencia de la nacionalización mencionada, las leyes orgánicas de tribunales del Distrito Federal y de las demás entidades federales tendrían que ser derogadas y sustituidas por la primera Ley Orgánica del Poder Judicial de 1948.

Por su parte, la Ley Orgánica de la Corte Federal y de Casación de fecha 14-08-1945[212] establece un rudimentario procedimiento para tramitar los juicios de anulación por inconstitucionalidad o ilegalidad, circunstancia ésta que podría explicar por qué en dicha ley se eliminó la exhortación hecha por la Ley de 1941, respecto a los juicios contencioso-administrativos.

Finalmente, la LOCFC de 1945 atribuía competencia a la Corte Federal y de Casación para conocer de las apelaciones y recursos contra las decisiones recaídas en asuntos seguidos entre la Administración Pública estadal o municipal y los particulares, con motivo de las concesiones de servicios públicos.

b. Constitución de 1947

§98. Disposiciones constitucionales - Bajo la Constitución de fecha 05-07-1947[213], la Corte Federal y de Casación conserva las mismas competencias, cuyas disposi-

---

210 Vid. GO s/n del 21-07-1936, Ob. cit., nota 193.
211 Vid. GO Extr., N° 131 del 05-05-1945, en Ob. cit., nota 193, pp. 831 y ss.
212 Vid. GO del 22-08-1945.
213 Vid. GO N° 194 del 30-07-1947, en Ob. cit., nota 193, pp. 885 y ss.

ciones reflejan una mayor preocupación del Constituyente por deslindar la jurisdicción ordinaria de la jurisdicción contencioso-administrativa desde el punto de vista procesal.

a'. Procedimiento contencioso-administrativo

§99. Planteamiento general - El Constituyente exige que se aplique el «procedimiento contencioso-administrativo» cuando (Art. 220): (i) el acto tachado de anulación fuere una resolución ministerial (Ord. 9), (ii) se demande la responsabilidad contractual (Ord. 10), (iii) las acciones por daños y perjuicios, y (iv) en general, las demandas por sumas de dinero contra la Nación (Ord. 12).

§100. Desarrollo legislativo - Bajo la vigencia de la Constitución de 1947 se dictó la primera Ley Orgánica del Poder Judicial de fecha 03-11-1948[214], con arreglo a la cual los Juzgados nacionales de primera instancia eran competentes para conocer de: (i) los juicios en que sea parte la Nación y cuyo conocimiento no esté atribuido a la ahora denominada Corte Suprema de Justicia o a otro tribunal, y (ii) los juicios en que fueren parte los Estados o las Municipalidades, que no estuvieren atribuidos a la Corte Suprema de Justicia o a otro tribunal.

c. Constitución de 1953

a'. Contencioso de anulación

§101. Disposiciones constitucionales - Con la Constitución de fecha 11-04-1953[215], el contencioso de anulación pierde el rango constitucional al eliminarse las atribuciones de la ahora denominada Corte Federal para conocer y declarar la anulación de los actos administrativos por ilegalidad o abuso de poder.

§102. Desarrollo legislativo - La Ley Orgánica de la Corte Federal (LOCF) de 23-07-1953[216] viene a regular las atribuciones de la Corte Federal como órgano supremo en lo constitucional y administrativo en los términos siguientes:

a. Conocer de las acciones y recursos por abuso de poder y otras ilegalidades de las Resoluciones ministeriales y demás actos de la autoridad administrativa en cualesquiera de sus ramas, nacionales, estadales o municipales (Art. 7, ord. 9).

b. Declarar la anulación de los decretos o reglamentos que dicte el Poder Ejecutivo para la ejecución de las leyes cuando alteren su espíritu, propósito o razón.

c. Conocer en juicio contencioso de las controversias entre particulares sobre anulación de concesiones mineras, de hidrocarburos y de tierras baldías por falta de formalidades o violaciones de ley en su otorgamiento.

d. Conocer de la negativa de los funcionarios nacionales a cumplir determinados actos a que están obligados por las leyes nacionales si su conocimiento no estuviere atribuido a otro tribunal.

Asimismo, la LOCF atribuye a la Corte Federal como tribunal de segunda instancia el conocimiento de:

---

[214] Vid. GO del 03-11-1948.

[215] Vid. GO N° 372 Extr. del 15-04-1953, en Ob. cit., nota 193, pp. 937 y ss.

[216] Vid. GO del 22-08-1953.

a. Los recursos jerárquicos interpuestos contra las decisiones de la Administración Nacional en materia fiscal, cuando la competencia para ello no esté atribuida a otro tribunal.

b. Las apelaciones y recursos contra las decisiones de primera instancia en los juicios en que intervenga o sea parte la Nación, salvo lo dispuesto en procedimientos especiales.

c. La apelaciones y otros recursos interpuestos contra las decisiones recaídas en primera instancia en los juicios suscitados entre particulares y la Administración pública estadal o municipal con motivo de las concesiones de servicios públicos.

Finalmente, en materia procedimental, la LOCF establece un procedimiento concebido para la tramitación del recurso de anulación contra los actos administrativos de efectos particulares pero que, a juzgar por el título de la correspondiente Sección es también aplicable a los juicios de anulación de los actos normativos de efectos generales.

b'. Recursos de apelación

§103. Consagración - Mención especial nos merece el hecho de que la Constitución de 1953 (Art. 133, ord. 13) atribuyó competencia a la Corte Federal para «*conocer de los demás recursos cuya decisión le atribuya la ley*».

§104. Desarrollo legislativo - La LOCF atribuyó competencia a la Corte Federal para «*conocer de los recursos jerárquicos interpuestos dentro del término de ley contra decisiones de la Administración Nacional en materia fiscal*».

Similar competencia le conferían diversas leyes orgánicas o especiales, por razones de oportunidad o ilegalidad. Es de hacer notar, además, que según las disposiciones que regulan el procedimiento, la Corte Federal podía: confirmar, revocar o reformar la decisión impugnada, y reponer el procedimiento.

En efecto, a partir de la década de los veinte van apareciendo numerosos textos legales consagrando «apelaciones» contra los actos de los Ministros y de otras altas autoridades administrativas, y sobre cuya naturaleza no existió acuerdo.

§105. Naturaleza - Es así como para un sector de la doctrina nacional (J. G. Andueza, E. Lares Martínez, A. R. Brewer-Carías[217]), las mencionadas apelaciones constituirían la forma primitiva de aparición en Venezuela del control jurisdiccional de la legalidad administrativa.

Por su parte, G. Pérez Luciani[218] señala que sólo se trataba de la existencia coetánea de dos recursos: (i) el recurso por exceso de poder; y (ii) el recurso de apelación frente a determinados actos administrativos.

---

[217] Andueza, J. G., «Actos recurribles por inconstitucionalidad en la Ley Orgánica de la Corte Suprema de Justicia", en *El control jurisdiccional de los poderes públicos en Venezuela*, IDP, UCV, Caracas, 1976; Brewer-Carías, A. R., *Las Instituciones Fundamentales del Derecho Administrativo y la Jurisprudencia Venezolana*, UCV, Caracas, 1964, p. 271; y Lares Martínez, E., *Manual de Derecho Administrativo*, XIII edición, Caracas, 2008, pp. 669 y ss.

[218] Pérez Luciani, G., «Los medios de impugnación», en *Tendencias de la jurisprudencia venezolana en materia contencioso administrativa*, UCV, 1983, pp. 403 y ss.

En este último sentido, la doctrina jurisprudencial[219] sostuvo inicialmente que el primero era un recurso «de carácter general y supletorio», mientras que el segundo era un recurso «especial» y, por tanto, de aplicación preferente. Fue sólo mucho tiempo después cuando la CSJ zanjó el asunto declarando el carácter contencioso-administrativo de las mal llamadas apelaciones[220] y, por tanto, que debían regirse íntegramente por la LOCSJ[221].

c'. Silencio administrativo

§106. Planteamiento general - Finalmente, en Venezuela el silencio administrativo como institución surge bajo la vigencia de la Constitución de 1953 con la regulación por parte de la Ley de la Procuraduría General de la Nación y del Ministerio Público (LPGNMP)[222] de la exigencia del procedimiento administrativo previo a la interposición de las acciones de contenido patrimonial contra la República, denominado generalmente «antejuicio administrativo», es decir, a la reclamación gubernativa antes de ser intentada la acción judicial contra el Estado.

En efecto, la mencionada LPGNMP es en el orden cronológico donde el silencio administrativo alcanzó jerarquía legal en nuestro país. De modo que frente a la opinión doctrinal más generalizada que sitúa el origen del silencio administrativo en el carácter revisor de la jurisdicción contencioso administrativa se ha de entender, por el contrario, que en el caso de Venezuela tal categoría jurídica surge intrínsecamente unida a la exigencia del procedimiento administrativo previo a las acciones patrimoniales que hayan de proponerse contra la Nación o el Fisco[223]. No se dice expresamente que transcurrido el plazo se entiende denegada la reclamación administrativa: únicamente se consagra que si no se hubiere notificado al reclamante el resultado de su representación «*quedará éste* [el interesado] *facultado para ocurrir a la vía judicial*», lo cual conectado con la exigencia de que el interesado hubiera «agotado la vía gubernativa» configura un verdadero supuesto de silencio administrativo de sentido negativo.

d'. Excepción de ilegalidad

§107. Planteamiento general - La figura de la excepción de ilegalidad deja de tener rango constitucional a partir de la Constitución de 1953, y desde entonces se consagra sólo legalmente por el Art. 7, num. 9 de la LCF de 1953; y los Arts. 134 y 84, ord. 3 de la derogada LOCSJ de 1976, y la LOTSJ de 2004.

Finalmente, el Art. 32, num. 1 de la vigente LOJCA dispone: «*La ilegalidad del acto administrativo de efectos particulares podrá oponerse siempre por vía de excepción, salvo disposiciones especiales*».

---

219 Sent. CSJ/SPA del 21-08-1971, GF, 2° etapa, N° 73, p. 157.

220 Sent. CSJ/SPA del 11-05-1981.

221 Sent. CSJ/SPA del 02-11-1982 y 14-02-1985.

222 Vid. Arts. 68 a 64 de la ley en GO 24.726 del 23-04-1955. Estas normas se reproducen sustancialmente en las leyes de 1965, 2001, 2008 y la vigente LOPGR publicada en GO N° 6.210 del 30-12-2015 y reimp. en N° 6.220 del 15-03-2016.

223 En el mismo sentido en España García-Trevijano Garnica, E., *El silencio administrativo en el Derecho español*, Civitas, Madrid, 1990, p. 24.

D. Consolidación (1961-1999)

a. Constitución de 1961

§108. Planteamiento general - Y así llegamos a la Constitución de 1961[224]. En tal sentido afirmamos desde ya con M. Pérez Guevara[225], que de la forma en que hemos descrito la configuración normativa del sistema contencioso-administrativo en Venezuela, la Constitución de 1961 no hizo sino reproducir, en lo esencial, los principios ampliamente acogidos por el Constituyente y por el legislador en casi más de siglo y medio. Por tal motivo, concluye, que no debería representar ninguna novedad que la Carta de 1961 atribuyera a la Corte Suprema de Justicia y a los demás tribunales que determinara la ley, la jurisdicción contencioso-administrativa (Art. 206 *eiusdem*).

Tampoco se aparta el Constituyente de la evolución constitucional y legal que hemos descrito, pues la Constitución confirmó abiertamente la línea iniciada por la Constitución de 1925, robusteciéndola resueltamente y prestándole el rango supremo propio de sus normas cuando el Art. 215 de la C atribuye competencia a la Corte Suprema de Justicia para declarar la anulación de (i) los reglamentos y demás actos del Ejecutivo Nacional cuando sean violatorios de la Constitución (Ord. 6) y (ii) de los actos administrativos del Poder Ejecutivo cuando sea procedente (Ord. 7).

§109. Sistematización del contencioso-administrativo -También es cierto que hasta la Constitución de 1961, el sistema contencioso-administrativo general no tenía definición alguna, ni constitucional ni legal, pues si bien comprendía una selección de materias orgánicas, todavía no ostentaba unidad sistemática alguna, que sólo la adquiere a partir de la Constitución de 1961.

Por su parte, Moles Caubet[226] señala que de su análisis se destacan los tres elementos integrantes del sistema, a saber: el objeto; la cláusula general de competencia; y la determinación de los efectos jurídicos producidos. Veamos.

Primero: El objeto del sistema contencioso-administrativo son los actos administrativos, generales o individuales comprendidos en la regla de competencia.

Segundo: La Constitución establece una cláusula general de competencia al expresar que es justiciable aquello que constituye precisamente su objeto, el acto administrativo, siempre que sea contrario a Derecho, lo cual comprende, la ilegitimidad o ilegalidad, la inoportunidad -lo cual hoy día es discutible- y la ilicitud.

Tercero: La disconformidad del acto administrativo produce su primer efecto, la declaración de anulación. Pero seguidamente derivan los demás. Es por ello que tampoco debería representar ninguna novedad cuando el Art. 206 de la Constitución de 1961 dispone que los tribunales contencioso-administrativos son los competentes para:

a. Anular los actos administrativos generales o particulares contrarios a Derecho.

---

224 Vid. GO N° 662, Extr. del 23-01-1961, en Ob. cit., nota 193.

225 Pérez Guevara, M., «Presentación» a la obra de Brewer-Carías, A. R., *Jurisprudencia de la Corte Suprema de Justicia 1930-74 y estudios de derecho administrativo*, t. II *Ordenamiento orgánico y tributario del Estado*, IDP/UCV, Caracas, 1976, pp. 8 y 9.

226 Moles Caubet, A., Ob. cit., nota 192, p. 440.

b. Condenar al pago de sumas de dinero y a la reparación de daños y perjuicios originados en responsabilidad -contractual o extra-contractual- de la Administración Pública.

c. Y por último, disponer lo necesario a los fines de restablecer situaciones subjetivas lesionadas por la actividad administrativa.

§110. Desarrollo legislativo - A pesar del mencionado proceso de constitucionalización a partir de la Constitución de 1947, no se dictó una legislación *ad hoc* sobre la Jurisdicción Contencioso Administrativa, y su ausencia fue suplida por el Legislador de manera parcial y transitoria, dentro del contexto de las leyes tradicionalmente destinadas a regular al más Alto Tribunal, hasta la reciente promulgación de la vigente LOJCA.

En desarrollo de las disposiciones de la Constitución de 1961, la LOCSJ de 1976, derogada a su vez por la LOTSJ de 2004[227], se estructuró en dos partes: la primera dedicada a la organización y funcionamiento del Máximo Tribunal; y la segunda va a regular de manera transitoria el sistema contencioso-administrativo.

En tal sentido, el Art. 134 de la derogada LOCSJ consagró la figura del silencio administrativo con referencia al ámbito estrictamente procesal, el cual da origen a una muy abundante interpretación jurisprudencial.

Finalmente, la entrada en vigencia de la Ley Orgánica de Procedimientos Administrativos (LOPA)[228] representó un avance formidable al regular la figura del acto y del procedimiento administrativos con vocación de ser aplicada de una manera general, y mediante el cual se concreta el fenómeno de la procedimentalización jurídica de la función administrativa, si bien hoy día necesitada de actualización y reforma integral.

b. Constitución de 1999

§111. Planteamiento general - El Art. 259 de la Constitución de fecha 30-12-1999 en muy poco innova lo dispuesto en el Art. 206 de la derogada Constitución de 1961, pues lo único relevante es el añadido referido a «*los reclamos por la prestación de los servicios públicos*», con lo cual no hizo sino tener en cuenta la evolución reseñada sobre esta materia.

§112. Desarrollo legislativo - En desarrollo de las disposiciones de la Constitución de 1999, se dictó la ya mencionada LOJCA, tema central de esta obra.

---

[227] La Ley Orgánica de la Corte Suprema de Justicia se publicó en GO N° 1.893 Extr. del 30-07-1976. Vid. AAVV, *El control jurisdiccional de los Poderes Públicos en Venezuela*, IDP-UCV, Caracas, 1979; y Brewer-Carias, A.R. y Calcaño de Temeltas J., *Ley Orgánica de la Corte Suprema de Justicia*, Col. Textos Legislativos N° 8, 3ª Edición actualizada, EJV, Caracas, 1994.

[228] Publicada en la GO N° 2.818 Extr., del 01-07-1981. Vid. *in extenso* a AAVV, *El Procedimiento Administrativo*, IDP, Caracas, Vol. IV, 1983; AAVV, *Ley Orgánica de Procedimientos Administrativos*, 2° ed., EJV, Caracas, 1982; Araujo-Juárez, J., *Tratado de Derecho Administrativo Formal*, 3° Reimpresión, Vadell Hnos., Caracas, 2007; Araujo-Juárez, J., *Derecho Administrativo General*. Vol. V *Procedimiento y Recurso Administrativo*, Ediciones Paredes, Caracas, 2010. Brewer-Carías, A. R., *El Derecho Administrativo y la Ley Orgánica de Procedimientos Administrativos*, Col. Estudios Jurídicos N° 6, EJV, Caracas, 2003.

V

EL PROCESO DE CONSTITUCIONALIZACIÓN DE LA JUSTICIA ADMINISTRATIVA EN VENEZUELA

§113. Planteamiento general - El sistema de Justicia administrativa en Venezuela no sólo adquiere rango constitucional, sino que constituyó la primera jurisdicción atribuida al Poder judicial que tuvo una regulación en la propia Constitución. Es la que siempre se ha conocido como la «jurisdicción contencioso administrativa,» desde que ese concepto se constitucionalizó en Venezuela en el texto de la Constitución de 1947 (Arts. 220, num. 10 y 220, num. 12), completamente integrada al Poder Judicial. Con la regulación contenida en el Art. 206 de la Constitución de 1961 -simplemente ratificada en el Art. 259 de la Constitución de 1999- se instauró en Venezuela un verdadero sistema contencioso-administrativo o de Justicia administrativa con todas sus consecuencias (MOLES CAUBET[229]).

Ahora, la importancia del proceso de constitucionalización de la Justicia administrativa radica en una serie de consecuencias capitales sobre el sistema entero de la Justicia administrativa, que se resumen en los postulados siguientes (BREWER-CARÍAS[230]).

En primer lugar, la universalidad del control como garantía del principio de legalidad, en el sentido de que todos, absolutamente todos los actos de la Administración Pública están sometidos al control jurisdiccional por contrariedad al Derecho: esto es, por cualquier motivo, ya sea de inconstitucionalidad e ilegalidad, pues de la esencia del control de la Jurisdicción Contencioso Administrativa es su universalidad o plenitud.

En segundo lugar, el elenco de los diversos módulos procesales administrativos puestos a disposición de los particulares para acceder a la Jurisdicción Contencioso Administrativa.

En tercer lugar, junto al derecho general a la tutela judicial efectiva del art. 26, la propia Constitución consagra un derecho fundamental del ciudadano a la tutela judicial plena frente a la Administración Pública: por tanto, no podría el Legislador o el Juez Contencioso Administrativo excluir ninguna pretensión administrativa del control de la Jurisdicción Contencioso Administrativa.

---

229 Moles Caubet, A., Ob. cit., nota 30, p. 20.

230 Brewer-Carías, A. R., *Ley Orgánica del Tribunal Supremo de Justicia. Procesos y procedimientos constitucionales y contencioso-administrativos*, Col. Textos Legislativos N° 28, 3° ed., Caracas, 2006, pp. 136-139: y «La universalidad del control contencioso administrativo», en RDP N° 46, EJV, Caracas, pp. 5-7.

Por último, los efectos anteriores comportan, a su vez, la asignación al Juez Contencioso Administrativo de amplísimos poderes de tutela judicial, no sólo de la legalidad objetiva, sino que se extiende a una tutela judicial de posiciones subjetivas.

Es por ello que tampoco debería representar ninguna novedad cuando el Art. 206 de la derogada Constitución de 1961 disponía que los tribunales contencioso-administrativos eran competentes para: (i) *anular* los actos administrativos generales o particulares por «contrariedad al derecho», esto es, tanto por motivos de ilegalidad como por motivos de inconstitucionalidad; (ii) *condenar* al pago de sumas de dinero y a la reparación de daños y perjuicios originados en responsabilidad -contractual o extracontractual- de la Administración Pública; y (iii) por último, disponer lo necesario a los fines de *restablecer* situaciones subjetivas lesionadas por la actividad administrativa.

Tampoco se aparta el constituyente de la evolución constitucional y legal cuando el Art. 215 de la derogada Constitución atribuye competencia a la CSJ para declarar la *anulación* de: (i) los *reglamentos y demás actos del Ejecutivo Nacional* cuando sean violatorios de la Constitución (Ord. 6) y (ii) de los *actos administrativos del Poder Ejecutivo* cuando sea procedente (Ord. 7).

1. PRINCIPIO DE CONTROL JURISDICCIONAL DE LA LEGALIDAD O DE LA JURIDICIDAD ADMINISTRATIVA

A. Introducción

§114. Concepto - El principio de legalidad -o más propiamente principio de juridicidad- es el rasgo más importante de los sistemas jurídicos contemporáneos, en virtud del cual toda actividad pública -y aún privada, que no debe contravenir los mandatos, prohibiciones o restricciones legales- debe en un Estado determinado ser «conforme al Derecho» que está en vigor en el momento en que tales actividades se realizan. Por tanto, uno de los más importantes presupuestos estructurales de la existencia del denominado Estado de Derecho[231] es, sin duda alguna, por sus grandes consecuencias directas e indirectas, la formulación del principio de legalidad.

El Estado nace en Venezuela con la Constitución Federal de 1811, al consagrar el Estado de Derecho. Desde el punto de vista teórico-doctrinario, es el régimen donde el Derecho regula minuciosa e imperativamente la vida y actividad del Estado, la sistematización y el funcionamiento de sus órganos y de sus relaciones con las personas.

Ahora, el primer principio general del Derecho público y a la vez elemento de carácter jurídico-formal de la cláusula constitucional Estado de Derecho, es el principio de legalidad -o más propiamente de juridicidad- que reviste tradición constitucional, y que se remonta a la citada Constitución de 1811.

Luego a partir de la Constitución de 1858 (Art. 155) se empezó a prohibir, a toda corporación pública o empleado, el ejercicio de cualquier función o autoridad que no le hubiese sido conferida por la Constitución o la ley.

---

[231] Sobre la noción del Estado de Derecho Vid. *in extenso* a Araujo-Juárez, J., Ob. cit., nota 8. Vid. Asimismo Sent. CSJ/SPA del 06-06-1985, 06-06-1991, RDP N° 46, p. 80; y CPCA del 16-12-1987, 02-02-1993, RDP N° 53/54, p. 183.

Tal norma se ha mantenido en todas las Constituciones hasta la vigente de 1999, cuyo Art. 137 dispone: «*La Constitución y las leyes definen las atribuciones de los órganos que ejercen el Poder Público, a las cuales deben sujetarse las actividades que realicen*».

Así las cosas, el principio de legalidad comporta la sujeción que debe tener el ejercicio del Poder Público al obrar con respecto a un Ordenamiento jurídico preexistente[232]. En tal sentido, el principio de legalidad rige la totalidad de la actividad administrativa -Art. 141 de la C-, y en este sentido se convierte en una de las piezas maestras del Derecho administrativo (P. WEIL[233]).

Por su parte los Arts. 4 y 10 de la LOAP[234] reiteran el principio de legalidad cuando disponen que la Administración Pública se organiza y actúa de conformidad con el principio de legalidad -y que cuando se refiere a la Administración Pública recibe el nombre de legalidad administrativa-, por el cual la asignación, distribución y ejercicio de sus competencias se sujetan a la C, a las leyes y a los actos administrativos de carácter general, en garantía y protección de las libertades públicas que consagra el régimen democrático a las personas.

Es sabido que la esencia del modelo de Estado de Derecho propuesto por la doctrina alemana se debe fundamentalmente a haber enfatizado la necesidad de que el Estado en cuanto Poder administrativo debe someterse al Derecho (*subdito ius*), sometimiento que se garantiza a través de un sistema de Justicia administrativa.

En el Derecho positivo es también indudable que el principio de legalidad está en la base de la jurisdicción contencioso administrativa. De ahí que como también señalara MOLES CAUBET[235], las diversas maneras con que la Administración Pública puede desconocer o vulnerar el principio de legalidad conducen como consecuencia inmediata al sometimiento a un control jurisdiccional, el cual queda atribuido a una jurisdicción especial: la denominada Jurisdicción Contencioso Administrativa o sistema de Justicia administrativa.

B. Sistema de justicia administrativa

§115. Planteamiento general - La esencia del modelo de Estado de Derecho propuesto por R. GNEIST (1884) se debe fundamentalmente a haber enfatizado la necesidad de que el Estado en cuanto Poder administrativo debe someterse al Derecho (*subdito ius*), sometimiento que se garantiza a través de un sistema de Justicia administrativa. Ahora, como el principio de legalidad o de juridicidad puede ser excedido por la Administración Pública, es natural que se prevean los medios para que en tales casos pueda ser restablecido, asegurando su supremacía. Es indudable, en este sentido, que la última y más importante garantía de la vigencia del principio de legalidad radica en los órganos jurisdiccionales que integran el Poder Judicial, con competencia en esa materia, ya sea general, ya sea especial.

Por su parte, MOLES CAUBET[236] afirma que el principio de legalidad se manifiesta de una manera dinámica por incluir siempre dos términos: la norma y la

232 Sent. N° 674 del TSJ/SC del 28-04-2005.

233 Weil, P., *Derecho Administrativo*, Cuaderno Civitas, Madrid, 1986, p. 131.

234 Publicada en la GO N° 6.147 Extr., de fecha 17-11-2014. Sobre la noción del principio de legalidad o de juridicidad Vid. *in extenso* a Araujo-Juárez, J., Ob. cit., nota 8.

235 Moles Caubet, A., «Estado y Derecho (Configuración Jurídica del Estado)», en *Estudios de Derecho Público*, (Oswaldo Acosta-Hoenicka-Compilador), UCV-FCJP-IDP, Caracas, 1997, p. 22.

236 Moles Caubet, A., Ob. cit., nota 192, p. 339.

actividad funcional de la Administración Pública. La norma condiciona la función administrativa dando lugar a una relación dialéctica, entre la norma aplicable -suscitando ya un problema a resolver- y el hecho o situación contemplada por la misma norma.

Nada es más simple, en apariencia, que el enunciado del principio de legalidad, nada es más común, además todos los Estados denominados occidentales proclaman su aplicación, cada uno se denomina Estado de Derecho, según la terminología de los autores alemanes de la segunda mitad del siglo XIX -Robert Von Mohl-, por oposición al Estado-Policía. La Administración Pública, con el primer sistema encontra-ría vinculada su acción por la regla de Derecho, mientras que sería en el segundo sistema, dueña absoluta de sus decisiones. Sin embargo, la ideología que fundamenta el eje fundamental del sistema de control jurisdiccional de la Administración Pública[237] no es ni simple, ni tan universal como aparenta ser, si nos atenemos a las afirmaciones de principio. Ella no es simple: puesto que para que el control jurisdiccional sea posible no es suficiente afirmar que la función de la Administración Pública está sometida al Derecho, sino que es necesario reconocer a la persona vocación a investirse, contra la Administración Pública, en defensor de la legalidad delante del Juez; y son ésos, dos elementos distintos desde el punto de vista ideológico.

Por otra parte, esos dos elementos se prestan a una multiplicidad de interpretaciones; los diversos Ordenamientos jurídicos que los admiten los entienden en sentidos diferentes; por tanto, es necesario demostrar aquel sentido que ha tomado en el Derecho administrativo venezolano.

Ahora bien, el enjuiciamiento o control jurisdiccional de la legalidad o juridicidad administrativa a través de un sistema de Justicia administrativa no surgió de un momento a otro, sino que fue el resultado de un proceso histórico. Éste se inició con el control jurisdiccional respecto de cuestiones patrimoniales del Estado (doctrina del Fisco), hasta aceptarse plenamente en la actualidad como un mecanismo para hacer efectivo el principio de legalidad, como protección de los derechos fundamentales de las personas, la instauración del sistema del control jurisdiccional de la legalidad administrativa. Así, el sistema del control jurisdiccional de la legalidad administrativa nace de la feliz conjunción de tres elementos (Rivero[238]): (i) una ideología: el principio de legalidad; (ii) una competencia: la del juez administrativo; y (iii) una técnica: el recurso por exceso de poder.

Ahora bien: ¿en qué sentido esos tres elementos son fundamentales para caracterizar cualquier sistema de control jurisdiccional del principio de legalidad? ¿Qué aspectos particulares presentan ellos dentro del siste-ma venezolano? Es ello lo que tratamos de resolver al estudiarlos sucesivamente, de acuerdo con el plan que hemos elaborado en la obra de Derecho procesal administrativo[239], a la cual remitimos deferentemente al lector.

De ahí que frente a los actos de la Administración Pública, fue inicialmente reconocida la necesaria existencia del derecho de impugnación de todos los actos administrativos, el cual constituye una especie de derecho-garantía[240], pues, en princi-

---

237 Sent. CPCA del 20-03-1980, RDP N° 2, p. 109.
238 Rivero, J., Ob. cit., nota 166, p. 138.
239 Araujo Juárez, J., Ob. cit., nota 187.
240 Sent. CPCA del 18-05-1983, RDP N° 15, p. 160.

pio, todos pueden ser controlados jurisdiccionalmente. La inmunidad jurisdiccional de los actos administrativos repugna al principio de legalidad. Así, pues, el Ordenamiento jurídico somete al control jurisdiccional de legalidad todos y cada uno de los actos que pueden emanar, en sus diferentes niveles y ámbitos de actuación, de los funcionarios públicos que ejercen la autoridad pública[241]; es una regla general[242].

A los fines de que los presupuestos estructurales de la noción del Estado de Derecho sean eficaces, un control debe ser organizado, pero nos hemos de preguntar: ¿Qué categoría de control? Los controles ya existentes, parlamentario y administrativo, son estimados insuficientes. Será el control jurisdiccional de legalidad el indispensable, y es justamente éste el que reconoce el régimen del Estado de Derecho.

Por tanto, el sistema de Justicia administrativa trata de obtener el sometimiento de la Administración Pública a la Justicia de un modo general y, por lo tanto, al Derecho. Para Von Stein[243] debe ponerse límites a la función administra-tiva, los cuales se obtienen mediante un efectivo sistema de controles, de los cuales el jurisdiccional se considera el más eficaz, al que se señala como elemento integrante del Estado de Derecho.

Debemos observar con Moles Caubet[244], el principio de legalidad es algo más que el enunciado contenido en una norma, hoy el Art. 137 de la C, pues consiste realmente en una contextura propia del Estado de Derecho, o sea, aquel tipo de Estado cuya actuación ha de estar condicionada por el Derecho del cual la ley es una parte integrante. Así, congruentemente, el principio de legalidad condiciona a la Administración Pública convirtiéndola en Administración jurídica.

De ahí que, como también señalara Moles Caubet[245], ese control jurisdiccional no siendo en principio preventivo, no puede neutralizar la posición siempre privilegiada de la Administración Pública, la cual tiene la prerrogativa exorbitante de la acción directa, procediendo a través de las decisiones ejecutorias. Por tanto, estará sometida a un control jurisdiccional que, en general, tiene carácter represivo.

Finalmente, el control jurisdiccional de la legalidad o juridicidad administrativa queda atribuido a una jurisdicción especial, la denominada jurisdicción contencioso administrativa, es decir, tribunales administrativos cuya creación surge también de la noción de Estado de Derecho; es por ello que se afirma que el Estado de Derecho origina la denominada Justicia administrativa.

En segundo lugar, la Constitución de 1961 -y reiterada por la de 1999- consagra junto al derecho general a la tutela judicial efectiva del Art. 26, un derecho fundamental a la tutela judicial efectiva de sus derechos e intereses frente a la Administración Pública (Art. 259 *eiusdem*) (Brewer-Carías[246]); por tanto, no podría el

---

241 Sent. CSJ/SPA del 10-11-1986, RDP N° 28, p. 100.
242 Sent. CSJ/SPA del 05-04-1984, RDP N° 18, p. 179.
243 Von Stein, cit. por Prat, J., *Derecho Administrativo*, t. I, Montevideo, p. 43.
244 Moles Caubet, A., Ob. cit., nota 192, p. 431.
245 Moles Caubet, A., Ob. cit., nota 192, p. 433.
246 Sobre la noción de Estado de Justicia Vid. *in extenso* a Araujo-Juárez, J., Ob. cit., nota 8; y Brewer-Carías, A. R., «Aproximación general al nuevo régimen del contencioso-administrativo conforme a la Ley Orgánica de la Jurisdicción Contencioso Administrativa», en *Comentarios a la Ley Orgánica de la Jurisdicción Contencioso-Administrativa,* Vol. I, FUNEDA, Caracas, p. 58.

legislador o el Juez contencioso-administrativo excluir ninguna pretensión administrativa del control del sistema contencioso-administrativo.

2. PRINCIPIO DE LA TUTELA JURISDICCIONAL EFECTIVA

A. Estado de justicia

§116. Planteamiento general - Uno de los designios que propugna el Preám-bulo de la Constitución del 99 es «*establecer una sociedad democrática, participativa y protagónica en un Estado de justicia*». La Justicia comienza a afianzarse cuando exista un sistema judicial que según la EMC asegure «*la idoneidad, capacidad y probidad de los Jueces designados*» para que la administren.

La Constitución de 1999 formalmente declaró al Estado venezolano como un Estado «de Justicia» (además de democrático y social de Derecho), lo cual implica según esta cláusula constitucional que se lo concibe como el Estado que tiende a garantizar la Justicia -con mayúscula-, estableciendo no sólo el valor superior Justicia de su Ordenamiento jurídico en el Preámbulo y en el Art. 1°, sino regulando expresamente el derecho fundamental de acceso a la justicia y a la obtención de una tutela jurisdiccional efectiva de los derechos e intereses de las personas. En suma, la Justicia constituye uno de los fines propios del Estado venezolano, según se destaca en la jurisprudencia del TSJ[247].

§117. Principio constitucional - De ahí que no solo los derechos fundamentales vinculan a los órganos que ejercen el Poder Público como derechos directamente aplicables, sino que también se garantiza a toda persona cuyos derechos sean vulnerados por el ejercicio del Poder Público el derecho a recurrir a la vía jurisdiccional. El derecho a la tutela jurisdiccional o judicial efectiva, es el principio constitucional según el cual cualquier persona puede y debe ser protegida en el ejercicio de sus pretensiones ante la Justicia. Lo que no quiere decir que tengan que ser aceptadas, sino resueltas razonadamente con arreglo a Derecho y en un plazo razonable, a lo largo de un proceso en que los titulares de los derechos e intereses -individuales y colectivos- afectados por esas pretensiones puedan, a su vez, alegar y probar lo pertinente a la defensa de sus respectivas posiciones jurídicas.

§118. Antecedentes - En el contexto del Derecho comparado, la doctrina[248] hace referencia a la riqueza dogmática que se ha desarrollado a partir de la entrada en vigencia del Art. 19. IV de la Ley Fundamental de Bonn, atinente al principio de tutela jurisdiccional efectiva, erigido en el centro del Derecho público alemán.

En efecto, como reacción a las experiencias del III Reich, el Constituyente alemán se preocupó especialmente para garantizar una jurisdicción independiente y ofrecer una tutela jurisdiccional efectiva frente a las violaciones en el ejercicio del Poder Público en sus esfera jurídica. La garantía de la tutela jurisdiccional efectiva se consagra en los dos primeros incisos del Art. 19.IV de la Ley Fundamental de Bonn en los términos siguientes: «*Toda persona cuyos derechos sean vulnerados por el poder público, podrá recurrir a la vía judicial. Si no hubiese otra jurisdicción competente para conocer del recurso, quedará abierta la vía judicial ordinaria*».

---

247 Sent. TSJ/SC N° 389 del 07-03-2002, RDP N° 89, p. 92, pp. 176 y ss.
248 Barnes Velazquez, J., Ob. cit., nota 49, p. 31.

La disposición transcrita ha sido considerada por la doctrina alemana (G. J. Ebers[249]) como la «*coronación del Estado de Derecho*», y tiene una importancia capital en la ampliación del control jurisdiccional que se ejerce sobre la Administración Pública. De tal precepto Sommermann[250] sostiene que se infieren en particular dos mandatos básicos: (i) la universalidad de la jurisdicción -la complitud de la tutela o la ausencia de lagunas- y (ii) la efectividad de la tutela jurisdiccional.

§119. Derecho fundamental - La tutela jurisdiccional efectiva, reconocido internacionalmente como derecho fundamental, se encuentra también recogida en nuestro país el Art. 26 de la C en los términos siguientes: «*Toda persona tiene derecho de acceso a los órganos de administración de justicia para hacer valer sus derechos e intereses, incluso los colectivos o difusos, a la tutela efectiva de los mismos y a obtener con prontitud la decisión correspondiente. El Estado garantizará una justicia gratuita, accesible, imparcial, idónea, transparente, autónoma, independiente, responsable, equitativa y expedita, sin dilaciones indebidas, sin formalismos o reposiciones inútiles*».

En este orden de ideas, la jurisprudencia afirma que el Art. 26 de la Constitución es más que un presupuesto lógico del derecho a la tutela jurisdiccional efectiva, pues entraña también una doble perspectiva: (i) es un derecho fundamental que abarca además el derecho a los recursos judiciales y (ii) es una garantía constitucional[251].

Se trata, pues, de una norma aplicable a toda la Administración de Justicia, es decir, se entiende como una norma constitucional para todo el Ordenamiento jurídico. A pesar de encontrarse en el Título constitucional de los derechos fundamentales, se trata de una norma de naturaleza procesal o jurisdiccional, en el sentido que se trata de derechos fundamentales que despliegan su eficacia frente al ejercicio de la potestad jurisdiccional.

Ahora bien, es de todos sabido que tras la II Guerra Mundial se produce en Europa un fenómeno de constitucionalización de los derechos fundamentales de la persona y, dentro de éstos, una tutela de las garantías mínimas que debe reunir todo proceso judicial. Es así como a diferencia de nuestras Constituciones históricas, en las que encontramos escasas referencias a derechos de contenido procesal, en la C del 99 se prevé un conjunto de garantías procesales que sintetizan lo que ha de constituir el debido proceso en un Estado de Derecho y de Justicia, dando lugar al denominado Derecho constitucional procesal.

Y es que la finalidad última del fenómeno de constitucionalización de las garantías procesales no es otro que lograr el tan anhelado Estado de Justicia, reconocido en nuestra C como «*valor superior del ordenamiento jurídico*» y cuya calificación como «*valor superior*» no carece de consecuencia como sostiene J. F. Díaz Revorio[252].

En primer lugar, el concepto así calificado se considera esencial y fundamentador para el Estado de Derecho y para el propio Ordenamiento jurídico. En segundo lugar, existen algunas consecuencias de su calificación como «superiores», que sólo serán predicables de los valores que se consideren como tales. Desde

---

[249] Cit. por Sommermann, K.-P., Ob. cit., nota 41, p. 44.

[250] Sommermann, K.-P., Ob. cit., nota 41, p. 45.

[251] Sent. N° 310 del TSJ/SE del 15-02-2006.

[252] Díaz Revorio, F. J., *Valores superiores e interpretación constitucional*, Colección Estudios Constitucionales, Madrid, 1997, p. 114.

entonces, el derecho a la tutela jurisdiccional efectiva se reconoce cada vez más como un derecho fundamental de carácter subjetivo de importancia primordial entre los derechos individuales y colectivos, ya que la posesión de derechos carece de sentido si no existen a la vez garantías para su aplicación efectiva.

§120. Derecho de libre acceso a la Justicia - De acuerdo con la EMC, en el Texto Fundamental se reconocen los derechos de libre acceso o de accesibilidad a la justicia y a la tutela jurisdiccional efectiva, en virtud de los cuales toda persona puede acceder a los órganos competentes del Sistema de Justicia para obtener la tutela jurisdiccional efectiva de sus derechos e intereses, incluidos los colectivos o difusos. A tal efecto, los referidos órganos están representados por las cortes y tribunales que forman parte del Poder Judicial, así como por los demás órganos del Sistema de Justicia previsto en la Constitución, entre los cuales se encuentran los ciudadanos que participan en la administración de Justicia o que ejercen la función jurisdiccional de conformidad con la ley.

Y es que no es sólo un principio constitucional, sino también un derecho constitucional porque es fundamental, junto con otros, del orden político y de la paz social.

De la disposición contenida en el Art. 26 de la Constitución se desprende que el derecho fundamental contemplado refiere dos bienes jurídicos relacionados entre sí, pero que merecen un tratamiento diferenciado. En efecto, el Art. 26 constitucional hace referencia a:

a. El derecho a la jurisdicción o derecho de libre acceso a la justicia, el cual es una garantía previa al proceso que comporta una interacción entre el justiciable y los órganos que integran el Sistema de Justicia, interacción que solo se logra a través de un eficaz acceso a los tribunales, y que empieza por el acceso físico a lo que constituye la sede del tribunal.

b. El derecho a la tutela jurisdiccional o judicial efectiva que hace referencia a las garantías procesales propiamente dichas.

Y ese no es sólo un principio constitucional, sino también un derecho constitucional porque es fundamental, junto con otros, del orden político y de la paz social. Se trata de un derecho de naturaleza prestacional de configuración legal, es decir, que su ejercicio requiere el correspondiente desarrollo legal, por lo que la violación de la norma de desarrollo puede implicar la violación del derecho fundamental. En todo caso, el legislador no puede establecer requisitos procesales arbitrarios, absurdos o desproporcionados, carentes de fundamento o de finalidad. A su vez, la interpretación y aplicación de las norma legales está dominado por el principio *pro actione*, es decir, de interpretación más favorable a la efectividad del derecho fundamental de libre acceso a la Justicia.

§121. Derecho a la tutela jurisdiccional efectiva - El derecho fundamental a la tutela jurisdiccional efectiva, sostiene González Pérez[253], no constituye en modo alguno una conquista del Estado Social de Derecho, ni siquiera del Estado de Derecho; es, pues, algo consustancial a todo Estado. Por tanto -afirma por su parte J. Guasp[254]-, no

253 González Pérez, J., *El derecho a la tutela jurisdiccional*, Cuadernos Civitas, 2° ed., Madrid, 1989, p. 22.

254 Guasp, J., «Administración de justicia y derechos de la personalidad», en RE N° 17, p. 75.

es difícil deducir un auténtico derecho a que el Poder Público se organice de modo que quede garantizada la Justicia, lo cual le viene impuesto a todo Estado por «valores superiores» que el Derecho positivo no puede desconocer. Su estudio, se insiste, conduce al análisis del bloque constitucional procesal relativo a la posición de los Jueces como primeros garantes de la tutela jurisdiccional efectiva.

Se trata, todavía, de uno de los elementos fundamentales del sistema liberal o individualista. A la persona se le reconoce una personalidad jurídica distinta, opuesta a la colectividad a la cual pertenece: parte del todo y, sin embargo, puede separarse del mismo, oponérsele y constreñirle al respeto de la norma o regla de Derecho. Por evidente que nos parezca, tal oposición no supone menos que toda una ideología subyacente: autonomía de la persona, respeto de sus atributos fundamentales, desconfianza hacia el Poder Público susceptible no obstante su fundamento democrático de comportarse arbitrariamente.

Ahora bien, aún en los sistemas jurídicos donde el control jurisdiccional es aceptado, su aplicación puede comportar limitaciones inadmisibles a la acción de la persona contra el Estado. Reconocer al individuo una personalidad distinta no implica necesariamente igualdad entre él y el Poder Público. De ahí que aún ciertos países subordinan a la autorización del Poder Público, el derecho de accionar contra él o sus actos, quien debe consentir en el control del Juez. Por último, fuera de las restricciones que venimos de señalar, acontece que en la práctica las facilidades otorgadas a las personas para acudir ante el Juez pueden ser más o menos amplias; obstáculos procedimentales (formalidades, lapsos) o materiales (costas) pueden disminuir considerablemente la eficacia práctica que le es reconocida en principio.

Es de esa ideología que va a surgir el carácter jurisdiccional del control de la legalidad administrativa; ella hace posible un proceso entre la persona y el Poder Público referido a la legalidad de la función administrativa, con ocasión del cual el Juez será llamado a verificar la conformidad de la función administrativa con el Ordenamiento jurídico, asunto éste que trataremos a continuación.

El Art. 26 de la Constitución proclama el denominado derecho de libre acceso a la Justicia, el cual más que un presupuesto lógico del derecho fundamental a la tutela judicial efectiva entraña también una doble perspectiva: de un lado, un derecho fundamental que abarca además el derecho a los recursos judiciales.

Pero también es de mencionar que junto con la intensidad del control jurisdiccional es, sobre todo, la protección o tutela cautelar lo que se estima que caracteriza a una tutela jurisdiccional efectiva de los derechos de las personas. Con ella se pretende evitar «hechos consumados» y, así, garantizar la temporalidad de la tutela jurisdiccional, aunque sea solo de forma provisional. Desde entonces, el derecho a la tutela jurisdiccional efectiva se reconoce cada vez más como un derecho fundamental de carácter subjetivo de importancia primordial entre los derechos fundamentales, ya que la posesión de derechos carece de sentido si no existen a su vez los mecanismos para su aplicación efectiva.

En mérito a los antes expuesto, el derecho a la tutela jurisdiccional efectiva -denominado también garantía jurisdiccional- se puede considerar, entonces, como el requisito más básico -el derecho humano más fundamental- en un Ordenamiento jurídico moderno, que pretenda garantizar y no solamente proclamar los derechos de todos, sino también proclamarse como un verdadero modelo de Estado de Derecho y de Justicia.

B. Sistema contencioso-administrativo

§122. Derecho fundamental a la tutela judicial efectiva frente a la Administración Pública - La formación y desarrollo del Estado de Derecho tiene su origen histórico en la lucha contra el absolutismo, y por ello la idea originalmente se centraba en el control jurídico del Poder ejecutivo, a fin de evitar sus intervenciones arbitrarias, sobre todo en la esfera de la libertad y propiedad individuales. Sin embargo, tal concepto fue evolucionando, pero en todo caso parte de la esencia del concepto inicialmente consiste en el control jurisdiccional del principio de legalidad -o más propiamente principio de juridicidad-. Así se hubo dicho también, en lo que nos es de consideración presente, que el Estado de Derecho implica la máxima posibilidad de justiciabilidad de la Administración Pública (MAYER[255]). Que lo único que podría quedar sujeto a discusión a su respecto, es el medio, forma o modo como se va a imponer el control jurisdiccional sobre la Administración Pública y su actividad.

Ahora, como el principio de juridicidad puede ser excedido por el Estado, y específicamente a través de la Administración Pública, es natural que se prevean los medios para que en tales casos pueda ser restablecido, asegurando su supremacía. Es indudable, en este sentido, que la última y más importante garantía de la vigencia del principio de juridicidad radica en los órganos jurisdiccionales que integran el Poder Judicial, con competencia en esa materia, ya sea general, ya sea especial, ya no solo sobre la Administración Pública, sino sobre todas las ramas que ejercen el Poder Público, razón por la cual el Estado de Derecho deviene en un Estado de Derecho y de Justicia. La atribución a un Poder Judicial, institucionalmente dotado de todas las características constitucionales del control jurisdiccional de la conformidad y sujeción de todos los actos y las funciones públicas al principio de juridicidad, es hoy la nota característica del modelo de organización jurídico-político del Estado de Derecho y de Justicia. Además, una de las características del nuevo modelo del sistema de control jurisdiccional es su plenitud, de acuerdo con el principio de la universalidad del control jurisdiccional, pues se proyecta sobre las cinco ramas a través de las cuales se ejerce el Poder Público según la Constitución vigente, a saber: el Poder Legislativo, el Poder Ejecutivo, el Poder Judicial, el Poder Ciudadano, y por último el Poder Electoral. En efecto, según la jurisprudencia[256], es la regla primera del modelo del Estado de Derecho y de Justicia que nadie, ni siquiera los tribunales de la República, ni el máximo tribunal, ni ningún órgano del Poder Público, pueda estar autorizado para transgredir de manera alguna la Constitución.

En consonancia con lo anterior, la jurisprudencia[257] se ha referido al primero en los términos siguientes: El Art. 26 de la vigente Constitución establece con carácter constitucional, el derecho de acceso a la justicia, la cual se logra mediante la acción.

§123. Consagración constitucional - En tal sentido, se consagra un derecho fundamental de toda persona a la tutela judicial efectiva frente a la Administración Pública, en el sentido de lo establecido en el Art. 26 de la Constitución, y queda atribuida a una jurisdicción especial, la denominada jurisdicción contencioso admi-

---

[255] Mayer, O., Ob. cit., nota 43, T. I, p. 217.
[256] Véase Sent. N° 370 del TSJ/SC del 16-05-2000.
[257] Véase Sent. N° 1077 del TSJ/SC del 22-08-2000.

nistrativa, es decir, tribunales administrativos cuya creación surge también de la cláusula de Estado de Derecho. Es por ello que -repetimos- se afirma que la cláusula de Estado de Derecho origina la denominada «Justicia administrativa», para los casos de demandas contra todas las actuaciones administrativas (universalidad) del Poder Ejecutivo o de cualquier otro órgano que ejerza funciones administrativas[258].

§124. Contenido - La jurisprudencia[259] sostiene que el derecho a la defensa, el cual tiene una vinculación inmediata y directa con el derecho fundamental a la tutela judicial efectiva, y dentro del cual suele incluirse el derecho al ejercicio de los medios impugnatorios no agota su contenido en el derecho a ser oído por los órganos jurisdiccionales competentes, sino que el mismo comporta una serie de incidencias procesales que complementan su contenido, los cuales pueden resultar vulnerados en diversas fases procedimentales del proceso, destacando entre ellos los que se enumeran a continuación: (i) el derecho a ser notificado de todo proceso que lo afecte en sus derechos o intereses, (ii) el derecho a ser oído y hacerse parte en cualquier momento en un proceso, (iii) derecho a tener acceso al expediente, examinarlo y copiarlo, (iv) el derecho a presentar pruebas y alegatos, (v) el derecho al acceso de las pruebas, (vi) el derecho a que el acto agraviante indique los motivos de hecho y de derecho en que se funda, (vii) el derecho a ser notificado de todo acto que afecte sus derechos o intereses, (viii) el derecho a ser informado sobre los medios jurídicos de defensa contra el acto que lo perjudique, (ix) el derecho a recurrir del acto o fallo que ocasione gravamen (con las excepciones establecidas en la C y en la ley), (x) el derecho a disponer del tiempo y de los medios procesales adecuados para ejercer su defensa, (xi) la garantía en materia probatoria, según la cual serán nulas las pruebas obtenidas mediante violación del debido proceso, y por último (xii) el derecho a la asistencia jurídica en el proceso.

3. PRINCIPIO DE LA UNIVERSALIDAD DEL CONTROL JURISDICCIONAL DE LOS ACTOS Y FUNCIONES ESTATALES

A. Universalidad del control jurisdiccional

§125. Planteamiento general - La consagración constitucional en el Derecho alemán del derecho a la tutela jurisdiccional efectiva, a raíz de la segunda postguerra, sostiene la doctrina[260], trajo como consecuencia una conquista histórica: la proclamación de la universalidad de la jurisdicción que, en su dimensión cuantitativa, proscribe cualquier zona exenta o inmune al enjuiciamiento jurisdiccional.

En efecto, la universalidad de la jurisdicción se traduce tanto en la tutela jurisdiccional frente al Poder Público de todos los derechos e intereses cuanto en un completo y abierto sistema de acciones; la generosa tutela cautelar; la alta densidad del control jurisdiccional mediante la utilización de técnicas como la noción de concepto jurídico indeterminado o el empleo de principios generales del Derecho como el de la proporcionalidad entre otros.

Y es que la atribución a un Poder Judicial, institucionalmente dotado de autonomía e independencia, del control jurisdiccional de la conformidad de todos los actos y funciones estatales al principio de juridicidad, es la nota característica del

---

258 Véase Sent. N° 1338, del TSJ/SC del 25-06-2002.

259 Ídem.

260 Barnés Vásquez, J., Ob. cit., nota 49, pp. 31 y 32.

Estado de Derecho. A su vez, uno de los principios del sistema de control jurisdiccional es su plenitud, integralidad o universalidad pues se ejerce sobre las distintas ramas del Poder Público: el Legislativo, el Ejecutivo, el Judicial, el Ciudadano y el Electoral, según analizaremos en el capítulo siguiente[261]. Es por ello que reiteramos junto con la doctrina que el Estado de Derecho implica, también, la máxima posibilidad de justiciabilidad de la Administración Pública (O. Mayer[262]).

B. Caracteres

§126. Planteamiento general - El principio de la universalidad del control jurisdiccional de todos los actos y funciones estatales, es la proposición fundamental que opone Estado de Derecho al Estado-Policía. Pero es también una proposición particularmente vaga, y que puede interpretarse de manera muy distinta; es necesario, por tanto, para situar la interpretación que ha recibido en Venezuela, demostrar previamente algunos caracteres de esa diversidad con relación a la Administración Pública en concreto.

Decir que la Administración Pública está sometida al Derecho, es plantear inmediatamente dos problemas:

a. En primer lugar, el problema de la extensión, del ámbito. ¿Esta sumisión es general, son todos los órganos y entes de la Administración Pública, en todas sus actividades, la aceptan igualmente?

b. En segundo lugar, un problema de fondo. ¿Hasta qué punto el Derecho va a imponer sus exigencias frente a un acto que le está en principio sometido?

§127. Extensión - El principio de la universalidad del control jurisdiccional como garantía del principio de legalidad administrativa, lo recoge expresamente el Art. 8 de la LOJCA en un triple sentido:

a. En que todo, absolutamente todo acto, hecho o relación jurídica derivados de la actividad o función administrativa están sometidos al control jurisdiccional.

b. En que se extiende a la actuación de todo órgano o ente, incluso persona no estatal, que actúe en función administrativa.

c. Y por último, en que el control procede por cualquier motivo de ilegalidad en sentido amplio, esto es, contrariedad a Derecho, ya sea por motivos de inconstitucionalidad,de ilegalidad, de convencionalidad, ilicitud o ineficacia, pues es de la esencia del control del contencioso-administrativo su plenitud jurisdiccional.

Es el problema de si la sumisión al Derecho es de la totalidad, tanto de los órganos o entes como de la actividad de la Administración Pública, o de una parte solamente. ¿El principio es de una aplicación general? ¿Admite excepciones? En la práctica, los países que se proclaman como Estado de Derecho dan, a esos problemas, respuestas bastante diferentes; para comprender su alcance, nos debemos colocar desde diferentes puntos de vista.

---

[261] Sobre la noción de los principios de la jurisdicción contencioso administrativa Vid. *in extenso* a Araujo-Juárez, J., «Los Principios Fundamentales de la Ley Orgánica de la Jurisdicción Contencioso Administrativa», en *Comentarios a la Ley Orgánica de la Jurisdicción Contencioso Administrativa*, Vol. I, FUNEDA, Caracas, 2010, pp. 9 y ss.

[262] Mayer, O., *Ob. cit.*, nota 43, t. I, p. 217.

Distinguiremos, en primer término, los diferentes sujetos públicos. Es así como entre la Administración Pública del Estado y las Administraciones Públicas de las demás personas público-territoriales menores, las diferencias, desde el punto de vista de la sumisión al Derecho, son frecuentes. Estas últimas han sido, en numerosos países, mucho más temprano y más completamente sometidas al Derecho que la Administración Pública del Estado. En efecto, la noción de soberanía entendida en el sentido absoluto que conservó por mucho tiempo, parecía presentar, a la sujeción por el Derecho de la Administración Pública del Estado, un obstáculo que no existía evidentemente frente a las personas público-territoriales menores.

Es así como bajo formas y con un alcance diferente, la distinción entre Administración Pública local, some-tidas al Derecho, y Administración Pública del Estado, protegida por ciertas prerrogativas ha persistido. Así se profundiza el campo de la desigualdad administrativa por la técnica de las prerrogativas exorbitantes al Derecho común, legislación de la discriminación (Ch. Debbasch[263]). Esto conlleva la necesidad impostergable de revisar el Ordenamiento jurídico procesal en Venezuela, para eliminar los privilegios o prerrogativas procesales de la Administración Pública carentes de justificación alguna.

En segundo lugar, en el seno de la propia Administración Pública es necesario examinar el grado de sumisión al Derecho de los diversos órganos y entes administrativos. Así sucede que en ciertos Ordenamientos jurídicos, los órganos administrativos supremos, en razón -y aquí encontramos la idea precedente- de su participación en el ejercicio del poder soberano, son excepción a la sumisión del Derecho, en tanto que los órganos inferiores sí le estarían sometidos.

En tercer lugar, es necesario distinguir entre las diversas categorías de actos estatles. Acontece, en efecto, que una autoridad administrativa en principio sometida al Derecho, sin embargo, es beneficiaría de una inmunidad para ciertos actos de su competencia. Es así como una categoría denominada «actos de gobierno» escaparía al control jurisdiccional administrativo, aunque no al constitucional por entender que son ejecución inmediata de la Constitución. Incluso los países anglosajones distinguen dentro de los actos administrativos, aquellos que califican de actos discrecionales, los cuales también escaparían a la regla de Derecho.

En cuarto lugar, otro aspecto que requiere especial mención es la distinción entre los servicios administrativos en cuestión. Es así como existen países, donde se acuerda a ciertos servicios que ellos juzgan vitales para la comunidad, o ya (y aquí se encuentra la idea de soberanía) directamente asociadas al ejercicio del poder, inmunidades que se rechazan a los otros servicios.

Finalmente, para medir la extensión del principio de juridicidad hemos de ubicarnos en el tiempo. Es así como numerosos países y bajo denominaciones distintas (derecho de necesidad, teoría de la urgencia, teoría de las circunstancias excepcionales), consagran la misma idea: en el sentido de que hay en la vida del Estado momentos difíciles, de crisis, que tornarían necesaria la suspensión provisional del principio de juridicidad, durante ese período: cierta categoría de actos van a escapar a las reglas del Derecho que en tiempos normales le rigen de ordinario.

Sólo el examen de los diversos puntos de vista que venimos de indicar, nos permitirá medir en la realidad, la precisa extensión del principio de juridicidad de

---

[263] Debbasch, Ch., *Contentieux administratif*, Montchrestien, Paris, 1981.

un país determinado y, por consiguiente, el índice de efectividad de la cláusula constitucional Estado de Derecho.

§128. Alcance - Este aspecto del alcance es más decisivo que aquel de la extensión. En efecto, para apreciar el verdadero alcance del principio de juridicidad, es necesario precisar lo que es esta juridicidad, qué contiene, hasta qué punto el Derecho va a determinar el contenido de un acto, hecho, reglamento, etc. de la Administración Pública. Este alcance de la penetración de la norma en el seno del acto o función de la Administración Pública está unido a dos órdenes de factores.

En primer lugar, el referente a: ¿Cuál es la naturaleza de las normas a que la Administración Pública está sometida? El alcance del principio de juridicidad variará considerablemente según que se le entienda en sentido estricto o, por el contrario, en sentido amplio.

En sentido estricto, la Administración Pública está vinculada por la ley, es decir, por el acto del Poder legislativo (o Poder constituyente); en sentido amplio el principio de juridicidad, queno se refiere únicamente a la ley formal como pareciera denotar cuando se habla de legalidad -aun cuando sea su base-, sino que la Administración Pública está vinculada por la ley y por el Derecho en general, sus actos particulares están sometidas respecto de sus actos generales, incorporadas al conjunto normativo denominado «bloque de la legalidad». Es evidente que la vinculación de la Administración Pública por el Derecho tiene un valor en la práctica absolutamente diferente según las fuentes del Derecho en cada Ordenamiento jurídico, cuenta tenida de los caracteres técnicos inherentes a cada categoría de las fuentes, dentro de las cuales se encuentran los principios generales del Derecho.

Así, el principio de juridicidad considerado como la expresión de la primacía de la ley, se encuentra confrontando una evolución profunda en los sistemas jurídicos: por ejemplo, la penetración creciente de las normas del bloque de la convencionalidad, consecuencia a su vez de una primacía afirmada del Derecho internacional sobre el Derecho interno en materia de los derechos humanos. En consecuencia, hoy día se ha terminado por aceptar esa evolución ineluctable y necesaria. El principio de juridicidad se encuentra cuestionado si por juridicidad se entendería sólo conformidad a la ley; pero, si por juridicidad se entiende el respeto debido al Derecho, el principio de juridicidad se encuentra revalorizado.

§129. Contenido - Pero aún más decisivo que la naturaleza de las normas jurídicas, es el punto de vista del contenido de la juridicidad, el cual penetra muy profundamente en el campo de la función administrativa. Sin duda, tal penetración no es idéntica por ejemplo, para todos los actos y no podría ser de otra manera.

En efecto, si consideramos los diversos elementos del acto administrativo según las clasificaciones que se han formulado, se constata que el principio de juridicidad no se desinteresa, *a priori*, de ninguno de ellos -sujeto, causa, objeto, fin, forma y procedimiento- los cuales pueden ser predeterminados y controlados por el Juez, pues sabemos que, al menos el acto administrativo es referido por el Derecho desde el triple punto de vista de la competencia, del fin y de la exactitud de los motivos; en el resto de los elementos, han estado o no sujetos a las prescripciones del Derecho, según el nivel de evolución del sistema del control jurisdiccional sobre la Administración Pública, pues no se puede dejar un vacío jurídico donde existan funciones administrativas sin control jurisdiccional de la juridicidad, lo cual constituiría un supuesto de denegación de justicia.

4. PRINCIPIO DE LA EFECTIVIDAD DEL CONTROL JURISDICCIONAL

A. Antecedentes

§130. Planteamiento general - En el Derecho alemán, el mandato de que la tutela jurisdiccional sea efectiva no se obtiene de inmediato del propio texto constitucional -como ocurre en España- sino que como acontece en Italia[264], es fruto de la interpretación de la jurisprudencia constitucional.

En tal sentido, el autor alemán Sommermann cita al Tribunal Constitucional alemán[265] que ha subrayado siempre que la garantía del Art. 19. IV de la Ley Fundamental no se reduce a la condición de un derecho formal, ni se detiene en la teórica posibilidad de acudir a los tribunales, sino que garantiza, ante todo, el derecho sustantivo a un control judicial efectivo y real.

En tal sentido, la dimensión temporal va a jugar un papel decisivo para que la tutela judicial sea realmente efectiva. De ahí que se derive del Art. 19. IV el mandato de la tutela cautelar en una doble vía: para los litigios en que se impugna un acto administrativo, la suspensión provisional de los efectos; mientras que para los restantes asuntos el juez podrá dictar órdenes judiciales de carácter provisorio cuyo contenido se adecúa al objeto de que se trate. También como del mencionado Art. 19.IV se infiere el deber de «*excluir en todo lo posible decisiones irreparables*», se deriva también la necesidad de una tutela judicial preventiva (Sommermann[266]).

B. Contenido

§131. Planteamiento general - Por otro lado, se observa que la jurisprudencia del TSJ[267] aprecia que el derecho fundamental a la tutela jurisdiccional efectiva no se agota en un simple contenido o núcleo esencial sino que, por el contrario, abarca un complejo número de derechos dentro del proceso, los cuales pueden ejercer o no las partes dentro del mismo, constituyéndose, asimismo, de obligatorio resguardo y acatamiento por parte de los órganos jurisdiccionales, so pena de resultar vulnerados este mismo derecho fundamental u otro cúmulo de derechos de los cuales gocen las partes.

Así, pues, el derecho fundamental a la tutela jurisdiccional efectiva comprende a grandes rasgos: (i) la titularidad del derecho de acción que se reconoce a todas las personas de acudir a los órganos jurisdiccionales para obtener la satisfacción de su pretensión, (ii) el derecho a la defensa y al debido proceso en el marco del proceso judicial, (iii) el derecho a obtener una sentencia fundada en Derecho, (iv) el derecho al ejercicio de los medios impugnativos que establezca el Ordenamiento jurídico, y (v) por último, el derecho a la ejecución de las resoluciones judiciales.

§132. Conclusión - En mérito a lo antes expuesto, se concluye que la inmunidad jurisdiccional de la Administración Pública y de la función administrativa repugna al principio de legalidad o de juridicidad consagrado en el Art. 137 de la *C.*

---

264 Sent. N° 93/1962 del 13-11-1962; y N° 139/1967 del 12-12-1967, cit. por Sommermann, K.-P., Ob. cit., nota 80, p. 50.

265 Sommermann, K.-P., Ob. cit., nota 80, p. 51.

266 Sent. TCa del 19-06-1973, Sommermann, Ob. cit., nota 80, pp. 50-51, y 122-124; y Sent. TCa del 19-10-1977, Sommermann, K.-P., Ob. cit., nota 80, pp. 50-51, y 124-126.

267 Sent. TSJ/SC del 07-11-2007.

El derecho fundamental a la tutela jurisdiccional efectiva en lo contencioso-administrativo conduce ineludiblemente a la prohibición de cualquier exclusión o inmunidad del control jurisdiccional de la legalidad. Al estructurarse la Jurisdicción Contencioso Administrativa se puede distribuir el conocimiento de los litigios administrativos, en función de la materia o del Derecho material que sirve de fundamento a la pretensión procesal. Pero debe realizarse de tal manera que no quede ninguna esfera de la actividad de la Administración Pública inmune al control de la Jurisdicción Contencioso Administrativa, y que en el derecho positivo pretende agotar la LOJCA vigente.

Sobre la base de los postulados mencionados que derivan del proceso de constitucionalización, la primera idea que lleva a centrar la Justicia administrativa en sus justos términos, es la de concebirla desde la perspectiva de los principios fundamentales de la Justicia administrativa, y que también aparecen consagrados en la vigente LOJCA que abordaremos en el capítulo siguiente.

VI

LOS PRINCIPIOS FUNDAMENTALES DE LA JUSTICIA ADMINISTRATIVA*

§133. Planteamiento general - El Derecho positivo careció de una legislación *ad hoc* sobre la Jurisdicción Contencioso Administrativa, y su ausencia fue suplida por el legislador de manera parcial y transitoria, dentro del contexto de las leyes tradicionalmente destinadas a regular al más Alto Tribunal, la legislación estuvo lejos de resolver todas las cuestiones susceptibles de presentarse en el procedimiento contencioso-administrativo, hasta la promulgación de la LOJCA de 2010.

Sin embargo, no faltaron observaciones[268] sobre esta materia, al señalarse que era digna de una reforma legislativa acorde con las mejoras consagradas en otras legislaciones, en protección de los derechos de los ciudadanos respecto a las gestiones de los funcionarios del orden administrativo cuando aquellos se consideran lesionados por consecuencia de éstas. Que era a todas luces de una importancia innegable la formulación de las reglas que perfilen nuestro contencioso-administrativo, sobre la base de una ley especial que estableciera los principios y señalara los caracteres que fijaran de manera precisa la naturaleza del recurso contencioso-administrativo.

En esta materia no se podía hacer un examen sistemático, ni siquiera referirse a un régimen legal nacional en lo contencioso-administrativo, pues se carecía de él. En este orden de ideas, el autor J. M. Hernández Ron[269] en el año 1946, con ocasión del nuevo régimen relacionado con la denominada «nacionalización» de la Justicia en el país, se lamentaba de que se hubiese perdido la oportunidad para perfeccionar nuestro completo y anticuado sistema contencioso-administrativo, acusado de no responder ya a la creciente necesidad de esta rama de la Justicia. Que tal vez convi-

---

* Este capítulo ahora enteramente revisado fue publicado por el autor en «Los Principios Fundamentales de la Ley Orgánica de la Jurisdicción Contencioso Administrativa. Publicado» en *Comentarios a la nueva Ley Orgánica de la Jurisdicción Contencioso Administrativa*, Funeda, Caracas.

268 Vid. Informe sobre el «Contencioso Administrativo» en la *Introducción de la Memoria de Hacienda presentada al Congreso Nacional en las Sesiones de 1940*, en Revista del Colegio de Abogados del Distrito Federal, Caracas, 1940, pp. 113-123; y Villegas Moreno, J.L. «El control del Poder Público por la Justicia administrativa. Una mirada en perspectiva en el contexto de la Constitución venezolana de 1999». En *Principios fundamentales del derecho Público. Desafíos actuales. Libro conmemorativo de los 20 años de publicación de la Constitución de 1999* (Coords. Brewer-Carías, A.R. y Araujo-Juárez, J.), EJVI, Caracas, 2020.

269 Hernández Ron, J. M., *Tratado de Derecho Administrativo*, t III, Caracas, pp. 659-660.

niera promulgar más adelante una ley especial, estructurada orgánicamente, contentiva de los principios generales que rigen la materia contencioso-administrativa, principios actualmente dispersos en el campo de nuestra legislación. Que algún día llegará -continúa señalando- en que «*la rama de lo contencioso-administrativo, su organización y su procedimiento*» funcione en nuestro país independientemente, beneficiándose no sólo la colectividad sino también la Administración Pública. El advenimiento de ese día venturoso -concluye- marcará época en la historia de las instituciones jurídicas nacionales.

Esta insuficiencia de los textos escritos y la necesidad de asegurar a las personas, el ejercicio efectivo del derecho fundamental a la tutela jurisdiccional efectiva, ha conducido desde entonces tanto a la doctrina como a la jurisprudencia a reconocer numerosas principios y reglas atinentes a la Jurisdicción Contencioso Administrativa, siempre bajo la inspiración del Derecho comparado.

Así, la categoría más importante de las fuentes consiste en los principios generales del proceso, los cuales se asimilan a los principios generales del Derecho, cuya observación se impone a la Jurisdicción Contencioso Administrativa.

§134. Funcionalidad - La doctrina sostiene que los principios procesales constituyen una suerte de «*termómetros de la Constitución*» (J. Goldschmidt[270]), a través de los cuales se puede detectar:

a. La adecuación o no de las normas procesales ordinarias con las garantías constitucionales -en nuestro caso contenidas principalmente en los arts. 26 y 49 de la C-.

b. Mediante su examen se puede observar en qué medida el Ordenamiento procesal se aproxima o distancia de los valores o exigencias constitucionales, con lo que el estudio de las normas procesales administrativas se convierte en un instrumento importante de política legislativa.

c. Y por último, el poder sistematizar el conjunto de normas estructurales del proceso administrativo nos permite conocer las características de la nueva justicia administrativa venezolana.

§135. Plan - Desde que la Justicia administrativa se instauró se ha caracterizado por la presencia de ciertos principios fundamentales que son consecuencia de la sistematización elaborada por la doctrina, y que la evolución posterior se ha encargado de reafirmar. Estos principios constituyen, por así decirlo, el andamiaje estructural, la espina dorsal que la Justicia administrativa debe tener para que realmente se justifique como tal. Posteriormente, la doctrina ha propuesto otros principios complementarios.

Por tanto, estamos en presencia de un orden jurisdiccional inserto dentro del sistema de administración de Justicia, cuya finalidad primordial es el restablecimiento de situaciones jurídico-subjetivas y que debe, por ende, informarse siempre con los principios generales del Derecho y del proceso administrativo (González Pérez[271]).

---

[270] Golschmidt, J., cit. por Gimeno Sendra, V., Garberí Llobregat, J. y González-Cuellar Serrano, N., *Derecho Procesal Administrativo*, Tirant lo blanch, Derecho, Valencia, 1991, p. 53.

[271] González Pérez, J., Ob. cit., nota 57, pp. 77 y ss. En el mismo sentido Sent. N° 93 del TSJ/SC del 01-02-2006.

Sobre la base de los postulados mencionados que derivan de su constitucionalización, la primera idea que lleva a centrar la Jurisdicción Contencioso Administrativa en sus justos términos, es la de concebirla desde la perspectiva de los principios fundamentales consagrados en los Arts. 2, 3 y 8 de la LOJCA, que a los efectos de exposición procederemos a clasificar en tres grandes grupos, así: (i) los principios de la jurisdicción administrativa, (ii) los principios de la pretensión procesal administrativa, y por último (iii) los principios del proceso administrativo.

1. PRINCIPIOS FUNDAMENTALES DE LA JURISDICCIÓN ADMINISTRATIVA

§136. Plan - Teniendo en cuenta que uno de los sujetos es un órgano integrado en la jurisdicción, un primer grupo de principios fundamentales nos permitirá configurar el régimen de la organización, funcionamiento y competencia de la nueva Justicia administrativa en nuestro país.

Ellos son los principios: (i) del control jurisdiccional especial, (ii) de idoneidad, (iii) de especialización técnica, (iv) de autonomía e independencia judicial, (v) de imparcialidad y neutralidad judicial, (vi) de la universalidad del control jurisdiccional, y por último (vii) de la responsabilidad judicial.

A. Principio del control jurisdiccional especial

§137. Planteamiento general - Hemos dicho que a los fines de que los presupuestos estructurales de la noción del Estado de Derecho sean eficaces, un control público debe ser organizado, y los controles administrativo y legislativo se estiman insuficientes.

Es, pues, el control jurisdiccional el indispensable, y es justamente éste el que reconoce el régimen del Estado de Derecho. Es indudable, en este sentido, que la última y más importante garantía de la vigencia del principio de juridicidad radica en los órganos jurisdiccionales que integran el Poder Judicial. De ahí que como nos enseñara Moles Caubet[272], las diversas maneras con que la Administración Pública puede desconocer o vulnerar el principio de legalidad conducen, como consecuencia inmediata, al control de la Justicia administrativa.

§138. Principio de jurisdicción especial - En Venezuela, a partir de la Constitución de 1961, a diferencia de otros sistemas jurídicos que establecen un sistema de jurisdicción doble o principio de dualidad de jurisdicción, se consagra el denominado sistema judicialista de la Justicia administrativa o Jurisdicción Contencioso Administrativa, reafirmando la tendencia tradicionalmente predominante en la legislación nacional de atribuir el control a los órganos del Poder Judicial. Por tanto, no hay sino una sola jurisdicción, una jurisdicción única, pero al interior de la misma existe una separación de los contenciosos, puesto que la Administración Pública no está sometida al mismo Derecho que las personas.

En consecuencia, si bien el principio de unidad jurisdiccional es la base de la organización y funcionamiento de los órganos judiciales, de forma que la jurisdicción es única y su ejercicio corresponde en régimen de exclusividad a los juzgados y tribunales determinados por la ley, el control jurisdiccional de la Administración Pública queda atribuido a una jurisdicción especial[273]: la denominada Jurisdicción Contencioso Administrativa (Art. 259 de la C).

---

[272] Moles Caubet, A., Ob. cit., nota 30, p. 442.

[273] Brewer-Carías, A. R., Ob. cit., nota 29, p. 33.

Se trata, pues, de una jurisdicción especial cuyo ejercicio está encomendado a unos órganos judiciales determinados y especializados (Art. 11 de la LOJCA), ya sea por razón de: (i) los sujetos sometidos a control jurisdiccional (Art. 7 de la LOJCA) o (ii) de la materia (Art. 9 de la LOJCA), y que forman parte integrante del Poder Judicial.

B. Principio de idoneidad

§139. Planteamiento general - La respuesta del modelo de la cláusula constitucional Estado de Justicia a la exigencia constitucional de la Justicia como función pública estatal, debe ser la organización de un real y verdadero Sistema de Justicia, asignando la potestad jurisdiccional de que el Juez y el Magistrado decida con-forme a Derecho, pero sólo y nada más al Derecho, esto es, «desde y dentro del Derecho», a través de la función jurisdiccional, impartida por Jueces y Magistrados idóneos técnica y moralmente, y a quienes la Constitución les encomienda en forma privativa y exclusiva la delicada función de Administrar la Justicia.

Por otro lado, la existencia de un Poder Judicial que imparta la Justicia en nombre y por cuenta del Estado se articula, entre otros, a través de unos principios constitucionales explícitos que son: la imparcialidad y neutralidad, la autonomía y la independencia judicial (Arts. 254 y 256). En tal sentido, la cláusula constitucional Estado democrático y social de Derecho y de Justicia al implicar, fundamentalmente, la separación de los poderes del Estado, el imperio de la ley como expresión de la soberanía popular, la sujeción de todos los poderes públicos a la Constitución y al resto del Ordenamiento jurídico, y la tutela jurisdiccional efectiva de los derechos, requiere la existencia dentro del Poder Judicial de unos Jueces y Magistrados que, institucionalmente caracterizados por su independencia, imparcialidad y seleccionados por su idoneidad técnica y moral, tengan un emplazamiento constitucional que les permita impartir la Justicia, ejecutando y aplicando imparcialmente las normas que expresan la voluntad soberana, sometiendo a todos los órganos que ejercen el Poder Público al cumplimiento de la ley y el Derecho, controlando la juridicidad de su actuación, y garantizando a todas las personas el derecho fundamental a la tutela jurisdiccional efectiva para hacer valer sus derechos e intereses en el ejercicio de sus pretensiones ante el Sistema de Justicia.

Ahora bien, las razones que determinaron la creación de la Justicia administrativa, a las cuales nos referimos más arriba, han desaparecido. Cuando hoy día la doctrina contemporánea justifica su existencia, invoca el principio de especialización técnica, esto es, la idoneidad o cualificación iusadministrativa del Juez administrativo para conocer las materias contencioso administrativas, idoneidad de que carecen los órganos de la jurisdicción común.

C. Principio de especialización técnica

§140. Planteamiento general - La doctrina observa que la conciencia de la especificidad de la Justicia administrativa fundada sobre la idea de que los procesos donde un interés público está envuelto, no debía ser de la competencia de la Justicia común -cuyo papel es el de pronunciarse sólo sobre intereses de particulares-, tiene sus antecedentes en el Antiguo Régimen (Lochak[274]). En consecuencia, la existencia de la Jurisdicción Contencioso Administrativa tiene un fundamento racional:

---

[274] Lochak, D., Ob. cit., nota 65, p. 12.

la necesidad de confiar las controversias administrativas a un juez especializado: el Juez administrativo.

En este mismo orden de ideas, GONZÁLEZ PÉREZ[275] señala que quizás la cuestión más importante de un sistema de Justicia administrativa sea, dando por supuesta la independencia de los órganos, la idoneidad del personal del órgano a quien se le confía tal responsabilidad, que es -o debería ser- un juez especializado en Derecho administrativo. Sólo un Juez debidamente preparado puede llevar a cabo, eficazmente, la función de proteger los intereses legítimos de los ciudadanos, al mismo tiempo que el interés público, lo cual ha hecho del sistema de Justicia administrativa uno de los más logrados. En su evolución se observa una corriente, cada día más acentuada, de lograr que sólo personas debidamente preparadas en la técnica jurídica administrativa tengan acceso a los órganos de la Justicia administrativa. La tutela judicial efectiva frente a la Administración Pública que constituye uno de los derechos fundamentales de la Constitución, sólo será posible si se confía la Justicia administrativa al Magistrado o Juez que tenga la formación técnica jurídica adecuada o idónea.

Así las cosas, el Juez administrativo debería ser seleccionado preferentemente -como acontece en Francia- del cuadro de funcionarios públicos que ejercen o han ejercido normalmente funciones administrativas, y que por tal razón conocen las necesidades de la Administración Pública, por lo que no existe peligro de que sus decisiones impliquen un perjuicio para los intereses públicos, cuya satisfacción se confía precisamente a aquella. Pero, a la vez, constituye una firme garantía de las personas, ya que por la posición de los órganos de la Justicia administrativa, se atreven a dictar decisiones a favor de la persona que los tribunales comunes no serían capaces de hacer.

De aquí la importancia de las especializaciones, que el Art. 255 de la C pone de relieve al: (i) establecer una serie de principios que tienen el evidente propósito de garantizar una mejor selección y una verdadera formación del profesional que tendrá a su cargo la delicada función de administrar la Justicia administrativa y (ii) al exhortar que las universidades organicen en los estudios universitarios de Derecho la especialización judicial correspondiente.

Y es que el Juez administrativo no se improvisa. Por ello, el cumplimiento efectivo de las condiciones que reúne la regulación sobre selección, ascenso, formación y estabilidad de los jueces que satisfagan las exigencias del derecho a la tutela judicial efectiva, y al que pretenden dar respuesta los Arts. 17, 20 y 22 de la LOJCA. El problema es, por tanto, de siempre y, además, de rigurosa actualidad.

D. Principio de autonomía e independencia judicial

§141. Planteamiento general - El principio de autonomía e independencia del Poder Judicial, principio basilar cuya efectividad cobra sentido solo a partir de la efectiva asunción de la función jurisdiccional, es entendido para garantizar la ausencia de influencias de cualquier índole, especialmente las políticas. De hecho, en la tripartición de MONTESQUIEU, el tercer poder es el único que nace con una matriz ajena a la política. Así, ante la amenaza de la interferencia o el abuso del ejercicio del Poder Público: «*es preciso que el poder detenga al poder*». Ahora, el Juez y Magistrado solo es independiente a través del Derecho y conforme al Derecho declarado en la sucesión de instancias y grados jurisdiccionales.

---

[275] González Pérez, J., Ob. cit., nota 57, p. 99.

En conclusión, si esencial es la idoneidad del Juez administrativo, no menos importante es su autonomía e independencia que consagran los Arts. 254 y 256 de la C, y 2 de la LOJCA. De poco serviría una Justicia administrativa cuyo personal gozara de una inmejorable preparación jurídica, si a la vez no contara con la autonomía e independencia para decidir con arreglo a su criterio, indiferentemente que se ejerza por un Consejo de Estado como en Francia o Colombia -aunque en este país forma parte del Poder Judicial-, un tribunal del orden jurisdiccional como España o Venezuela, o un tribunal especial como en Alemania.

Por eso la doctrina recalca, junto al principio de idoneidad, los principios de autonomía e independencia de la Justicia administrativa. En frase lapidaria ha llegado a afirmar Waline[276] que «*no hay cuestión más importante para una nación que la independencia de sus jueces*». Por su parte, Hauriou[277] señalaba que sólo cuando se da la independencia puede hablarse de una auténtica Justicia administrativa.

Ahora bien, los principios de autonomía e independencia de que hablamos se pueden predicar en dos sentidos: (i) interna, es decir, de todos y cada uno de los Magistrados y Jueces Contencioso Administrativos que integran la Jurisdicción Contencioso Administrativa y (ii) externa, es decir, independencia de la Jurisdicción Contencioso Administrativa en su conjunto frente a los demás Poderes Públicos (J.Araujo-Juárez, L.M. Diez-Picaso[278]).

E. Principio de imparcialidad o neutralidad judicial

§142. Planteamiento general - Además, se debe hacer referencia al principio de imparcialidad o neutralidad judicial, entendido como el desarrollo correcto de la función de la aplicación e interpretación de las normas en casos concretos. Esto viene a manifestarse *a posteriori*, en el proceso, a través de una serie de elementos, o bien en la imparcialidad en las controversias, la ajenidad respecto a las partes, y la necesidad de no estar subordinado a ningún propósito subjetivo. Es aquí donde se justifica, la posición de imparcialidad del Juez o del Magistrado, que no opera en su propio nombre, sino en el del Estado; una posición seguramente distinta y calificada respecto a las partes, portadoras, en cambio, de intereses subjetivos.

Finalmente, es la propia entidad del Estado la que garantiza el principio de imparcialidad judicial, entendido como una imparcialidad objetiva, por un lado; y como una declinación de la independencia de los intereses políticos y sociales, por otro. Por tanto, existe una fuerte relación entre los conceptos de imparcialidad y neutralidadjudicial. De igual modo entre los conceptos de neutralidad e independencia judicial.

Así las cosas, el Art. 256 de la C dispone que con la finalidad de garantizar la imparcialidad y la independencia de los jueces, desde la fecha de su nombramiento y hasta su egreso del cargo respectivo, no podrán llevar a cabo activismo político, partidista gremial, sindical o de índole semejante. En efecto, la imparcialidad del Juez administrativo, más allá de las garantías ofrecidas por su régimen estatutario,

---

276 Waline, M., *Traité Elementaire de Droit Administratif*, Paris, 1950.

277 Hauriou, M., Ob. cit., nota 116, p. 460.

278 Vid. *in extenso* a Araujo-Juárez, J. «Estado de justicia e independencia judicial», en RDP Nº 157-158, Caracas, EJV, 2020; y Diez-Picaso, L. M., «El Poder Judicial. Independencia del Ministerio Público», en *El Derecho Público de finales de siglo. Una perspectiva iberoamericana*, Civitas, 1997, p. 215.

es asunto de conciencia y de temperamento. Juzgar implica -o debería implicar- una aptitud para hacer abstracción de sus preferencias ideológicas, de su pertenencia a un credo, a un partido, a un sindicato o a una clase social. Pero por muy estimables que sean, el Juez administrativo no puede esperar todo de las garantías estatutarias (Fanachi[279]). De ahí que la imparcialidad es también función de la ética del Juez administrativo: esa que consiste en el equilibrio necesario entre el interés general y el respeto a las libertades y garantías de las personas.

Es por ello que el Juez administrativo no debe actuar cuando su independencia e imparcialidad esté en entredicho. Por tanto, en el desempeño de sus funciones debe guardar las más estricta imparcialidad en el debate[280]. Para ello se han consagrado tradicionalmente dos instituciones que salvaguardan el principio de imparcialidad: la inhibición y la recusación[281].

Por su parte, la LOJCA desarrolla ampliamente en la Sección Cuarta del Capítulo del Título IV, las figuras de la inhibición y recusación de los funcionarios judiciales y auxiliares de Justicia, así como el procedimiento que se debe seguir (Arts. 42 a 55, *eiusdem*).

F. Principio de la universalidad del control jurisdiccional

§143. Planteamiento general - La constitucionalización de la Jurisdicción Contencioso Administrativa implicó la adición de un sistema de tutela de situaciones jurídicas subjetivas de las personas, a su función tradicional de control de la legalidad objetiva de la Administración Pública. De conformidad con esa premisa y con los Arts. 26 y 259 de la C, la Jurisdicción Contencioso Administrativa debe garantizar los atributos de integralidad y efectividad del derecho a la tutela judicial[282].

Ahora bien, como dijimos, la consagración constitucional del derecho a la tutela jurisdiccional efectiva trajo como consecuencia un logro extraordinario: la proclamación de la universalidad de la jurisdicción que, en su dimensión cuantitativa proscribe cualquier zona exenta o inmune al enjuiciamiento jurisdiccional.

Por lo que se refiere a la integralidad, la jurisprudencia afirma que toda pretensión fundada en Derecho administrativo o que tenga como origen una relación jurídico-administrativa, debe ser atendida o amparada por el Juez Contencioso Administrativo, pues el Art. 259 de la C no es, en modo alguno taxativo sino que, por el contrario, enumera algunas -las más comunes- de las pretensiones procesales administrativas que proceden en este orden jurisdiccional (pretensión anulatoria y pretensión de condena a la reparación de daños) y enunciativamente permite, como modo de restablecimiento de las situaciones jurídicas subjetivas lesionadas por la actividad o inactividad administrativa, la promoción de cuantas pretensiones procesales administrativas sean necesarias para ello -lo que resulta coherente con la tutela judicial plena y efectiva a que se refiere el Art. 26 de la C-. Es la integralidad

279 Fanachi, P., *La justice administrative*, PUF, Col. Qué sais-je? Paris, pp. 44-45.

280 Sent. CSJ/SPA del 10-08-1982, RDP N° 11, p. 93.

281 Sent. CSJ/SPA del 26-03-1981, RDP N° 1, p. 66.

282 Sent. TSJ/SC N° 829 del 23-10-2002, 1029 del 27-05-2004, 93 del 01-02-2006 y 521 del 01-07-2016. *Vid. in extenso a* Lejarza A., J.T. «Principio de la universalidad del control judicial de los actos estatales», en *Principios fundamentales del Derecho Público. Desafíos actuales. Libro conmemorativo de los 20 años de la publicación de la Constitución de 1999* (Coords. Brewer-Carías, A.R. y Araujo-Juárez, J.), EJVI, Caracas, 2020.

o universalidad de procedencia de todas las pretensiones procesales administrativas que, además, son admisibles con independencia de que éstas encuadren o no dentro del marco de medios procesales tasados o tipificados en la LOJCA, pues, se insiste, es el Texto Constitucional el que garantiza la procedencia de absolutamente todas ellas.

En este orden de ideas, la jurisprudencia[283] concluye afirmando la potestad que tiene el Juez administrativo para resguardar las situaciones jurídicas subjetivas que puedan resultar lesionados por actos, hechos, actuaciones, omisiones o abstenciones de la Administración Pública; potestad ésta que, según la doctrina más actualizada, se ejerce al margen de que la demanda encuadre o no en los módulos tradicionales establecidos en la ley o que haya construido la jurisprudencia, pues la tendencia compatible con el derecho a la tutela jurisdiccional efectiva consagrado en el Art. 26 de la C, es a darle recibo y trámite a todo tipo de pretensiones procesales administrativas en tanto subyazca un conflicto de orden administrativo, derivado de una relación jurídica entre una persona y un órgano o ente envestido de potestades públicas, que exija el examen judicial respectivo (S. González-Varas Ibáñez[284]).

De acuerdo con lo indicado, el Art. 259 de la C otorga al Juez administrativo un conjunto de atribuciones que permiten que los justiciables puedan accionar, a fin de solicitar el restablecimiento de todas las situaciones jurídicas subjetivas lesionadas por la actividad de la Administración Pública, incluidas la vía de hecho. Es por ello que dicho precepto constitucional dispone como potestades del Juez administrativo, no sólo la posibilidad de anular actos administrativos, de condenar al pago de sumas de dinero por concepto de indemnización de daños y perjuicios y de conocer de las reclamaciones relativas a la prestación de los servicios públicos prestados mediante gestión directa o indirecta, sino también el poder de restablecer las situaciones jurídicas subjetivas lesionadas por la actividad material o jurídica de los órganos y entes que integran la Administración Pública o de cualquier sujeto que actúe en función administrativa.

En mérito a lo anterior, el Art. 8 de la LOJCA consagra la justiciabilidad plena de todas las manifestaciones de la actividad o función administrativa desplegada por los sujetos enumerados en el art. 7, *eiusdem*, de la Administración Pública, incluidos los denominados «actos de autoridad» (Art. 7, num. 6 de la LOJCA).

Por otra parte, y en atención a la cláusula constitucional de la Jurisdicción Contencioso Administrativa (Art. 259), ésta no sólo ha de dar tutela a toda pretensión procesal administrativa sino que, además, debe garantizar la eficacia del tratamiento procesal de la misma y, en consecuencia, atender al procedimiento que más se ajuste a las exigencias de la naturaleza y urgencia de dicha pretensión administrativa.

En conclusión, desaparecen definitivamente los últimos reductos de inmunidad jurisdiccional de la Administración Pública, pues estos repugnan al principio de legalidad consagrado en el Art. 137 de la C. La tutela jurisdiccional efectiva en lo contencioso administrativo conduce ineludiblemente a la prohibición de cualquier exclusión del control jurisdiccional de la Administración Pública. Al estructurarse la Jurisdicción Contencioso Administrativa se puede distribuir el conocimiento de

283 Sent. N° 1029 del TSJ/SC del 25-05-2004.

284 González-Varas Ibáñez, S., *La jurisdicción contencioso-administrativa en Alemania*, Civitas, Madrid, 1993, pp. 125 y ss.

los litigios administrativos, en función de la materia o del Derecho material que sirve de fundamento a la pretensión procesal. Pero debe realizarse de tal manera, que no quede ninguna esfera de la actividad de la Administración Pública inmune al control de la Jurisdicción Contencioso Administrativa, y que pretende agotar el Art. 9 de la LOJCA.

G. Principio de la responsabilidad judicial

§144. Planteamiento general - La cuestión de la responsabilidad por los daños y perjuicios ocasionados a las personas por la función judicial o jurisdiccional, ha sido objeto de análisis permanente a través del tiempo por los autores del Derecho público.

Ahora, si hay un vicio, una imperfección, un defecto, o en fin una falta en el mecanismo procesal, pregunta la doctrina[285]. ¿Se puede en este caso establecer la responsabilidad patrimonial del Estado? Y agregamos ¿También la responsabilidad personal del Juez administrativo? En ambos casos, la respuesta debe ser afirmativa.

a. Responsabilidad patrimonial del Estado

§145. Planteamiento general - La jurisprudencia[286] señala que el principio de separación de poderes, base fundamental de la concepción del gobierno democrático, al distribuir entre los órganos del Poder Público las funciones privativas del Estado, creando entre los mismos un armónico equilibrio de precisas atribuciones, dio lugar a un nuevo tipo de relación jurídica entre el Estado y la persona, en cuya virtud el ejercicio de la función pública conlleva una responsabilidad que limita su alcance y protege a la colectividad frente a la acción omnipotente del Poder Público.

Una de las innovaciones importantes de la Constitución de 1999 en materia de régimen general del ejercicio del Poder Público, fue la consagración expresa del principio de la garantía patrimonial del Estado por los daños y perjuicios que cause en el ejercicio de sus funciones, el cual es un instituto jurídico consustancial al Estado de Derecho[287].

En efecto, la Constitución realiza la consagración general del sistema de responsabilidad del Estado en su Art. 2, al consagrar lo siguiente: «*Venezuela se constituye en un Estado democrático y social de Derecho y de Justicia, que propugna como valores superiores de su ordenamiento jurídico y de su actuación, la vida, la libertad, la justicia, la igualdad, la solidaridad, la democracia, la responsabilidad social y, en general, la preeminencia de los derechos humanos, la ética y el pluralismo político*».

Más específicamente, el reconocimiento en cuestión respecto a la administración de Justicia se realiza a través del Art. 49, num. 8 de la C, el cual dispone que:

---

285 Altamira Gigena, J. I., *Resposabilidad del Estado*, Astrea, Buenos Aires, 1978, p. 157; y Saavedra Becerra, R., «El principio de responsabilidad por el hecho del legislador. El principio de responsabilidad del Estado por la actividad jurisdiccional», en *Principios fundamentales del Derecho Público. Desafíos actuales. Libro conmemorativo de los 20 años de la publicación de la Constitución de 1999* (Coords. Brewer-Carías, A.R. y Araujo-Juárez, J.), EJVI, Caracas, 2020.

286 Sent. CSJ/SPA del 05-02-1964, GF N° 43, 1964, pp. 14-19.

287 Calcaño De Temeltas, J., «La responsabilidad extracontractual de la Administración Pública», en *Las Formas de la Actividad Administrativa,* II Jornadas Internacionales de Derecho Administrativo Allan Randolph Brewer Carías, Funeda, Caracas, 1996, pp. 709-714; y Sent. N° 1469 del TSJ/SC del 06-08-2004.

«Toda persona podrá solicitar del Estado el restablecimiento o reparación de la situación jurídica lesionada por error judicial, retardo u omisión injustificados».

Como se aprecia de la norma transcrita, la responsabilidad del Estado por la función judicial abarca el error judicial y el retardo u omisión injustificados, lo cual incluiría también aparte de la función de juzgar, otras labores propias del funcionamiento de la administración de Justicia[288].

Ahora, el Art. 49, num. 8 de la C no puede analizarse separado o de manera individual, sino que debe interpretarse conjuntamente con todas las demás disposiciones constitucionales que tratan el sistema de la garantía patrimonial del Estado, pero en especial con la EMC, cuya parte que se quiere resaltar en estos momentos es del tenor siguiente:

> Finalmente, en las disposiciones generales, se establece bajo una perspectiva de derecho público moderna la obligación directa del Estado de responder patrimonialmente por los daños que sufran los particulares en cualquiera de sus bienes y derechos, siempre que la lesión sea imputable al funcionamiento, normal o anormal, de los servicios públicos y por cualesquiera actividades públicas, administrativas, judiciales, legislativas, ciudadanas o electorales, de los entes públicos o incluso de personas privadas en ejercicio de tales funciones.

Del extracto transcrito se observa claramente, la amplitud e integralidad en la que formalmente ha quedado reconocida la garantía patrimonial del Estado[289], la cual no sólo recae sobre el ejercicio de la función administrativa, sino también sobre la función judicial.

Así, se tiene un gran avance en cuanto a la consolidación, al menos constitucionalmente, de uno de los pilares fundamentales de la cláusula de Estado de Derecho, como es el sistema de la garantía patrimonial del Estado, y de manera específica bajo la denominación general de responsabilidad judicial o jurisdiccional, que englobaría todas las reparaciones debidas por el Estado por daños causados por el mal funcionamiento de la administración de Justicia, como estructura orgánica.

b. Responsabilidad personal del juez administrativo

§146. Planteamiento general - En cuanto a la actividad del Poder Judicial, señala Colombo[290] que los jueces no son infalibles. Pueden caer en el error judicial, sea porque no se han atenido a la ética profunda que debe guiar todos sus pasos, sea porque la naturaleza y las condiciones del proceso no les han permitido desentrañar debidamente la verdad. Y cuando faltan a sus obligaciones su responsabilidad será individual o personal, como funcionario público.

Así las cosas, y de manera paralela a la responsabilidad patrimonial del Estado por la función judicial, la Constitución también ha previsto la responsabilidad individual de los funcionarios públicos en general, según se desprende de los Arts. 25, 139 y 141, *eiusdem.* Y de manera más particular, el Art. 49, num. 8 de la C dispone que queda a salvo el derecho del justiciable de exigir la responsabilidad «personal» del magistrado o magistrada, juez o jueza y de actuar contra éstos o éstas. Por tanto, el

---

288 Sent. N° 1693 del TSJ/SPA del 17-10-2007, RDP N° 112, p. 449.

289 Sent. TSJ/SC N° 2818 del 19-11-2002 y 403 del 24-02-2006.

290 Colombo, L. A., *Culpa Aquiliana,* Ed. La Ley, Buenos Aires, 1965, t. II, pp. 28 y ss.

Juez administrativo, a título personal, también puede ser patrimonialmente responsable por error, retardo u omisión injustificados, por la inobservancia sustancial de las normas procesales, por denegación, parcialidad, y por los delitos de cohecho y prevaricación en que incurran en el desempeño de sus funciones (Art. 255 de la C).

2. PRINCIPIOS FUNDAMENTALES DE LA PRETENSIÓN PROCESAL

§147. Planteamiento general - Junto a los principios fundamentales mencionados, se ha de diferenciar un segundo grupo de principios aquellos que disciplinan el derecho a la jurisdicción, y que encierran las notas esenciales presentes en el tratamiento de la pretensión procesal administrativa desde que es interpuesta hasta que recibe satisfacción mediante sentencia firme, y son: (i) el principio de accesibilidad; (ii) el principio de pluralidad de pretensiones procesales; y por último (iii) el principio gratuidad de la justicia.

A. Principio de accesibilidad

a. Concepto

§148. Planteamiento general - El primer principio en un orden lógico y cronológico es la garantía del libre acceso a la jurisdicción o principio de accesibilidad (MOLES CAUBET[291]), que se concreta en el derecho público subjetivo a ser parte en un proceso y poder promover la actividad jurisdiccional que desemboque en una decisión judicial sobre las pretensiones procesales deducidas. El principio de accesibilidad se consagra en el Art. 26 de la C.

De allí que al Poder Judicial le cumpla hacer efectivo, conforme lo ordena el Art. 26 constitucional, el derecho que tienen todas las personas en su más amplio sentido conforme al Art. 27 de la LOJCA, de acceder a los órganos de administración de justicia para hacer valer sus derechos e intereses, incluso los colectivos o difusos, a través de una tutela judicial efectiva de los mismos sin dilaciones indebidas[292]. Ello se traduce, a la luz del carácter vinculante de la C, en que es un derecho a la prestación de la actividad jurisdiccional de los órganos del poder Judicial del Estado.

Así las cosas, la declaración del derecho de accesibilidad es categórica, sin que el hecho de que la ley establezca los términos y condiciones para ejercerlo pueda en nada menoscabarlo ni menos aún hacerlo nugatorio, pues se trata de un derecho de rango constitucional, incluido entre los derechos humanos. Es por ello que si se sostiene con carácter general que la interpretación de las instituciones procesales debe ser amplia[293], con mayor razón los requisitos de admisibilidad se deben interpretar en el sentido que más favorezca al derecho de acceso a la jurisdicción[294].

En este orden de ideas, se puede ejemplificar con el caso de la pretensión de anulación frente a la actividad de la Administración Pública, donde el Derecho positivo[295] ha reconocido la necesaria existencia del derecho de impugnación de todos los actos administrativos, el cual constituye una especie de derecho-garantía pues, en principio, todos pueden ser controlados jurisdiccionalmente. Por tanto, la

291 Moles Caubet, A., Ob. cit., nota 30, p. 442.
292 Sent. N° 829 del TSJ/SC del 23-10-2002.
293 Sent. N° 708 del TSJ/SC del 10-05-2001.
294 Sent. N° 2929 de la CSCA del 07-09-2005, RDP N° 103, p. 114.
295 Sent. CPCA del 18-05-1983, RDP N° 15, p. 160.

existencia del contencioso de anulación es un principio de derecho común[296], es pues, un derecho reconocido a toda persona de poder accionar al Juez Contencioso Administrativo dentro de los límites de las condiciones de admisión definidas por la ley y la jurisprudencia, conocido por la doctrina española como interpretación más favorable al derecho de acceso a la justicia (García De Enterría[297]).

b. Denegación de justicia

§149. Planteamiento general - Desde el punto de vista procesal, el repertorio de las posibles infracciones al principio de accesibilidad, esto es, la denegación de justicia, no se reduce a la abstención del Juez Contencioso Administrativo para decidir, o al retraso ilegal de su decisión, sino que puede revestir variadas formas que van desde la imposibilidad de accionar por la inexistencia de una jurisdicción competente; la ineficacia del recurso instaurado, cuando siendo admisible no puede, sin embargo, prosperar debido a la imperfección de las técnicas procesales; la falta de textos reguladores del proceso contencioso administrativo; las normas que impongan requisitos impeditivos u obstaculizadores del acceso a la jurisdicción, si tales trabas resultan innecesarias, excesivas y carecen de razonabilidad o proporcionalidad respecto a los fines que lícitamente puede perseguir el legislador; hasta la imposición de condiciones o consecuencias meramente limitativas o disuasorias del acceso a los módulos procesales legalmente establecidos.

B. Principio de pluralidad de pretensiones procesales

a. Antecedentes

§150. Planteamiento general - El control de la legalidad comenzó siendo un simple autocontrol administrativo, bien de oficio o bien mediante el recurso jerárquico. Cuando aparece la Justicia administrativa, señalábamos más arriba, el único contencioso existente estaba fundado en el desconocimiento o menoscabo de un derecho subjetivo, llamándose entonces contencioso ordinario hasta llegar a convertirse en *plein contentieux* o *pleine juridiction*. Diferentemente, si se trataba de corregir excesos de la Administración Pública contra las personas, estos podían interponer un recurso jerárquico que permitía al Consejo de Estado francés anular el acto administrativo, de donde deriva, después de una larga trayectoria, el *recours pour excès de pouvoir*, que fuera calificado por Hauriou de «magnífica arqueología jurídica», o la pieza maestra del sistema (González Pérez[298]).

Ahora bien, tradicionalmente, tanto la doctrina como la jurisprudencia nacional también diferenció dos clases de recursos: el recurso de anulación o de nulidad[299], y el recurso de plena jurisdicción[300]. Ahora, tal y como sostiene Brewer-

---

[296] Sent. CF del 14-08-1959, GF N° 25, 1959, p. 194. Hay sin embargo una sentencia que le da carácter extraordinario: Sent. CPCA del 20-03-1986, RDP N° 26, p. 133.

[297] García De Enterría, E., y Fernández, T.-R., Ob. cit., nota 16, t. II.

[298] González Pérez, J., Ob. cit., nota 57, p. 70.

[299] Esta vía de derecho ha recibido distintas denominaciones. Así en primer lugar se le denominó como en Francia recurso por exceso de poder (Sent. CFC/SPA del 27-01-1937, M. 1938, p. 145). Después recurso extraordinario de anulación (Sent. CF del 02-06-1958, GF N° 20, 1958, p. 108); y luego más corrientemente recurso contencioso-administrativo (Sent. CF del 03-12-1959, GF N° 26 1959, pp. 143-144), o en fin, recurso contencioso de anulación (Sent. CF del 14-03-1960, GF N° 27, 1960, pp. 127-132).

[300] Brewer-Carías, A. R., «Aspectos generales del procedimiento contencioso-administrativo», en *Jurisprudencia de la Corte Suprema 1930-74 y Estudios de Derecho Administrativo*, t. V,

Carías[301], el esquema de la clásica división del contencioso-administrativo ha quedado totalmente superado por obra de la muy abundante y valiosa doctrina y jurisprudencia nacional y de Derecho comparado, y se amplía el elenco de los módulos procesales administrativos puestos a disposición de las personas para acceder al sistema contencioso-administrativo, y que hoy día recepta la vigente LOJCA. Finalmente los efectos anteriores comportan, a su vez, la asignación al Juez Contencioso Administrativo de amplísimos poderes de tutela cautelar, no sólo de la legalidad objetiva sino en orden al efectivo restablecimiento de las situaciones jurídicas subjetivas lesionadas.

Así las cosas, frente a la tradicional clasificación francesa mencionada, y partiendo de la unidad de la pretensión procesal administrativa, la LOJCA nos permite elaborar a efectos de la exposición, una nueva clasificación que tiene su base en la petición que se formula en la pretensión procesal administrativa y, consiguientemente, en los pronunciamientos que ha de contener la sentencia.

En efecto, no todos los módulos procesales tienen el mismo carácter. Su variedad obedece tanto a la diversidad de las competencias confiadas a la Jurisdicción Contenciosa Administrativa, como a la heterogeneidad de las materias que le son sometidas. En tal sentido se distinguen las diversas ramas o contenciosos, a los cuales corresponden regímenes particulares, pudiendo determinarse varias clasificaciones en razón: 1ro., de dos criterios formales: la extensión de los poderes del Juez administrativo (i); y el procedimiento establecido (ii); y 2do., de un criterio material: la naturaleza de la pretensión procesal administrativa que se formula ante el Juez administrativo (iii); y 3ro., por último, la combinación de los anteriores (iv).

b. Clasificación

§151. Consagración de la LOJCA - En consecuencia, a raíz de la entrada en vigencia de la LOJCA, es preciso distinguir dentro de los modelos arquetipos generales de los procesos administrativos en el Derecho positivo los siguientes: 1ro., el contencioso de legalidad, 2do., el contencioso de derechos y 3ro., el contencioso de interpretación.

A su vez, en el contencioso de legalidad, el Juez administrativo al constatar la ilegalidad del acto o de la inactividad administrativa, procede ya a una declaración de anulación, ya a una declaración de ilegalidad, respectivamente, donde surgen los módulos procesales o vías de derecho siguientes: (i) el contencioso de anulación (Art. 9, num. 1 de la LOJCA) y (ii) el contencioso de abstención o de carencia (Art. 9, num. 2 de la LOJCA).

En el contencioso de derechos, por el contrario, el Juez administrativo conoce de la existencia, contenido y efectos de los derechos subjetivos que los justiciables hacen valer frente a la Administración Pública. Este contencioso contrasta fuertemente con el contencioso de legalidad, por la heterogeneidad de las pretensiones procesales, y que da lugar a las vías de derecho siguientes: (iii) el contencioso patrimonial (Art. nums. 4, 8 y 9 de la LOJCA), (iv) el contencioso de la vía de hecho

---

vol. 1, IDP, UCV, Caracas, 1978. Asimismo véanse Sent. CF del 02-06-1958, GF N° 20, 1958, p. 108; de la CSJ/SPA del 13-12-1965, GF N° 50, 1965, pp. 261-261; y CSJ/SPA del 02-05- 1974, GO N° 1674 Extr. del 12-08-1974, p. 17.

301 Brewer-Carías, A. R., «Los diversos tipos de acciones y recursos contencioso-administrativos», en RDP N° 25, 1986, pp. 5-30; y Ob. cit., nota 29, p. 66.

(Art. 9, num. 3 de la LOJCA) y (v) el contencioso de los servicios públicos (Art. 9, num. 5 de la LOJCA).

Y por último, en el contencioso de interpretación, el Juez administrativo conoce de aquellos casos de demandas para la interpretación de textos legales de contenido administrativo: (vi) el contencioso de interpretación administrativa (Art. 9, num. 6 de la LOJCA), y por último (vii) el contencioso de controversias administrativas entre autoridades públicas (Art. 9., num. 7 de la LOJCA).

En todo caso, en virtud del principio universal del control jurisdiccional estos contenciosos administrativos no representan compartimentos estancos, sino que atendiendo a la naturaleza y compatibilidad de las pretensiones procesales, estas son susceptibles de acumulación, por ejemplo, el contencioso de anulación puede estar acompañado de una pretensión de condena (Art. 259 de la C) ya que, como lo señaláramos más arriba, el justiciable podría pedir toda pretensión que en «conexión» con la anulación jurisdiccional derivase de una titularidad subjetiva, entendida esta en el sentido genérico de situación jurídica individualizada.

§152. Tutela cautelar - Por otro lado, la EMC vigente expresa que la LOJCA debía dotar al Juez contencioso administrativo de todo el poder cautelar general necesario para decretar, de oficio a instancia de parte, cualquier tipo de medida cautelar necesaria para garantizar la tutela jurisdiccional efectiva y el restablecimiento de sus situaciones jurídicas infringidas mientras dure el proceso de que se trate.

En tal sentido, el Art. 4 de la LOJCA le asigna al Juez contencioso administrativo un poder cautelar auténtico, al consagrar que está investido de las más amplias potestades cautelares, como lo había venido haciendo la jurisprudencia, ya no sólo limitado a la suspensión de los efectos del acto administrativo[302], sino también a la suspensión de actos normativos[303], la suspensión de efectos reflejos[304], la posibilidad de adopción de medidas cautelares nominadas o no[305], y en fin, el amparo cautelar[306].

C. Principio de gratuidad de la Justicia

§153. Consagración constitucional - El principio de gratuidad de la Justicia está consagrado en el Art. 26 de la C, el cual persigue asegurar el acceso a los órganos de administración de la Justicia a todas las personas, incluso de aquellas carentes de recursos económicos. Este principio es distinto al beneficio de justicia gratuita que se concede a determinadas personas para eximirse del pago de los gastos que irroga la tramitación del juicio en que interviene o pretende intervenir.

§154. Naturaleza - El principio de gratuidad de la Justicia también es un derecho, y no una norma de procedimiento, de carácter sustantivo, que corresponde a todo justiciable desde el momento mismo de la entrada en vigencia de la Constitución, por mandato de los Arts. 26 y 254 *eiusdem*, y conforme a los cuales todas las actuaciones estrictamente judiciales que se realicen y que causa-

---

302 Sent. CSJ/SPA del 04-12-1967.
303 Sent. TSJ/SPA del 12-05-1992.
304 Sent. CSJ/SPA del 22-06-1994.
305 Sent. CSJ/CP del 15-02-1995 y N° 59 del TSJ/SE del 27-03-2006.
306 Sent. TSJ/SPA del 10-07-1991 y N° 402 del 20-03-2001.

ban aranceles han de ser gratuitas (exención de gastos procesales), por derecho adquirido a partir de 1999[307].

3. PRINCIPIOS FUNDAMENTALES DEL PROCESO ADMINISTRATIVO

§155. Planteamiento general - El art. 257 de la C consagra que el proceso es un instrumento fundamental para la realización de la Justicia. De ahí la importancia del tercer grupo de principios referidos a la forma de la actuación procesal, a la índole de comunicación entra las partes y el órgano jurisdiccional, así como a la sucesión temporal de los actos procesales. Con su instauración prevalecen criterios eminentemente técnicos o prácticos, como lo son la efectividad, la seguridad y la rapidez del proceso administrativo.

El fundamento de los principios del proceso administrativo obedece a las exigencias del derecho al debido proceso o proceso con todas las garantías que consagra el Art. 26 de la C, aunque algunos de ellos tengan un reconocimiento al mero nivel de la legalidad. En este sentido, la jurisprudencia ha sostenido lo siguiente:

> En un Estado social de Derecho y de Justicia (artículo 2 de la vigente Constitución), donde se garantiza una justicia expedita, sin dilaciones indebidas y sin formalismos o reposiciones inútiles (artículo 26 ejusdem), la interpretación de las instituciones procesales debe ser amplia, tratando que si bien el proceso sea una garantía para que las partes puedan ejercer su derecho de defensa, no por ello se convierta en una traba que impida lograr las garantías que el artículo 26 consagra[308].

Sin embargo, «*el derecho a la tutela judicial no es un derecho absoluto susceptible de ser ejercitado en todo caso y al margen del proceso legalmente establecido, sino que ha de ser ejercitado dentro de éste y con el cumplimiento de sus requisitos, interpretados de manera razonable, que no impida o establezca limitación sustancial de derecho de defensa*»[309].

En tal sentido, vamos a referirnos a los siguientes principios fundamentales del proceso administrativo: (i) principio de oralidad; (ii) principio de inmediación; (iii) principio de publicidad; y (iv) principio de brevedad y celeridad.

A. Principio de oralidad

§156. Planteamiento general - Dentro de los principios fundamentales del proceso administrativo que hacen referencia a la forma de la actuación procesal, se distingue el principio de oralidad.

Antes de la entrada en vigencia de la LOJCA, el proceso administrativo se regía por el principio de la escritura, pues todas y cada una de sus fases e instancias transcurrían en forma escrita. En efecto, el único vestigio del principio de oralidad era el Art. 95 de la derogada LOCSJ (al igual que el Art. 19, Párrafo 9 de la derogada LOTSJ de 2004), que consagraba la posibilidad de que las partes presentasen informes por escrito u oralmente, en este último caso siempre y cuando lo notifiquen al

---

307 Sent. TSJ/SC N° 52 del 26-01-2001, 1943 del 15-07-2003 y 590 del 15-04-2004.

308 Sent. N° 708 del TSJ/SC del 10-05-2001. También hay Sent. TSJ/SPA N° 2762 del 20-11-2001 y 662 del 17-04-2000 que se han pronunciado sobre la extensión del acceso a la justicia.

309 Sent. Tribunal Constitucional español del 26-11-1996, citada en González Pérez, J., Ob. cit., nota 253.

Tribunal con anticipación. Por tanto, como único vestigio del principio de oralidad era el trámite de los informes.

Hoy día en Venezuela, señala Hernández-Mendible[310], la introducción del principio de oralidad en todos los procesos constituye una exigencia constitucional que obliga a legislar para hacer posible la materialización del mandato del Art. 257 de la C, en concordancia con los tratados internacionales en materia de derechos humanos. Por tanto, sostiene el citado autor, la introducción del principio de oralidad en el proceso administrativo es una exigencia constitucional, y se traduce en la existencia de la preeminencia de la expresión o exposición oral o verbal.

Ahora bien, es sabido que para la calificación de un proceso como oral o escrito lo decisivo es su fase probatoria. Por excepción, bajo la forma de escritura deben efectuarse sólo aquellos actos procesales que por su trascendencia, razones de seguridad o de *fehaciencia* aconseja que se plasman por escrito (Gimeno Sendra[311]). Sin embargo, concluye la citada doctrina[312], lo que ha instaurado la LOJCA es un proceso eminentemente escrito, por lo que lo denomina «*proceso con audiencias*» al no estar presentes en la primera instancia, los principios de concentración, continuidad -sino de difusión y dispersión- y la inmediación se encuentra relativizada. En segunda instancia, las audiencias son totalmente inexistentes, así como en la ejecución de sentencias y en las medidas cautelares.

B. Principio de inmediación

§157. Planteamiento general - En estrecha relación con el principio de oralidad surge el principio de inmediación, al cual no sin razón se le ha llamado «*compañero de viaje de la oralidad*».

En efecto, un proceso administrativo informado por el principio de oralidad ha de estarlo también por el principio de inmediación, que exigiría la directa intervención del Juez Contencioso Administrativo en la práctica de la prueba. Al igual como acontece con el principio de oralidad, para la determinación de la vigencia del principio de la inmediación lo decisivo es la fase probatoria.

Ahora, un proceso administrativo es inmediato cuando se consagra la obligación de que el Juez Contencioso Administrativo que va a sentenciar presencie directa y personalmente la ejecución de la prueba. En efecto, el principio de inmediación desde el punto de vista probatorio se expresa como la necesidad de presencia del Juez Contencioso Administrativo que va a sentenciar en la incorporación de las pruebas de las cuales obtendrá su convencimiento[313]. Y es mediato cuando el Juez Contencioso Administrativo puede delegar la práctica de todas o algunas de las diligencias probatorias en el personal auxiliar de la Jurisdicción.

---

310 Hernández-Mendible, V.R, «El proceso administrativo por audiencias», en *Ley Orgánica de la Jurisdicción Contencioso Administrativa,* 2° ed., Col. Textos Legislativos N° 47, EJV, Caracas, 2011, p. 167.

311 Gimeno Sendra, Ob. cit., nota 270, p. 95.

312 Hernández-Mendible, V.R., Ob. cit., nota 310, p. 219. El denominado proceso de juridicidad fue declarado inconstitucional por la SC/TSJ mediante sent. N° 1771 del 28-11-2011, caso *José Amando Mejía Betancourt.*

313 Sent. N° 1571 del TSJ/SC del 22-08-2001.

§158. Gradación - Finalmente, la jurisprudencia analiza el principio de inmediación, que aplicado a la Jurisdicción Contencioso Administrativa daría los grados siguientes[314]:

a. Que el Juez Contencioso Administrativo presencie personalmente los actos de recepción de los medios probatorios, mediante la dirección de la evacuación de los medios presentados por las partes o mediante la producción de medios probatorios que ordena realizar el propio tribunal.

b. Que el Juez Contencioso Administrativo no esté presente en el sitio donde se produce el medio probatorio, pero sí interviene en su dirección de manera mediata, utilizando técnicas y equipos de control remoto.

c. Por último, que las partes hayan controlado en igualdad de circunstancias la producción de los medios de prueba y luego las presenten de manera individual o conjunta ante el Juez Contencioso Administrativo, en la audiencia pública.

En definitiva, concluye la doctrina citada[315], el principio de inmediación busca que el Juez administrativo tenga una percepción directa tanto de los alegatos y de las pretensiones, como de los medios de prueba a través de los cuales se pretende demostrar los hechos que son objeto del debate en el proceso administrativo, permitiéndole formarse una clara convicción que le debe servir para dictar la sentencia de manera inmediata.

C. Principio de publicidad

§159. Planteamiento general - Sobre la índole de la relación entre los sujetos procesales y la sociedad con respecto al material de hecho, se distinguen entre el principio de publicidad y el principio del secreto.

HERNÁNDEZ-MENDIBLE[316] sostiene que la actuación de los órganos que ejercen el Poder Público se encuentra sometida al principio de publicidad, y siendo el Poder Judicial integrante del mismo, los procesos de los cuales conoce se encuentran sujetos también a este principio. Es así como el Art. 257 de la C exige la publicidad del proceso, lo cual debe constituir la regla, sin perjuicio que en casos excepcionales, por motivo de decencia pública o protección al honor, vida privada, intimidad de las personas el tribunal resuelva que el asunto se debe tramitar a puertas cerradas, es decir, sin la participación de personas distintas de aquellas que contienden (HERNÁNDEZ-MENDIBLE[317]).

El principio de publicidad consagrado en el Art. 257 de la C tiene una doble finalidad. Por un lado, proteger a las partes de una justicia sustraída al control público; y por otro, mantener la confianza de la sociedad en los tribunales, constituyendo en ambos sentidos tal principio una de las bases del debido proceso y uno de los pilares del Estado de Derecho[318].

En este sentido, la LOJCA establece que el proceso administrativo se rige por el principio de publicidad, salvo que la ley disponga lo contrario, o el tribunal así

314 Ibídem.
315 Hernández-Mendible, V.R., Ob. cit., nota 310, p. 177.
316 Hernández-Mendible, V.R., Ob. cit., nota 310, p. 170.
317 Hernández-Mendible, V.R., Ob. cit., nota 310, p. 170.
318 STC 96/1987, FJ 2°.

lo decida por razones de seguridad, orden público o protección de la intimidad de las partes (Art. 3 *eiusdem*). Sin embargo, esta publicidad es relativa pues sólo se obtiene a través de dos vías: la primera, mediante la publicidad de las audiencias (Arts. 57, 63, 70 y 83 de la LOJCA); y la segunda, mediante la publicidad del expediente y de los actos que se desarrollen ante el tribunal (Art. 190 del CPC).

D. Principio de brevedad y celeridad

§160. Planteamiento general - El derecho a la jurisdicción no puede entenderse como algo desligado del tiempo en que la tutela judicial debe prestarse, sino que debe comprenderse en el sentido que se otorgue dentro de los razonables términos temporales en que los justiciables lo reclaman en el ejercicio de sus derechos e intereses[319].

En tal sentido, los principios de brevedad y de celeridad o de aceleración del proceso administrativo se erigen, junto con el de la eficacia, en unos principios típicos del proceso moderno que han acabado consagrándose en las Constituciones contemporáneas.

Tales principios procesales constituyen principios fundamentales que aparecen reflejados en lo que el constituyente denomina el derecho a un proceso expedito y sin dilaciones indebidas (Art. 26 de la C), y que se deben materializar a través del derecho del justiciable a que su causa se resuelva dentro de un tiempo razonable.

Ahora, por proceso sin dilaciones indebidas hay que entender el proceso que se desenvuelve en condiciones de normalidad dentro del tiempo requerido. El mero incumplimiento de los plazos procesales no es constitutivo por sí mismo de violación de este derecho fundamental. De ahí que -sostiene la doctrina jurisprudencial española- no toda dilación o retraso en el proceso administrativo puede identificarse con tal violación constitucional, sino aquél supuesto extremo de funcionamiento anormal de la administración de Justicia, con una irregularidad irrazonable en la duración mayor de lo previsible o tolerable, y además imputable a la negligencia o inactividad del órgano jurisdiccional[320].

Finalmente, la constitucionalización del principio del proceso administrativo sin dilaciones indebidas presenta tres marcadas características:

a. Constituye un auténtico derecho fundamental de carácter autónomo a obtener, dentro de un tiempo razonable del Juez Contencioso Administrativo, la resolución definitiva de su pretensión.

b. Se trata de un derecho pasivo cuyo incumplimiento se genera siempre por la omisión o mera inactividad del Juez Contencioso Administrativo en no satisfacer la pretensión dentro de un tiempo razonable.

c. Es un concepto indeterminado o abierto que debe apreciarse teniendo en cuenta las circunstancias de la causa y considerando una serie de criterios como: (i) la complejidad del asunto, (ii) la conducta de los justiciables, (iii) la conducta de las autoridades implicadas y (iv) las consecuencias que de la demora se siguen para los litigantes[321].

---

319 STC 133/1988, FJ 1°.
320 Ibídem.
321 Ibídem.

§161. Conclusiones generales - Ya para concluir, observamos que un sistema de Justicia administrativa debe estar destinado a la satisfacción de las exigencias de la cláusula constitucional de Estado de Derecho y de Justicia. Es, sin duda, desde esta perspectiva como debería abordarse de manera preliminar el análisis de la LOJCA a una década de vigencia, la cual -aparte de las críticas constructivas también válidas de que pueda ser objeto- puede representar, junto con la interpretación progresiva de la mejor doctrina y jurisprudencia (R. De Sola, en *Interpretación progresiva de la ley*, Ed. ACPS, Caracas, 1982), un importante avance en el sentido de una mejor adaptación, tanto de las expectativas de los justiciables como de las exigencias constitucionales hacia la construcción de un nuevo modelo de Justicia administrativa en nuestro país.

Es en función de los principios fundamentales señalados como se debería medir el control jurisdiccional de la Administración Pública por los Tribunales administrativos: en suma, la cuestión de la aplicabilidad del sistema, enteramente renovado, de la Justicia administrativa y, por consiguiente, la eficacia real de la cláusula constitucional de Estado de Derecho y de Justicia que proclama el Art. 2 de la C.

VII

EL PROCEDIMIENTO CONTENCIOSO GENERAL

§162. Plan - El procedimiento se manifiesta como un complejo de actos procesales de muy distinta índole. El estudio de esta pluralidad de actos procesales que integran el proceso conduce al del procedimiento contencioso administrativo[322], el cual consiste en la ordenación de los actos de los sujetos que en el proceso intervienen. Es, por tanto, el cauce formal de los actos del proceso (GONZÁLEZ PÉREZ[323]).

Ahora, la distinción en el seno del procedimiento contencioso general de diversas fases que se suceden sistemáticamente en el tiempo, y dentro de cada fase una sucesión de trámites, lleva consigo la consecuencia del principio de preclusión. Según este principio, la distinción de distintas fases implica la necesidad de que durante cada una de ellas hayan de realizarse los actos procesales que comprende, de modo que los actos correspondientes no pueden realizarse antes ni después del periodo a que correspondan. A tales efectos, acudiremos tanto a la doctrina como a la jurisprudencia, incluso anterior a la entrada en vigencia de la LOJCA, que por referirse a la teoría general del proceso, estimamos que sigue siendo fuente de interpretación válida para la complementación del Ordenamiento jurídico al regular los requisitos, el procedimiento o los efectos del proceso administrativo, sin olvidar la supletoriedad de la LOTSJ y del CPC, de acuerdo con el Art. 31 de la LOJCA.

Ahora bien, el procedimiento contencioso administrativo está constituido por todos los actos procesales que deben verificarse ante el Tribunal[324], donde cabe distinguir varias fases, que reciben los nombres de: iniciación (i); instrucción (ii); terminación (iii); y por último, ejecución (iv).

1. INICIACIÓN

A. Escrito de la demanda

§163. Planteamiento general - El acto de iniciación del procedimiento contencioso general se ha designado con el nombre de la «demanda»[325]; que además de producir el efecto de iniciar el proceso, es también manifestación o ejercicio de la acción procesal.

---

322 Sent. CPCA del 14-10-1982, RDP N° 12-58.
323 González Pérez, J., Ob. cit., nota 57, p. 295.
324 Sent. CPCA del 23-01-1991, RDP.
325 Sent. CPCA del 11-10-1990, RDP N° 44-185.

El procedimiento contencioso general comienza a instancia de parte, o de oficio, cuando la ley lo autorice (Art. 33 de la LOJCA). En el procedimiento contencioso general los particulares tienen lo que la LOJCA denomina indistintamente «impugnaciones» (Art. 9, num. 1 de la LOJCA), «acciones de nulidad» (Art. 32 de la LOJCA), «demandas de anulación» (Arts. 23.5, 24.5, 25.3 y 76 de la LOJCA), «recurso de anulación» (Arts. 78 y 81 de la LOJCA) o en fin «demandas de nulidad» (Art. 26, nums. 5 y 6 de la vigente LOTSJ de 2010), para formular pretensiones. Ellos confieren al actor la facultad de iniciar el juicio con la interposición del escrito de la demanda. La interposición de la demanda es, en consecuencia, el acto de postulación realizado por el actor (accionante, demandante, impugnante o recurrente, como indistintamente le denomina la propia LOJCA), mediante el cual solicita del órgano de la Jurisdicción Contencioso Administrativa la iniciación del proceso, y su consideración en él como parte, por oposición al demandado. El sistema de Justicia administrativa nacional está montado sobre el principio de la iniciativa del particular -reconocimiento del principio dispositivo-.

El escrito de la demanda debe ser presentado personalmente por el demandante o su apoderado. El demandante en cuyo domicilio no exista Tribunal de la Jurisdicción Contencioso Administrativa competente para conocer de la demanda, podrá presentar su demanda y la documentación que la acompañe, ante uno de los tribunales de Municipio que ejerza jurisdicción en el lugar donde tenga su residencia, según el Art. 34 de la LOJCA. El tribunal de Municipio antes de efectuar la indicada remisión, dejará constancia de la presentación al pie del escrito de la demanda y en el libro de presentación, y remitirá inmediatamente el expediente foliado y sellado, al tribunal señalado por la parte actora[326], lo cual ratifica el Art. 34, *in fine* de la LOJCA.

Finalmente, la fecha de presentación inicial de la demanda es la que efectúa antes el Tribunal de Municipio y no la recepción de los autos al Tribunal administrativo[327].

§164. Concepto - La demanda es, por tanto, el escrito o libelo por el que se inicia la acción procesal. Es el acto mediante el cual el actor exige al órgano jurisdiccional la tutela de un derecho o interés ejercitando la correspondiente acción procesal. La demanda significa, así, el simultáneo ejercicio de la acción procesal y la interposición de la pretensión procesal.

Ahora bien, el estudio de la demanda hace necesario tener en cuenta otros acaecimientos que preceden, acompañan o siguen a la misma. En el primer caso, estaremos ante la figura del presupuesto procesal en sentido estricto; en el segundo, el supuesto típico son los documentos que han de acompañar al escrito de la demanda; y en el tercero ante la admisión del escrito de la demanda, y el consecuente reclamo a la autoridad administrativa competente del expediente administrativo o los antecedentes.

Por último, la demanda como escrito que contiene una declaración de voluntad dirigida al órgano judicial debe cumplir ciertos requisitos formales[328].

---

326 Sent. CSJ/SPA del 13-06-1990, RDP N° 43-146.

327 Sent. CPCA del 01-07-1993, RDP N° 55/56-404.

328 Sent. CPCA del 24-11-1982, RDP N° 12-150.

a. Requisitos

§165. Planteamiento general - La interposición del escrito de la demanda constituye un acto de la parte actora, por el cual su eficacia queda condicionada al cumplimiento de los requisitos generales de los actos procesales. En tal sentido, el Art. 31 de la LOJCA establece que las demandas se tramitarán conforme con lo previsto en esta Ley, y supletoriamente se aplicarán las normas de la LOTSJ y del CPC. En todo caso, la LOJCA reclama la satisfacción de ciertas formalidades adicionales que se examinan a continuación, no obstante que no existan fórmulas sacramentales que deban ser seguidas de la formulación de las demandas, y la facultad del Juez de interpretar el alcance (Art. 257 de la C)[329].

§166. Forma escrita - La LOJCA establece expresamente que la iniciación del proceso se realizará mediante escrito (Arts. 33, num. 6 y 36 de la LOJCA). Sin embargo, la violación de este requisito no es casual de inadmisibilidad[330], y por ello no aparece contemplada en los Arts. 35 y 77 de la LOJCA. Es más, en casos justificados podrá presentarse la demanda en forma oral ante el Tribunal, el cual ordenará su transcripción. Y la negativa a aceptar la presentación oral deberá estar motivada por escrito (Art. 33 *in fine* de la LOJCA).

También el Juez administrativo puede ordenar que se devuelva a su autor todo escrito que sea irrespetuoso e indecente (Art. 35, num. 6 de la LOJCA); procede al rechazo *in limine litis*, esto es, antes de iniciarse el proceso. Al respecto se observa que parece excesivo haberle dado a los conceptos ofensivos o irrespetuosos la categoría de un presupuesto constitutivo o de ejercicio de la acción procesal, pues hubiera sido suficiente el rechazo o no recepción del escrito, sin providencia o pronunciamiento formal alguno (L. Márquez Añez[331]).

En todo caso, una parte puede solicitar la supresión de un comentario injurioso. También puede ordenarlo testar el Juez administrativo de oficio.

§167. Indicación de la actuación administrativa - El Art. 33, num. 4 de la LOJCA dispone que el escrito de la demanda deberá expresar la relación de los hechos y los fundamentos de derecho con sus respectivas conclusiones.

Ahora bien, en el contencioso de legalidad pueden deducirse pretensiones no sólo frente a actos administrativos (contencioso de anulación), sino también en relación con la inactividad de la Administración Pública (contencioso de abstención), supuestos estos en los que no cabe hablar propiamente de actos administrativos, por lo que hemos generalizado con la expresión actuación administrativa impugnada.

§168. Presentación de los documentos indispensables - El art. 33 de la LOJCA exige que el escrito de la demanda deberá hacer la relación de los hechos y los

329 Sent. CPCA del 17-04-1986, RDP N° 26-126.

330 Sent. CPCA, RDP N° 32-93.

331 Márquez Añez, L., «Aspectos procedimentales en la Ley Orgánica de la Corte Suprema de Justicia», en *El control jurisdiccional de los poderes públicos en Venezuela,* IDP, UCV, Caracas, 1976, pp. 222-223. Más recientemente puede verse: Hernández-Mendible, V. R., *Las condiciones de admisibilidad de las demandas y el contenido del auto de admisión en el proceso administrativo,* En: Brewer-Carías, A. R, y Hernández-Mendible, V. R. (Dirs.): *El Contencioso Administrativo y los Procesos Constitucionales*. Colección Estudios Jurídicos N° 92. EJV. Caracas, 2011, pp. 291-293.

fundamentos de derecho con sus conclusiones (num. 4) y expresar los instrumentos de los cuales se derive el derecho reclamado (num. 6), lo cual constituye una carga del demandante cuyo incumplimiento total (todos) o parcial (cualquiera)[332] pueden conducir a declarar de plano la inadmisibilidad del recurso[333], al no acompañar o presentar los documentos indispensables para verificar su admisibilidad (Art. 35, num. 4) Es por ello que se deberá:

En primer lugar, indicar o señalar con toda precisión el acto administrativo que se pretende impugnar, así como acompañar un ejemplar o copia del mismo, o cuando menos anunciar y citar el documento, designando la oficina o lugar donde se encuentra[334]. En tal sentido, debe ponerse de manifiesto la importancia del requisito de la indicación del acto, el cual ha de hacerse con toda precisión, en tanto que instrumento del cual se deriva el derecho reclamado (Art. 33, num. 6 de la LOJCA).

Para BREWER-CARÍAS[335], el hecho de que no se acompañe al escrito de la demanda el ejemplar o la copia del acto impugnado, tampoco podría considerarse, por sí solo, como casual de inadmisibilidad. Por el contrario, una sentencia aislada hubo considerado inadmisible la acción, bajo la vigencia del derogado Art. 84, ord. 5° de la LOCSJ, al no haberse acompañado el documento contentivo del acto o copia[336]. Esta tesis parece encontrar recepción en los Arts. 35 y 36 de la LOJCA.

Sin embargo, la jurisprudencia posterior sostuvo con que basta señalar con precisión los datos referentes al acto impugnado o con su copia, y no necesariamente certificada como se exigió en algún momento[337] ya que la misma puede ser simple[338]. Por tanto, el legislador es exigente en el requisito de la identificación del acto, cuando determina que debe hacerse con precisión[339] y de su fundamentación[340].

En segundo lugar, la indicación de la denominación o razón social y los datos relativos a su creación o registro si es persona jurídica (Art. 33, num. 3 de la LOJCA); así como la identificación del apoderado y la consignación del documento que acredite el poder del compareciente, cuando no sea el mismo interesado, de acuerdo con el Art. 33, num. 7 de la LOJCA. Para el autor BREWER-CARÍAS[341] el hecho de que no se consigne con el escrito de la demanda el instrumento de poder que acredita el carácter con que se actúa, si no lo hace en nombre propio, por sí solo no es causal de inadmisibilidad. Puede así un apoderado intentar la demanda de anulación y consignar el instrumento de poder con posterioridad, siempre que haya consignado antes de la decisión de admisibilidad y siempre que se acredite que para el momento en el cual se intentó la demanda tenía la representación que se atribuyó.

Por el contrario, nosotros creemos que sí es un requisito procesal de admisibilidad. La obligación de acompañar el instrumento que acredite el carácter

---

332 Sent. CPCA del 09-07-1992, RDP N° 51-183.

333 Sent. CSJ/SPA del 28-06-1994, JCSJ del N° 6-76, CPCA del 10-02-1992, RDP N° 49-137.

334 Sent. CPCA del 20-01-1983, RDP N° 13-132; CPCA del 30-04-1986, RDP 26-131.

335 Brewer-Carías, A. R., *Aspectos procesales de la decisión sobre la admisibilidad o inadmisibilidad en los recursos contencioso administrativos de anulación*, en *Contencioso Administrativo en Venezuela*, 3° ed., EJV, Caracas, 1989.

336 Sent. CPCA, RDP N° 51-180.

337 Sent. CPCA del 30-04-1986, RDP N° 26-131.

338 Sent. CSJ/SPA del 04-07-1991, RDP N° 47-175; CPCA del 19-10-1987, RDP N° 32-98.

339 Sent. CPCA del 08-05-1986, RDP N° 26-130.

340 Sent. CPCA del 07-12-1982, RDP N° 13-131.

341 Brewer-Carías, A. R., Ob. cit., nota 335, pp. 160-161.

con que actúe, si no lo hace en nombre propio, es categórica y precisa[342]. Otra cosa es que si no se acompañó al escrito de la demanda el instrumento que acredite el carácter con que actúa, existe la posibilidad de regularización de dicho requisito, en forma auténtica entre dicho momento y aquel en que se decida sobre su admisibilidad.

§169. Plazo de interposición - Es evidente que los actos administrativos no pueden estar expuestos indefinidamente al riesgo de una revisión en sede jurisdiccional. Las exigencias del principio de recurribilidad ceden aquí ante consideraciones que postula el principio de seguridad jurídica. La firmeza se produce cuando el titular de un interés jurídico actual lesionado no ha interpuesto la acción de anulación en el término que la LOJCA establece. La consecuencia es su irrecurribilidad por haber vencido los términos previstos por el Ordenamiento jurídico para accionar en justicia. De admitirse lo contrario, bastaría al interesado replantear una cuestión ya resuelta para que al reiterar o ratificar su decisión se abriera una nueva oportunidad para ocurrir a la vía judicial.

En tal sentido, el Art. 32 de la LOJCA regula el plazo ordinario a que quedará sometida la interposición de la demanda de anulación, tanto para los actos anulables como para los nulos absolutamente[343].

§170. Naturaleza - El ejercicio inoportuno de la demanda de anulación, anticipado o tardío, doctrinariamente se determina extemporaneidad, y que se presenta en dos formas: por prematuridad y por caducidad. La caducidad consiste en el lapso cuyo transcurso produce la extinción de una cosa o de un derecho[344]. La exigencia del lapso de caducidad es impuesta por las necesidades de la acción administrativa; debe permitir asegurar la estabilidad de las situaciones jurídicas creadas por los actos administrativos.

Ahora bien, el plazo para el ejercicio del derecho de las demandas de anulación es un plazo de caducidad de acuerdo con el Art. 32 de la LOJCA, cuya inobservancia puede ser apreciada de oficio (principio de la caducidad de las acciones)[345] por ser de orden público[346]. La naturaleza de la caducidad como materia de orden público, obliga a su examen en cualquier momento del proceso[347]. Se trata, pues, de un lapso fatal e improrrogable con respecto al cual no cabe la aplicación de la regla de la posposición del *dies ad quem* cuando este cae en un día inhábil[348], e implica la pérdida irreparable del derecho que se tenía de ejercer la demanda de anulación[349].

§171. Cómputo - En principio, los actos administrativos de efectos generales -reglamentos administrativos- no están sometidos a lapso alguno de interposición (Art. 32 *in fine* de la LOJCA). Por el contrario, los actos administrativos de efectos particulares -actos administrativos *strictu sensu*- están sometidos a un lapso general de caducidad de ciento ochenta días continuos, contados a partir de su notificación al interesado, o cuando la Administración Pública no haya decidido el corres-

---

342 Sent. CPCA del 11-07-1990, RDP N° 43-104.
343 Sent. CSJ/SPA del 14-08-1991, RDP N° 47-112.
344 Sent. CPCA del 09-06-1981, N° 7-172; RDP N° 53/54-192.
345 Sent. CPCA del 04-03-1993, RDP N° 53/54-363.
346 Sent. CPCA del 09-07-1992, RDP N° 51-181.
347 Sent. CPCA del 21-02-1983, RDP N° 13-159; 15-11-1984, RDP N° 20-156.
348 Sent. CPCA del 23-10-1986, RDP N° 28-123; 24-09-1990, RDP N° 84-160.
349 Sent. CSJ/SPA del 13-12-1995, JCSJ, N° 12-118.

pondiente recurso administrativo en el lapso de noventa días hábiles, contados a partir de la fecha de su interposición (Art. 32, num. 1 de la LOJCA).

Si se trata de un acto administrativo de efectos temporales, lo cual requiere de una calificación previa por parte del juez[350], la demanda de anulación caducara a los treinta días continuos (Art. 32, num. 2 de la LOJCA).

En este último sentido, la calificación de acto administrativo de efectos temporales constituye una excepción de interpretación restrictiva[351], en el sentido de que sus efectos se extinguen y fenecen antes de seis meses[352], así como aquellos que aunque con efectos menores a seis meses, alguno de sus efectos presentan carácter permanente, por lo que ha de tomarse en consideración el efecto principal del acto[353]; o el efecto inmediato, directo y necesario[354].

Por último, ha sido criterio jurisprudencial de que no existe extemporaneidad por prematuro planteamiento de la acción, pues el lapso para interponer la demanda de anulación se establece en beneficio del derecho a la defensa y a la seguridad jurídica y al ejercer antes de la fecha, no tiene relevancia procesal[355].

Finalmente, la reforma del escrito de la demanda está sujeta a la limitación de una sola vez, pero el primer momento desde cuándo puede hacerse ello no se encuentra sujeto a que previamente haya sido admitida[356]. En todo caso, para que la reforma sea procedente, es necesario que la acción contenida en dicha demanda continúe viva[357], y siempre antes de que se expida el cartel de emplazamiento[358]. De igual modo, tienen aplicación las reglas de reforma de la demanda prevista en el Art. 265 del CPC[359], y siempre en cuando no se trate de una sustitución del objeto de la demanda[360].

b. Contenido de la demanda

§172. Requisitos subjetivos - En el escrito de la demanda debe figurar, en primer lugar, una genérica invocación del órgano judicial ante el cual la pretensión se dirige. En este sentido, el Art. 33, num. 1 de la LOJCA dispone que se deberá expresar la identificación del Tribunal ante el cual se interpone.

Asimismo, la LOJCA establece que podrán actuar ante la Jurisdicción Contencioso Administrativa las personas naturales o jurídicas, públicas o privadas, las irregulares o de hecho, las asociaciones, consorcios, comités, consejos comunales y locales, agrupaciones, colectivos y cualesquiera otra entidades (Art. 27).

---

350 Sent. CPCA del 09-07-1991, RDP 47-99.
351 Sent. CSJ/SPA del 25-04-1985, RDP N° 22-172.
352 Sent. CSJ/SPA del 04-1986, 12-11-1987; RDP N° 32-97; CPCA del 12-12-1991, RDP N° 48-120; 01-04-1993, RDP N° 53/54-192.
353 Sent. CPCA del 18-02-1993, RDP N° 53/54-296.
354 Sent. CPCA del 14-08-1985, RDP N° 24-142.
355 Sent. CPCA del 08-03-1993, RDP N° 53/54-290.
356 Sent. CPCA del 13-11-1990, RDP N° 44-157.
357 Sent. CPCA del 05-06-1986, RDP N° 27- 131.
358 Sent. CPCA del 10-04-1986, RDP N° 26-127.
359 Sent. CPCA del 08-05-1986, RDP N° 26-128.
360 Sent. CSJ/SPA del 05-05-1994, JCJS, N° 5-95.

Con respecto a las partes, el escrito de la demanda deberá identificar el nombre, apellido y domicilio de las partes, carácter con que actúan, su domicilio procesal y correo electrónico, si lo tuviere, y si alguna de las partes fuese persona jurídica deberá indicar la denominación o razón social y los datos relativos a su creación o registro (art. 33, nums. 2 y 3 de la LOJCA).

§173. Requisitos objetivos (o *causa petendi* y *petitum*) - El escrito de la demanda debe contener los datos aptos e imprescindibles para identificar la pretensión, y que se materializan en la *causa petendi* que se integran por los hechos acaecidos entre los que se destacan la emisión del acto administrativo impugnado; y el *petitum*, configurado por la solicitud concreta que se realiza al Tribunal.

Ahora bien, en el proceso administrativo el contenido de la *causa petendi* se rige por el principio de sustanciación, pues son los hechos introducidos por las partes los que individualizan la pretensión, los que integran el objeto y no la relación jurídica invocada por las partes. La principal característica de la demanda de anulación de los actos administrativos es que siempre debe existir una pretensión de anulación, lo cual no impide la acumulación de otras pretensión de anulación, y la acumulación de otras pretensiones[361], por motivos de ilegalidad, es decir, contrariedad con el derecho[362].

Lo anterior significa que los fundamentos jurídicos concretos en que la pretensión puede apoyarse no integran el contenido esencial de la demanda, pues rige el principio *iura novit curia*, y el Tribunal no queda sujeto por la invocación de una norma como fundamento de la pretensión ni por la calificación de los fundamentos jurídicos de la pretensión[363].

La vigencia del principio de sustanciación permite alegar o invocar en la demanda cuantos motivos de anulación procedan, hayan sido o no alegados en sede administrativa. Dichos motivos de anulación son las alegaciones jurídicas que sostienen la pretensión. La alegación es un acto procesal de las partes que introduce al proceso los datos que sirven de fundamentos a la pretensión en ella deducida. El hecho de que las alegaciones que fundamentan la pretensión no hayan sido formuladas ante la Administración Pública, no constituye un obstáculo a su admisión. Pueden dirigirse contra el acto administrativo impugnado argumentos que mejoran o completan los esgrimidos en sede administrativa, pero siempre sin extender la contienda a cuestiones que, al no haber sido planteadas previamente, no pudieron ser decididas en sede administrativa, ni tampoco a otros actos diferentes. Lo que no podrán plantearse indudablemente serán cuestiones nuevas. El demandante, al presentar el escrito de la demanda, formulará las alegaciones correspondientes. En todo caso, siempre deberá alegarse algún motivo de anulación que conlleve la anulación, absoluta o relativa, del acto impugnado[364], según analizaremos en el capítulo IX.

Por otro lado, los preceptos constitucionales solo pueden ser invocados como argumento coadyuvante de la demanda de anulación o defensa y no como argumento principal, por ser la impugnación de inconstitucionalidad de los actos de

---

361 Sent. CSJ/SPA del 06-11-1991, RDP N° 48-148.
362 Sent. CPCA del 18-02-1981, RDP N° 6-153.
363 Sent. CSJ/SPA del 01-06-1993, RDP N° 53/54-333.
364 Sent. CSJ/SPA del 06-11-1991, RDP N° 48-148.

Poder Público un agravio que ha de hacerse valer por la vía que le es propia: el recurso de inconstitucionalidad. Es así como se destaca la autonomía procesal del contencioso-administrativo con referencia a las otras vías procesales.

En mérito a lo antes expuesto se concluye que la pretensión procesal administrativa será objeto de un doble juicio: por un lado, el juicio de admisibilidad por el cual se determina si reúne las condiciones de las cuales depende la averiguación de su contenido; y por el otro, el juicio de fundabilidad, por el que se determina si reúne los requisitos necesarios para merecer una sentencia favorable.

§174. Solicitud de prueba - El Art. 33, num. 6 de la LOJCA establece una facultad de las partes de expresar en el escrito de la demanda sobre sus probanzas, en virtud del principio de la colaboración entre los sujetos del proceso, pero sin llegar a constituirse en una carga procesal[365].

En vía administrativa se han discutido, efectivamente, unos hechos y se han practicado pruebas acerca de los mismos, tanto por parte de la Administración Pública como de la persona interesada. Si después se discuten esos mismos hechos ante el órgano judicial, es porque no están claros y no existen pruebas contundentes.

La circunstancia expuesta revela que la Jurisdicción Contencioso Administrativa no es meramente revisora, pues si no tendría que conformarse con los resultados obtenidos en el expediente administrativo, por tanto, su misión de control jurisdiccional es mucho más amplia.

c. Litispendencia

§175. Plan - Se conoce como litispendencia, la situación o conjunto de efectos que se despliegan en una doble dirección: los materiales (i) y los procesales (ii).

§176. a) Efectos materiales - La iniciación del procedimiento contencioso administrativo no produce normalmente el efecto de la suspensión del acto administrativo impugnado, pues de lo contrario ello supondría la paralización de la Administración Pública.

§176. b) Efectos procesales - La iniciación del procedimiento contencioso administrativo produce efectos procesales con respecto al órgano jurisdiccional (i), las partes procesales (ii) y el tiempo (iii).

§176. b) i Órgano jurisdiccional - La competencia del Tribunal queda determinada con la presentación del escrito de la demanda, de manera que una alteración posterior de la circunstancias es intranscendente a tales efectos. El órgano judicial inicialmente competente para conocer del procedimiento contencioso-administrativo continuará siéndolo a lo largo de su tramitación, salvo que expresamente se ordene lo contrario en las disposiciones transitorias del nuevo Ordenamiento procesal que modifiquen las reglas de atribución de competencias, como fue el caso del Art. 180 de la LOCSJ derogada. Es el principio de inmutabilidad o *perpetuatio juridictioni.*

§176. b) ii Partes procesales - La iniciación del proceso genera el surgimiento de distintas situaciones para las partes procesales de las que derivan diversas posibilidades de actuación y cargas, cuya superación posibilita el avance del procedimiento con-

---

365 Sent. CPCA del 07-07-1987, RDP N° 31-122.

tencioso-administrativo, gracias al principio de preclusión. Especialmente rige para el actor la prohibición de la *mutatio libeli*, es decir, de la transformación de la pretensión.

§176. b) iii Oportunidad - Por último, la producción de la litispendencia surge desde el momento en que se dicta el auto de admisión del procedimiento contencioso-administrativo (Arts. 36 y 77 de la LOJCA).

B. Tutela cautelar

a. Régimen

§177. Concepto - La suspensión de los efectos del acto administrativo de efectos particulares puede decretarse en sede administrativa por la propia Administración Pública (art. 87 de la LOPA), o por el Juez en sede jurisdiccional (Art. 4, 69, 103, 104, 105 y 106 de la LOJCA). Esta última es la suspensión judicial de los efectos del acto administrativo que analizaremos a continuación.

Es sabido que los efectos del acto administrativo pueden ser de muy diversa índole, señalándose los directos e inmediatos, como los mediatos, eventuales o indirectos, siendo todos ellos susceptibles de la medida de suspensión en sede jurisdiccional[366].

Ahora, la medida de suspensión en sede jurisdiccional no solo importa desde el punto de vista de la protección del interesado, sino también es lo esencial, para la determinación de los límites de los poderes del Juez administrativo frente a la Administración Pública, y constituye el mejor ejemplo de las garantías acordadas a los administrados del ejercicio de las libertades públicas.

La medida cautelar de la suspensión constituye una excepción al principio *favor acti*. Es, pues, una medida cautelar consistente en la paralización provisional o ineficacia temporal de los efectos jurídicos característicos del acto administrativo[367].

Ahora bien, la LOPA consagra que los actos administrativos son posibles de ejecución inmediata. Se reconoce normativamente un privilegio o principio de ejecutoriedad, el cual además de ostentar un fundamento jurídico, esto es, la presunción de legalidad que acompaña a los actos administrativos, también un origen o fundamento material: las exigencias del interés público, que reclaman que la actuación pública se produzca con continuidad y regularidad (ARAUJO-JUÁREZ[368]).

En consecuencia, la medida cautelar de la suspensión -en vía administrativa o jurisdiccional- constituye una excepción legal al principio de ejecutoriedad[369], ra-

---

366 Sent. CPCA del 05-12-1986, RDP N° 25-107. Para el caso venezolano, vid. *in extenso* a Ortiz Álvarez, L., *La protección cautelar en el Contencioso-administrativo*. Colección tratados y estudios de Derecho Comparado N° 1. Editorial Sherwood. Caracas, 1999, pp. 423-471; Hernández-Mendible, V. R., *La tutela judicial cautelar en el contencioso administrativo*. Editores Vadell Hermanos. Valencia-Caracas, 1998, pp. 24-25 y *El desarrollo de las medidas cautelares en el proceso administrativo en Venezuela*. Disponible en:http://w2.ucab.edu.ve/tl_files/POSTGRADO/boletines/derecho-admin/1_boletin/VICTOR_HERNANDEZ.pdf; y Canova González A., *Reflexiones para la reforma del sistema contencioso administrativo venezolano*. Editorial Sherwood, Caracas, 1998, pp. 307-316.

367 Sent. CSJ/SPA del 05-08-1992, RDP N° 51-190.

368 Araujo-Juárez, J., Ob. cit., nota 187.

369 Sent. CSJ/SPA del 02-04-1981, RDP N° 6-168; 21-11-1985, RDP N° 24-150.

zón por la cual la jurisprudencia ha sentado que la misma ha de practicarse e interpretarse de modo restrictivo, pues siendo una potestad casuística[370], está sujeta a requisitos y condiciones cuyo cumplimiento debe examinar el Juez administrativo[371] en cada caso.

§178. Caracteres - La medida cautelar de suspensión judicial es un mecanismo procesal tendente a garantizar y preservar la viabilidad o efectividad de los efectos de la cosa juzgada que haya de producir la sentencia que se pronuncie definitivamente sobre el objeto procesal. Es una medida cautelar o de tutela jurisdiccional típica[372], la cual no proceda si está basada en el mismo petitorio de fondo[373].

En tanto que medida cautelar en sede jurisdiccional, tiene tal carácter, en forma de auto motivado.

§179. Competencia - De acuerdo con el Art. 104 de la LOJCA, el Tribunal cuenta con los más amplios poderes cautelares para proteger a la Administración Pública, a las personas, a los intereses públicos y para garantizar la tutela judicial efectiva y el restablecimiento de las situaciones jurídicas infringidas mientras dure el proceso. Por tanto, solo corresponde su adopción al Tribunal que conoce del asunto principal. Sin embargo, inicialmente, no le estaba permitido a los Tribunales que ejercían las jurisdicciones contencioso-administrativas especiales acordar la suspensión[374]. Hoy día, tal facultad es ejercida de ordinario.

§180. Instrumentalidad - La medida cautelar de suspensión judicial no tiene autonomía alguna, no tiene un fin propio e independiente, sino que está en directa conexión con un proceso principal. En tanto que instrumental, la suspensión en sede jurisdiccional corre la misma suerte que el objeto procesal. Además debido a su propia naturaleza, no debe ni puede prejuzgar sobre el fondo de lo planteado[375]. Por tanto, la argumentación de la solicitud de suspensión judicial ha de ser diferente de aquella destinada a obtener la anulación.

§181. Provisionalidad - La vigencia de la medida de la suspensión judicial se encuentra subordinada a la duración del proceso principal. También al hecho de la actuación de las partes en el proceso. La medida de la suspensión -dado el carácter eminentemente provisional- es un pronunciamiento previo a la decisión de fondo[376].

§182. Requisitos de procedibilidad - De acuerdo con el Art. 104 de la LOJCA, a petición de cualesquiera de las partes en cualquier estado y grado del procedimiento, el Tribunal podrá acordar las medidas cautelares que estime pertinentes para resguardar la apariencia del buen derecho invocado y garantizar las resultas del juicio, ponderando los intereses públicos generales y colectivos concretizados y ciertas gravedades en juego, siempre que dichas medidas no prejuzguen sobre la decisión definitiva.

---

[370] Sent. CSJ/SPA del 17-09-1992, RDP N° 51-156.
[371] Sent. CSJ/SPA del 13-08-1992, RDP N° 51-191; 25-03-1993, 27-05-1993, RDP N° 53/54-319.
[372] Sent. CPCA del 16-06-1993, RDP N° 53/54-321.
[373] Sent. CSJ/SPA del 22-02-1983, RDP N° 14-175.
[374] Sent. CPCA del 07-10-1980.
[375] Sent. CSJ/SPA del 11-08-1994, JCSJ, N° 8/9-113.
[376] Sent. CPCA del 29-01-1987, RDP N° 29-128; 25-01-1993, RDP N° 53/54-325; CSJ/SPA del 04-03-1993, RDP N° 53/54-309.

La facultad prevista en el Art. 104 de la LOJCA contiene los presupuestos o requisitos de procedibilidad indispensables, y que serían los siguientes[377]: (i) que la medida sea solicitada a instancia de parte, si bien existe supuestos donde la jurisprudencia admite que sea acordada de oficio[378], y (ii) que la solicitud recaiga sobre un acto administrativo de efectos particulares.

Así las cosas, la pretensión de suspensión judicial debe referirse, necesariamente, al acto administrativo de efectos particulares que constituye el objeto de la pretensión, deducida en el proceso principal[379], y no a otros supuestos, futuros o posibles[380]. Por tanto, la misma no opera cuando se trata de actos administrativos de efectos generales[381], aun siendo de carácter no normativo[382].

En tal sentido se ha fijado el criterio jurisprudencial de la exclusión, incluso por la vía judicial, de las medidas cautelares innominadas del CPC[383]: de los actos no ejecutados[384]; de los efectos de los actos administrativos denegatorios en razón de su carácter negativo[385]; cuando la suspensión conlleve disponer la ejecución de un acto anterior[386]; y, por último, de los efectos de los actos administrativos ya cumplidos en toda su plenitud[387]. En el último caso la medida perdería su fin preventivo para convertirse en un mecanismo restitutivo o reparador[388].

Por otro lado, la medida de suspensión solo concierne al acto administrativo de efectos particulares y, excepcionalmente, a los actos conexos o consecuenciales[389], incluso los sobrevenidos, así como a todos los actos de ejecución. Pero no con relación a una actividad administrativa; por ende, no hay posibilidad de la medida de suspensión frente a operaciones materiales o de actuaciones administrativas. No obstante, creemos que pueden ser suspendidos los comportamientos de la Administración Pública, pero no a través de la figura de la suspensión de los efectos, pues a través de este único que puede ser suspendido como tal es el efecto de un acto administrativo de efectos particulares.

En resumen, la medida de la suspensión exige: (i) que el acto sea susceptible de la medida de suspensión teniendo en cuenta las circunstancias del caso y (ii) la suspensión debe ser: permitida por la ley o bien indispensable para evitar perjuicios irreparables o de difícil reparación por la definitiva, el cual constituye un requisito *sine qua non*[390].

---

377 Sent. CSJ/SPA del 12-02-1990, RDP N° 41-120; 06-12-1990, RDP N° 45-128; 24-04-1991, RDP N° 46-148; CPCA del 07-06-1982, RDP N° 11-4-85, RDP N° 22-181; 29-08-1987, RDP N° 32-98; CSJ/SPA del 27-07-1995, JCSJ, N° 7-182.

378 Sent. CSJ/SPA del 12-05-1992; 15-02-1993, RDP N° 53/54-308.

379 Sent. CSJ/CP del 08-06-1988, RDP N° 36-110; CSJ/SPA del 04-03-1994, RDP N° 53/54-309.

380 Sent. CSJ/SPA del 05-08-1992, RDP N° 51-190.

381 Sent. CSJ/SPA del 08-11-1990; 15-11-1990; 21-02-1991, RDP N° 45-150; 07-03-1991, RDP N° 45-133; 09-05-1991, RDP N° 46-117; 04-02-1993, RDP N° 53/54-367.

382 Sent. CSJ/SPA del 30-03-1993, RDP N° 53/54-315.

383 Sent. CSJ/SPA del 07-12-1994; 28-11-95; JCSJ, N° 11-152.

384 Sent. CPCA del 24-03-1983, RDP N° 14-176.

385 Sent. CPCA del 30-09-1991, RDP N° 47-167.

386 Sent. CSJ/SPA del 30-01-1986, RDP N° 25-139.

387 Sent. CSJ/SPA del 04-02-1993, RDP N° 53/54-367; del 08-02-1995, JCSJ, N° 2-96.

388 Sent. CSJ/SPA del 07-07-1994, JCSJ, N° 7-102.

389 Sent. CSJ/SPA del 13-03-1986, 21-03-1990, del 24-10-1990, RDP N° 44-169.

390 Sent. CSJ/SPA del 14-12-1995, JCSJ, N° 12-105.

b. Procedimiento

§183. Solicitud - La procedencia de la medida cautelar de suspensión judicial queda supeditada a una petición de las partes -y por el Tribunal a quien también le es dado decretar de oficio la cautela (Art. 4 de la LOJCA)-, en cualquier estado y grado del procedimiento, de acuerdo con el Art. 104 de la LOJCA. Sin embargo, no está prevista la hipótesis del Art. 87 de la LOPA, esto es, que sea acordada la medida por el simple hecho de que sea alegada la anulación absoluta del acto[391].

En tal sentido, por lo que respecta a la parte actora, esta puede solicitar la medida de suspensión de los efectos en cualquier estado y grado del proceso. En todo caso, la solicitud de la medida de suspensión podrá hacerse simultáneamente con la interposición de la demanda[392], o con la interposición en cualquier estado y grado de la causa[393], la cual puede acordada si ha sido solicitado por el interesado[394] o de oficio conforme al Art. 4 de la LOJCA; y por último, en primera o segunda instancia. Sin embargo, no se admite la posibilidad de solicitar y obtener un pronunciamiento cautelar con anterioridad a la incoación del proceso. En el Ordenamiento procesal administrativo no se admite la interposición anticipada a la acción, del incidente de suspensión.

Por su parte, nada impide que la propia Administración Pública se dirija, en cualquier estado y grado del procedimiento, para que se deje sin efecto la suspensión del acto administrativo por razones superiores del interés público. Y ello es así porque la razón jurídica que justifica la ejecución del acto administrativo, o a la inversa, la no validez de las medidas suspensivas, viene exigida por el interés público.

Por último, la jurisprudencia ha sostenido que cuando el demandante no insiste en la solicitud, se evidencia la inexistencia de uno de los elementos esenciales de la figura cautelar de la suspensión judicial: la urgencia[395]. Por otro lado, para fundamentar la suspensión judicial deberá evitar invocarse el efecto natural del acto mismo[396].

§184. Sustanciación - Hoy día la LOJCA establece un procedimiento para las medidas cautelares en general. A diferencia de la opinión de González Pérez[397] para quien la suspensión es un proceso administrativo especial, precisamente por ser su finalidad facilitar los efectos de otro proceso principal, se trata de un incidente que debe tramitarse en el mismo proceso en que se pide la anulación del acto administrativo.

Por su parte, la jurisprudencia ha sentado que en el procedimiento de tramitación de la suspensión no hay una contención o contradicción, ya que por su índole pre-cautelativa, se decide inaudita parte, o sea, sin citación de las partes interesadas[398], de forma breve y sumaria[399].

---

391 Sent. CSJ/SPA del 04-07-1991, RDP N° 47-165, del 05-12-1991, RDP N° 48-158; 21-05-1992, RDP, N° 50-170.

392 Sent. CPCA del 12-11-1981, RDP N° 8-134.

393 Sent. CPCA del 28-09-1987, RDP N° 32-98.

394 Sent. CF del 25-01-1960, GF N° 27, 1960, p. 34; Aun cuando los términos del Art. 6 de la LOJCA pudieran permitir una tesis interpretativa distinta.

395 Sent. CSJ/SPA del 08-02-1995, JCSJ N° 2-97.

396 Sent. CSJ/SPA del 06-10-1992, RDP N° 52-199.

397 González Pérez, J., Ob. cit., nota 57, p. 554.

398 Sent. CPCA del 01-02-1983, RDP N° 13-146; y del 16-06-1993, RDP N° 53/54-321.

399 Sent. CPCA del 24-09-1986; RDP N° 28-140; del 09-03-1989, RDP N° 38-127; y del 13-07-1993, RDP N° 55/56-421.

Sin embargo, estimamos que al comportar la existencia de un enjuiciamiento incidental, ha de tramitarse y decidirse separadamente respecto del proceso principal, todo ello en pieza separada, sin suspender el curso de los autos, y se debe oír a la Administración Pública posteriormente a la adopción (Arts. 106 de la LOJCA y 601 del CPC), lo que le da carácter contradictorio al procedimiento incidental de suspensión. En todo caso, no creemos que ello signifique para el Juez prescindir de la prueba de hechos inciertos o, lo que es peor, de decretar la suspensión judicial sobre la base de conjeturas o suposiciones. En este orden de idas, el Art. 105 de la LOJCA dispone que recibida la solicitud de medida cautelar de la suspensión de los efectos, se abrirá cuaderno separado para el pronunciamiento dentro de los cinco días de despacho siguientes. En los Tribunales colegiados, el Juzgado de sustanciación remitirá inmediatamente el cuaderno separado. Recibido el cuaderno se designará ponente, de ser el caso, y se decidirá sobre la medida dentro de los cinco días de despacho siguientes. Finalmente se dispone que al trámite de las medidas cautelares se dará prioridad.

§185. Prueba - Por otro lado, los motivos deben ser alegados y probados[400], cuando el contenido del acto administrativo no demuestre por sí mismo al daño grave, como consecuencia inevitable de la ejecución de su contenido, con independencia de la imaginación o los temores del actor o solicitante[401], pues se exige que los perjuicios sean ciertos, reales, directos, irreparable o de difícil reparación[402].

Tampoco el Juez administrativo puede basar su decisión cautelar en motivos no alegados por quien la solicite. Sin embargo, no se exige una prueba plena, y muchas veces es suficiente atender el contenido del acto y las consecuencias que puedan derivarse de su cumplimiento[403].

En conclusión, la parte solicitante habrá de fundamentar en forma clara y detallada[404], la necesidad de adoptar la medida de suspensión judicial, demostrando la concurrencia de los presupuestos imprescindibles para obtenerla, lo cual es una verdadera carga procesal[405], sin que sean suficiente los argumentos vagos, imprecisos o inadecuados. De lo contrario, el Tribunal tendrá la obligación de denegarla si no se alegan, justifican y prueban los daños que la harían procedente, los cuales pueden ser económicos, institucionales, morales o sociales[406].

Por último, el Art. 106 *in fine* de la LOJCA dispone que la oposición a la solicitud de suspensión se regirá por lo dispuesto en el CPC.

§186. Decisión - La solicitud de la medida de suspensión judicial origina una incidencia autónoma que finaliza con la decisión que acuerda o niega la solicitud de la medida de suspensión, no suspendiendo el curso del juicio principal[407].

---

400 Sent. CPCA del 28-01-1993, RDP N° 53/54-307; CSJ/SPA del 30-11-1995, JCSJ N° 11-150.

401 Sent. CSJ/SPA del 04-08-1994, JCSJ N° 8/9-112.

402 Sent. CPCA del 17-11-1992, RDP N° 52-204.

403 Sent. CPCA del 13-07-1982, RDP N° 11-178.

404 Sent. CSJ/SPA del 14-12-1995, JCSJ N° 12-106.

405 Sent. CSJ/SPA del 17-09-1992, RDP N° 51-196; del 27-05-1993, RDP N° 53/54-319; y del 07-10-1993, RDP N° 55/56-428.

406 Sent. CPCA del 25-04-1984, RDP N° 18-186.

407 Sent. CPCA del 03-08-1982, RDP 11-182.

Con la decisión de la incidencia de la medida de suspensión judicial, la cual es una verdadera sentencia interlocutoria[408], no se anticipan opiniones acerca de la legitimidad del acto cuestionado, ni tampoco constituye pronunciamiento previo sobre la anulación solicitada[409], sino solo acerca de la conveniencia de suspender sus efectos[410].

En todo caso, el Tribunal habrá de considerar caso por caso la adopción o no de la medida de suspensión judicial, que puede ser total o parcial[411], atendiendo a los presupuestos de la misma, al interés público y al derecho constitucional de la tutela jurisdiccional efectiva.

Sin embargo, la medida de suspensión judicial no puede traducirse para la Administración Pública en una obligación de hacer. La suspensión no solo está referida a la ejecución material del acto administrativo, sino a su eficacia, esto es, que incide en todos los efectos jurídicos y, por lo tanto, retroactivamente, como por ejemplo, la ejecutividad (obligatoriedad). El efecto real y jurídico de la medida de suspensión judicial será mantener la realidad como si el acto no hubiese sido dictado jamás. En los casos de los mal llamados actos administrativos «cuasi-jurisdiccionales», la jurisprudencia admite la suspensión automática, en razón de que el principio de ejecutividad no se muestra con la misma intensidad que cuando se trata de típicos actos administrativos[412].

Los medios que procesalmente resultarían procedentes para impugnar la decisión que acuerde la medida de suspensión, serán el de la revocatoria por contrario imperio o el de la apelación[413], en ambos efectos, sea que se tramite en el expediente principal o en cuaderno separado[414], lo cual distorsiona los principios procesales, pues si un auto es revocable por contrario imperio no es apelable y, por el contrario, si la decisión es apelable, no puede ser revocada por contrario imperio.

Por último, a los fines de asegurar la efectividad de las medidas de suspensión judicial, procede la suspensión inmediata del acto administrativo que reproduce otros cuyos efectos han sido suspendidos (teoría del acto reeditado, repetido o reproducido)[415].

§187. Caución - El fundamento de la caución radica en asegurar a la Administración Pública la reparación pecuniaria de un daño eventual; evitar el oportunismo del solicitante de la medida, con el único objeto de beneficiarse con la suspensión judicial, la cual puede ser transitoria respecto del acto mismo, pero definitiva para el provecho del demandante[416]. Necesariamente no es una caución en sentido estric-

---

408 Sent. CPCA del 03-06-1987, RDP N° 31-120.

409 Sent. CSJ/SPA del 27-01-1983, RDP N° 13-145; y del 13-08-1992, RDP N° 51-191.

410 Sent. CSJ/SPA del 25-03-1982, RDP N° 10-169; del 09-06-1981, RDP N° 7-175; CPCA del 23-04-1992, RDP N° 50-164.

411 Sent. CSJ/SPA del 30-01-1986, RDP N° 30-01-1986, RDP N° 25-140; 02-05-1991, RDP N° 46-146.

412 Sent. CPCA del 13-05-1993, RDP N° 53/54-318. Vid. *in extenso* sobre los denominados actos administrativos cuasijurisdiccionales a Araujo-Juárez, Ob. cit., nota 188.

413 Sent. CPCA del 03-06-1987, RDP N° 31-120.

414 Sent. CPCA del 27-02-1986, RDP N° 25-138.

415 CSJ/SPA del 02-11-1990, RDP N° 44-170; y del 02-03-1993, RDP N° 53/54-308.

416 Sent. CPCA del 12-11-1981, RDP N° 8-134.

to -fianza, hipoteca, prenda o consignaciones de dinero- sino puede tratarse de una seguridad [417]o una fianza bancaria[418].

El Art. 104 *in fine* de la LOJCA dispone que sólo en causas de contenido patrimonial, el Tribunal podrá exigir garantías suficientes al solicitante. Sin embargo, creemos que en los casos de suspensión de efectos, tal y como lo establecía el Art. 136 de la LOCSJ derogada, el Juez debe estar facultado para poder exigir caución suficiente para garantizar las resultas del juicio, ya que es potestativo del Juez resolver sobre la caución y monto[419], a los efectos de decretar la suspensión (caución voluntaria), por oposición a lo dispuesto en materia urbanística (Art. 94, LOOU), donde la medida cautelar está supeditada siempre a la exigencia de una caución (caución obligatoria).

§188. Terminación - Los efectos de la medida de suspensión de los efectos finalizan automáticamente, cuando se desestime por la sentencia firme la pretensión, o cuando concedida esta se inicie el proceso de ejecución. En los casos de sentencia estimatoria, se anula el acto administrativo y con ella la erradicación de cualesquiera efectos jurídicos.

Por otro lado, la no presentación de la caución exigida o la no aceptación de la misma por el Tribunal, o la falta de impulso procesal adecuado por el solicitante de la suspensión[420], podrá dar lugar a la revocatoria, por contrario imperio, a la suspensión acordada[421]. Dicha decisión es apelable en un solo efecto (art. 176, 179, 289 y 291 del CPC[422]) y susceptible de oposición por cualquier interesado[423]. El Tribunal puede, asimismo, aún de oficio, reconsiderar la procedencia de la medida adoptada cuando cambien las circunstancias que la determinaron[424]; puesto que la decisión que se dicte sobre la medida no constituye cosa juzgada en sentido material[425].

2. INSTRUCCIÓN

A. Auto de admisión

§189. Concepto - En el Ordenamiento procesal administrativo venezolano se prevé un trámite en la fase de instrucción que tiene por finalidad verificar si concurren todos los requisitos procesales, para evitar la continuación de un proceso inútil.

En efecto, de conformidad con los Arts. 36 y 77 de la LOJCA, el órgano jurisdiccional, en el auto de admisión de la demanda, prejuzga *in limine* sobre las condiciones de admisibilidad. El auto de admisión no es un acto material o instrumental ordenatorio, sino decisorio sobre los presupuestos procesales y los requisitos constitutivos de la acción[426]. En todo caso, el auto de admisión o de inadmisión ha de ser motivado[427].

---

417 Sent. CSJ/SPA del 22-10-1992, RDP N° 52-200.
418 Sent. CSJ/SPA del 21-02-1991, RDP N° 45-131.
419 Sent. CSJ/SPA del 03-08-1989, RDP N° 39-160; del 04-07-1991, RDP N° 47-164; CPCA del 27-01-1983, RDP N° 13-145.
420 Sent. CPCA 17-10-1985, RDP N° 24-155.
421 Sent. CSJ/SPA del 13-07-1992, RDP N° 51-215.
422 Sent. CPCA del 14-08-1986, RDP N° 28-139.
423 Sent. CPCA del 30-04-1981, RDP N° 6-171.
424 Sent. CPCA del 20-12-1979; del 11-05-1980, RDP N° 3-157; y del 14-08-1984, RDP N° 20-157.
425 Sent. CSJ/SPA del 11-07-1990, RDP N° 43-118; CPCA del 14-08-1986, RDP N° 28-138.
426 Sent. CPCA del 05-12-1985, RDP N° 25-133.
427 Sent. CSJ/SPA del 06-12-1984, RDP N° 20-177.

De conformidad con el art. 36 de la LOJCA, el auto que declare inadmisible la demanda será apelable libremente dentro de los tres días de despacho siguientes ante el Tribunal de alzada, el cual deberá decidir con los elementos cursantes dentro de los diez días de despacho siguientes a la recepción del expediente, mientras que el auto que la admite será apelable en un solo efecto.

§190. Requisitos - Los requisitos de admisibilidad del proceso administrativo pueden referirse a: la legitimidad y la representación (cualidad e interés); la idoneidad del acto (agotamiento de la vía administrativa); el plazo (lapso de caducidad); la forma (carácter contradictorio, ininteligibilidad, expresión, irrespetuosa)[428]. Por tanto, se califican los mencionados requisitos en: subjetivos, objetivos, temporales y formales .

§191. Notificación - Admitida la demanda, el Juez ordenará la notificación (*rectius*: citación) de las siguientes personas y entes: (i) el representante del órgano que dictó el acto (Art. 78, num. 1 de la LOJCA), (ii) el Procurador General de la República y el Fiscal General de la República (Art. 78, num. 2 de la LOJCA) y (iii) cualquier otra persona, órgano o ente que deba ser llamado a la causa por exigencia legal o a criterio del Tribunal (Art. 78, num 3 de la LOJCA).

Las notificaciones-citaciones previstas se realizarán mediante oficio que será entregado por el Alguacil en la oficina receptora de correspondencia de que se trate, y dejará constancia, inmediatamente, de haber notificado y de los datos de identificación de la persona que recibió el oficio, de acuerdo con el Art. 78 *in fine* de la LOJCA. La omisión de la notificación determina la reposición de la causa[429].

B. Reclamación del expediente administrativo

§192. Planteamiento general - En el contencioso de anulación se consagra que el Juez ordenará con la notificación-citación, la remisión del expediente administrativo o los antecedentes correspondientes, que la autoridad competente deberá enviar en el plazo de los diez hábiles siguientes, de acuerdo con el Art. 79 de la LOJCA. El Juez ya no tiene posibilidad de decidir de oficio, si solicita o no la remisión del expediente administrativo o los antecedentes, pues el Art. 79 de la LOJCA tiene carácter vinculante o reglado, al disponer que con «*la notificación se ordenará la remisión del expediente administrativo o de los antecedentes correspondientes*», dentro de los diez días hábiles siguientes.

En consecuencia, el expediente administrativo no constituye un requisito de admisibilidad por no ser «*indispensable para verificar si la acción es admisible*»[430]. Sin embargo, su importancia capital se manifiesta en el hecho que permite al Juez cumplir con la obligación de obtener la exhaustividad en la aportación al proceso del material de hecho y tomar conocimiento de la totalidad de los datos que puede ser útiles para la resolución del litigio y ser objeto del debate probatorio en la oportunidad correspondiente[431]. La tardanza o negatividad por parte de la Administración Pública requerida en el envío del expediente administrativo constituye para el Juez un acto relevante.

---

428 Sent. CSJ/SPA del 03-06-1993, RDP N° 53/54-292.

429 Sent. CSJ/SPA del 22-11-1990, RDP N° 44-165.

430 Sent. CSJ/ SPA del 05-08-1992, RDP N° 51-181.

431 Sent. CSJ/SPA del 12-12-1989, RDP N° 41-118.

En tal sentido, constituye una carga procesal de la Administración Pública la remisión del expediente administrativo, y la no presentación obra conforme a la jurisprudencia contra la propia Administración Pública[432], al establecer una presunción favorable a la pretensión del actor[433]. No puede excusarse de que está en tal o cual archivo u oficina, o que es voluminoso, pues su deber procesal es remitir y no dar noticias del expediente administrativo.

El principio de que nadie puede producir prueba en su contra no rige para la Administración Pública y ello es lógico, porque esta actúa en aras del interés público y suministrando el expediente administrativo, facilita el correcto encausamiento de propia actividad cuestionada.

Por último, el Art. 79 *in fine* de la LOJCA dispone que el funcionario que omita o retarde dicha remisión podrá ser sancionado por el Tribunal, con multa entre cincuenta y cien unidades tributarias.

C. Emplazamiento

§193. Naturaleza - La normativa contenida en la LOJCA pone de manifiesto la sensibilidad del legislador por el principio del debido proceso o derecho a la defensa de los justiciables, ya que el Juez administrativo no tiene potestad de decidir, de oficio, sobre el emplazamiento de los interesados mediante carteles, en los casos de contencioso de anulación de los actos de efectos generales (Art. 80 de la LOJCA).

En efecto, en el contencioso de anulación de los actos de efectos generales (reglamentos), el Juez en el auto de admisión ordenará la notificación-citación de los interesados, mediante el libramiento de un cartel de emplazamiento que será publicado en un diario que indicará el Tribunal, para que comparezcan a hacerse parte e informarse de la oportunidad de la audiencia de juicio, de acuerdo con el Art. 79 de la LOJCA. Mientras que en los casos del contencioso de anulación de los actos de efectos particulares no será obligatorio el cartel de emplazamiento, a menos que razonadamente lo justifique el Tribunal, de acuerdo con el Art. 80 *in fine* de la LOJCA.

En todo caso, en el expediente judicial se dejará constancia, mediante nota de Secretaría, de la fecha de la expedición del cartel o se agregará mediante dicha nota copia del mismo a los autos, y habrá de advertirse que dicho cartel ya librado, se entregará al recurrente[434], pero sin que proceda el pago de los derechos arancelarios en virtud del principio de gratuidad de la Justicia, de conformidad con el Art. 2 de la LOJCA.

Así las cosas, la expedición del cartel de emplazamiento se compone de tres actos[435]: (i) la orden de expedición o de librar el cartel, (ii) el libramiento del cartel o elaboración material y por último (iii) la entrega del cartel.

Finalmente, la fecha de expedición es la que tiene el cartel y que aparece en su encabezamiento. La fecha de publicación es la que tiene el diario[436].

---

[432] Sent. CPCA del 25-03-1980, RDP N° 2-125; del 14-06-1990, RDP N° 2-125; del 11-06-1992, RPD N° 43-121; y del 11-06-1992 RPD N° 50-179.

[433] Sent. CSJ/SPA del 27-10-1987, RDP N° 32-104.

[434] Sent. CPCA del 27-02-1992; y del 23-07-1992, RDP N° 51-197.

[435] Sent. CPCA del 11-08-1983, RDP N° 16-179.

[436] Sent. CPCA del 25-02-1992, RDP N° 49-143.

§194. Lapso para retirar, publicar y consignar el cartel - El demandante deberá retirar el cartel de emplazamiento dentro de los tres días de despacho siguientes a su emisión, lo publicará y consignará la publicación, dentro de los ocho días de despacho siguientes a su retiro de acuerdo con el Art. 81 de la LOJCA.

Brewer-Carías[437] sostiene que el Juez debe necesariamente calificar la legitimación de los comparecientes y decidir al respecto al producirse la comparecencia, sea de oficio o a instancia de parte, mediante una decisión expresa. Por su parte, el autor Cordón Moreno[438] señala que se ha confundido la naturaleza de la legitimación con su tratamiento procesal.

En tal sentido, la LOJCA viene a mejorar a la derogada LOCSJ que utilizando una técnica jurídica incorrecta, consagraba que la legitimación era una condición subjetiva de admisibilidad. Y podía así acontecer que, mientras en determinados supuestos podía no ser excesivamente dificultoso separar el examen de la legitimación del examen del objeto litigioso, por ejemplo, en algunos casos la lectura del acto proporciona el destinatario, mientras que en otros puede resultar del todo punto imposible, sin incurrir en prejuzgamiento; por ejemplo, cuando el impugnante no era la persona determinada nominalmente en el acto administrativo. En tales casos, el contenido del acto administrativo no proporcionaba la certeza, ni siquiera la verosimilitud, de que la persona que ejercita el derecho de acción este o no legitimada.

En consecuencia, hoy día con la entrada en vigencia de la LOJCA, la legitimación en ningún caso condicionará el proceso; este existe y se desarrolla independientemente de que las partes estén legitimadas o no; lo que ella condiciona es la eficacia misma de la sentencia que se irá a pronunciar en su momento sobre el objeto principal.

§195. Desistimiento - Por último, el Art. 81 *in fine* de la LOJCA establece una carga procesal[439], cuyo incumplimiento comporta la declaratoria del desistimiento de contencioso de anulación por el Tribunal, salvo que alguno de los interesados se diere por citado y consigne el ejemplar[440].

En efecto, el incumplimiento de las cargas previstas en el Art. 81 *in fine* de la LOJCA, dará lugar a que el Tribunal declare el desistimiento del contencioso de anulación y ordene el archivo del expediente, salvo que dentro del lapso indicado algún interesado se diera por notificado y consignara su publicación, de acuerdo con el Art. 81 *in fine* de la LOJCA.

D. Oposición procesal

§196. Planteamiento general - La LOJCA contempla la posibilidad del ejercicio de defensa frente a la pretensión, mediante la oposición a la misma de la falta de los presupuestos y requisitos procesales, los cuales son enumerados en el Art. 35 de la LOJCA. La oposición no fija el objeto del proceso sino los límites de su examen. De allí que para que la sentencia sea congruente bastará, en general, que haya correlación entre la pretensión y la sentencia.

---

437 Brewer Carías, A. R., Ob. cit., nota 341, p. 139.
438 Cordón Moreno, F., *El proceso contencioso-administrativo*, 2° ed. Editorial Aranzadi, Pamplona, 1999.
439 Sent. CSJ/SPA del 15-07-1992, RDP N° 50-163.
440 Sent. CPCA del 08-05-1986, RDP N° 26-135; y del 16-01-1992, RDP N° 49-146.

Por otro lado, jurisprudencia en virtud del principio *pro actione* ha sostenido que las causales de inadmisibilidad son taxativas[441], y de orden público, por lo que su incumplimiento puede ser alegado en cualquier tiempo por cualquier parte, o aun de oficio, con independencia de lo que exprese el auto de admisión[442].

La oposición procesal comprende cualquier enfrentamiento a la pretensión; supone una defensa frente al ataque que es la pretensión (González Pérez[443]). Por tanto, su contenido estará integrado por cuantas defensas se opongan a la pretensión actuada, ya se refieran a los requisitos procesales -que conducen a la inadmisibilidad de la demanda- como a las referidas al fundamento jurídico-material -que conducen a la desestimación de la demanda-.

Bajo la vigencia del CPC de 1916, la jurisprudencia sostenía que en el procedimiento contencioso-administrativo, ante la similitud entre las denominadas excepciones dilatorias y de inadmisibilidad y las causales de inadmisión, exclusivamente son procedentes oponer, conocer y tiene las causales de inadmisibilidad propiamente dichas[444]. Por último, el Juez no está vinculado por la calificación jurídica que haga cualesquiera de las partes de los hechos, las pretensiones y de las defensas[445].

Finalmente, los alegatos, las excepciones o las defensas de los terceros interesados partes o no, solo pueden presentarse u oponerse en la oportunidad de comparecencia de los interesados[446], y no en el acto de informes[447].

§197. Falta de jurisdicción o de competencia - La jurisdicción está fijada en la ley, con prescindencia de cada caso concreto; mientras que la competencia debe determinarse con la relación a cada juicio.

Así las cosas, la competencia presupone un ámbito jurisdiccional, una materia atribuida a la jurisdicción o al orden jurisdiccional en que está encuadrado el órgano judicial (González Pérez[448]). Se trata, en realidad, de dos supuestos: la incompetencia genérica de la jurisdicción administrativa, y la incompetencia objetiva, funcional o territorial del órgano jurisdiccional en concreto, cuando la jurisdicción resulta competente.

En mérito a lo anterior, se trataría de dos supuestos de ausencia de presupuestos procesales que puede ser apreciada de oficio o alegada por las partes. La jurisdicción es un requisito procesal, para que un órgano judicial pueda conocer una pretensión que ante él se deduzca, es decir, que por el fundamento jurídico, material del asunto, esté dentro de la esfera de sus atribuciones. A diferencia de los defectos que puedan darse en otros requisitos procesales, no cabe la subsanación. Las partes tienen derecho de invocar la incompetencia del tribunal, en cualquier estado y grado del proceso administrativo.

En aplicación del principio antiformalista, la incompetencia nunca da lugar a la inadmisibilidad de la pretensión. La declaración de incompetencia deberá ir

441 Sent. CSJ/SPA del 26-05-1981, RDP N° 7-171.
442 Sent. CSJ/SPA del 11-02-1991, RDP N° 49-136.
443 González Pérez, J., Ob. cit., nota 57, pp. 253 y ss.
444 Sent. CPCA del 20-03-1986, RDP N° 26-134.
445 Sent. CPCA del 17-11-1982, RDP N° 12-149.
446 Sent. RDP N° 47-148; 30-07-1991, RDP N° 47-162.
447 Sent. CSJ/SPA del 02-02-1981, RDP N° 5-138.
448 González Pérez, J., Ob. cit., nota 57, p. 133.

acompañada de la remisión del expediente al órgano jurisdiccional que estime competente, para que este siga el procedimiento. Por tanto, no configura la incompetencia, desde el punto de vista técnico procesal, una causal de inadmisibilidad, sino que conduce a una mera declaratoria de incompetencia[449]. Sin embargo, constituye una verdadera causal de prohibición de admitir la acción[450].

§198. Incapacidad, falta de representación o legitimación - La falta de cualidad o interés no puede confundirse con la falta de representación, así como tampoco la cualidad y el interés entre sí[451].

Tanto la falta de capacidad, como los defectos de representación pueden ser alegados como excepciones previas por los demandados y coadyuvantes en la oportunidad legal prevista sobre la base de la publicación del cartel de emplazamiento[452]. Igualmente pueden ser apreciados de oficio.

En todo caso, la falta de representación ha de ser patente, clara u ostensible[453]. En consecuencia, la inadmisibilidad por falta de cualidad e interés del recurrente la puede declarar el Tribunal *in limine litis* si es manifiesta[454], incluso en la oportunidad de la definitiva[455].

La legitimación no constituye un auténtico presupuesto procesal, como se expresó más arriba. La legitimación, como es sabido, equivale a la apariencia de titularidad de una relación jurídica. Solo cuando esa apariencia sea absolutamente inexistente cabría declarar la falta de legitimación en ese momento procesal, pero se exige que aquella se refiera a la integridad de la reclamación objeto del proceso[456].

§199. Irrecurribilidad - De acuerdo con el Art. 8 de la LOJCA, no es admisible hoy día la tesis de la existencia de actos administrativos que no sean susceptibles de impugnación, lo cual sería absolutamente inconstitucional, según el principio de universalidad del control jurisdiccional más arriba analizado.

§200. Cosa juzgada - Informado el proceso administrativo por el principio inquisitivo, parece incuestionable que el Tribunal puede y debe examinar de oficio si existe cosa juzgada.

Para que la alegación de la cosa juzgada prospere es indispensable que los juicios hayan sido sostenidos por las mismas partes, el objeto sea el mismo, así como la *causa petendi*[457].

La cosa juzgada hoy día aparece entre los motivos que en el trámite de admisión de la demanda deban ser apreciados, constituye un motivo de la inadmisibilidad, como excepción procesal, con la finalidad de precaver la posible existencia de sentencias contradictorias sobre el mismo tema, cuando la controversia ha sido ya admitida judicialmente en un proceso anterior, de acuerdo con el Art. 35, num. 5 de la LOJCA.

---

449 Sent. CSJ/SPA del 16-05-1988, 06-04-1989; CPCA del 13-10-1982, RDP N° 12-149; 29-04-1993, RDP N° 53/54-286.

450 Sent. CSJ/SPA del 13-10-1991, RDP N° 48-144.

451 Sent. CPCA del 07-03-1985, RDP N° 21-147.

452 Sent. CSJ/SPA del 11-02-1992, RDP N° 49-136.

453 Sent. CSJ/SPA del 04-07-1991, RDP N° 47-147.

454 Sent. CPCA del 19-11-1987, RDP N° 32-95; y del 13-11-1990, RDP N° 44-182.

455 Sent. CSJ/SPA del 05-05-1988, GF N° 140-231; y del 30-05-1990, RDP N° 42-125.

456 Sent. CSJ/SPA del 17-07-1990, RDP N° 43-103.

457 Sent. CPCA del 29-09-1982, RDP N° 11-170.

§201. Litispendencia - Como excepción intenta impedir la ruptura de la continencia de la causa, a fin de evitar sentencias contradictorias sobre el mismo objeto.

§202. Recurso paralelo - A partir de la vigencia de la LOTSJ de 2004 se eliminó el supuesto del recurso paralelo, para lo cual era necesario que se manifestaran los dos elementos que lo definían, así: por un lado, la existencia de un recurso que le permitiría al demandante obtener la misma satisfacción procesal integral y, por el otro, que su ejercicio fuera paralelo al planteado ante el Juez administrativo[458].

§203. Defectos de la demanda - Se incluye como motivos de inadmisibilidad, el incumplimiento de los requisitos formales del escrito de la demanda. Mientras que la excepción de defectos en la demanda si se basa en nimiedades, no debe producir consecuencias jurídicas desproporcionadas e inicuas que estorben el derecho constitucional a la tutela judicial efectiva.

Si el Tribunal constata que el escrito de la demanda no se encuentra incurso en los supuestos previstos en el Art. 35 y cumple con los requisitos del Art. 33 de la LOJCA, procederá a la admisión de la demanda, dentro de los tres días de despacho siguientes a su recibo. En caso contrario, o cuando el escrito de la demanda resultase ambiguo o confuso, concederá al demandante tres días de despacho para su corrección, indicándole los errores u omisiones que se hayan constatado. Subsanados los errores, el Tribunal decidirá sobre su admisibilidad dentro de los tres días de despacho siguientes, de acuerdo con el Art. 36 de la LOJCA.

E. Audiencia de juicio

§204. Plazos - Verificadas las notificaciones-citaciones ordenadas y cuando conste en autos la publicación del cartel de emplazamiento, el Tribunal -dentro de los cinco días de despacho siguientes-, fijará la oportunidad para la audiencia de juicio, a la cual deberán concurrir las partes y los interesados. La audiencia será celebrada dentro de los veinte días de despacho siguientes, de acuerdo con el Art. 82 de la LOJCA.

Por último, si el demandante no asistiera a la audiencia se entenderá desistido el procedimiento. En los tribunales colegiados, en esta misma oportunidad, se designará ponente (Art. 82 de la LOJCA).

§205. Contenido - De acuerdo con el Art. 83 de la LOJCA, al comenzar la audiencia de juicio, el Tribunal señalará a las partes y demás interesados el tiempo disponible para sus exposiciones orales, las cuales además podrán consignar por escrito.

En esta misma oportunidad, las partes podrán promover sus medios de pruebas.

§206. Oposición material o de fondo - Finalmente, el demandado y el coadyuvante pueden defenderse al oponerse materialmente a la pretensión, mediante la introducción en el proceso de nuevos hechos impeditivos, extintivos o excluyentes que desvirtúen la pretensión del actor o demandante.

F. Fase probatoria

§207. Planteamiento general - La regla en el contencioso-administrativo es que para probar es necesario cumplir un procedimiento. Este procedimiento está

---

[458] Sent. CPCA del 24-10-1985, RDP N° 24-143.

sujeto a numerosas reglas de carácter general y de carácter especial. Las generales atañen a la totalidad de la actividad probatoria, mientras que las especiales esta dirigidas al procedimiento en concreto, a la práctica o ejecución de cada prueba en concreto. De manera que cuando nos referimos al procedimiento probatorio, aludimos a uno de los tantos problemas de la Teoría General de la Prueba, en suma, de cómo se prueba.

En tal sentido, la LOJCA regula la fase probatoria dentro del proceso administrativo. En efecto, dispone el Art. 84 *eiusdem* que dentro de los tres días de despacho siguientes a la celebración de la audiencia de juicio, el Tribunal admitirá las pruebas que no sean manifiestamente ilegales, impertinentes o inconducentes, y ordenará evacuar los medios que lo requieran, para lo cual se dispondrá de diez días de despacho, prorrogables hasta por diez días más.

Asimismo dispone que si no se promueven pruebas o las que se promuevan no requieren evacuación, dicho lapso no se abrirá. Dentro de los tres días siguientes a la presentación de los escritos de pruebas, las partes podrán expresar si convienen en algún hecho u oponerse a las pruebas que aparezcan manifiestamente ilegales o impertinentes (Art. 84 *in fine* de la LOJCA).

a. Etapas

§208. Planteamiento general - Se debe mencionar que la LOJCA contiene escasas disposiciones sobre prueba, que deben ser integradas con las normas de procedimiento establecidas en la LOTSJ y en el CPC, de acuerdo con el Art. 31 de la LOJCA y, por ende, con respecto a los medios de prueba, admisión y evacuación «*en cuanto sea aplicables*»[459].

El procedimiento probatorio ha de regirse por ciertas actividades probatorias, el cual se divide en diversas etapas en donde intervienen los sujetos y órganos de la prueba. Estas fases han sido divididas de muy diversas maneras. Nos vamos a referir a las más importantes:

§209. Etapa de la investigación de la prueba - Se trata de una investigación previa que le corresponde a las partes y en modo alguno Juez administrativo. Cuando el Juez va a decidir, él va a verificar, a comprobar determinados hechos, pero en modo alguno le corresponde investigarlos. En esta etapa, las partes se van a dedicar, fuera y antes del proceso a ciertas tareas para el acopio de las pruebas, en orden a la determinación de los hechos, que son ciertamente las fuentes de prueba. El mecanismo para llevar esa fuente de prueba son los medios de prueba.

§210. Etapa de proposición y presentación de la prueba - Se entiende por proposición el anuncio previo que las partes hacen al Juez sobre las pruebas que van a utilizar en el proceso; y efectivamente esa etapa se observa cuando se anuncia que se va a presentar, p. ej., un testigo. Pero puede coincidir que la proposición y la presentación sean simultánea, y se da cuando las partes, p. ej., incorporan un documento al expediente.

En cuanto a las condiciones de esta etapa del procedimiento probatorio, hay que señalar que las actividades probatorias se proponen y practican en momentos y en espacios de tiempo determinados, y esto se refiere a los términos y plazos de la

---

[459] Sent. CPCA del 13-11-1990, RDP N° 44-179.

prueba, al lugar, y a las condiciones intrínsecas y extrínsecas de la prueba. De manera que para que surta efecto la prueba, debe llenar una serie de requisitos referidos al tiempo, lugar y modo.

Con relación al tiempo, esto está vinculado al principio de preclusión, al orden consecutivo de los actos en el proceso y el procedimiento contencioso administrativo, de acuerdo con la rigidez o flexibilidad del principio de preclusión. Sabemos que mientras en el procedimiento administrativo, el principio es el de la flexibilidad o no preclusión de sus etapas, por el contrario, en el procedimiento contencioso-administrativo es rígida la vigencia del principio de preclusión.

En lo atinente al lugar, tenemos que distinguir el local, la sede, y la circunscripción del Tribunal a quien va dirigida la actividad probatoria. Por local entendemos el sitio donde funciona el Tribunal. Por sede, la localidad de la residencia del Tribunal decisorio; y por circunscripción, el territorio donde ejerce su competencia el Tribunal al que está destinada la actividad probatoria. De manera que existe la posibilidad de realizar pruebas no solo en el local del Tribunal, sino también en la sede y dentro, e incluso fuera, de la circunscripción territorial del Tribunal decisor.

Como vemos, la ejecución de los actos de prueba antes los Tribunales está sujeta a ciertos requisitos, no solo de tiempo, sino también de modo y lugar, sin cuyo cumplimiento estará desprovista a los efectos de su validez, de su eficacia.

Tenemos también que la prueba debe llenar una serie de requisitos intrínsecos, referidos a los sujetos que intervienen en ella, la legitimación en cuanto a la presentación, la competencia del órgano que va a decidir, como también de la capacidad. Por último, los documentos han de producirse en el idioma castellano, que es el oficial y legal (Art. 6 de la C y Art. 13 del CC) y si están redactados en idioma extranjeros, deben estar debidamente traducidos al castellano por interprete público[460].

En conclusión, podemos decir con respecto a esta etapa probatoria, que la proposición comprende no solo la anunciación de los medios de prueba, sino también su razón de ser, pertinencia, y la relación con las circunstancias de tiempo, modo y lugar de la prueba.

Es obvio que en algunos supuestos no se necesitará prueba alguna, por ejemplo, cuando se describe algunos elementos de la legalidad del acto impugnado, cuestión de puro Derecho que debe ser resuelta por el Juez administrativo.

§211. Etapa de admisión y ordenación de la prueba - La regla es que la aceptación por el Juez administrativo de todos los medios de prueba presentados por las partes han de ser objeto de un auto de admisión, y la necesidad del mismo es que pone de relieve los principios de publicidad y de contradicción en relación con las partes que intervienen en el procedimiento contencioso administrativo.

Así, tenemos que el auto de admisión de la prueba ejerce una fiscalización sobre dos aspectos:

a. La oportunidad de la presentación de la prueba. Hay un criterio jurisprudencial que señala que las partes pueden probar los hechos que alegan en el lapso probatorio, de allí que le corresponde al Tribunal analizar o fiscalizar este primer elemento de la oportunidad de las prueba.

---

[460] Sent. CPCA del 15-12-1992, RDP N° 52-211.

b. En esta segunda etapa, el Tribunal se pronuncia sobre la admisibilidad de la prueba, en cuanto a que atañe a dos aspectos que fiscaliza: la legalidad y la pertinencia de las pruebas[461].

La regla en la vía judicial es el principio de la libre admisión de la prueba y la negativa solo puede acordarse en casos excepcionales[462]; y la única excepción para la admisión de una prueba es que ésta sea ilegal, impertinente o inconducente, a no ser que haya otros supuestos de valoración, como la capacidad procesal del promovente y la oportunidad de la promoción. De allí que la regla es la admisión de la prueba, mientras que la negativa de la prueba se da es en la sentencia, como lo ratificó la jurisprudencia[463].

De manera que en lo que concierne a la actividad de fiscalización con respecto a la admisión de la prueba, se está ejerciendo una calificación previa por parte del Tribunal. Sin embargo, esta calificación es provisional, puesto que no vincula al Juez en el momento de decidir. Es así como en la práctica forense se ha impuesto la fórmula de que «*se admite las pruebas en cuanto ha lugar en Derecho, salvo su apreciación en la definitiva*». Es la circunstancia de que la impertinencia o ilegalidad debe ser manifiesta, y el órgano decisorio debe ser prudente, pues en caso de duda debe admitir las pruebas, salvo la apreciación que haga al final de la pertenencia o legalidad de las mismas.

En conclusión, si bien el Tribunal tiene la posibilidad de pronunciarse, *in limine litis*, sobre la admisibilidad de las pruebas, en la práctica generalmente se reserva esta calificación al decidir sobre el fondo del asunto. Es muy distinta la calificación atinente a la legalidad o la pertinencia que la apreciación que haga el órgano decisor sobre la fuerza o el mérito de la prueba. De allí que la admisión previa de la prueba tenga carácter no vinculante.

§212. Etapa de la recepción y la práctica de la prueba - La recepción es el hecho físico de la agregación material de los medios de prueba al expediente judicial; y la práctica de la prueba es el procedimiento para llevar a cabo el medio probatorio de que se trate; es, pues, la actividad destinada a producir los actos jurídicos procesales para lograr la certeza o la convicción del órgano decisor.

Como el proceso administrativo está dominado por el principio inquisitivo, el Juez podrá aportar datos de hecho y de derecho al proceso que sirvan de fundamentos al mismo, con el objeto de llegar a una solución perfecta del problema planteado. Así, en el proceso administrativo el Tribunal goza de intensos poderes de dirección en materia de pruebas, tanto en lo que concierne al recibimiento del proceso a prueba, que puede ser acordado sin mediar solicitud de parte, como a la práctica de las que estime convenientes, aunque no hayan sido solicitadas por los litigantes, y aún el traslado de prueba[464].

Además, el Tribunal no está obligado a abrir el procedimiento probatorio, aunque lo pidan ambas partes, si no existe disconformidad sobre los hechos o si entiende que no son trascendentes.

---

461 Sent. CSJ/SPA del 29-04-1980.

462 Sent. CPCA del 19-10-1982, N° 12-164; del 27-06-1985, RDP N° 23-174; CSJ/SPA del 19-03-1981, RDP N° 6-173; del 02-01-1982, RDP N° 12-165; del 14-04-1983, RDP N° 14-179; y del 02-06-1983, RDP N° 15-178.

463 Sent. CPCA del 27-06-1985.

464 Sent. CSJ/SPA del 27-03-1990, RDP N° 42-131.

En materia de pruebas, la jurisprudencia admite los poderes inquisitivos para conceder prórrogas, o aun ex-oficio ordenar las pruebas pertinentes[465]. La posibilidad que concede la Ley al Tribunal para que prorrogue el término de pruebas por diez días cuando así lo exija la naturaleza del caso, está consagrado en el Art. 84 de la LOJCA.

Por último, el Art. 39 de la LOJCA autoriza al Tribunal para solicitar información o hacer evacuar de oficio las pruebas que considere pertinentes. Y las partes podrán hacer observaciones sobre las actuaciones practicadas, acordar inspecciones oculares sobre determinados documentos o planos que forman parte de los archivos de la Administración Pública. En este caso se requiere que exista en autos, constancia de que la prueba que se pretende deducirse de la inspección ocular, no pueda traerse de otro modo al expediente y que no exista disposición legal que prohíba, tácita o expresamente, la práctica de la inspección ocular.

§213. Declaratoria de urgencia - Con relación a la posibilidad de no apertura del lapso probatorio, tenemos en materia del contencioso de anulación una institución incorporada con la derogada LOTSJ de 1976.

La posibilidad de declaratoria de urgencia por parte del Juez procedía cuando del asunto planteado surgía la necesidad de no aplicar la tramitación ordinaria. En tal sentido, la jurisprudencia fue fijando los criterios en cuanto a los requisitos que debían estar presentes para la declaratoria de urgencia en los procesos contenciosos-administrativos. Y así, hay sentencias de la CPCA[466] donde se señalaba que procedía en los supuestos siguientes: (i) cuando la demora de la tramitación ordinaria pudiera afectar los intereses colectivos; (ii) cuando haya peligro con relación a bienes e intereses particulares, (iii) la posibilidad de daños irreparables por el transcurso del tiempo y (iv) en los casos de amenazas de servicios públicos.

Otro criterio de la jurisprudencia[467] preveía la posibilidad de declaratoria de urgencia en los casos de evitar los inconvenientes del normal desenvolvimiento de las instituciones públicas.

En mérito a lo antes expuesto, la consecuencia de la declaratoria de urgencia era: el juicio se realizaba sin relación ni informes[468].

§214. Declaratoria de mero derecho - La jurisprudencia señalaba también que la declaratoria de urgencia mencionada no sólo podía reducir los lapso probatorios, sino también la eliminación de estos plazos, que se daría en los casos de los juicios declarados de mero derecho, o cuando las partes no hubieren promovido pruebas, lo que estaba previsto en el Art. 19 de la derogada LOTSJ de 2004. El asunto se puede considerar como mero derecho cuando se refiere a asuntos de mera doctrina o simplemente a interpretación de textos legales, de cláusulas de contratos o de instrumentos públicos y privados, como señalaba la jurisprudencia[469].

Por lo que respecta al término de promoción y evacuación de pruebas, un comentario adicional es el referido al cómputo de los lapsos, y en materia probato-

465 Sent. CPCA del 18-03-1980, RDP N° 2-140.
466 Sent. 03-08-1982, 29-03-1984, 18-04-1985, 03-02-1987.
467 Sent. CPCA del 17-04-1980.
468 Sent. CPCA del 29-03-1984; CSJ/SPA del 25-11-1982. Téngase en cuenta que tales criterios se refieren al régimen de la derogada LOCSJ, y no a la vigente LOJCA.
469 Sent. CSJ/SPA del 09-03-1984; CSJ/CP del 03-02-1988.

ria administrativa también rige el principio de la legalidad de los términos y plazos que establece el Art. 197 del CPC. Y este principio busca no solo la certeza de los plazos, sino lograr así mismo la celebridad del proceso.

En el procedimiento contencioso-administrativo, la regla está establecida en el Art. 62 de la LOJCA, y aquí se plantea el problema con relación al no anuncio de las pruebas dentro del lapso de comparecencia. Con respecto al mismo se planteó una divergencia jurisprudencial, el cual sostenía que las partes, coadyuvantes u opositores en el lapso de comparecencia fijado en el cartel de emplazamiento, debían solicitar la apertura del lapso probatorio e indicar los hechos sobre los cuales iban a recaer las pruebas, y que si no se hacía precluía la oportunidad de ejercer la actividad probatoria.

Sin embargo, la CSJ/SPA[470] sostuvo una opinión diferente, la cual constituye hoy una posición pacifica tanto en la doctrina como en la jurisprudencia, al sostener que el lapso probatorio se abre, más que de oficio, de pleno derecho, sin necesidad de decreto o providencia judicial y sin que las partes lo hayan solicitado[471].

Por último, con relación al término o plazo para la promoción, se debe producir en la audiencia de juicio; y para la evacuación, las partes deberán presentar sus escritos de pruebas dentro de los cinco días de despacho siguientes al vencimiento del lapso de contestación de la demanda; dentro de los tres días siguientes a la presentación de los escritos de pruebas podrán convenir u oponerse a las que aparezcan manifiestamente ilegales o impertinentes; y vencido el lapso anterior, el Juez dentro de los tres días de despacho siguientes admitirá las pruebas que no sean manifiestamente ilegales, impertinentes o inconducentes, y ordenará evacuar los medios que lo requieran, para lo cual dispondrá de diez días de despacho, prorrogables a instancia de parte por otros diez días de despacho (Art. 62 y 84 de la LOJCA).

b. Medios de prueba

§215. Planteamiento general - Es en el lapso probatorio cuando las partes deben probar los hechos que alegan[472], y el medio de prueba es la actividad que se desarrolla en el proceso para que la fuente de prueba se incorpore al mismo.

En la LOJCA no se regulan los medios de prueba que pueden utilizarse, por lo que en virtud de la remisión genérica a la normativa tanto de la LOTSJ como del CPC (Art. 31 de la LOJCA), ha de acudirse a las normas del proceso civil. En tal sentido han sido aceptadas, entre otras, la prueba de informes que regula el Art. 433 del CPC[473]; y la inspección judicial del Art. 472 del CPC[474].

§216. Documentos administrativos - En el proceso administrativo, la prueba documental goza de un papel preponderante, especialmente debido a que la actuación de la Administración Pública suele documentarse. Precisamente por eso, y porque los documentos dimanantes de la Administración Pública son extendidos por funcionarios públicos, se plantea el problema del valor probatorio de los mismos.

---

470 Sent. CSJ/SPA del 08-07-1982; CPCA del 07-07-1987, RDP N° 31-122.

471 Sent. CPCA del 03-06-1987, RDP N° 31-124.

472 Sent. CPCA del 27-05-1980, N° 3-163.

473 Sent. CSJ/SPA del 21-03-1990, RDP N° 42-135; y del 13-06-1990, RDP N° 43-122.

474 Sent. CPCA del 14-06-1990, RDP N° 43-121.

El mismo carácter formal de la actividad o función administrativa es causa de que se produzca una documentación propia, de valor probatorio singular. Es así que la constancia escriturada de las actuaciones de los funcionarios públicos tiene, siempre que sea válida, carácter de instrumentos públicos.

En tal sentido, mención especial nos merecen los documentos administrativos. Son los instrumentos emanados de los funcionarios públicos. La actividad administrativa es casi siempre formal, escrita y actuada. En los instrumentos administrativos están contenidos, naturalmente, actos administrativos, los que tienen a su favor la presunción de legitimidad y servirán, por supuesto como un eficaz elemento de prueba: libros de registros de documentos y correspondencia, nóminas, etc.[475]. El documento administrativo es, pues, una especie del género de prueba instrumental y categoría intermedia entre documentos privado y público[476].

Ahora bien, por documento administrativo debe entenderse los instrumentos escritos emanados de un órgano competente de la Administración Pública y que cumple con las formalidades legales para su emisión. Son declaraciones de funcionarios que actúan en el área de su competencia, acerca de los hechos que están autorizados hacer constar o verificar[477], y tiene el carácter de auténticas, es decir, que hacen o dan fe pública pero solo hasta prueba en contrario[478].

Sin embargo, el principal elemento que lo diferencia del documento público es, como lo ha establecido la jurisprudencia, la legitimidad del acto que alude al contenido mismo de la decisión, a la certeza de su existencia y a su obligatorio reconocimiento por parte de la comunidad; pero no así a los elementos sobre los cuales el mismo se fundamenta, que bien pueden ser desvirtuados por los medios probatorios que el Derecho señala, y no exclusivamente mediante el alegato de su falsedad[479], la cual sólo procede por la vía de la tacha de falsedades cuando la fecha, el formato, el sello del documento o la forma del funcionario hayan sido falsificados o alterados[480]. Mientras que, por el contrario, el documento público da fe de la competencia del órgano del cual emana, de todos los supuestos que constituyen su objeto y, en general, de la totalidad de los elementos que lo conforman, por lo cual puede atacarse, mediante la impugnación de que incurre en falsedad en los casos taxativamente señalados para que se ejerza la acción de tacha[481].

§217. Exhibición - El Art. 169 de la LOAP se refiere expresamente a la acción *ad exhibendum* de determinado documento, expediente, libro o registro administrativo, y establece el procedimiento a seguir, si el documento cuya exhibición se solicita no fuese de carácter reservado, salvo lo previsto en leyes especiales. Es un curso procesal para realizar una prueba en juicio, por el cual una parte o el Tribunal obtiene de la otra parte, la presentación de un instrumento o de una cosa necesaria con el objeto de la causa[482].

Si el documento cuya exhibición se solicite no hubiese sido con anterioridad declarado por la autoridad competente por su naturaleza de carácter reservado o

475 Sent. CPCA del 03-05-1990, RDP N° 42-135.
476 Sent. CPCA del 09-08-1993, RDP N° 55/56-440; y Sent. TSJ-SPA N° 1257 del 12-07-2007.
477 Sent. CPCA del 14-03-1985, RDP N° 22-159; y del 07-11-1985, RDP N° 24-169.
478 Sent. 14-03-1985, RDP N° 22-183.
479 Sent. CPCA del 09-08-1984, RDP N° 20-139.
480 Sent. CPCA del 07-11-1985, RDP N° 24-169.
481 Sent. CPCA del 09-08-1984, RDP N° 20-139; y Sent. TSJ-SPA N° 1257 del 12-07-2007.
482 Sent. CPCA del 07-10-1982, RDP N° 12-167.

confidencial, el Jefe de la Oficina donde estuviese archivado cumplirá la orden judicial, por el órgano de la Procuraduría General de la República. Del acto de exhibición se levantará un acta, en la cual se dejará constancia a solicitud de la parte a quien interese de cualquier circunstancia relacionada con el estado o contenido del documento de cuya exhibición se trate. También podrá dejarse copia certificada o fotostática debidamente autenticada, del documento integro. Cumplidas estas diligencias, se devolverá el documento al archivo a que corresponda, por órgano del representante de la Republica que lo haya exhibido.

Por su parte, si los documentos han sido declarados con anterioridad confidenciales o reservados, debe constar un acto administrativo haciendo la respectiva declaratoria. Si este no hubiera sido puesto en conocimiento del interesado y no constara dicho acto en el expediente, la exhibición en estos casos es posible, en virtud de que los documentos que en principio deben ser agregados a un expediente administrativo deben reputarse como no confidenciales o reservados por su naturaleza, aunque haya declaratoria de confidencialidad sobrevenida que recaiga sobre algunos de ellos. Sin embargo, es sabido que la Administración Pública usa y abusa de la facultad de autorizar o no la inspección judicial y la exhibición de documentos, que coloca a los litigantes en situación de desigualdad procesal[483].

La evacuación de la prueba, en lo que toca a la reserva, rige también para la expedición de copias certificadas o fotostáticas[484].

§218. Inspección judicial - La prueba de inspección judicial está regulada también el Art. 169 de la LOAP para hacer constar las circunstancias o el estado de los lugares, y está condicionada al hecho de que la prueba que de ellos se pretende deducir no puede llevarse de otro modo a los autos; esto es, los extremos que se pretenden probar a través de ella no sean de fácil o posible acreditación por los medios idóneos[485].

Es un medio probatorio de naturaleza subsidiaria, sólo procedente en caso de que no pueda utilizarse otro que, conforme a la ley, adquiere carácter principal[486].

§219. Informes técnicos oficiales - Otro medio de prueba son los informes técnicos oficiales que pueden producir los órganos administrativos.

En efectos, los informes técnicos oficiales constituyen un medio de prueba autónomo y específico del proceso contencioso-administrativo, consistentes en declaraciones de juicios provenientes de funcionarios públicos con idoneidad técnica, diferentes muchas veces del órgano que conoce del asunto, y que versa sobre cuestiones de hecho para cuya apreciación o verificación se requiere conocimiento especiales, y que van a servir para determinar si se da el supuesto de hecho previsto por la norma (por ejemplo: Art. 11, LINTCC; Art. 64, LPI; Art 118, RLCA; Art, 39, RPI), que regula la cuestión planteada.

Por su parte, la especificidad de los informes técnicos oficiales está en que contienen una opinión o apreciación técnica, a la que se ha llegado luego de realizar

483 Sent. CPCA del 14-04-1983, RDP N° 14-155.

484 Sent. CSJ/SPA del 28-03-1989, RDP N° 38-129.

485 Sent. CPCA del 30-11-1982, RDP N° 12-170; del 01-02-1983, RDP N° 13-149; 15-182, y del 03-02-1986, RDP N° 25-141.

486 Sent. CSJ/SPA del 11-12-1986, RDP N° 29-136; del 28-03-1989, RDP N° 38- 129; CPCA del 21- 03-1991, RDP N° 45-137.

exámenes, de operaciones técnicas, de aplicar una serie de conocimientos especiales, fundamentados en las normas propias que rige la ciencia a la que es necesario acudir para verificar las cuestiones de hecho planteadas -este es el especifico campo de la antiguamente denominada «discrecionalidad» técnica- todo lo cual se hace constar en el informe técnico oficial levantado al efecto, y que constituye una especie de los informes administrativos -género- consagrado en el Art. 54 de la LOPA.

§220. Confesión - Existen algunos medios de prueba que no se pueden utilizar en el procedimiento contencioso-administrativo. En efecto, el Art. 90 de la LOPGR consagra un privilegio procesal a favor de la República, una excepción a los Arts. 403 y 425 del CPC, cuya interpretación es restrictiva[487]. Sin embargo, el mismo ha sido extendido injustificadamente a las autoridades estadales y municipales[488].

La confesión, es decir, la prueba de absolución de posiciones no es admisible, por principio, respecto de la Administración Pública. El régimen del acto administrativo no debe ser afectado por declaraciones en juicio de los funcionarios públicos que representa a la Administración Pública, ya que la confesión es una declaración contra sí misma y no puede ser contra el Estado. Por otra parte, la confesión o absolución de posiciones se hace sobre hechos personales y no del representado y, menos aún, cuando este es un órgano que realiza su actividad en forma documentada.

La LOPGR es contraria a admitir la absolución de posiciones juradas. En efecto, la Administración Pública actúa por medio de sus órganos y los funcionarios públicos, que como parte de estos expresan la voluntad de la misma dentro de los límites de sus atribuciones. Los actos que se originan por esta actividad son escritos y, en consecuencia, pueden perfectamente probarse sin necesidad de declaraciones verbales; ya que toda actividad administrativa es documentada. La actividad jurídica de la Administración Pública se prueba con la documentación que ella agrega, pero no en las declaraciones verbales de sus funcionarios públicos. Los funcionarios públicos con sus declaraciones se obligan a sí mismo y no obligan a la Administración Pública.

Sin embargo, el motivo fundamental es que el funcionario público no es parte en el juicio. La parte es la Administración Pública y al no tener esta vida orgánica no existencia psicológica, no puede admitirse esa clase de prueba. Es menester distinguir, la voluntad del particular que es psicológica de la voluntad orgánica que es técnica. La psicología permanece al orden natural; la técnica al orden científico.

Por ello, el Art. 90 de la LOPGR impone la sustitución de tales pruebas por la de respuesta escrita a cargo de las autoridades o representante legales de la República, a las preguntas que, en igual forma, les hicieren el Juez o la contraparte sobre hechos de que tengan conocimiento personal y directo[489]. El informe debe ser producido por el funcionario público a quien concierne los hechos materia del interrogatorio por haber intervenido en ellos. Parecería que en este caso se trata de una declaración de los funcionarios públicos como testigos.

---

487 Sent. CSJ/SPA, RDP N° 50-180; CPCA del 02-06-1983, RDP N° 15-182.

488 Sent. CSJ/SPA del 07-07-1981, RDP N° 8-123. A pesar de que tales prerrogativas no están en la vigente LOJCA, la jurisprudencia contencioso-administrativa y la Sala Constitucional las extendido las previsiones de la LOPGR (actual Decreto-Ley) a los entes municipales y a las empresas del Estado (Sent. TSJ/SC 735 del 25-10-2017 GO N° 41.289 del 29-11-2017.

489 Sent. CPCA del 21-07-1985, RDP N° 24-168; CSJ/SPA del 07-07-1982, RDP N° 8-122 y 134.

§221. Certificaciones de mera relación - El Art. 173 de la LOAP prohíbe la expedición de certificaciones de mera relación, esto es, las que sólo tengan por objeto hacer contra el testimonio u opinión del funcionario público declarante sobre algún hecho o dato de su conocimiento de los contenidos en los expedientes archivados o en curso, o de aquellos asuntos que hubiese presenciado con motivo de sus funciones[490].

G. Informes

§222. Oportunidad - Dentro de los cinco días de despacho siguientes al vencimiento del lapso de evacuación de pruebas, si lo hubiere, o dentro de los cinco días de despacho siguientes a la celebración de la audiencia de juicio, en los casos en que no se hayan promovido pruebas o se promovieran medios que no requieran evacuación, se presentarán los informes por escrito o de manera oral si alguna de las partes lo solicita, de acuerdo con el Art. 85 de la LOJCA.

§223. Naturaleza - La presentación de informes significa el último medio de defensa que la ley concede a las partes antes de que se proceda a dictar sentencia, a fin de exponer cuanto estimen favorable a su causa, formulando las conclusiones que habrán de estar basadas en los requerimientos de hecho y de derecho. Por tanto, la presentación de informes es un derecho privativo de las partes[491].

§224. Celebración - Al respecto hay que precisar según que los informes se consignen por escrito o que se solicite la opción de su oralidad por alguna de las (Art. 85 de la LOJCA).

En el caso de informes escritos, la fijación para informes no obliga a que estos se realicen en un acto único, desde el momento que las partes tienen el derecho, si así lo prefieren, de presentarlos con anticipación a la oportunidad señalada, que tiene simplemente efecto preclusivo. En el segundo caso de informes orales, se requiere de un lapso de anticipación suficiente para que una parte pueda enterarse de la solicitud de la contraria. De ahí que el derecho a presentar informes orales no puede ser solicitado el mismo día fijado como última oportunidad para su consignación por escrito[492].

Asimismo, el Juez tiene la facultad para señalar el tiempo de que disponen las partes para informar y, en segundo lugar, para dar por terminado el acto si las partes infringen las reglas que rigen su conducta en el proceso. En todo caso no podrá informar más de una persona por cada parte, no obstante, ser varios los demandantes o demandados. Así mismo se concederá el derecho de réplica y contrarréplica.

Con el acto de informes termina el tiempo útil durante el cual las partes procesales pueden y deben realizar los actos de procedimiento[493].

§225. Observaciones - El Art. 519 del CPC prevé el derecho de formular observaciones a los informes escritos presentado por una de las partes[494], norma que es aplicable a la Jurisdicción Contencioso Administrativa en virtud del art. 31 de la LOJCA.

490 Sent. CPCA del 09-08-1990, RDP N° 43-162.
491 Sent. CSJ/SPA del 02-02-1981, RDP N° 5-146.
492 Sent. CSJ/SPA del 20-04-1982, RDP N° 10-172.
493 Sent. CPCA del 28-06-1982, RDP N° 11-188.
494 Sent. CPCA del 02-08-1990, RDP N° 43-123.

3. TERMINACIÓN

A. Terminación normal

a. Sentencia

§226. Concepto - Se denomina sentencia a la decisión jurisdiccional que constituye normalmente el acto de finalización del proceso, en cualquiera de sus instancias, y mediante la cual el Tribunal decide dar satisfacción o no a las pretensiones y defensas deducidas por las partes. De lo expuesto se deriva que la sentencia es un acto procesal, que contiene una declaración de voluntad emitida por un sujeto, el órgano jurisdiccional.

Ahora bien, las decisiones que provocan la terminación normal del proceso en una instancia o en apelación se conocen como sentencias definitivas, cuyo contenido debe ajustarse a lo establecido en el Art. 74 de la LOJCA. La denominación de firmes se reserva para las sentencias contra las que no cabe recurso alguno.

§227. Clasificación - La sentencia no siempre contiene un pronunciamiento sobre el fondo, pues, en caso de incumplimiento de los presupuestos procesales, la decisión puede consistir en la inadmisibilidad de la pretensión ejercitada. Se distinguen así, en sentencia previa y sentencias de fondo.

§228. a) Sentencia previa - La decisión de admisibilidad por el Juzgado de Sustanciación no es vinculante para el Tribunal en pleno, por lo que puede considerar procesalmente prelatorio al momento de decir el fondo de la controversia[495], pues el análisis de las causales de inadmisibilidad constituye una cuestión de orden público, no requiriendo de instancia de parte para su revisión en la definitiva[496].

En efecto, el auto de admisión es un acto de mera sustanciación, una providencia ordenatoria, de mero trámite, susceptible por su propia índole de ser revocado por contrario imperio.

§228. b) Sentencia de fondo - La sentencia dictada sobre el fondo del litigio puede poseer un contenido estimatorio o desestimatorio de la pretensión. El Juez debe pronunciarse en forma expresa y tomando en cuenta los elementos de autos, debe declarar con o sin lugar la demanda[497].

§228. b) i. Sentencia desestimatoria (o declarativa) - Cuando el Juez considera conforme a Derecho el acto administrativo sometido a control jurisdiccional, la sentencia tendrá un contenido mero-declarativo, consistente en un pronunciamiento favorable sobre la legalidad del acto administrativo que provoca la desestimación o declaratoria sin lugar de la pretensión de anulación del actor y, por ende, se mantiene el acto impugnado, dejando inalterado el estado de hecho o de derecho generado por el acto administrativo declarado conforme a Derecho.

§228. b) ii. Sentencia estimatoria (o constitutiva) - Si, por el contrario, el Juez entiende que el acto administrativo impugnado infringe el Ordenamiento Jurídico estimará o declarará con lugar la pretensión del demandante, total o parcialmente. La estimación implica, necesariamente, la anulación total o parcial del acto administrativo impugnado, según sea el caso.

---

495 Sent. CSJ/SPA 18-03-1985, RDP N° 22-171, RDP N° 51-144.
496 Sent. CPCA del 31-03-1982, RDP N° 10-163; y del 11-07-1990, RDP N° 43-104.
497 Sent. CPCA del 27-03-1985, RDP N° 22-187.

Ahora bien, en el caso de sentencia desestimatoria, el Juez debe justificar su decisión revelando lo improcedente de todos los motivos de anulación invocados por el impugnante, independientemente del número, salvo que sean inoperantes o abandonados por el impugnante. Por el contrario, en el caso de sentencia estimatoria, el principio es que puede fundarse sobre uno de los motivos de anulación, sin que sea necesario examinar los otros motivos de anulación[498]. Si hay vicios de orden público, se dará preferencia a los mismos.

El contenido de la sentencia será mero-declarativo si estima que el motivo de anulación del acto administrativo provoca su anulación absoluta. La verificación de la anulación absoluta por sentencia no es constitutiva sino jurídicamente declarativa de un estado de hecho contrario al Derecho, que continuará el mismo mientras no sea eliminado, la cual tiene efectos *ex-tunc*[499].

En los casos de vicio de anulación absoluta, la anulación ha de ser total y no parcial[500], salvo que sea de una parte del acto que sea independiente del resto. Por otro lado, los actos firmes dictados sobre la base del acto de efectos generales (reglamento) anulado, y anteriores a dicha anulación, no son alcanzados por la misma, de acuerdo con el principio de seguridad jurídica. Por tanto, al anularse un reglamento se invalidan también las decisiones administrativas dictadas por aplicación del reglamento ya anulado.

En el caso de la anulación relativa, el contenido de la sentencia estimatoria o con lugar será constitutiva, si se limita a anular el acto administrativo, o mixta, cuando con la pretensión de anulación (constitutiva), se ha pretendido el reconocimiento de una situación jurídica individualizada (pretensión mero-declarativa), y la adopción de las medidas adecuadas para su pleno restablecimiento, entre ellas la indemnización de los daños y perjuicios surgidos (pretensión declarativa de condena) (Art. 9, num. 4 de la LOJCA).

La potestad de la Jurisdicción Contencioso Administrativa es unitaria, pudiendo hacer en un solo acto jurisdiccional, los pronunciamientos siguientes: (i) declarar la anulación, (ii) disponer el restablecimiento de las situaciones jurídicas subjetivas lesionadas y (iii) por último, condenar el resarcimiento de los daños inferidos a los derechos subjetivos.

En conclusión, la ilegalidad del acto administrativo comporta las consecuencias siguientes:

a. La declaración de ilegalidad, atendido a su grado, comporta como sanción la anulación absoluta o la anulación relativa.

b. Si la anulación ha sido por violación del derecho subjetivo procede disponer su inmediato restablecimiento.

c. Por último, si el acto administrativo declarado ilegal, es a la vez productor de daño, comporta su resarcimiento.

Sin embargo, la *restitutio in integrum* es a veces imposible con respecto a actos administrativos que condicionaban su validez a la del acto administrativo anulado.

498 Sent. CPCA del 27-03-1985, RDP N° 22-187.
499 Sent. CPCA del 18-12-1986, RPD N° 29-138.
500 Sent. CPCA del 22-04-1985, RDP N° 22-1.

Así, las decisiones de mera aplicación y las estrictamente vinculadas o ligadas a aquél sufren los efectos de la sentencia anulatoria. La invalidez del acto administrativo declarada judicialmente se extiende a los mismos.

Las declaraciones respecto de derechos civiles o de otras naturalezas ajenas a la materia contencioso-administrativa, no serán objeto de decisión, lo cual es un corolario de los principios esenciales del proceso administrativo.

Por último, de acuerdo con el Art. 74, num. 1 de la LOJCA, además de los requisitos del Art. 243 del CPC, la sentencia deberá indicar las medidas inmediatas necesarias para restablecer la situación jurídica infringida; esto es, el Juez tiene poderes para adoptar las medidas que estime necesarias para el restablecimiento de la misma situación jurídica infringida[501], pudiendo ordenar conductas a la Administración Pública en virtud del principio de la integridad de los derechos subjetivos que deben ser reparados de inmediato ante cualquier perjuicio o menoscabo, bien sea en forma de restablecimiento o de indemnización. Así, en materia de función pública es frecuente la orden de reincorporación o restitución al cargo que desempeñaba el impugnante[502] y la condena al pago de los sueldos dejados de percibir[503]. En materia de propiedad industrial la orden de registro respectivo y de expedir los certificados de registro correspondientes[504].

En los casos de ser imposible el restablecimiento solicitado, el Juez puede acordar una media sustitutiva, por ejemplo, la reincorporación a otro cargo de similar jerarquía y remuneración[505], o en fin, acordarle una indemnización compensatoria del daño sufrido[506].

b. Requisitos

§229. Plan - La sentencia, como todo acto jurídico y además procesal, ha de cumplir los requisitos que el Derecho procesal administrativo exige, así: (i) extrínsecos; y (ii) intrínsecos.

§230. a) Extrínsecos (o estructura de la sentencia) - Por lo que respecta a los requisitos extrínsecos o de forma que necesariamente debe llenar la sentencia, están contemplados en el Art. 243 del CPC.

Así, en la parte narrativa se indicara el Tribunal, la indicación de las partes, los términos de la controversia; en la parte motiva se enunciaran las razones de hecho y de derecho en que el Tribunal fundamenta la decisión; y, en la parte dispositiva, si declara o no la anulación, total o parcial, del acto impugnado, y sus efectos en el tiempo[507].

§230. b) Intrínsecos (o principio de congruencia) - Por lo que respecta a los requisitos intrínsecos, en el proceso administrativo, a las partes les incumbe la delimitación del objeto procesal (*ne eat index ultra petita partium*); por tanto, el límite de la acción del proceso y la decisión del Juez es el establecido en el escrito de demanda.

---

[501] Sent. CPCA del 29-02-1984, RDP N° 17-204.
[502] Sent. CSJ/SPA del 07-06-1982.
[503] Sent. CSJ/SPA del 16-05-1983 y 14-05-1985.
[504] Sent. CSJ/SPA del 20-06-1990, del 14-08-1990, del 24-10-1990 y del 14-03-1991.
[505] Sent. CSJ/SPA del 16-05-1983.
[506] Sent. CPCA del 13-12-1984, RDP N° 22-156.
[507] Sent. CSJ/SCC del 12-07-1995, JCSJ N° 7-355.

Como consecuencia de ello, se configura el principio de congruencia como adecuada correlación entre la petición y la sentencia, de tal suerte que la parte dispositiva de la misma no podrá otorgar: (i) más de lo pedido por el actor en su escrito de demanda, (ii) menos de lo resistido por el demandado en su escrito de contestación, (iii) cosa distinta a la pedida por ambas partes («extra» o «citra», «infra» y *ultra petita partium*), o (iv) gravar más de lo que estaba el apelante (prohibición de la *reformatio in peius*).

En mérito a lo anterior, la disconformidad o no correlación que ha de existir entre la pretensión y la sentencia dará lugar a los vicios de la sentencia que se analizan a continuación.

§230. b) i. Incongruencia *infra petita* - El vicio de *infra* o *citrapetita* u omisión de pronunciamiento se configura cuando el Juez deja de analizar y resolver una pretensión o alguna excepción o defensa[508].

§230. b) ii. Incongruencia *ultra petita* - El vicio de *ultra petita* es un exceso de jurisdicción por parte del Juez, al decidir cuestiones que no han sido planteadas en el juicio, concediendo en la mayoría de los casos a una de las partes una ventaja no solicitada, es decir, otorga más de lo pedido, o se pronuncia sobre cosa no demandada[509].

Así, la *ultra petita* es el vicio de la sentencia que consiste en haber declarado el derecho de las partes más allá de lo que ha sido objeto de pretensiones o litigio, pues el Juez no puede sacar elementos de convicción fuera de los autos, ni suplir excepciones o argumentos de hecho, no alegados, ni probados[510]. Es la manifestación particular del principio más general del principio de congruencia[511], esto es, de la sentencia con la pretensión del actor y la defensa del demandado[512].

§230. b) iii Incongruencia *extra petita* - Si el Juez excede los límites de la *litis*, por decidir cuestiones extrañas o distintas a los pedimentos del escrito de la demanda, o también por pronunciarse sobre asuntos que no le hayan sido planteados por las partes, en los casos en los cuales por la ley no puede hacerlo, incurre en su sentencia en el vicio de *extra petita*[513].

c. Cosa juzgada

§231. Plan - Una vez que se dicta la sentencia, despliega sus efectos tanto en el mundo del proceso como en el de las relaciones jurídicas, y de manera específica, la imposibilidad de que cualquier órgano jurisdiccional dicte una nueva sentencia sobre el mismo asunto, esto es, lo que se denomina *strictu sensu* cosa juzgada en dos sentidos: cosa juzgada formal (i) y cosa juzgada material (ii).

§232. a) Cosa juzgada formal - La sentencia produce efecto de cosa juzgada cuando deviene irrecurrible. Se trata de un supuesto de preclusión: transcurridos

508 Sent. CSJ/SCC del 25-07-1991, 30-07-1991, 21-06-1995, JCSJ N° 6-271.
509 Sent. CSJ/SCC del 21-06-1995, JCSJ N° 6-303; CPCA del 10-12-1984, RDP N° 20-166; 30-05-1985, RDP N° 23-180; 07-06-1993, RDP N° 53/54-336.
510 Sent. CSJ/SPA del 11-07-1972, GO N° 1540 Ext. del 29-08-1972, p. 47.
511 Sent. CPCA del 13-03-1980, RDP N° 20-140; 25-03-1980, RDP N° 2-141; y 08-03-1983, RDP N° 14-182.
512 Sent. CPCA del 07-12-1982, N° 13-174; del 30-01-1983, RDP N° 13-154; y del 10-12-1984, RDP N° 20-166.
513 Sent. CSJ/SCC del 21-06-1995, JCSJ N° 6-303.

los plazos establecidos para ejercitar los remedios o recursos judiciales procedentes, la sentencia adquiere firmeza.

La firmeza es condición esencial de la cosa juzgada; bien porque la sentencia en sí no sea susceptible de impugnación (firmeza originaria) o porque hubieren trascurrido los lapsos para interponer los recursos admisibles (firmeza sobrevenida)[514].

§232. b) Cosa juzgada material - Mientras que tan solo produce el efecto de cosa juzgada material, la sentencia firme que pongan fin al proceso y contenga un pronunciamiento sobre el fondo.

§233. Requisitos - Para que nazca la cosa juzgada -y por ende la excepción de la cosa juzgada- es necesario que concurran diversos requisitos, esto es, cuando hay la más perfecta identidad entre las cosas, las causas, las personas de los litigantes y la calidad con que lo fueron.

§234. a) Requisitos objetivos - El *petitum* y la *causa petendi* de la pretensión sobre la cual versa la sentencia, deben ser idénticos a los de la pretensión posteriormente ejercitada.

§234. b) Requisitos subjetivos- La cosa juzgada, en principio, afecta únicamente a las partes procesales. Por tanto, debe haber la más perfecta identidad entre los litigantes y la calidad con que lo fueron, para que la cosa juzgada despliegue sus efectos en el proceso posterior.

§235. Recurso de aclaratoria - De acuerdo con el principio de invariabilidad de la sentencia, el Juez administrativo no podrá variar ni modificar sus sentencias después de publicadas. En efecto, si bien no puede variar las sentencias una vez publicadas, si puede aclarar algún concepto oscuro, o suplir cualquier omisión que contengan, lo cual puede hacerse de oficio o a instancia de parte o del Ministerio Público.

Así las cosas, se admite que las partes procesales ejerzan el recurso de aclaratoria o ampliación de la sentencia, con el fin de aclarar los puntos dudosos de la sentencia[515], el cual debe limitarse a lo dispositivo del fallo[516], pero sin modificar las conclusiones que contiene[517].

El tiempo hábil para solicitar la aclaratoria o ampliación de una sentencia es el mismo día de la publicación o como máximo al día siguiente[518]. Es un plazo perentorio o improrrogable[519].

Sin embargo, la jurisprudencia ha desaplicado por vía de control difuso de constitucionalidad este plazo y ha señalado que debe aplicarse el mismo que se tiene para la apelación[520].

---

514 Sent. CPCA del 29-04-1993, RDP N° 53/54-339.
515 Sent. CSJ/SP del 31-10-1988, RDP N° 38-78.
516 Sent. CSJ/ SP del 06-12-1990, RDP N° 45-138.
517 Sent. CPCA del 27-09-1985, RDP N° 20-167.
518 Sent. CSJ/SPA del 14-04-1983, RDP N° 15-192; del 06-12-1990, RDP N° 45-138; del 11-12-1990, RDP N° 45-86; y del 29-10-1992, RDP N° 52-214.
519 Sent. CSJ/SPA del 17-02-1983, RDP N° 13-166; CPCA 17-10-1985, RDP N° 24-171.
520 Sent. N° 2250 del TSJ/SPA del 16-10-2001; y N° 382 del 25-4-2012.

§236. Consulta de sentencias - Cuando ninguna de las partes haya apelado pero la sentencia deba ser consultada, se decidirá sin la intervención de aquellas en un lapso de treinta días de despacho, contados a partir del recibo del expediente, prorrogable justificadamente por un lapso igual, de acuerdo con el Art. 94 de la LOJCA.

§237. Recurso de apelación - Finalmente, la sentencia que viola la cosa juzgada puede ser impugnada mediante el recurso ordinario de apelación[521].

Por otro lado, la sentencia pronunciada fuera del lapso legal no deja por ello de ser válida[522], pero debe ser notificada para que puedan correr los lapsos.

B. Terminación anormal

§238. Plan - La terminación del proceso administrativo sucede con la sentencia. Pero, si este es el medio normal de terminación del proceso, no es el único, pues la terminación puede tener lugar de un modo anormal mediante un conjunto de actos, que si bien pueden poner fin al proceso lo hacen sin que intervenga la sentencia. Ella no supone, sin embargo, que el órgano judicial no dicte algunos actos, pero estos no tienen el carácter de sentencia.

Pueden existir diversos supuestos, sea por actividad de las partes o inactividad de las mismas. Si aquellas corresponden al demandante nos encontramos frente al desistimiento (i), mientras que si corresponde al demandado tendremos al allanamiento o la satisfacción extraprocesal (ii). Si resulta de actividad bilateral de las partes, se dará la transacción (iii). Si se trata de la inactividad del demandante, la perención (o caducidad) de la instancia (iv), modalidades estas que abordaremos a continuación.

§239. a) Desistimiento - El desistimiento consiste en un acto procesal voluntario que produce la extinción de la relación procesal[523]. El desistimiento puede ser de dos tipos: del proceso y de la acción.

Ahora bien, el desistimiento del proceso se da cuando el actor renuncia a la pretensión deducida en el proceso, pero no renuncia al fundamento de la misma y, por lo tanto, podrá esgrimir el mismo fundamento en apoyo de una nueva pretensión procesal. No afecta al derecho material o sustancial que fundaba la pretensión y no obsta a su reiteración en un nuevo proceso.

Asimismo, el desistimiento de la acción implica renunciar de modo inequívoco y concluyente al fundamento mismo de la pretensión, por lo que sus efectos son más absolutos, pues comporta la imposibilidad de iniciar un nuevo proceso sobre el mismo objeto. El desistimiento como acto unilateral del demandante tiene carácter irrevocable, aún antes de la declaratoria de homologación del Tribunal (Art. 205 del CPC)[524], y puede producirse válidamente en cualquier estado y grado de la causa, incluido el de sentencia[525], y cuyo fin es la extinción del proceso[526].

---

521 Sent. CPCA del 29-04-1993, RDP N° 53/54-339.

522 Sent. CPCA del 29-05-1986, RDP N° 26-145; CSJ/SPA del 20-08-1982, RDP N° 11-182.

523 Sent. CPCA del 15-03-1983, RDP N° 14-186.

524 Sent. CSJ/SPA del 04-07-1990, RDP N° 43-129; CPCA del 05-08-1986, RDP N° 27-131.

525 Sent. CSJ/SPA del 02-02-1981, RDP N° 5-149.

526 Sent. CPCA del 30-08-1993, RDP N° 55/56-454.

Si bien el desistimiento es un acto unilateral de voluntad del actor o demandante, en cualquier estado del juicio, el cual debe ser expreso, vale decir, que no puede en ningún caso presumirse, será necesario una decisión del Tribunal, la cual no es una sentencia. En virtud de sus poderes de jurisdicción, el Juez puede decir si el desistimiento puede o no ser admitido, pues a pesar que haya operado el desistimiento o la perención, si existe infracción a disposiciones fundamentales, tanto de carácter sustantivo como adjetivos, no hay lugar a que se declare sus consumación por parte del Tribunal[527]. Por tanto, existe la potestad del Juez de continuar el juicio en los casos de desistimiento o perención, en los casos de violación de normas de orden público (Art. 87de la LOCSJ[528]).

Por último, para que el Juez pueda dar por consumado el desistimiento se requiere que el mismo: (i) conste en el expediente en forma auténtica y (ii) sea hecho pura y simplemente, es decir, sin términos, ni condiciones, ni modalidades, ni reservas de ninguna especie[529].

§239. b) Allanamiento - Se trata de un acto procesal del demandado, que implica un reconocimiento de las pretensiones del actor. Esta figura se diferencia del reconocimiento de los hechos, en tanto esta implica una admisión solo de los hechos en que se funda la pretensión, pero no hace desaparecer la *litis;* solo releva al actor de la carga de la prueba, continuando el juicio como una cuestión de mero derecho. También hay que diferenciarla de la abstención, lo cual implica la no participación en el proceso.

El allanamiento puede tener lugar en cualquier momento, naturalmente a partir de la presentación de la demanda y antes de dictarse sentencia. El allanamiento puede ser total o parcial.

Por otro lado, existe la satisfacción extra-procesal. Se trata del supuesto en que iniciado el proceso, la Administración Pública reconozca en vía administrativa las pretensiones del demandante, vale decir, deja sin efecto al acto impugnado en vía procesal administrativa. Habrá, por tanto, una cesación de la materia litigiosa, una desaparición del objeto de la pretensión. Esta satisfacción extraprocesal es indudablemente una actividad regulada por el Derecho administrativo, por lo que se aplica el régimen de potestad de revocación de los actos administrativos regulado en la LOPA, y su repercusión en el mundo del proceso.

§239. c) Transacción - Es un convenio que realizan las partes haciéndose recíprocas concesiones, a los efectos de eliminar las diferencias de carácter dudoso que existiese en ellas. Es posible que con la transacción se precave o evite el pleito, entonces, estaremos en presencia de una transacción extra-judicial. Por el contrario, iniciado el juicio, las partes también pueden convenir en la transacción. Se trataría ya en presencia de una transacción judicial.

Ahora bien, la transacción en el contencioso-administrativo solo es posible en el campo el contencioso de derechos. Por el contrario, en el contencioso de anulación no es posible la transacción por tratarse del ejercicio de potestades administrativas.

---

527 Sent. CPCA del 03-05-1983, RDP N° 15-196.

528 Sent. CPCA del 09-12-1981, RDP N° 9-135; del 29-02-1984, RDP N° 12-205; CPCA del 17-09-1992, RDP N° 51-207.

529 Sent. CPCA del 19-05-1988, RDP N° 35-157.

§239. d) Perención de instancia - La perención ocurre por la inoperancia del demandante dentro del proceso, por un determinado periodo, tanto en primera como en segunda instancia[530].

El fundamento de esta figura procesal es la presunción del abandono del procedimiento por parte de la persona obligada a impulsar el proceso[531]. Se trata, pues, de un simple hecho, el transcurso del plazo señalado por el Art. 41 de la LOJCA, esto es, un año[532], sin la realización por las partes de actos procedimentales dentro de un proceso paralizado, lo cual comporta la extinción del proceso[533].

A los fines de la declaratoria de la perención es requisito suficiente, el transcurso del tiempo previsto, desde la iniciación del juicio por la presentación del escrito de la demanda, haya o no sido admitida[534]. Esta situación fáctica se transforma en jurídica por una decisión del órgano judicial. La perención es de carácter objetiva e irrenunciable[535], y de estricto orden público, pues opera de pleno derecho, y el Juez está obligado a declararla de oficio, pues no es renunciable (principio de irrenunciabilidad)[536], por las partes[537].

Finalmente, el efecto extintivo se produce por imperio de la ley en forma automática e indefectible[538]. Asimismo, se establece como principio general que no corre la perención después que el Tribunal haya dicho «Vistos»[539].

§240. Arbitraje - Por último, el arbitraje sirve para solucionar problemas conflictivos entre las partes. Constituye un procedimiento por medio del cual las partes acuerdan libremente someter sus diferencias a árbitros y se comprometen a aceptar la decisión arbitral considerándola obligatoria.

El principio fundamental es que las cuestiones que no pueden ser sometidas a transacción no pueden ser tampoco objeto de arbitraje. De ahí que no lo pueden ser todo lo que implique el ejercicios de las potestades administrativas y, de manera principal, la determinación de la legalidad o ilegalidad de los actos administrativos (contencioso de anulación), pero sí sería admisible en el contencioso de derechos (demandas patrimoniales).

4. EJECUCIÓN

A. Concepto

§241. Planteamiento general - De acuerdo con el Art. 107 de la LOJCA, la ejecución de la sentencia o de cualquier otro acto que tenga fuerza de tal, le corresponderá al Tribunal que haya conocido de la causa en primera instancia.

530 Sent. CPCA del 29-01-1987, RDP N° 29-142.
531 Sent. CSJ/SPA del 01-12-1983; RDP N° 17-206; CSJ/SPA del 06-02-1990, RDP N° 45-141.
532 Sent. CSJ/SPA del 12-08-1993, RDP N° 55/56-455.
533 Sent. CSJ/SPA del 21-03-1990, RDP N° 42-139.
534 Sent. CSJ/SPA del 10-12-1992, 04-02-1993, RDP N° 53/54-346.
535 Sent. CPCA del 19-03-1987, RDP N° 30-155.
536 Sent. CSJ/SPA del 21-03-1990, RDP N° 42-139, CPCA del 12-07-1990, RDP N° 43-133.
537 Sent. CPCA del 23-07-1980, RDP N° 4-161; 23-03-1993, RDP N° 53/53-348, CSJ/SPA del 26-06-1980, N° 3-166.
538 Sent. CSJ/SPA del 14-07-1983, RDP N° 15-197.
539 Sent. CPCA del 19-03-1987, RDP N° 30-155.

Ahora, se entiende por ejecución el conjunto de actividades procesales tendentes a la realización de un derecho subjetivo reconocido en un título de ejecución. Así, el proceso de ejecución requiere necesariamente la existencia de un título de ejecución judicial o extrajudicial. El título judicial por excelencia lo constituye la sentencia firme.

Los actos que suceden a la apertura de la ejecución son de naturaleza procesal, que transcurren bajo la inmediación del órgano jurisdiccional competente, que normalmente suele ser quien ha emitido la sentencia firme. La ejecución judicial del fallo contencioso-administrativo es actividad procesal y no administrativa; corresponden a la jurisdicción administrativa porque constituye la última fase del proceso.

B. Fundamento

§242. Planteamiento general - El fundamento de derecho a la ejecución de las sentencias se encuentra implícito en el derecho a la tutela jurisdiccional efectiva, ya que el derecho fundamental de libre acceso a la Justicia, no sólo comprende la acción sino también el de lograr la ejecución de los fallos[540]. Ahora bien, la ejecución tiene que ser jurisdiccional, como consecuencia del principio de exclusividad jurisdiccional, lo cual comporta en el ámbito de la Justicia administrativa, la instauración del sistema judicialista de ejecución de sentencias.

En materia de ejecución de sentencias, la jurisprudencia ha acudido a la analogía, al considerar aplicable el sistema de ejecución de sentencias condenatorias en contra de los Municipios[541], para fijar plazos a la Administración Pública para la ejecución de sentencias, cambiando su jurisprudencia anterior donde se sostenía que tal conducta violaba el principio de separación de poderes[542].

Hay que pensar que si el Estado sanciona el Derecho, es inaceptable que un órgano del Estado pueda con una suerte de Derecho positivo, el de cumplir o el de dejar de cumplir la sentencia pronunciada por otro órgano del Estado. En consecuencia, el cuestionamiento administrativo a la ejecución de la sentencia, constituye una interferencia injustificable en el acto de administración de justicia[543].

Cuando la República sea condenada en juicio, se seguirán las normas establecidas en la LOPGR[544], de acuerdo con el Art. 108 de la LOJCA. Si se trata de institutos públicos y autónomos u otros entes públicos, el Tribunal a petición de parte ordenará su ejecución. A estos fines, notificará a la parte condenada para que dé cumplimiento voluntario a la sentencia dentro de los diez días de despacho siguientes a su notificación, de acuerdo con el Art. 109 de la LOJCA.

Finalmente, se observa que la verdadera garantía de la ejecución de las sentencias no ha de lograrse tanto con la responsabilidad personal de los funcionarios, sino con la formación de una fuerte conciencia jurídica y la creación de una jurisprudencia administrativa correcta, versátil y coherente.

---

540 Sent. CSJ/SPA del 22-11-1990; 09-05-1991, RDP N° 46-165.

541 Sent. CSJ/SPA del 16-05-1983, GF N° 1290, Vol I, 1983, p. 249; 09-05-1991, RDP N° 46-165; 13-05-1993, RDP N° 53/54-342.

542 Sent. CSJ/SPA del 08-08-1983, RDP N° 16-184.

543 Sent. CSJ/SPA del 15-12-1992, RDP N° 52-124.

544 Vid. Ley Orgánica de la Procuraduría General de la República publicada en la GO N° 6.210 del 30-12-2015 y reimp. en N° 6.220 del 15-03-2016.

5. RECURSO DE APELACIÓN

A. Derecho al recurso

§243. Planteamiento general - La sentencia no constituye la última palabra de la jurisdicción, dado que en contra de la misma se arbitran los medios de impugnación tendentes a conseguir la revisión del pronunciamiento de instancia, cuando aparezca evidente para la parte insatisfecha que dicha sentencia ha incurrido en algún «vicio de actividad» o «defecto de juicio», irregularidades estas reconducibles a la posibilidad de que el Tribunal emisor de la sentencia haya aplicado defectuosamente las normas legales, tanto procesales como sustantivas.

Es, pues, el derecho al recurso[545], una manifestación del derecho a la tutela jurisdiccional efectiva, el derecho a ejercer el o los recursos judiciales que las leyes establecen contra las sentencias, ya sean definitivas o interlocutores, constituyéndose así el recurso en una prosecución del proceso y, al tiempo, una revisión del mismo por un Tribunal superior.

Sin embargo, el derecho al recurso judicial se extiende sólo a los recursos que la LOJCA regule expresamente, por lo que cabe la consagración de la existencia de procesos de única instancia.

Por último, la jurisprudencia ha sostenido reiteradamente que el Ordenamiento jurídico procesal no prevé la existencia, ni regula el ejercicio del recurso de casación en ninguna instancia, por órganos de la Justicia administrativa[546], salvo el recurso de casación en materia agraria, cuya sustanciación y decisión se rige por la LOTPT (Art. 25[547]).

En consecuencia, el derecho al recurso judicial lo que significa es que se le garanticen a las partes procesales la utilización de los recursos judiciales consagrados, a que no le sea impedido su ejercicio si tiene derecho a ellos por reconocimiento de norma legal expresa. La vulneración o menoscabo de tal derecho se da cuando se priva a los interesados que deduzcan los recursos judiciales ya existentes en virtud de los presupuestos procesales establecidos en la ley.

§244. Presupuestos procesales - Tales presupuestos son principalmente dos: (i) la existencia del gravamen y (ii) la exigencia de que la parte que deduce el recurso ostente la denominada conducción procesal o cualidad de parte.

§245. a) Gravamen - La base fundamental de los recursos es el gravamen, que consiste en la diferencia perjudicial entre lo solicitado por las partes en su demanda o contestación y lo obtenido en la sentencia que es objeto de impugnación.

Así, las notas características son las siguientes: (i) el gravamen se produce respecto de las partes procesales en el proceso previo y resulten gravadas por la sentencia, (ii) no hay gravamen para las personas a quienes no afecte la cosa juzgada y (iii) por último, el gravamen se ha de producir en la parte dispositiva de la sentencia.

---

545 Sent. CSJ/SPA del 22-10-1981, RDP N° 8-136.

546 Sent. CSJ/SPA del 18-04-1985, RDP N° 22-189; CSJ/SCC del 12-03-1992; del 19-5-1994, JCSJ, N° 5-142.

547 Sent. CSJ/SPA del 30-09-1982, RDP N° 12-192. Actual Ley de Tierras y Desarrollo Agrario, en GO N° 5.991 Extr. del 29-07-2010.

§245. b) Cualidad de parte - El segundo de los presupuestos de los recursos judiciales lo constituye la conducción procesal, esto es, la necesidad de que quien interpone el medio de impugnación haya actuado como parte en el proceso en el cual se dicte la sentencia impugnada. No obstante, extraordinariamente se puede dar el caso que un tercero contra quien se pueda ser ejecutorío el fallo pueda formular la apelación en garantía de su derecho a la defensa (Art. 297 del CPC).

B. Recurso de apelación

a. Régimen

§246. Concepto - El sistema del recurso de apelación descansa en dos principios fundamentales: (i) la existencia de Tribunales superiores y de Tribunales inferiores, y (ii) que a los Tribunales superiores se les atribuya competencia para revisar las decisiones de los Tribunales inferiores[548].

Así las cosas, el recurso de apelación es un proceso de impugnación y tiene por objeto un recurso jurisdiccional que se interpone contra las sentencias definitivas e interlocutorias que causen gravamen también en lo contencioso-administrativo. Es un medio de impugnación ordinario, y que se dirige por la parte gravada contra la sentencia definitiva publicada[549]. Con ello se posibilita un nuevo examen del asunto a fin de obtener del Tribunal superior una decisión que corrija los errores, tanto *in procediendo* como *in iudicando*, en que haya podido incurrir el Tribunal en la decisión dictada en primera instancia.

Finalmente, de las sentencias definitivas se podrá apelar en ambos efectos dentro de los cinco días de despacho siguientes a su publicación, de acuerdo con el Art. 87 de la LOJCA. Mientras que de las sentencias interlocutorias se podrá apelar en un solo efecto, salvo que causen gravamen irreparable, en cuyo caso se oirá la misma en ambos efectos (Art. 88 de la LOJCA). Una excepción está prevista en el caso de la sentencia definitiva del procedimiento breve (Art. 75 de la LOJCA).

§247. Recurso ordinario - Se trata de un recurso jurisdiccional ordinario, porque su fundamentación no ha de ajustarse obligatoriamente a determinados motivos o causas predeterminados por la ley; es, por el contrario, un medio de impugnación viable para evidenciar cualquier vicio o defecto en que haya podido incurrir la sentencia impugnada.

§248. Devolutivo - Del recurso de apelación siempre conoce el Tribunal superior jerárquico del Juez que haya dictado la sentencia impugnada. El recurso se interpone ante el propio Juez administrativo autor de la sentencia impugnada, quien ostenta la competencia para declarar su admisión o inadmisión.

b. Efectos

§249. Planteamiento general - El carácter devolutivo junto con el carácter superior implica que el recurso de apelación, en tanto que medio ordinario de impugnación, siempre se admite en ambos efectos. Por tanto, los efectos suspensivos comportan la paralización del efecto típico de la sentencia -la cosa juzgada formal- y de otro, la imposibilidad de proceder a la ejecución de la sentencia, hasta tanto no se pronuncie el Tribunal superior sobre el recurso de apelación.

---

[548] Sent. CPCA del 21-01-1988, RDP N° 33-121.
[549] Sent. CPCA del 10-11-1982, RDP N° 12-174.

§250. Ámbito - La interposición del recurso de apelación ocasiona la apertura del procedimiento en segunda instancia (Arts. 87 al 102, Cap. III, T. IV de la LOJCA), el cual por naturaleza tiende a revisar el pronunciamiento que ha puesto fin a la primera instancia mediante la reproducción de lo actuado en ello, y en función de lograr una nueva decisión que confirme, modifique o anule la sentencia impugnada.

Así las cosas, en primera instancia, el Juez no conoce sino de un litigio. En segunda instancia el Juez superior debe resolver, a la vez, el litigio y controlar la sentencia. Por tanto, la segunda instancia no puede conceptuarse como un proceso autónomo y desvinculado de la sentencia impugnada y, en especial, de las alegaciones y pretensiones materializadas en el recurso de apelación.

Por tanto, los caracteres generales del ámbito del recurso de apelación son los siguientes:

a. El Tribunal superior (*ad quem*) sólo puede conocer del objeto procesal introducido por el apelante.

b. No pueden ser objeto de examen cuestiones que no han sido discutidas en la primera instancia.

c. Los poderes del Tribunal superior (*ad quem*) se extienden a revisar la sentencia impugnada, no solo enjuiciando la aplicación del Derecho realizada por el Tribunal inferior (*a quo*), sino también a valorar y a precisar de nuevo las pruebas practicadas en relación con los hechos admitidos, siempre con respeto a las pretensiones de las partes.

d. La prohibición de la *reformatio in peuis* (*tamtum apellatum quantum devolutum*).

e. Por último, el recurso de apelación es de una naturaleza limitada por lo que respecta a las alegaciones y pruebas.

C. Procedimiento del recurso de apelación

§251. Lapso de apelación - De acuerdo con el Art. 87 de la LOJCA, el recurso de apelación contra las sentencias definitivas se deberá interponer ante el Tribunal *a quo* dentro de los cinco días de despacho siguientes a su publicación[550]; es un lapso incluyente[551], y abierto[552].

El escrito de interposición se limitará a tener por anunciada la intención de apelar la sentencia, solicitando su admisión y posterior revisión del expediente al Tribunal *ad quem*.

a. Sustanciación

§252. Planteamiento general - El recurso de apelación es el recurso procesal por el cual la parte que considere que ha sufrido una lesión por causa de la sentencia provoca un examen de la causa por el Juez superior[553], para lo cual se exige la forma de escrito y no de diligencia[554].

---

550 Sent. CPCA del 25-09-1990, RDP N° 44-183.
551 Sent. CPCA del 08-02-1988, RDP N° 33-141.
552 Sent. CPCA del 09-06-1983, RDP N° 15-194.
553 Sent. CPCA del 12-05-1983, RDP N° 15-193.
554 Sent. CPCA del 22-07-1982, RDP N° 11-188.

Por su parte, el recurso de hecho el cual es complemento o garantía del derecho de apelación[555], procede en los supuestos de los Arts. 31 de la LOJCA y 305 al 309 del CPC[556] y tiene por fin lograr del Tribunal superior, que ordene admitir una apelación negada por el Tribunal *a quo* o que la mande oír en ambos efectos, cuando lo ha sido en el solo efecto devolutivo y se trate de decisiones que sean impugnables[557]. Por tanto, este especial recurso de apelación tiende a reparar el presunto agravio[558]. En tales casos, es necesario copia no sólo de la providencia que negó el recurso sino, además, de la decisión misma objeto del recurso de apelación[559].

Finalmente, el testimonio indispensable para la decisión referente al recurso de hecho debe acompañarse al escrito del recurso o dentro del término breve y perentorio que al efecto fije el Tribunal[560].

§253. Admisión de la apelación - Interpuesto el recurso de apelación dentro del lapso legal, el Tribunal deberá pronunciarse sobre su admisión dentro de los tres días de despacho siguientes al vencimiento de aquél, según el Art. 89 de la LOJCA.

Admitida la apelación, el Tribunal que dictó la sentencia remitirá inmediatamente el expediente al Tribunal de alzada. Asimismo, en los Tribunales colegiados se designará ponente al recibir el expediente, según lo dispone el Art. 90 de la LOJCA.

§254. Escrito de formalización - Dentro de los diez días de despacho siguientes a la recepción del expediente, la parte apelante deberá presentar un escrito de formalización, que contenga los fundamentos de hecho y de derecho de la apelación, de conformidad con el Art. 92 de la LOJCA.

El recurso de apelación en la LOJCA tiene un carácter particular, por cuanto no basta con ejercer el indicado recurso sino que exige como dijimos su formalización mediante forma de escrito y no de diligencia[561], en el cual se habrán de señalar los fundamentos de hecho y de derecho que determinen su ejercicio[562], siendo una excepción al principio de la amplitud de la comunidad del efecto devolutivo del recurso de apelación, al imponérsele la obligación de señalar los fundamentos de impugnación de la sentencia que es objeto de la apelación[563]. Por tanto, formalizar es el acto procesal contentivo de las razones de hecho y de derecho que fundamentan el recurso de apelación[564], y limita el debate probatorio a los términos del escrito de formalización[565].

---

555 Sent. CSJ/SPA del 21-04-1981, RDP N° 6-176; y del 28-10-1982, RDP N° 12-171.

556 Sent. CPCA del 26-07-1982, RDP N° 11-190; del 03-05-1984, RDP N° 19-172; y Sent. TSJ/SPA N° 724 del 01-06-2011.

557 Sent. CSJ/SPA del 22-11-1990, RDP N° 44-184.

558 Sent. CSJ/SPA del 11-02-1985, RDP N° 21-177; del 21-05-1987, RDP N° 31-136; CSJ/SPA del 20-02-1986, RDP N° 25-145; CPCA del 28-11-1985, RDP N° 24-177.

559 Sent. CSJ/SPA del 15-10-1992, RDP N° 52-218.

560 Sent. CPCA del 30-05-1985, RDP N° 23-181; y CPCA del 14-12-1982, RDP N° 13-156.

561 Sent. CPCA del 22-07-1982, RDP N° 11-188.

562 Sent. CSJ/SPA del 11-02-1985, RDP N° 21-177; CPCA del 02-07-1992, RDP N° 51-205; CPCA del 04-12-1990, RDP N° 45-138; CPCA del 05-05-1988, RDP N° 34-138; CPCA del 10-12-1986, RDP N° 29-140.

563 Sent. CPCA del 05-06-1986, RDP N° 27-133.

564 Sent. CPCA del 15-06-1983, RDP N° 15-194.

565 Sent. CPCA del 10-03-1983 y del 22-07-1985, RDP N 24-178.

§255. Contestación- Vencido el lapso de apelación, se abre un lapso de cinco de despacho para que la otra parte dé contestación a la apelación, de acuerdo con el Art. 92 de la LOJCA, pudiendo el apelante durante dicho lapso introducir añadidos o aclaratorias, con el objeto de mejor precisar los fundamentos de hecho y de derecho[566].

§256. Desistimiento - El escrito de formalización de la apelación tiene por objeto demostrar los vicios de la sentencia y no del acto administrativo impugnado[567]; ha de ser correcta[568] y contener los «vicios de la sentencia».

En tal sentido, en el procedimiento de la segunda instancia la no presentación, por parte del apelante, del escrito contentivo de las razones de hecho y de derecho en que se base la apelación, comporta que el Tribunal declare desistida la apelación, y con ella el procedimiento bien sea de oficio o a solicitud de parte. Así las cosas, de conformidad con el Art. 92 de la LOJCA, la apelación se considerará desistida por falta de fundamentación. Por tanto, el escrito de formalización de la apelación que no contenga los fundamentos fácticos o jurídicos, en tanto que escrito fundamental, comporta el desistimiento[569], el cual puede ser declarado de oficio[570]. Asimismo, la falta del escrito de formalización[571], una mala formalización o una formalización confusa o ininteligible, producen el mismo efecto[572].

b. Sentencia

§257. Lapso para decidir - De acuerdo con el Art. 93 de la LOJCA, vencido el lapso para la contestación de la apelación, el Tribunal decidirá dentro de los treinta días de despacho siguientes, prorrogables justificadamente por un lapso igual.

§258. Sentencia - En los supuestos de carencia de algún presupuesto procesal, el Tribunal declarará inadmisible el recurso de apelación y no entrará a conocer del fondo del recurso de apelación ante él planteado. En cuanto al fondo cabe distinguir las modalidades siguientes:

§259. a) Sentencia desestimatoria - Es el rechazo por parte del Tribunal *ad quem* de las razones que fundamentan la apelación y, de consiguiente, estimando la sentencia impugnada conforme a Derecho.

§259. b) Sentencia estimatoria - En este caso, el Tribunal estima los fundamentos de la apelación, o cuando se aprecie de oficio algún vicio de orden público procesal en la sentencia, más que en los errores materiales manifiestos y los aritméticos.

---

566 Sent. CPCA del 14-05-1993, RDP N° 53/54-344.
567 Sent. CPCA del 18-06-1991, RDP N° 46-151.
568 Sent. CPCA del 04-12-1990, RDP N° 45-139; 02-07-1992, RDP N° 51-205.
569 Sent. CPCA del 02-07-1992, RDP N° 51-205.
570 Sent. CPCA del 18-05-1983, RDP N° 15-196.
571 Sent. CPCA del 01-11-1984, RDP N° 20-168.
572 Sent. CSJ/SPA del 07-10-1982, RDP N° 12-173; y CPCA del 11-07-1985, RDP N° 24-176.

VIII

LA REVISIÓN CRÍTICA DEL PROCEDIMIENTO CONTENCIOSO DE ANULACIÓN*

1. ANTECEDENTES

A. Ley Orgánica de La Corte Suprema de Justicia

§260. Planteamiento general - Antes de entrar a revisar el régimen legal vigente del procedimiento contencioso de anulación, o «demanda de anulación de actos administrativos» (Arts. 23.5, 24.5, 25.3 y 76 de la LOJCA), resulta conveniente referir de forma somera su antecedente, a saber, la regulación contenida a este respecto en la derogada LOCSJ (puesto que la derogada LOTSJ de 2004 fue solo una desafortunada y muy defectuosa traslación de esta en lo que al tema que nos ocupa[573]).

En efecto, la LOCSJ establecía dos procedimientos para la tramitación de pretensiones de anulación. El correspondiente al «juicio de anulación de los actos de efectos generales» (Arts. 112 al 120), y el «juicio de anulación de los actos administrativos de efectos particulares» (Arts. 121 al 129). Para efectos de este capítulo interesa resaltar los principales caracteres de este último, conocido también como «recurso contencioso administrativo de anulación» de actos administrativos[574].

La propia denominación legal de «recurso» a la demanda, o mejor aún, a la pretensión procesal, evidencia de entrada la influencia francesa[575], muy vinculada

* Este capítulo fue enteramente redactado por Miguel Ángel Torrealba Sánchez. Profesor Titular de Derecho Administrativo. Doctor en Derecho Administrativo Iberoamericano. Universidad Carlos III de Madrid, España. Miembro del Foro Iberoamericano de Derecho Administrativo (FIDA) y del Instituto Internacional de Derecho Administrativo (IIDA).

573 Vid. Torrealba Sánchez, M. A., *Manual de Contencioso Administrativo.* 2° ed. Editorial Texto. Caracas, 2007, pp. 62-64. Con más detalle: Brewer-Carías, A. R., Ob. cit., nota 230; y Carrillo Artiles, Luis: *Ley Orgánica del Tribunal Supremo de Justicia.* 2° ed. FUNEDA. Caracas, 2004.

574 La propia LOCSJ empleó el término recurso para referirse a pretensiones procesales administrativas en los artículos 42.24 (recurso de interpretación), 119 primer aparte, 122, 123, 124, 125, 132, 133, 134, 181, 183 y 185.

575 Cfr. entre otros: Badell Madrid, R., *El recurso de anulación.* En: AA.VV.: Derecho Contencioso Administrativo. Instituto de Estudios Jurídicos del Estado Lara. Barquisimeto, 2006, pp. 1-3. Este autor, siguiendo la tradición, califica a los antecedentes legales del recurso de anulación como «recurso por exceso de poder» (Ibídem, p. 3) y admite -invocando jurisprudencia previa a la Constitución de 1961- la existencia de la dicotomía «exceso de poder-plena jurisdicción» en esos antecedentes (Ibídem, pp. 4-5), mas añade que en su criterio habría sido superada por ese texto constitucional.

con la discusión -actualmente superada o al menos en vías de serlo en el derecho venezolano- acerca de la pertinencia o no de trasladar la dicotomía clásica (que ya se vio previamente que hoy no es tal) entre *contentieux pour excès de pouvoir* o *d'anulation versus contentieux de plein juridiction*[576].

Ahora bien, prescindiendo de esos aspectos terminológicos, presentado el recurso, la LOCSJ disponía para el Juez la posibilidad de solicitar al órgano autor del acto de los antecedentes administrativos correspondientes (aunque el Art. 123 lo establecía como una facultad tal pedimento era la regla[577]), es decir, la copia certificada del expediente administrativo en el cual se hubiera documentado el procedimiento administrativo llevado a cabo para la formación del acto administrativo cuestionado[578].

Recibidos los antecedentes, procedía el Tribunal a pronunciarse sobre la admisión de la demanda, debiendo para ello revisar si esta no incurría en alguna de las causales de inadmisibilidad generales previstas en la derogada LOCSJ (Art. 84) o en las específicas para el caso del juicio de anulación de actos administrativos de efectos particulares (Art. 124[579]). La decisión, por tratarse de una sentencia interlocutoria que incluso podía tener fuerza de definitiva si declaraba inadmisible la demanda, resultaba susceptible de apelación[580].

Admitida la demanda, se procedía a notificar a los interesados[581] para que se personaran en el proceso, como partes principales o terceros según el caso, dentro del respectivo plazo (Art. 125 de la LOCSJ). Vencido este, solo a solicitud de parte se abría una fase probatoria (Art. 126 de la LOCSJ), la cual, una vez concluida, daba lugar para la fijación de un acto de presentación de informes o conclusiones escritas que podían presentarse oralmente a solicitud de las partes (Art. 95). Es de hacer notar que tanto previa como posteriormente a ese acto de informes, había una primera y segunda relación o estudio individual del caso (Art. 94 de la LOJCA).

Culminaba el trámite del juicio o recurso contencioso administrativo de anulación del acto administrativo de efectos particulares, con el pronunciamiento contentivo de la sentencia. Asunto que la LOCSJ regulaba escuetamente, pero aun así con mejor fortuna que la LOJCA vigente, como se verá más adelante.

Expuesto brevemente el *íter* procesal de tramitación del «recurso contencioso administrativo de anulación contra actos administrativos de efectos particulares»

---

576 Véase entre otros, Torrealba Sánchez, M. A., Ob. cit., nota 573, pp. 103-123.

577 Cfr. Blanco-Uribe Quintero, A.: *La intervención adhesiva en el contencioso administrativo.* RDP, N° 59-60. EJV. Caracas, 1994, p. 65.

578 Véanse al respecto en el Derecho Administrativo venezolano los recientes trabajos de, ente otros: Pellegrino Pacera, C. G.: *Algunas consideraciones sobre el procedimiento administrativo y el expediente administrativo.* Revista de la Facultad de Derecho de la Universidad Católica Andrés Bello N° 64. Caracas, 2009, pp. 31-37. Silva Bocaney, José Gregorio: *Anotaciones sobre las pruebas en el proceso administrativo (III).* En: *Ley Orgánica de la Jurisdicción Contencioso Administrativa. Un balance a los tres años de vigencia.* FUNEDA. Caracas, 2014, pp. 55-82.

579 Sobre el examen de las causales de inadmisibilidad de la LOCSJ y aspectos conexos, véase Torrealba Sánchez, M. A., Ob. cit., nota 573, pp. 140-234, así como la bibliografía allí citada.

580 Cfr. Ibídem, pp. 213-217.

581 Asunto este de la legitimación que, al exigir un interés calificado (personal, legítimo y directo), revestía cierta complejidad y dio lugar a estudios doctrinarios y desarrollos jurisprudenciales, referidos en: Ibídem, pp. 140-173, así como la bibliografía allí citada.

en la LOCSJ, que no tuvo mayores cambios en la LOTSJ de 2004, procede ahora abordar la regulación legal vigente, contenida en la LOJCA. A tal fin, se comenzará por referir el argumento topográfico o de ubicación en el texto normativo, por cuanto es relevante en este caso.

B. Procedimiento común en la LOJCA

§261. Planteamiento general - La denominada «demanda de anulación de actos administrativos» (Arts. 23.5, 24.5, 25.3 y 76), -aunque la misma LOJCA vuelve a emplear en otras ocasiones el término recurso en los Arts. 78 y 81, lo cual no es de extrañar dada la falta de rigor terminológico del texto legal, como ya se ha destacado en anteriores oportunidades[582]-, se ubica dentro del tercero de los procedimientos de primera instancia. Se trata del denominado «procedimiento común», nombre curioso pues del texto legal no se infiere fácilmente la razón de su escogencia. No parece ser el común en el sentido de erigirse en el procedimiento ordinario, como hemos destacado en anterior oportunidad[583], ni tampoco en otro evidente[584].

Pero más importante aún, es que ese «procedimiento común» se basa, con algunos cambios menores -básicamente la inclusión de una suerte de audiencia de contestación de la demanda- en el esquema del juicio de anulación de actos administrativos de efectos particulares descrito brevemente en el anterior sub-epígrafe[585]. Lo cual pudiera justificarse parcialmente si solo se tratara de regular la tramitación de las pretensiones de anulación de actos administrativos, pero al comprender también las «demandas de interpretación de textos legales de contenido administrativo» (contencioso de interpretación administrativa) y las «controversias ad-

---

[582] Torrealba Sánchez, M. Á., *La ejecución de sentencias en el proceso administrativo iberoamericano. España, Perú, Costa Rica, Colombia y Venezuela*. Colección Monografías N° 6. CIDEP y EJV. Caracas, 2017, p. 81. Publicado también como: *Ejecución de sentencias en el proceso administrativo iberoamericano (España, Perú, Costa Rica, Colombia y Venezuela)*. Colección estudios y documentos. Instituto Nacional de Administración Pública. Madrid, 2017; Torrealba Sánchez, M. Á., *La enumeración de los entes y órganos sometidos al control contencioso-administrativo según el artículo 7 de la Ley Orgánica de la Jurisdicción Contencioso Administrativa (o cuando el Legislador sí se equivoca)*. Revista Venezolana de Legislación y Jurisprudencia N° 10-III. Edición Homenaje a María Candelaria Domínguez Guillén. Caracas, 2018, pp. 732-759.

[583] Torrealba Sánchez, M. Á., *Las demandas de contenido patrimonial*. En: AA.VV.: Comentarios a la Ley Orgánica de la Jurisdicción Contencioso Administrativa. FUNEDA. Vol. II. Caracas, 2011, pp. 304-306 y Torrealba Sánchez, M. Á., *Notas sobre algunos criterios recientes de la Sala Político-Administrativa en la aplicación de la Ley Orgánica de la Jurisdicción Contencioso Administrativa (primera parte)*. RDP N° 128. EJV. Caracas, 2011, pp. 218-221. En contra: Kiriakidis Longhi, J., El *contencioso administrativo venezolano a la luz de la Ley Orgánica de la Jurisdicción Contencioso Administrativa*. FUNEDA. 2° ed. Caracas, 2013, pp. 48-52.

[584] Aunque como luego se expondrá, en el caso de la acumulación de pretensiones de anulación de actos administrativos y condena pecuniaria, la SPA ha entendido que se tramita por este procedimiento común, así como ha señalado también que el procedimiento de las demandas de contenido patrimonial de la LOJCA reemplaza al juicio ordinario de la legislación procesal civil. Véase por ejemplo la decisión N° 619 del 12-04-2011.

[585] Véase en el mismo sentido: Kiriakidis Longhi, J., Ob. cit., nota 583, p. 216. Incluso se ha señalado que el procedimiento común tiene su inspiración conceptual en el proceso objetivo del recurso por exceso de poder francés: Mejía, J. A.: *Las cuestiones e incidencias previas en el proceso administrativo y constitucional*. En: Brewer-Carías, A. R., y Hernández-Mendible, V. R. (Dirs.): El Contencioso Administrativo y los Procesos Constitucionales. Colección Estudios Jurídicos N° 92. EJV. Caracas, 2011, p. 340. Sobre ello se volverá más adelante.

ministrativas» (contencioso de controversias administrativas) (Art. 76 apartados 2 y 3 de la LOJCA), resulta absolutamente inidóneo para tal propósito, e inclusive un retroceso legal. Ello, habida cuenta de que ni las pretensiones de interpretación de textos legales, ni las que pueden plantearse aisladas o conjuntamente en una controversia administrativa, tienen demasiados elementos comunes con la pretensiones de anulación de actos administrativos[586].

Por tanto, el diseño procedimental de estas últimas pretensiones anulatorias, centradas en la revisión de los elementos de forma y fondo del acto administrativo, inspirándose en el paradigma del *contentieux pour excès de pouvoir*, con independencia de su adaptabilidad o no a los actuales requerimientos de tutela jurisdiccional efectiva (asunto sobre el cual se volverá en el siguiente epígrafe), no resulta idóneo para aplicarse en el caso de pretensiones de tipo mero declarativo, constitutivo en cuanto a reconocimiento de derechos o potestades, y menos para el caso de las de condena a dar, hacer o no hacer[587].

Esa es la principal objeción general al esquema regulatorio de la LOJCA en cuanto al cuestionablemente llamado «procedimiento común». Pero además, existen otros asuntos de detalle que conviene destacar, en algunos casos comparando el régimen vigente con su antecesor. Ello pasa a hacerse de seguidas.

2. INICIACIÓN

§262. Planteamiento general - Ya se anunció que el llamado «procedimiento común» de la LOJCA se basa en el diseño procesal contenido en la derogada LOCSJ para el juicio de anulación de actos administrativos de efectos particulares. Partiendo de tal premisa, y como complemento a lo expuesto en los capítulos precedentes, a continuación se expone la regulación vigente y se compara con el modelo previo, con el fin de esclarecer las diferencias y semejanzas, así como si fue o no superada la concepción original del «recurso contencioso administrativo», anclada en el pretérito carácter revisor y objetivo que le caracterizó la doctrina y jurisprudencia[588], no tanto la legislación.

---

586 De hecho, en criterio que no compartimos, la TSJ/SPA ha llegado a afirmar, con posterioridad a la LOJCA, que la demanda de interpretación de textos legales de contenido administrativo *no* es un proceso contencioso por lo que no admite terceros (decisión N° 796 del 08-06-2011). Siguiendo tal criterio, entonces cabe preguntarse cómo es posible que la ley establezca un proceso contencioso para su tramitación en el cual, incluso la falta de emisión de los carteles de notificación produce la anulación del proceso según la misma Sala (decisión N° 41 del 24-01-2013).

587 Ya lo destacamos previamente en: *Consideraciones sobre la ejecución de sentencias en el administrativo venezolano.* Revista Aragonesa de Administración Pública (RArAP) N° 43-44. Gobierno de Aragón, Zaragoza, 2014, pp. 474-475, Véase también la crítica a la asignación legal de procedimientos para las distintas pretensiones procesales de: Brewer-Carías, *Introducción general...*, p. 67. Más recientemente: Urosa Maggi, D. y Hernández G., J. I.: *Las pretensiones procesales administrativas en el Derecho Venezolano.* Anuario Iberoamericano de Justicia Administrativa N° 1. IJ Editores. Argentina, 2018, *in totum*.

588 En ese sentido, se señala que los antecedentes inmediatos del contencioso de anulación de la LOJCA se encuentran en el recurso objetivo por exceso de poder, aunque luego se invocan los caracteres subjetivos de la primera: Badell Madrid, R., *La demanda de anulación.* En: XXXVIII Jornadas J. M. Domínguez Escovar. Avances Jurisprudenciales del contencioso administrativo en Venezuela. Instituto de Estudios Jurídicos Ricardo Hernández Álvarez. Barquisimeto, 2013 p. 133.

En tal sentido, procederemos al análisis de las principales -y limitadas- innovaciones en cuanto a la demanda (i); las notificaciones-citaciones (ii); los antecedentes administrativos (iii); la audiencia de juicio (iv), y por último, la etapa probatoria (v).

A. Demanda

§263. Presentación de la demanda - La LOJCA establece pautas de forma más completa respecto al contenido del escrito de la demanda con relación a su antecedente, la derogada LOCSJ. Ello es lógico si se considera que la primera es una ley enteramente procesal, destinada a regular única y exclusivamente el contencioso administrativo de forma integral, y no lo era la LOCSJ, que solo regía las competencias de la SPA de la CSJ, establecía algunos procedimientos para la tramitación de algunas pretensiones procesales administrativas, y transitoriamente organizaba a los otros tribunales contencioso-administrativos[589].

En efecto, el Art. 33 de las disposiciones generales aplicables a todo tipo de pretensiones (Título IV, Capítulo I), establece como requisitos formales de la demanda los usuales, atinentes a la identificación clara y precisa de los sujetos de la pretensión (partes procesales), objeto y causa. Es decir, de los elementos de la pretensión. No parece necesario ahondar al respecto pues es un asunto suficientemente tratado en el capítulo VII de esta obra, y por la doctrina procesal en general[590].

B. Admisión

§264. Admisión de la demanda - Sí hay en la fase de admisión de la demanda un cambio en la legislación vigente en comparación con la LOCSJ. Nos referimos no tanto a las causales de inadmisibilidad, que si bien no son idénticas a las previstas en la legislación antecedente, se mantienen en general[591], y cuyo principal cambio sería la no inclusión de la legitimación, asunto que ya hemos comentado en anterior oportunidad[592].

---

589 Como lo aclara Caballero Ortiz, J., Ob. cit., nota 184, pp. 15-16.

590 En todo caso, en la doctrina venezolana puede consultarse entre otros: Rengel-Romberg, A., *Tratado de Derecho Procesal Civil Venezolano (Según el Nuevo Código de 1987)*. Vol. II. Editorial Arte. Caracas, 1992, pp. 107-115.

591 Sobre las causales de inadmisibilidad en la vigente LOJCA, véase: Hernández Mendible, V., *Las condiciones de admisibilidad de las demandas y el contenido del auto de admisión en el proceso administrativo*. En: Brewer-Carías, A. y Hernández-Mendible, V. R. (Dirs.): El Contencioso Administrativo y los Procesos Constitucionales. Colección Estudios Jurídicos N° 92. EJV. Caracas, 2011, pp. 267-304.

592 Véase, aparte de lo previamente expuesto en esta obra: Torrealba Sánchez, M. A., *Problemas fundamentales del contencioso administrativo venezolano en la actualidad*. FUNEDA. Caracas, 2013, pp. 83-91. Véase también, entre otros: Villegas Moreno, J. L.: *La legitimación activa de los particulares en el proceso administrativo. Aproximación conceptual en ámbitos normativos y perspectiva ante la LOJCA*. En: Brewer-Carías, A. y Hernández-Mendible, V. R. (Dirs.): El Contencioso Administrativo y los Procesos Constitucionales. Colección Estudios Jurídicos N° 92. EJV. Caracas, 2011, pp. 165-184; Herrera M., C. E.: *Estado de Derecho, proceso y legitimación en la Justicia Constitucional venezolana*. En: Brewer-Carías, A. y Hernández-Mendible, V. R. (Dirs.): El Contencioso Administrativo y los Procesos Constitucionales. Colección Estudios Jurídicos N° 92, EJV, Caracas, 2011, pp. 213-218 Kiriakidis Longhi, J., Ob. cit., nota 583, pp. 56-59. La otra causal de importancia no incluida en la LOJCA es la del agotamiento de la vía administrativa, lo que es una consecuencia lógica de la interpretación jurisprudencial desarrollada a partir de 2004, bastante discutible a

En este sentido, la modificación más trascendente ha sido la inclusión del despacho subsanador o saneador, que coloca como deber procesal del Juez administrativo advertir al demandante los defectos o deficiencias formales de su escrito de la demanda, asunto sobre el cual manifestamos en anterior ocasión nuestros reparos en lo que respecta a la redacción de los preceptos legales y a sus consiguientes dificultades interpretativas[593].

§265. Citación-notificaciones - Por otra parte, en la citación de la parte demandada se han mantenido básicamente los criterios de la regulación de la derogada LOCSJ, con algunos añadidos (Arts. 125 de la LOCSJ y 78 de la LOJCA)[594].

Así, pues, admitida la demanda, se ordena la notificación de una serie de entidades o figuras subjetivas, mencionada en el Art. 78 de la LOJCA. Esas notificaciones deben realizarse mediante oficio entregado en la oficina receptora de la correspondencia de cada entidad (en la hipótesis de notificaciones a personas jurídicas, claro está), dejándose constancia de la persona (natural) que recibió la notificación (Art. 78 *in fine*)[595].

Quizá lo más trascendente del asunto, es que la LOJCA sigue refiriéndose a *notificaciones*, y no a *citaciones*, lo cual, aparte de demostrar la inercia legislativa respectivo al modelo legal previo[596], parece resultar un contrasentido con el Art. 80 *eiusdem*, que establece el deber del Tribunal de ordenar también la notificación a los interesados mediante cartel, para su comparecencia en la audiencia de juicio con el fin de hacerse partes procesales, y en el caso del demandado, presentar su contestación. Este deber conlleva, por otra parte, la carga procesal de los notificados para concurrir a la audiencia de juicio en cuestión, sea como partes o como interesados (entendemos que estos últimos como terceros coadyuvantes, pues todos los intervinientes son interesados dado que deben ostentar esa legitimación para estar en juicio según lo exige el Art. 29 *eiusdem*), conforme lo dispone el Art. 82. Se trata pues sin duda, de un llamamiento a juicio como manifestación de la garantía constitucional del debido proceso[597].

---

nuestro entender, pero que quedó zanjada a partir de la reforma de la LOAP de 2008, en cuyo Art. 7 se eliminó la condición suspensiva establecida en hasta ese momento para la derogación de las norma que exigía tal agotamiento de forma obligatoria (Art. 93 de la LOPA). Véase al respecto: Torrealba Sánchez, M. A., Ob. cit., nota 573, pp. 221-224.

593 Cfr. Torrealba Sánchez, Ob. cit., nota 592, pp. 91-100.

594 Sobre la legitimación pasiva en el proceso administrativo venezolano, pueden verse entre otros: Pellegrino Pacera, C., *La representación judicial de los Poderes Públicos nacionales en el proceso administrativo y constitucional.* En: Brewer-Carías, A. y Hernández-Mendible, V. R. (Dirs.): El Contencioso Administrativo y los Procesos Constitucionales. Colección Estudios Jurídicos N° 92. EJV. Caracas, 2011, pp. 249-254; King Aldrey, M.: *La legitimación pasiva en el proceso administrativo.* En: Brewer-Carías, A. y Hernández-Mendible, V. R. (Dirs.): El Contencioso Administrativo y los Procesos Constitucionales. Colección Estudios Jurídicos N° 92. EJV, Caracas, 2011, pp. 219-232.

595 Para mayor detalle remitimos al capítulo precedente de esta obra.

596 Específicamente al Art. 125 de la LOCSJ, puesto que el antecedente inmediato, a saber, el Art. 21 décimo primer aparte de la LOTSJ de 2004 se refería a «citación», asunto destacado por la doctrina (Brewer-Carías, A. R., Ob. cit., nota 230, pp. 246-247; King Aldrey, Ob. cit., nota 594, pp. 222). Hubo pues un retroceso legislativo en este asunto.

597 En el caso del exceso de poder francés, justamente uno de los caracteres en su evolución que le han matizado su carácter originariamente objetivo ha sido la admisión de terceros en el proceso, lo que implica entonces una contienda entre partes (consúltese entre otros:

De ello cabe concluir que realmente no se trata de una *notificación*, sino de una verdadera *citación* -en la terminología procesal venezolana-, acto de comunicación procesal[598] en el cual el órgano judicial pone en conocimiento de una de las partes no solo la ocurrencia de algún acto del proceso, sino la existencia de deberes y cargas procesales que deben cumplirse en los correspondientes plazos preclusivos mediante el apersonamiento y actuación del llamado a juicio (para empezar, la contestación de la demanda). Es por eso que se trata de un acto de comunicación que incluye un emplazamiento y que, por tanto, debe darse al inicio del *íter* procesal[599].

Así lo ha entendido la doctrina[600], e inclusive, la práctica judicial de la SPA del TSJ[601].

De manera que debe entenderse entonces, en una interpretación correctiva del texto legal, que se trata de una verdadera *citación* de las partes y de los terceros interesados, quienes decidirán hacerse parte o actuar como coadyuvantes dependiendo de su condición. Y por ende, cada quien hará frente a la pretensión de acuerdo con su específica situación procesal.

C. Solicitud y recepción de los antecedentes administrativos

§266. Planteamiento general - De conformidad con lo pautado en el Art. 79 de la LOJCA, con la notificación (*rectius*: citación), el Tribunal ordenará la remisión del expediente administrativo o los antecedentes correspondientes, dentro de un plazo allí previsto. La omisión de tal deber procesal implica, aparte de la imposición de una multa, una serie de consecuencias procesales negativas para la Administración Púbica. De ello se colige que se trata de un deber-carga para ésta, con importantes implicaciones probatorias, a pesar de que la de la Sala Político-Administrativa ha tendido a soslayar las implicaciones negativas de su incumplimiento procesal, am-

---

Waline, J., Ob. cit. nota 150, pp. 682-683, y sobre la intervención de terceros en sus diversas modalidades -similares a las categorías al uso en el Derecho Procesal- en el contencioso francés, véase Chapus, ob. cit., pp. 776-789). Para la hipótesis de las demandas de anulación reguladas en la LOJCA, el punto no dio lugar a dudas ya desde la vigencia de la LOCSJ, dado que la jurisprudencia (sentencia CSJ/SPA caso Rómulo Villavicencio, véase el texto en Brewer-Carías, A. R. y Ortiz-Álvarez, L., *Las grandes decisiones de la jurisprudencia contencioso-administrativa (1991-1996)*. EJV. Caracas, 1996, pp. 694-710), admitió las distintas variedades de intervención de terceros, reenviando su régimen adjetivo al establecido en la legislación procesal civil (Véase: Torrealba Sánchez, M. A., Ob. cit., nota 573, pp. 149-156, así como la bibliografía allí citada). Posteriormente a la LOJCA, el criterio sigue vigente, como se comprueba por ejemplo en la decisión de la TSJ/SPA N° 1097 del 10-08-2011).

598 Sobre los actos procesales de comunicación, véase en general: Devis Echandía, H., *Teoría General del Proceso*. Reimp. de la 3° ed. Editorial Universidad. Buenos Aires, 2004, pp. 494-503.

599 Véase al respecto, para el caso del proceso administrativo venezolano a partir de la LOJCA, entre otros: Guevara Martínez, R., *Entre la citación y la notificación. Recordatorio*. En: Brewer-Carías, A. y Hernández-Mendible, V. R. (Dirs.): El Contencioso Administrativo y los Procesos Constitucionales. Colección Estudios Jurídicos N° 92, EJV, Caracas, 2011, pp. 321-336. Respecto al Derecho Procesal venezolano, véase entre otros: Rengel-Romberg, Ob. cit., nota 590, pp. 227-231.

600 Inclusive, durante, la vigencia de la LOCSJ, la modalidad de emplazamiento por carteles fue cuestionada. Cfr. Araujo Juárez, J., Ob. cit., nota 187, pp. 486-487.

601 La Sala Político-Administrativa ha señalado que a las notificaciones reguladas en el artículo 78 de la LOJCA le son aplicables las reglas de la citación del Código de Procedimiento Civil (decisión N° 1.069 del 03-18-2011).

pliando las prerrogativas administrativas sin sustento legal y en detrimento de la igualdad y en última instancia d la garantía constitucional del debido proceso[602].

La inclusión de esto evidencia la importancia que le otorga el texto normativo a los antecedentes o expediente administrativo, lo que puede justificarse para el caso de las pretensiones de anulación de actos administrativos, pero no así en la hipótesis de la llamada «demanda de interpretación de textos legales»[603] (contencioso de interpretación administrativa) ni tampoco en materia del contencioso de controversias administrativas.

En efecto, en el caso de estas últimas «demandas», destinadas a albergar otro tipo de pretensiones, no tiene sentido incluir de forma obligatoria la solicitud de unos antecedentes que incluso puede que no existan, y que de existir, no tendrán la importancia que ostentan en el supuesto del contencioso de anulación.

Y es que en este último caso, el expediente administrativo, que debe recoger las diversas actuaciones que se dieron en la tramitación del procedimiento administrativo de formación del acto administrativo impugnado, será en muchas ocasiones de especial trascendencia para determinar la procedencia o no de la pretensión constitutiva de anulación interpuesta. Ello, toda vez que muchos de los vicios de anulación o anulabilidad que pueden plantearse como *causa petendi* de la pretensión, tendrán como soporte probatorio el contenido (o la falta de este) del expediente administrativo. Así como por el hecho de que la conducta procesal que evidencie la falta de envío del expediente administrativo por parte de la Administración Pública que dictó el acto administrativo determina consecuencias procesales en su contra, al entenderse esta -reiterando lo ya señalado- como una carga procesal[604].

Se evidencia, entonces, como ya se adelantó, que el llamado «procedimiento común» de la LOJCA está concebido, básicamente, para la tramitación de pretensiones procesales de anulación de actos administrativos, lo que no podía ser de otro modo si se toma en cuenta que su diseño se basa en el esquema del otrora «juicio de anulación de actos administrativos» de la derogada LOCSJ. Y, por tanto, consideramos que queda igualmente demostrada su falta de idoneidad para la tramitación de pretensiones distintas a esta[605].

De tal suerte que en realidad no se está frente a un procedimiento «común», sino ante un diseño procesal concebido para la tramitación de una pretensión específica (la constitutiva destinada a obtener la declaración de anulación de actos administrativos), que sin razón aparente también debe emplearse para el trámite de otras[606].

---

602 Véase: Torrealba Sánchez, M. A. Ob. cit., nota 583, pp. 275-278.

603 Respecto de las cuales, ha llegado a afirmar la TSJ/SPA, que no se tramitan ante procesos contenciosos (decisión N° 796 del 08-06-2011).

604 Cfr. Torrealba Sánchez, M. A., Ob. cit., nota 573, pp. 240-246. Más recientemente, entre otras, decisión de la SPA N° 1707 del 07-12-2011.

605 Ya lo sostuvimos en: Ob. cit., nota 592, pp. 120-121.

606 Y es que la LOJCA, en lugar de partir de establecer un proceso ordinario y algunos especiales, mantuvo el esquema de la LOCSJ, en cuanto a fijar algunas vías procesales para determinadas pretensiones procesales administrativas. De allí que se ha señalado que la primera Ley: «*...no se ha inspirado, explícitamente, un proceso administrativo ordinario para hipótesis generales. Sino que, por razones jurídico-materiales y por razones jurídico-procesales, se han creado un conjunto de procesos ordinarios para hipótesis especiales, diferenciados y catalogados, que tienen modulaciones adjetivas específicas y necesarias*» (Mejía, J. A., Ob. cit., nota 585, pp. 339-340). En nuestro criterio, la razón principal del mantenimiento de tal diseño procesal fue la inercia.

Expuesto lo anterior, los Arts. 80 y 81 de la LOJCA establecen las modalidades y plazos para la emisión, retiro, publicación y consignación del cartel de emplazamiento (y por tanto de citación y no de notificación) -como se describe en capítulos precedentes- imponiendo cargas procesales al demandante que por regla general acarrean como sanción ante su incumplimiento, la terminación del proceso mediante una perención[607], impropiamente denominada -por partida doble- por la LOJCA «desistimiento del recurso».

3. INSTRUCCIÓN

A. Audiencia de juicio

§267. Antecedente inmediato - Una vez verificadas las citaciones[608], los Arts. 82 y 83 de la LOJCA establecen la realización de una audiencia de juicio, denominación cuestionada por la doctrina[609], dado que se trata de una oportunidad en la que la parte demandante se limita a reiterar lo ya planteado en su escrito de la demanda y la parte demandada en dar contestación a la demanda[610]. No es tampoco una audiencia propia de un proceso oral, como también lo ha demostrado la doctrina[611].

Se trata entonces de un acto procesal que se realiza oralmente, pero cuya trascendencia se limita a ser la oportunidad para la contestación de la demanda[612]. Asunto que, además, no requería de oralidad, toda vez que ese acto suele ser escrito inclusive en los verdaderos procesos con audiencias. Incluso puede sostenerse que la oralidad en este caso no reviste mayor propósito, dado que se exige la presencia de un Juez, pero este se va a limitar a escuchar los alegatos de las partes sin que haya interacción alguna entre los sujetos procesales.

Esta afirmación puede ser corroborada a través del siguiente ejercicio hipotético: Si se elimina la audiencia de juicio y se sustituye por un acto o fase de contestación escrita de la demanda, el resultado será exactamente igual a los efectos que produce la realización de esa audiencia de juicio. Solo que si fuera una oportunidad para la contestación por escrito, el diseño procesal resultaría quizá más coherente, como se verá en el siguiente sub-epígrafe.

---

607 Una visión crítica de la aplicación de tales preceptos por los tribunales contencioso-administrativos puede verse en: Kiriakidis Longhi, J., Ob. cit., nota 583, pp. 73-75.

608 Respecto a los problemas interpretativos que podrían dar lugar las normas en cuanto a los lapsos de comparecencia de los interesados, puede verse: Hernández-Mendible, V., Ob. cit., nota 310, pp. 213-215. Hay que advertir que según la SPA/TSJ, en los tribunales colegiados la fijación de la oportunidad de la audiencia de juicio no corresponde al Juzgado de Sustanciación, por lo que el lapso para su fijación comienza a contarse a partir de recibido el expediente enviado por este Juzgado a la Sala o Corte (decisión N° 187 del 26-12-2013), todo ello en desmedro de la celeridad procesal.

609 Kiriakidis Longhi, J., Ob. cit., nota 583, p. 75.

610 Sobre el potencial contenido de esa audiencia de juicio véase: Hernández-Mendible, V., Ob. cit., nota 310, p. 216.

611 Cfr. Torrealba Sánchez, M. A., Ob. cit., nota 592, pp. 111-112; Hernández Mendible, Ob. cit., nota 310, pp. 219-220; Aguilar C., Ramón Alfredo: *La conciliación en el proceso contencioso administrativo*. En: Brewer-Carías, A. y Hernández-Mendible, V. R. (Dirs.): El Contencioso Administrativo y los Procesos Constitucionales. Colección Estudios Jurídicos N° 92, EJV, Caracas, 2011, p. 695 nota al pie 2.

612 Así lo ha afirmado la propia TSJ/SPA en decisión N°1491 del 16-11-2011.

B. Lapso de pruebas

§268. Planteamiento general - Continuando con la última afirmación, la llamada audiencia de juicio del «procedimiento común» de la LOJCA, presenta una peculiaridad. Señala el Art. 83 *in fine*, que en esta «*...las partes podrán promover sus medios de pruebas*».

No obstante, de seguidas el Art. 84, intitulado «lapso de pruebas», dispone que dentro de los tres días de despacho siguientes a la audiencia de juicio, el Tribunal admitirá las pruebas que correspondan y ordenará su evacuación en aquellos casos en que sea requerido, para lo cual establece un plazo de diez días de despacho, prorrogables. Y en el último apartado, establece que «*...dentro de los tres días siguientes a la presentación de los escritos de pruebas, las partes podrán expresar si convienen en algún hecho u oponerse a las pruebas...*» (en realidad, oponerse a la admisión de estas).

Varias interrogantes surgen de esta deficiente regulación, a saber:

Primero: Qué sentido tiene establecer que la promoción de las pruebas se realiza en la audiencia de juicio, si las fases probatorias siguientes se realizan luego, por escrito y fraccionadamente[613].

Segundo: Cómo puede haber una superposición de fases en el mismo lapso, a saber, la de admisión de las pruebas (dentro de los tres días de despacho siguientes a la celebración de la audiencia de juicio) y la de oposición a la admisión (dentro de los tres días siguientes a la presentación de los escritos de pruebas, que como ya se señaló se consignan justamente en la misma audiencia de juicio).

La primera interrogante tiene como única respuesta el hecho de que la LOJCA solo contiene remedos de oralidad, pero no la adoptó realmente, a pesar del correspondiente mandato constitucional (Art. 257) y de su recepción expresa como principio en el Art. 2 *eiusdem*.

La segunda, requiere de una interpretación correctiva de los preceptos, prescindiendo del elemento literal. Única forma de solventar la contradicción que se da en un mismo artículo, entre su inicio y su final. Debe pues, entenderse, en virtud del principio jurídico y lógico del orden consecutivo de los lapsos procesales, que la fase de oposición a la admisión a las pruebas transcurre dentro de los tres días de despacho siguientes a la finalización de la llamada audiencia de juicio, y *transcurrido ese lapso*, es cuando comienza a contarse el de la admisión de las pruebas promovidas previamente. Es la manera de garantizar que el Juez administrativo, primero examine cualquier alegato de oposición a la admisión y luego proceda a pronunciarse, a la vez que permite a las partes ejercer su derecho a oponerse a la admisión de las pruebas de su contraparte[614], como manifestación de la garantía constitucional del debido proceso.

---

[613] Cuestionando la deficiente adopción de la oralidad en los procesos establecidos en la LOJCA, comenzando por la realización de las fases de pruebas de manera escrita, entre otros: Hernández-Mendible, V. R., Ob. cit., nota 310, pp. 193-194.

[614] La misma solución interpretativa propone Silva Bocaney, J. G.: Ob. cit., nota 578, p. 393. Por su parte, Kiriakidis Longhi, J., Ob., cit., nota 583, p. 77, advierte la contradicción legal pero entiende que se trata de tres días, tanto para que la contraparte se oponga a la admisión de alguna prueba como para que el órgano judicial admita. No compartimos tal solución, puesto que lo primero tiene que tener un lapso previo a lo segundo.

C. Informes

§269. Planteamiento general - Dispone el Art. 85 de la LOJCA la presentación de los informes de manera oral -si así lo pide alguna de las partes- dentro de los cinco días siguientes a la conclusión del lapso de evacuación de pruebas, o si no hubiere tenido lugar este a la realización de la audiencia de juicio.

No parece haber mucho que comentar al respecto[615]. Excepto que la presentación oral de estos informes no parece tener mucho sentido, toda vez que las siguientes fases del proceso, como las previas, son escritas. Se trata, pues, de un acto de conclusiones muy similar al que regulaba el Art. 96 de la derogada LOCSJ.

D. Tutela cautelar

§270. Planteamiento general - En lo atinente a la tutela cautelar, el «procedimiento común» de la LOJCA no dispone nada particular. Así pues, hay que remitirse a la regulación general de las medidas cautelares en el mismo texto legal, asunto que ya hemos tratado en anterior oportunidad[616]. En todo caso, aunque ya la suspensión de efectos del acto administrativo ha quedado como una medida más de todas aquellas que puede adoptar el Juez administrativo (tanto anticipativas como conservativas) en virtud de su potestad cautelar general consagrada en el Art. 4, único aparte, de la LOJCA, sigue siendo la típica providencia que en muchos casos será la más acorde como pretensión cautelar accesoria de una pretensión constitutiva anulatoria de acto administrativo. Ello en el supuesto de que no se esté en presencia de una acumulación de pretensiones, asunto sobre el cual se volverá más adelante[617].

4. TERMINACIÓN

A. Sentencia

§271. Planteamiento general - Aunque resulte insólito, el Título IV, Capítulo II, Sección Cuarta, de la LOJCA, que se refiere al «procedimiento común», no regula

---

615 Vid. en todo caso, aparte de lo analizado en los previos capítulos: Hernández Mendible, V. R., Ob. cit., nota 310, p. 218. Y para los aspectos procedimentales en la LOJCA: Kiriakidis Longhi, J., Ob. cit., nota 583, pp. 175-181.

616 Torrealba Sánchez, M. Á., *La vía de hecho en Venezuela*. FUNEDA. Caracas, 2011, pp. 218-222, así como la bibliografía allí citada. Véase también lo referido en los capítulos previos de esta obra.

617 Más recientemente, en materia de tutela cautelar en la LOJCA puede verse el análisis de Kiriakidis Longhi, J., Ob. cit., nota 583, pp. 181-203. Sobre el particular, cabe hacer referencia a la crítica que hace este autor al requisito de procedencia de una solicitud de medida cautelar en cuanto a la apariencia de buen derecho o *fumus boni iuris* y su vinculación con el mérito del asunto. En ese sentido, sostiene que su análisis debe versar únicamente sobre aspectos formales del escrito libelar, pues de otra forma implicará riesgo de adelanto de criterio por el juez toda vez que ese examen versará sobre el fondo del asunto (Ibídem, pp. 188-191), de lo cual disentimos. No es esta la oportunidad para profundizar en el asunto, pero baste señalar que tal cuestionamiento ha sido abordado por la doctrina respectiva, comenzando por el clásico estudio de: Calamandrei, P.: *Introducción al estudio sistemático de las providencias cautelares*. Traducción de Santiago Sentís Melendo. Editorial Bibliográfica Argentina. Buenos Aires, 1945, pp. 77-87. Para el caso del proceso administrativo, entre otros: García De Enterría, E.: *La batalla por las medidas cautelares. Derecho Comunitario Europeo y proceso contencioso-administrativo español*. 2° ed. ampliada. Editorial Civitas, S.A. Madrid, 1995, *in totum*; Chinchilla Marín, C., *La tutela cautelar en la nueva Justicia Administrativa*, Editorial Civitas S.A., Madrid, 1991, pp. 45-47.

en modo alguno la sentencia que habrá de dictarse, salvo en lo que respecta a establecer el plazo para hacerlo (Art. 86). Pero en cuanto a lineamientos para dictarla, requisitos formales, contenido, efectos de la decisión, la ley nada dispone, como ya destacamos en anterior oportunidad[618]. Por ende, el asunto habrá de regularse tanto por las normas procesales generales, como por los Principios Generales del Derecho Procesal.

La insuficiencia regulatoria descrita apareja, aparte de una serie de consecuencias en materia de demandas de anulación de actos administrativos -al ni siquiera mantener el régimen derogado- sobre las cuales se volverá más adelante, una demostración adicional en relación con la hipótesis que hemos planteado previamente. A saber, la improvisación, premura y falta de reflexión que privó en la elaboración del texto que terminó convirtiéndose en LOJCA[619].

Solo ello puede explicar que en un procedimiento aplicable no solo a las pretensiones de anulación de actos administrativos, sino a las de interpretación de textos legales y controversias administrativas, nada se haya dispuesto respecto a los diversos tipos de sentencia y sus efectos jurídico-procesales y jurídico-materiales para cada clase de pretensiones[620]. Así, pues, ello parece apuntalar aún más impresión de que el «procedimiento común» resultó ser una especie de cajón de sastre en el cual se incluyeron, aparte de las pretensiones tradicionalmente denominadas «»contencioso de anulación», otras menos usuales como las de controversias administrativas, y aún aquellas creadas por la jurisprudencia contencioso-administrativa con una precaria base legal, a saber, el contencioso de interpretación administrativa.

Como puede verse, es justamente en uno de los asuntos de mayor importancia y que más han dado lugar a la evolución doctrinaria en el *contentieux pour excès de pouvoir*, como lo es el de los poderes del Juez en la sentencia definitiva, en donde más se nota la deficiencia del régimen contenido en la LOJCA.

Así, pues, luce conveniente incluir un epígrafe adicional en el cual se vuelva sobre los principales problemas interpretativos que genera el denominado «procedimiento común» en lo atinente a la tramitación de las demandas de anulación de actos administrativos, con una sucinta referencia comparatista respecto al actual régimen francés del contencioso de nulidad. Ello con el propósito de revisar cuál es la situación legal venezolana y si sus problemas han encontrado solución en el modelo original y sus sucesivas evoluciones, lo que pasa a hacerse de seguidas.

5. CONTENCIOSO DE ANULACIÓN Y SUS PUNTOS DE VINCULACIÓN CON EL RÉGIMEN FRANCÉS

A. Acumulación de pretensiones de anulación con otras de condena

§272. Planteamiento general - El primero de los asuntos al cual consideramos necesario abordar con más detalle en este sub-epígrafe es el de las pretensiones que

[618] Torrealba Sánchez, M. A., Ob. cit., nota 583, pp. 271-272. Véase también sobre el contenido de las sentencias constitutivas, entre otros: Hernández-Mendible, Víctor Rafael: «La ejecución de sentencias en el proceso administrativo venezolano», en *20 años de FUNEDA y el contencioso administrativo*. Volumen II. FUNEDA. Caracas, 2105, pp. 128-129.

[619] Torrealba Sánchez, M. A., Ob. cit., nota 592, pp. 102-107 y 120-121.

[620] Respecto a estos efectos, véase Torrealba Sánchez, M. A., Ob. cit., nota 583, pp. 85-93, así como la bibliografía allí citada.

pueden acumularse en la demanda de anulación de actos administrativos de la LOJCA. La doctrina lo notó prontamente[621], y ciertamente su importancia práctica es tal que la propia Sala Político-Administrativa del TSJ, tan proclive a no establecer criterios en sus decisiones con el fin de no autovincularse para futuros casos, se vio obligada a pronunciarse al respecto[622]. Aunque esta última, como acostumbra, luego ha emitido decisiones en que parece desdecirse o al menos establecer excepciones respecto de sus previos fallos[623].

El problema se plantea porque el Art. 76 de la LOJCA, al referirse a las pretensiones que pueden plantearse en el procedimiento común, se refiere en su primer apartado a la anulación de actos administrativos de efectos particulares y generales[624]. Y al no tener la LOJCA una norma equivalente al Art. 131 de la LOCSJ, que permitía la acumulación de pretensiones constitutivas de anulación de actos administrativos con las de condena al pago de sumas de dinero por concepto de indemnización de daños y perjuicios originados en la actividad administrativa, en este caso, en la ejecución de un acto administrativo antijurídico, así como en general el restablecimiento de las situaciones jurídicas subjetivas lesionadas, genera la duda acerca de si es posible la acumulación, y sobre todo, bajo qué modalidades.

Al plantearse la doctrina si esta omisión legal implicaba la imposibilidad de acumular pretensiones de anulación y de condena en una misma demanda, la respuesta fue lógicamente negativa, partiendo de que los principios constitucionales de tutela jurisdiccional efectiva y de universalidad del control resultan bastante categóricos al respecto. Sobre todo, a la luz de la contundente redacción del Art. 259 de la C, basada en su antecedente de la C de 1961, el Art. 206.

No obstante, vista la regulación actual, y retomando parcialmente pero bajo otro enfoque controversias doctrinarias ya superadas, parece necesario buscar alguna explicación a esta segmentación de las demandas de anulación. Ello, más allá del

---

621 Brewer-Carías, A. R., Ob. cit., nota 29, pp. 138-142; Suárez Mejías, J. L.: *La acumulación de pretensiones de anulación y condena en la nueva Ley Orgánica de la Jurisdicción Contencioso Administrativa*. En: Hernández-Mendible, V. R. (Dir.): La actividad e inactividad administrativa y la Jurisdicción Contencioso-Administrativa. Colección Estudios Jurídicos N° 96, EJV, Caracas, 2012, pp. 577-587; Urosa Maggi, D., *Las pretensiones procesales en la nueva Ley Orgánica de la Jurisdicción Contencioso Administrativa*. En: AA.VV.: Comentarios a la Ley Orgánica de la Jurisdicción Contencioso Administrativa. Vol. I. FUNEDA. Caracas, 2010, pp. 222-223; Torrealba Sánchez, M. A., Ob. cit., nota 592, p. 120; Badell Madrid, Ob. cit., nota 588, p. 134, aunque este autor continúa usando la terminología francesa de «pretensiones de condena propias de la plena jurisdicción». Más recientemente: Urosa M. y Hernández G., Ob. cit., nota 587, p. 3.

622 Vid. por ejemplo la decisión N° 398 del 27-09-16.

623 Cfr. la crítica doctrinaria de Urosa M. y Hernández G., Ob. cit., nota 587, p. 4.

624 Hemos cuestionado la persistencia de esa terminología en: *El ámbito objetivo de aplicación del control de la jurisdicción contencioso administrativa a la luz de la obra de José Araujo-Juárez. Luces y sombras del artículo 8 de la LOJCA*. En Hernández-Mendible, V. R. y J. L. Villegas Moreno (Dirs.): Hacia un Derecho Administrativo para retornar a la democracia. *Liber Amicorum* al Profesor José R. Araujo-Juárez. Centro de Estudios de Regulación Económica (CERECO) Universidad Monteávila-Centro para la Integración y el Derecho Público (CIDEP). Caracas, 2018, pp. 653-657. Véase también la bibliografía allí citada. Puede verse recientemente en general sobre el asunto: Hernández-Mendible, V. R., *Los actos administrativos: Generales e individuales*. En: Hernández-Mendible, V. R. (Dir.): La actividad e inactividad administrativa y la Jurisdicción Contencioso-Administrativa. Colección Estudios Jurídicos N° 96. EJV. Caracas, 2012, pp. 109-111.

hecho de que la inercia y el continuismo privaron en la configuración de la LOJCA, partiendo de su antecedente, la derogada LOCSJ. Y en estos términos, pudiera resultar ilustrativo revisar si en el esquema francés actual, esta dualidad de *contentieux d'anulation versus contentieux de plein juridiction* sigue siendo una dicotomía, no solo en lo conceptual (ya quedó aclarado que no lo es del todo), sino en lo procesal. Veamos ello -sucintamente- a continuación.

El *recours pour excès de pouvoir* ha pasado de su original naturaleza subsidiaria a ser el emblema del contencioso administrativo francés[625], aunque como ya se señaló, hasta cierto punto tiende a aproximarse al contencioso de plena jurisdicción[626].

Concebido como un recurso objetivo «en interés de la Ley», con el fin de hacer prevalecer el Derecho, se entendía entonces que no era un proceso entre partes sino un juicio a un acto administrativo[627]. A su vez, se trataba de poner en manos del ciudadano un medio eficaz para el control de la legalidad de los actos administrativos, prueba de lo cual es la flexibilidad de las condiciones de admisibilidad y las causales de anulación que pueden invocarse[628].

Además de contener todos los requisitos formales propios de la demanda (identificación de la parte, objeto, fundamentos jurídicos y fácticos), esta debe presentarse con copia del acto cuestionado. La admisibilidad se vincula con el examen de la capacidad, cualidad e interés del demandante, la naturaleza del acto atacado (si es susceptible de ello) y los plazos[629].

Por otra parte, la jurisprudencia permite la interposición del recurso para obtener la anulación de una decisión de índole pecuniaria que afecte al recurrente[630]. Con ello, se modula la tradicional separación entre ambos contenciosos, toda vez que siendo el fin del requirente la obtención de una condena pecuniaria, aun así se admite el *contentieux d'anulation* y no se impone el *contentieux de plein juridiction*, más oneroso y formalista y que devendría en obstáculo en la hipótesis de reclamos por cantidades mínimas[631]. Este es el ámbito natural en el caso de reclamos pecuniarios en materia de función pública (*v.g.* anulación de un acto sancionador que a su vez ha generado consecuencias dañosas), pero también aplica incluso frente a controversias atinentes a pagos de subvenciones a personas privadas, y más recientemente, asimismo a cuestiones vinculadas con obligaciones laborales dinerarias de entes públicos, incluyendo la petición de conminación a hacer los pagos[632].

---

625 Abierto frente a todas las decisiones ejecutorias, en términos de Waline, Ob. cit., nota 597, p. 679.

626 Morand-Deviller, Ob. cit., nota 103, pp. 701-702. La influencia de la jurisprudencia de la Corte Europea de Derechos Humanos ha sido determinante en ello, destacan Courréges, A., et Daël, S., *Contentieux administratif*, Thémis droit, Presses Universitaires de France - P.U.F, 4° ed., Paris, 2013, p. 83.

627 Morand-Deviller, Ob. cit., nota 103, p. 701; Waline, Ob. cit., nota 597, p. 682, aunque esto queda atenuado como se evidencia más adelante.

628 Cfr. Morand-Deviller, Ob. cit., nota 103, p. 703.

629 Morand-Deviller, Ob. cit., nota 103, pp. 703-706. Véase al respecto: Courréges et Daël, Ob. cit., nota 626, pp. 171-191; Guyomar et Seiller, Ob. cit., nota 104, pp. 313-325; Chapus, Ob. cit., nota 102, pp. 509-518.

630 Morand-Deviller, Ob. cit., nota 103, p. 706. Véase también: Chapus, Ob. cit., nota 102, pp. 744-747.

631 Morand-Deviller, Ob. cit., nota 103, p. 706. Véase también: Frier, P.L./J. Petit, *Droit Administratif*, 7° ed., Montchrestien, Paris, 2012, pp. 505-506.

632 Morand-Deviller, Ob. cit., nota 103, p. 706. Con detalle: Chapus, op. cit., nota 102, pp. 701-702.

B. Recurso paralelo

§273. Planteamiento general - En el mismo sentido, empleando términos propios del Derecho Procesal, en cuanto al contenido de las pretensiones planteadas en la demanda, un asunto vinculado con lo anteriormente expuesto se refiere a la causal de inadmisibilidad del recurso paralelo. O en términos inversos, la ausencia de recurso paralelo para no obstaculizar la admisión de la demanda. Ello implica que no debe existir otro recurso jurisdiccional ante el Juez administrativo u ordinario que le permita al recurrente obtener el mismo resultado[633].

El fundamento de esta prohibición de existencia de recurso paralelo descansa en que no debe haber simultáneamente dos vías contenciosas a disposición del recurrente, aunque ella ha sido objeto de sucesivas atenuaciones que actualmente restringen de forma considerable su aplicación[634]. A lo anterior cabe agregar que hoy en día se entiende que este impedimento solo opera ante la hipótesis de que la vía alterna ofrezca una satisfacción igualmente integral al demandante que la que pone a su disposición el *recours pour excès de pouvoir*[635].

Esa es resumidamente la situación actual del régimen del *contentieux d'anulation* francés y la posible acumulación de pretensiones distintas a la simple pretensión de anulación del acto administrativo. Una regla general que admite matizaciones en diversos aspectos.

En el caso venezolano, el Art. 124.3 de la derogada LOCSJ contemplaba como causal de inadmisibilidad del juicio de anulación de actos administrativos de efectos particulares, la existencia de recurso paralelo[636]. Muy posiblemente como consecuencia de la adopción de la noción francesa *d'excès de pouvoir*. A partir de la derogada LOTSJ de 2004, y luego en la vigente LOJCA, esa causal de inadmisiblidad no persiste. Pero el hecho de que esta última Ley, como ya se señaló, se refiera únicamente a las pretensiones de anulación de actos administrativos, implica el riesgo de que surja una tesis que sostenga que únicamente pretensiones de esta índole pueden plantearse por esta vía, so pena de declarar la inadmisibilidad de la demanda[637], aunque hasta ahora no ha sido el caso[638].

---

633 Morand-Deviller, Ob. cit., nota 103, p. 706. Cabe recordar el original carácter «subsidiario» del exceso de poder. Sobre el recurso paralelo véase también, entre otros: Guyomar et Seiller, Ob. cit., nota 104, p. 287 N° 609.

634 Waline, Ob. cit., nota 597, p. 688.

635 Ibídem, p. 689.

636 Vid. un ejemplo de su tratamiento jurisprudencial en: Brewer-Carías, A. R. y Ortiz-Álvarez, L., Ob. cit., nota 597, pp. 536-542.

637 Hay algunas tendencias jurisprudenciales que parecen apuntar a ello. Por ejemplo, la reviviscencia de una especie de teoría de los «actos separables» en materia de pretensiones frente a actos administrativos en procedimientos de contratación pública también de raigambre francesa. Sobre el punto puede verse el –a nuestro modo de ver– cuestionable desarrollo jurisprudencial del asunto luego de la LOJCA, en: Torrealba Sánchez, M. Á., *Las actuaciones bilaterales: Los contratos públicos y los convenios en la Ley Orgánica de la Jurisdicción Contencioso Administrativa*. En: Hernández-Mendible, V. R. (Dir.): La actividad e inactividad administrativa y la Jurisdicción Contencioso-Administrativa. Colección Estudios Jurídicos N° 96, EJV, Caracas, 2012, pp. 251-254.

638 Hasta donde llega nuestro conocimiento, salvo lo planteado por Urosa M. y Hernández G., Ob. cit., nota 587, p. 3.

El segundo sub-epígrafe, que es una derivación lógica y jurídica de este, es el del contenido de la sentencia en la demanda de anulación de la LOJCA.

C. Contenido de la sentencia

§274. Planteamiento general - Si ya el hecho de que el «procedimiento común» de la LOJCA se refiriera como posibles pretensiones a ventilarse en este a las demandas de anulación de actos administrativos, sin aludir a la potencial acumulación de pretensiones de otra índole, constituye un retroceso incluso en el plano del Derecho venezolano, es quizá en el contenido de la sentencia en donde se nota más la ausencia regulatoria.

En efecto, como ya se puso de relieve, la LOJCA no contiene previsión en este asunto, salvo una mera referencia respecto al procedimiento breve del cual nos ocupamos en otra oportunidad[639]. En el caso del «procedimiento común», nada estatuye, lo que ni siquiera se solventa -siquiera parcialmente como es el caso de otro tipo de pretensiones- con el régimen de ejecución de la sentencia contenido en su Título IV, Capítulo VI[640].

§275. Potestad de sustitución judicial declarativa - A diferencia de otras recientes leyes procesales administrativas iberoamericanas[641], la LOJCA nada aporta respecto al alcance y límites de la potestad de sustitución declarativa en la sentencia que declara procedente una pretensión de anulación de un acto administrativo. Asuntos tales como los efectos temporales de la decisión (retroactivos o no respecto a la anulación), el límite del control de los elementos discrecionales del acto administrativo, los marcos de la intervención del Juez administrativo en la actividad administrativa formal (potestades o no de reposición del procedimiento, reforma o reemplazo del acto administrativo anulado), ente otras, no son abordados legalmente.

Frente a tal vacío, una primera solución sería apegarse al modelo clásico del *contentieux d'anulation*. Específicamente al recours pour *excés de pouvoir* en su concepción originaria, y entender que frente a la declaración de anulación de un acto administrativo, el efecto automático sería su expulsión del Ordenamiento jurídico, teniéndose al mismo como inexistente y, por consiguiente, como si nunca hubiera producido efecto alguno. Efecto retroactivo o *ex tunc* que calzaría con el original prototipo anulatorio francés.

No obstante, nos inclinamos por una tesis más flexible y pragmática. A saber, la posibilidad de que sea el Juez -dado que la ley no lo hizo y ni siquiera estableció lineamientos- quien determine los efectos de la sentencia anulatoria de un acto administrativo, respetando los principios generales del Derecho Administrativo y Procesal, y por supuesto, la posición constitucional del Poder judicial frente al Poder ejecutivo.

Cuatro al menos son las razones que abonan a favor de esta tesis:

Primero: Ya era la tendencia legislativa antes de la LOJCA (Arts. 119 y 131 de la derogada LOCSJ y 21.17 de la también derogada LOTSJ de 2004), y si esta la

---

[639] Torrealba Sánchez, M. A., Ob. cit., nota 616, p. 231.

[640] Véase al respecto: Torrealba Sánchez, M. A., Ob. cit., nota 587, pp. 476-477; Torrealba Sánchez, M. A., Ob. cit., nota 581, pp. 271-278, así como la bibliografía allí citada.

[641] Vid. Torrealba Sánchez, Ob. cit., nota 582, pp. 259-378. Más recientemente puede verse la Ley de la Jurisdicción Contencioso Administrativa Salvadoreña, que entró en vigencia en 2018.

abandonó no fue por una intención deliberada, sino por las carencias estructurales y formales que presenta.

Segundo: Luce aconsejable que no en todos los casos una sentencia anulatoria produzca efectos retroactivos. Piénsese, por ejemplo, en la anulación de un reglamento que ha generado un conjunto de situaciones jurídicas consolidadas frente a terceros, incluso respecto a una colectividad. En tales hipótesis hay que ponderar las consecuencias extremas de pretender erradicar de raíz una ilegalidad del Ordenamiento jurídico con el necesario respeto a tales situaciones. Ello tanto por razones de seguridad jurídica y de salvaguarda de los derechos y expectativas de terceros, como eventualmente en atención a que el interés general así lo aconseje.

Tercero: Sostiene un sector de la doctrina -incluso la nacional[642]- la tesis compartida por nosotros, de que la distinción entre anulaciones absolutas o de pleno derecho y anulaciones relativas o anulabilidades, si bien encuentra asidero en la doctrina del procedimiento administrativo, tiene su ámbito de aplicación natural en este, tanto en lo conceptual como respecto a sus consecuencias. De allí que somos del criterio de que tal dualidad y sus efectos (anulación absoluta-reconocimiento *ex tunc* y anulación relativa-declaración *ex nunc*), si bien serán una guía a considerar por el Juez administrativo, no lo vincularán al punto de impedirle llegar a soluciones distintas según el caso concreto lo amerite.

Cuarto: Dar amplias -no ilimitadas- potestades al Juez administrativo al momento de determinar o matizar los efectos de una sentencia anulatoria parece ser la tendencia en el Derecho Comparado. No solo en el caso iberoamericano[643]. Lo es también en el actual contencioso administrativo francés como ya quedó evidenciado previamente. Con mayor énfasis a partir de su Código de Justicia Administrativa de 2000.

En fin. No se está proponiendo nada distinto a la situación real del contencioso administrativo venezolano hasta la entrada en vigencia de la derogada LOCSJ, y hasta donde tengamos conocimiento la solución planteada no encontró mayores objeciones doctrinarias ni prácticas. Y si no hay ejemplos recientes de ello, es probable que parte de su causa radique en el escasísimo número de sentencias anulatorias que dictan los Tribunales administrativos venezolanos en la actualidad[644]. Y aquí se

---

642 Cfr. Urdaneta Troconis, G., «Avances jurisprudenciales sobre los Motivos de Impugnación en el Contencioso Administrativo», en Avances, t. III, 1996, p. 21; «Los Motivos de Impugnación en la Jurisprudencia Contencioso Administrativa Venezolana de las Tres Últimas Décadas», en *Derecho Contencioso Administrativo, Libro Homenaje al Profesor Luis Enrique Farías Mata*, IEEL, 2006, pp. 13-114 y 162; y Hernández-Mendible, V. R.: *Estudio jurisprudencial de las anulaciónes, potestades de la Administración y poderes del juez en el Derecho Administrativo (1930-2016)*. Corte Suprema de Justicia. San Salvador, El Salvador, 2017, pp. 115-117. En contra de la tesis que aquí se propone: Linares Benzo, G., «*Ex Tunc: toda nulidad es retroactiva. La derogatoria de la potestad del juez contencioso de «determinar los efectos de la decisión en el tiempo»*, en RDP N° 135, EJV, Caracas, 2013, pp. 219-230.

643 Cfr. Torrealba Sánchez, M. A., Ob. cit., nota 582, pp. 298-305.

644 Vid. al respecto: Canova González, A., *Perspectivas del contencioso-administrativo venezolano*. En: AA.VV.: El contencioso-administrativo a partir de la Ley Orgánica del Tribunal Supremo de Justicia. FUNEDA. Caracas, 2009, pp. 17-60 y del mismo autor: *La realidad del contencioso-administrativo venezolano. Un llamado de atención frente a las desoladoras esta-dísticas de la Sala Político-Administrativa en 2007 y primer semestre de 2008*. FUNEDA. Caracas, 2009; Hernández G., J. I.: *La interpretación jurisprudencial del primer año de aplicación*

entra en el tema de la idoneidad profesional y ética del Juez administrativo, asunto que excede el objeto de estas páginas y al que se ha hecho somera referencia en otras ocasiones[645].

Por último, respecto a la sustitución judicial declarativa, sus límites se encuentran en los principios de congruencia procesal y en la posición constitucional del Juez administrativo frente a la Administración Pública. Asunto debatido por la doctrina y que no viene al caso reiterar[646], salvo para recordar que la sustitución plena solo podrá tener cabida en aquellas hipótesis en que frente a la actividad administrativa formal solo exista una única solución conforme a Derecho, toda vez que el Juez administrativo es un operador jurídico y no político. Viene aquí a colación el debatido tema del control jurisdiccional y la discrecionalidad administrativa[647]. En los demás supuestos, que serán la mayoría, el Juez administrativo podrá dictar lineamientos en el fallo de mérito, que habrá de complementar de ser requerido en la fase de ejecución de la sentencia.

§276. Potestad de sustitución ejecutiva - Resta hacer referencia a la potestad de sustitución ejecutiva. Es decir, al poder del Juez administrativo de ejecutar la sentencia, por sí o a través de terceros, ante la reticencia o renuncia de la parte perdidosa, en el caso que nos ocupa, en el contencioso de anulación[648].

Tratándose de una actividad formal, los límites para la procedencia de esta ejecución sustitutiva ya han sido referidos. A saber, la congruencia entre la pretensión planteada y el contenido de la sentencia y el llamado «núcleo» de la discrecionalidad, o quizá con más precisión: la discrecionalidad administrativa propiamente dicha.

Mas si con la pretensión anulatoria no se garantiza el cabal restablecimiento de la situación jurídica subjetiva vulnerada por la ejecución previa del

---

de la Ley Orgánica de la Jurisdicción Contencioso Administrativa. Ponencia presentada en el Seminario sobre la Ley Orgánica de la Jurisdicción Contencioso Administrativa organizado por FUNEDA y realizado en la ciudad de Caracas el 10-06-2011; Urosa M., D. y J. I. Her-nández G.: *El estado actual de la Justicia Administrativa en Venezuela.* En: Justicia Administrativa. Serie Primera. Tomo III. Colección Estado de Derecho y Justicia. Acceso a la Justicia. FUNEDA. Universidad Metropolitana. Caracas, 2012, pp. 39-40; Iribarren Monteverde, H., *El principio del respeto a las situaciones jurídicas subjetivas en el Derecho Público Venezolano.* Academia de Ciencias Políticas y Sociales. Caracas, 2013, pp. 114-173; Kiriakidis, J., *El amparo constitucional contra los entes de la Administración Pública. (Cifras 2007 al primer semestre de 2011) de la Sala Constitucional y de las Cortes Contencioso-administrativas).* En: Crisis de la Función Judicial. Colección Estado de Derecho. Serie Primera. Tomo IX. Acceso a la Justicia. FUNEDA. Universidad Metropolitana. Caracas, 2012, pp. 31-43. Más recientemente: Canova González, A., Herrera Orellana, L. A., Rodríguez Ortega, Graterol Stefanelli, R. y G., *El TSJ al servicio de la Revolución.* Editorial Galipán. Caracas, 2014, pp. 121-182.

645 Torrealba Sánchez, M. A., Ob. cit., nota 592, pp. 193-201. Para el caso español pueden verse por ejemplo las interesantes reflexiones de: González Navarro, F., *Derecho Administrativo español.* Volumen I. 2° ed. 1° reimp. EUNSA S.A. Pamplona-España, 1995, pp. 108-131.

646 En todo caso, un panorama de ello en: Torrealba Sánchez, M. A., Ob. cit., nota 582, pp. 118-137, así como la bibliografía allí citada.

647 Cfr. un resumen del tratamiento del asunto en la doctrina iberoamericana, en: Torrealba Sánchez, M. A., Ob. cit., nota 582, pp. 135-180.

648 Sobre tal instituto véase: Ibídem, p. 118, así como la bibliografía allí citada.

acto administrativo declarado nulo, porque se requiera la materialización de mandatos judiciales que enerven o retrotraigan los actos consecuenciales del acto administrativo en cuestión, lo cual es bastante común, entonces -de acuerdo con lo pedido en las respectivas pretensiones- habrán de seguirse los principios y lineamientos que guían a la sustitución judicial ejecutiva frente a la actividad material[649] o inactividad administrativa[650], según corresponda. Piénsese, por ejemplo, en un acto administrativo sancionador que haya aparejado los consiguientes efectos perjudiciales para la esfera jurídico-subjetiva del destinatario.

Lamentablemente la LOJCA no aporta un ápice de directrices al respecto, por lo que habrá de acudirse supletoriamente a la regulación procesal civil y a los principios de la Teoría General del Proceso. Y también, a la jurisprudencia contencioso administrativa surgida durante las últimas décadas del pasado siglo[651].

D. Conclusiones

§277. Planteamiento general - En el caso del contencioso administrativo francés, no se ha producido -como en algún momento se planteó- la desaparición del *recours pour excès de pouvoir*. Lo anterior, toda vez que al Juez administrativo se le han dado mayores potestades, aunque aún limitadas, estando todavía proscrita la posibilidad de reformar actos administrativos, sancionar la contumacia de la Administración Pública u ordenar directamente y como regla general, el pago indemnizaciones.

De allí que se señala que el *recours d'excès de pouvoir*: «*...conserva su misión primera de hacer respetar el derecho objetivo, un simple interés para actuar es suficiente para promoverlo y su anulación tiene un efecto absoluto de cosa juzgada*»[652].

No obstante, el debate sobre la justificación de mantener la dualidad: *contentieux d'anulation versus contentieux de plein juridiction* sigue vigente[653]. Y en todo caso, la originaria dicotomía ha perdido buena parte de sus extremos caracteres definidores. Así, por ejemplo, es difícil sostener que en el caso del contencioso de anulación, únicamente se defiende la legalidad objetiva, si se toma en cuenta que hoy en día es un proceso en el que también se defienden derechos subjetivos e intereses de las partes involucradas.

Si a eso se le agrega la posibilidad que tiene el Juez administrativo en el contencioso de anulación, de imponer órdenes a la Administración Pública y de incluso condenar a esta a realizar prestaciones de dar o hacer en orden a restablecer situaciones jurídicas infringidas, hipótesis admisibles en algunos casos, se deduce que la dicotomía que tuvo en su origen el *contentieux d'anulationc* respecto al *contentieux de plein juridiction*, ya no es tal.

---

649 Cfr. Ibídem, pp. 236-240.

650 Cfr. Ibídem, pp. 202-212, así como la bibliografía allí citada. Especialmente: Urosa Maggi, D., *Tutela judicial frente a la inactividad administrativa en el Derecho Español y Venezolano*. FUNEDA. Caracas, 2003.

651 Vid. Brewer-Carías y Ortiz Álvarez, Ob. cit., nota 597, pp. 960-1035.

652 Morand-Deviller, Ob. cit., nota 103, pp. 702-703.

653 Cfr. por ejemplo: Waline, Ob. cit., nota 597, pp. 751-752.

Empero, se mantienen las categorías, pero en continua adaptación, e incluso en algunos supuestos reformulación[654]. Los cambios no son espectaculares ni radicales, pues priva la mesura y el sentido de dar continuidad a una tradición sin que ello signifique permitir la obsolescencia o, peor aún, la petrificación de un instituto, al punto de hacerle perder o aminorar su utilidad práctica[655].

Conservadurismo y pragmatismo, respeto a la tradición pero flexibilidad y adaptabilidad, son caracteres aparentemente antagónicos del contencioso administrativo francés, y que este logra armonizar. Y de ello da testimonio su continua evolución ya más que bicentenaria, producto de la jurisprudencia en primer término pero también del diálogo de esta con la doctrina. Lo que tiene mucho sentido, pues no hay que olvidar que dentro de esta última destacan también juristas que han desempeñado papel protagónico en la actuación de la jurisdicción contencioso-administrativa. Ello explica en parte por qué hubo de aguardarse tanto hasta la primera codificación de la Justicia Administrativa francesa, que además, recoge los desarrollos jurisprudenciales. Y también, cómo la recepción de la jurisprudencia comunitaria europea no ha supuesto cambios drásticos, sino afinaciones de un mecanismo probado por el devenir en más de dos siglos de historia.

Semejante desarrollo, que además irradió en mayor o menor medida al entorno europeo occidental, debió deslumbrar, y todavía lo hace, a los juristas iberoamericanos, siempre en la búsqueda de un equilibrio entre la necesidad de una Administración Pública poderosa y el indeclinable respeto a los derechos y garantías de las personas. El contencioso administrativo francés hubo pues de presentarse como una fórmula modélica.

Ahora bien, esa fórmula no es la misma de hace doscientos años. De hecho, la evolución apunta al acercamiento de muchas de sus instituciones con las del Dere-

---

[654] Tal parece que ambos contenciosos habrán de seguir teniendo su propia individualidad, aunque cada vez con más conexiones. En ese sentido, vale la pena transcribir la siguiente opinión: «*...a la hora actual una cuestión de naturaleza hace evolucionar a la justicia administrativa, pero susceptible de provocar serias controversias: ¿Continúa teniendo fundamento conservar la distinción entre el recurso contencioso de plena jurisdicción y el de exceso de poder? El recurso por exceso de poder es fruto de una evolución histórica bien conocida hecha por el Consejo de Estado, transformando progresivamente el recurso jerárquico presentado ante la autoridad administrativa en un verdadero recurso contencioso. Se afirma el rol histórico que ha tenido en la construcción de los derechos y libertades públicas de los administrados. Pero el tiempo también ha hecho su obra y se asiste cada vez más a aproximaciones importantes entre esas diferencias que permiten la diferenciación entre ambos recursos. Hace unos 15 años que J.M. Woehrling planteó: ¿Hacia el fin del exceso de poder?, respondiendo afirmativamente la pregunta. Es más, el mismo Vicepresidente del Consejo de Estado reconoció que los cambios en la actuación de los jueces podrían conducir a una perturbación de las grandes categorías del contencioso. No resulta posible, en el marco de esta conclusión, tratar el problema en toda su amplitud (...) En el fondo está la actividad judicial. Allí se le deben reconocer todos los poderes necesarios al juez para resolver el litigio. Naturalmente que una eventual fusión de los dos recursos tendría el problema de la actual dispensa de actuar sin abogado en el caso del exceso de poder. Pero ello podría solucionarse manteniendo la dispensa en el caso de que el recurso persiga únicamente la anulación del acto. Ello conllevaría la ventajas que resultarían de tal fusión*» (traducción libre de: Waline, Ob. cit., nota 597, p. 752).

[655] En elocuente expresión invocada por Courréges et Daël, Ob. cit., nota 626, p. 396: *Terminamos la revolución, no la reforma.*

cho Procesal tal como lo conocemos en estos países[656]. Ello, en muchos casos como respuesta a las críticas o reparos frente a sus carencias o insuficiencias.

Así las cosas, nuestras pretensiones de anulación de actos administrativos no tienen por qué negar su raigambre francesa en el contencioso de anulación. Pero tampoco habrán de permanecer rígidamente ancladas a un modelo que ha sufrido modificaciones en su ya larga andadura, sino beber tanto de la fuente siempre en evolución (y aquí luce pertinente la referencia al baño en el río que nunca es el mismo según enseñó Heráclito, como no es la misma la Justicia administrativa francesa en su origen que la que existe a inicios del siglo XXI), como de las instituciones que el Derecho Procesal ofrece al contencioso administrativo iberoamericano.

Reiterando pues lo ya expuesto en los capítulos previos, la creación del Consejo de Estado y la conformación de la jurisdicción contencioso-administrativa en Francia fueron productos de la historia y de los condicionamientos de ésta. Mas el contencioso de anulación ha ido perfeccionándose, hasta el punto de erigirse hoy en día como un medio procesal eficaz tanto para el control de la legalidad objetiva como para la tutela de los derechos e intereses de la persona frente a la «decisión ejecutoria», es decir, las actuaciones formales de la Administración Pública. Ha sido un tránsito largo y con obstáculos, pero hoy puede sostenerse que -en líneas generales- ese contencioso de anulación pasa las pruebas más exigentes al respecto, comenzando por los requerimientos de la normativa comunitaria en materia de acceso a la Justicia y protección de los derechos humanos[657].

En el caso que nos ocupa, careciendo nuestros Ordenamientos jurídicos iberoamericanos de la necesidad de establecer un sistema de dualidad jurisdiccional, y no habiéndola tenido nunca en el caso venezolano, el tránsito del contencioso de anulación, de su origen como recurso jerárquico a un verdadero proceso judicial con todas las garantías que impone los marcos constitucionales y convencionales, puede y debe hacerse de forma más pronta y con menores obstáculos. Queda a una futura reforma de la LOJCA, pero sobre todo a una judicatura digna de tal nombre, continuar por tales derroteros.

---

[656] Refiriéndose al contencioso francés, señala por ejemplo reciente doctrina brasilera, que en la década pasada ocurrieron una serie de benéficas transformaciones que terminaron por equipararlo con los sistemas de control de la actividad administrativa ejercidos por órganos judiciales ordinarios (Figueiredo, D.: *Control de la actividad administrativa*. Traducción de Víctor Hernández-Mendible y Eustaquio Jiménez Rodríguez. En: Rodríguez, L. (Dir.) y Delpiazzo, C. (Coord.): El control de la actividad administrativa. Volumen I en homenaje al profesor Diogo de Figueiredo. Instituto Internacional de Derecho Administrativo (IIDA)-EJV-Editorial Temis. Bogotá, 2018, p. 94).

[657] Cfr. Courréges et Daël, Ob. cit., nota 626, pp. 368-372; Guyomar et Seiller, Ob. cit., nota 104, pp. 549-559.

IX

LOS MOTIVOS DE ANULACIÓN

§278. Planteamiento general - Hemos sostenido más arriba que la calificación del *recours pour excès de pouvoir* se vinculó, inicialmente, a dos elementos de la demanda presentada ante el Juez administrativo: (i) las *conclusions* (pretensiones), que no podían ser otras que las de anulación; y (ii) los *moyens d'annulation* (motivos de anulación), que debían ser los relativos a la violación de una regla de derecho. Con relación al primer elemento ya hemos trazado su evolución y el cambio de paradigma a que ha dado lugar más arriba en el capítulo III.

Ahora bien, con relación al segundo de los elementos debemos señalar que en sus orígenes los autores emplean la expresión *moyens d'annulation*, la cual fue adoptada por Alibert[658] y Odent[659]. Posteriormente M. Hauriou[660] propone, con terminología más reciente pero no la mejor «apertura» o «casos de apertura», a las distintas ilegalidades que pueden afectar y entrañar la anulación del acto administrativo en tanto las diversas manifestaciones caracterizadas *d'excès de pouvoir*, constituyendo los denominados vicios del acto administrativo.

Por tanto, las especies de ilegalidad que podrán ser invocadas en el contencioso de anulación estarán constituidas por los llamados «motivos de anulación», «motivos de ilegalidad», «vicios de anulación», «causas de nulidad», o en fin los «motivos de impugnación»[661] que es la terminología más generalmente empleada en nuestro país.

En este orden de ideas, las variadas «especies» de ilegalidad fueron apareciendo progresivamente y han marcado el proceso del control del Juez administrativo sobre la legalidad o juridicidad del acto administrativo, lo cual será el objeto del desarrollo de este capítulo.

---

658 Alibert, R, Ob. cit., nota 149, pp. 191 y ss.

659 Odent, R., Ob. cit., nota 46, Fascicule VI, p. 1317.

660 Hauriou, M., *Precis de droit administratif*, 4° ed., 1901, p. 308.

661 Vid. *in extenso* a Araujo-Juárez, J, *La Nulidad del Acto Administrativo*, Ediciones Paredes, Caracas, 2016; Araujo-Juárez, J, *La Nulidad del Acto Administrativo*, Edición revisada y actualizada, Ediciones Olejnik, Chile, 2020; y Farias Mata, L. H., «Los Motivos de Impugnación», en *Tendencias de la Jurisprudencia Venezolana en Materia Contencioso-Administrativa (8vas Jornadas «Dr. J. M. Domínguez Escobar»*, Barquisimeto, 1983, p. 349; Meier, H., *Teoría de las Nulidades en el Derecho Administrativo*, Ed. Jurídica Alba, 1991; y Subero Mujica, M., «Los Motivos de Impugnación y la Jurisprudencia Contencioso-Administrativa», *en El Contencioso Administrativo en el Ordenamiento Jurídico Venezolano y en la Jurisprudencia del Tribunal Supremo de Justicia*, FUNEDA, Caracas, 2006, p. 218.

1. RÉGIMEN JURÍDICO

§279. Origen - En su acepción etimológica, la palabra nulidad (del latín *«nullitas»),* significa negación de la esencia, del ser. Proviene del adjetivo *«nullus-a-um»,* que quiere decir, nulo, ninguno, que no es. En este sentido, la teoría de las nulidades del Derecho administrativo hace referencia a las diferentes irregularidades -llamadas causas de nulidad, motivos de nulidad o de impugnación o en fin casos de apertura en el contencioso-administrativo-, que puede contener un acto administrativo y justificar su sanción jurídica.

La construcción doctrinal de la teoría de las nulidades del acto admi-nistrativo se produce como resultado de su confrontación con la norma o, más ampliamente, con el Ordenamiento jurídico. De ahí que las expresiones ilegalidad, irregularidad o invalidez significan infracción del Ordenamiento jurídico. Ahora bien, la intensidad de la reacción de éste último depende de la gravedad de la infracción cometida por el acto administrativo en cuestión. Por tanto, el cumplimiento de los requisitos establecidos por el Ordenamiento jurídico será siempre obligatorio, y su violación afectará la validez del acto administrativo dictado con tal vicio.

Ahora bien, cuando se ha comprobado la existencia de un vicio en alguno de los elementos del acto administrativo, ¿qué efectos produce la presencia de tal irregularidad? En forma semejante a lo que ocurre en el Derecho privado, la doctrina y la jurisprudencia han ido elaborando una teoría específica de la teoría de las nulidades del acto administrativo, que responde a las características y exigencias propias del Derecho administrativo.

La construcción de una teoría de las nulidades del acto administrativo en Venezuela es en buena medida tributaria de Farías Mata[662], quien a partir de la promulgación de la LOPA postula una teoría con fundamento en sus Arts. 18, 19 y 20 y en la jurisprudencia[663]. En tal virtud, se correlacionan cada *elemento* (autor, forma, fin, objeto y causa) del acto administrativo con el respectivo *vicio* (incompetencia, vicio de forma, desviación de poder, objeto imposible o ilegal y falso supuesto) que pudiera afectarle, y a su vez, éste con la modalidad de la *sanción jurídica* de nulidad en sus diferentes modalidades (nulidad absoluta o nulidad relativa o anulabilidad)[664].

Existe, pues, una relación de causa a efecto entre los elementos, los vicios y las nulidades del acto administrativo, consistiendo éstas en las consecuencias o sanciones jurídicas que se imponen ante la transgresión al Ordenamiento jurídico, para lo cual hay que estar a lo que disponga expresamente el Derecho positivo. Este es el principio general.

§280. Fundamento - En el presente capítulo se pretende dar respuesta al problema doctrinario ¿por qué se impugna? Y es que en el contencioso de anulación el elemento definidor de la pretensión procesal es la solicitud de anulación de los «actos administrativos generales o individuales» (pretensión de anulación) y, de ser el caso, el restablecimiento de la situación jurídica lesionada (pretensión de condena). Ahora el gran motivo -el único de impugnación- es la «ilegalidad-género» del acto administrativo que se recurre (Farías Mata[665]) pues lo demandado en el Con-

[662] Farias Mata, Ob. cit., nota 661, pp. 345 y ss.
[663] Sent. CSJ/SPA del 02-11-1982.
[664] Sent. CPCA del 22-01-1985 y del 21-05-1987.
[665] Farias Mata, L. H., Ob. cit., nota 661, p. 349.

tencioso de anulación es la forma más amplia posible de «contrariedad al derecho» -por razones de constitucionalidad y de legalidad- (Art. 259 de la C[666]), esto es, cualquier infracción del Ordenamiento jurídico general.

2. TEORÍA DE LOS ELEMENTOS ESTRUCTURALES DEL ACTO ADMINISTRATIVO

§281. Planteamiento general - Desde sus inicios los motivos de nulidad se analizaron bajo un ángulo contencioso. Hoy día se considera que se trata más que de motivos de nulidad, de condiciones de regularidad del acto administrativo, independientemente de todo control jurisdiccional.

En efecto, hemos dicho que fue R. Bonnard[667] quien puso de relieve este aspecto al señalar que se trataba de las diversas condiciones de regularidad o validez del acto administrativo, al desagregar los diversos elementos estructurales y buscar de una manera más relevante los vicios en que podría incurrir, distinguiendo al efecto los siguientes: condiciones relativas al órgano de quien emana, del procedimiento seguido, los motivos, el objeto y la finalidad del acto administrativo. Tal concepción de ilegalidad fue admitida por gran parte de la doctrina contemporánea y bajo este ángulo de condiciones de regularidad o validez es que se empieza a analizar el Contencioso de anulación, comportando un análisis más técnico de los elementos estructurales del acto administrativo.

§282. Clasificación - Por último, los elementos del acto administrativo han sido objeto de una clasificación ya más de carácter científico. En efecto, la diversificación de los motivos de nulidad hizo necesario un reagrupamiento, cuya síntesis fue presentada por M. Gazier[668], al tomar en cuenta los diversos elementos estructurales del acto administrativo, a saber: (i) el control de la legalidad externa (o formal): incompetencia, vicio de forma, y vicio de procedimiento; y (ii) el control de la legalidad interna (o material): inmotivación de hecho y de derecho, y la desviación de poder.

Es necesario señalar que si bien no existe unanimidad en cuanto a la enumeración y denominación, la estructura del acto administrativo comprende un conjunto de elementos esenciales de los cuales depende su existencia y validez. En tal sentido son varias las clasificaciones de los vicios que han sido propuestas por la doctrina. Ellas coinciden en general.

Nosotros[669] nos hemos afiliado a la formulación puesta más bien en función de los respectivos elementos esenciales del acto administrativo que se ven afectados por ellos, como lo ha venido proponiendo tanto la jurisprudencia venezolana a partir del caso Depositaria Judicial, C.A.[670] como la doctrina[671], y ellos son los siguientes:

---

666 Sent. N° 1113 del TSJ/SPA del 13-08-2011.

667 Araujo-Juárez, J., Ob. cit., nota 661; y Bonnard, R., «Le pouvoir discrétionnaire des autorités administratives et le recours pour excès de pouvoir», en RDP, Paris, 1923, pp. 363 y ss.

668 Gazier, F., «Essai de présentation des couvertures du recours pour excès de pouvoir en 1950», en *EDCE*, Paris, 1951, N° 5, p. 77.

669 Vid. Araujo-Juárez, J, Ob. cit., nota 661.

670 Sent. CSJ/SPA del 02-11-1982, RDP N° 12, p. 124.

671 Farias Mata, L. H., *Ob. cit.*, nota 1, nota 661, p. 352; y Urdaneta Troconis, nota 642, 2006, p. 15.

a. Elemento *subjetivo*: es decir, *quién* dicta el acto administrativo y, por ende, las condiciones que debe reunir el titular del órgano autor.

b. Elemento *causal*: tiene que ver con el *qué*: los motivos de hecho y de derecho.

c. Elemento *objetivo*: tiene que ver con el *por qué*, el contenido.

d. Elemento *teleológico*: tiene que ver con el *para qué*, el fin.

e. Elemento *formal*: se refiere al *cómo*, la forma de expresión y la motivación.

f. Y por último a la anterior enumeración jurisprudencial proponemos agregar separadamente el elemento *procedimental*: está referido al *modo*, esto es, el procedimiento administrativo debido.

Finalmente, los elementos mencionados a su vez se pueden reagrupar así: los cuatro primeros elementos integran la denominada legalidad interna; y los dos últimos elementos la denominada legalidad externa.

§283. Antecedentes - En el proceso de identificación de los motivos de nulidad del acto administrativo y las diferentes sanciones a que dan lugar cabe distinguir dos etapas en nuestro país.

La primera se caracteriza porque en sus inicios la metodología que sigue la jurisprudencia es casuística, examina caso por caso si procede o no declarar la nulidad, de acuerdo con la gravedad y trascendencia de la irregularidad que afecta al acto administrativo examinado, lo que determina que los criterios sean variados y van desde la violación directa de la C, la falta de elementos esenciales, la infracción grosera de la ley, la incompetencia manifiesta, la transgresión de normas establecedoras de conductas prohibidas, la vulneración del orden público y otros tantos criterios[672].

Luego la segunda etapa comienza a partir de la entrada en vigencia de la LOPA[673], cuando por primera vez tenemos una regulación sistemática de la teoría de las nulidades administrativas.

§284. Clasificación - El gran motivo de nulidad que es la contrariedad a Derecho se manifiesta mediante formas muy concretas. En efecto, la LOPA hizo por primera vez una regulación sistemática de la teoría de las nulidades administrativas contentiva de los diversos motivos de nulidad siempre en relación con la intensidad o grado del vicio que el acto administrativo contenga en uno o varios de sus elementos, según el esquema interpretativo propuesto por Farias Mata que se funda en la trilogía: elemento-vicio-sanción, y el cual ciertamente se ha visto confirmado por la jurisprudencia.

Es así como en el Derecho administrativo positivo los defectos o vicios se manifiestan de dos maneras. Por un lado, los motivos invalidantes que se dividen a su vez en: la nulidad absoluta o radical y la nulidad relativa o anulabilidad. Y por el otro, tal y como sostiene la doctrina[674], por obra de la

---

672 Sent. CSJ/SPA N° 210 del 26-07-1984, RDP N° 19, p. 130.

673 Sobre la noción de la teoría de la nulidad del acto administrativo Vid. *in extenso* a Araujo-Juárez, J., Ob. cit., nota 661. Asimismo recomiendo la lectura de Sosa Gómez, C., «La nulidad de Derecho Público en Venezuela», en REDA N° 12, Caracas, pp. 157 y ss.

674 Hernandez-Mendible, V., Ob. cit., nota 642, p. 96.

jurisprudencia[675] se introduce en nuestro país la teoría de los motivos irrelevantes o intrascendentes al margen de la regulación de la LOPA y con evidente inspiración en el Derecho comparado.

§285. Consecuencia - De acuerdo con la doctrina[676] y la jurisprudencia[677] se trata de dos modalidades de la teoría de las nulidades, pues denunciados ambas adecuadamente producen la misma consecuencia: la extinción del acto administrativo afectado por una contrariedad al Derecho. Sin embargo están sometidas también a un régimen jurídico diferente cuya conceptualización se ha ido logrando de manera más técnica y ajustada a los principios que rigen nuestro Derecho positivo según analizaremos a continuación.

3. MOTIVOS DE NULIDAD ABSOLUTA

§286. Planteamiento general - El primer problema a resolver es la delimitación de los motivos que dan lugar a la nulidad absoluta; el otro concierne a señalar cuáles son los efectos que se desprenden de cada una de ellos.

Antes de la entrada de la LOPA, la jurisprudencia[678] ya había adoptado la clasificación bipartita que distinguía entre la nulidad absoluta y la nulidad relativa. Posteriormente, la LOPA procedió a consagrar también la teoría de la bipartición al distinguir entre: por un lado, los motivos de nulidad absoluta establecidos mediante el sistema de lista (Art. 19 de la LOPA) y que en definitiva se refiere a los motivos de ilegalidad más importantes que pueden afectar a un acto administrativo; y por el otro, los motivos de nulidad relativa establecidos mediante el sistema de cláusula residual (Art. 20 de la LOPA) que se ha convertido en la regla general al establecer que los vicios de los actos administrativos que no lleguen a producir su nulidad absoluta, sólo los harán anulables o de nulidad relativa.

§287. Características - De acuerdo con la doctrina[679] y la jurisprudencia[680], las características que distinguen fundamentalmente a ambas modalidades de nulidades son: en el caso de la nulidad absoluta se está en presencia de un motivo que conduce a una ineficacia intrínseca e inmediata, no subsanable y, en consecuencia, imprescriptible, que tiene efectos frente a todos[681]; mientras que en el caso de la nulidad relativa o anulabilidad, se está frente a un motivo que supone una ineficacia extrínseca y potencial, que se puede subsanar por el transcurso del tiempo o por la propia actividad de la Administración Pública y que sólo tiene efectos frente a los interesados[682].

---

675 Sent. CPCA del 02-10-1986, 05-02-1987, 29-09-1987, del 04-11-1987, del 11-04-1988 y del 17-04-1996, entre otras.

676 Sent. CPCA del 22-04-1985.

677 Sent. CPCA del 22-04-1985 y del 21-05-1987.

678 Sent. CFC/SF del 11-12-1935 y del 04-04-1938.

679 Hernández-Mendible, V., Ob. cit., nota 642, pp. 59 y 97.

680 Sent. CFC/SPA del 11-12-1935 y 04-04-1938.

681 Sobre la distinción entre nulidad absoluta y nulidad relativa Vid. *in extenso* a Araujo-Juárez, Ob. cit., nota 661.

682 Hernández-Mendible, V. R., Ob. cit., nota 642, pp. 60 y 97. Asimismo Vid. CSJ/SPA del 26-07-1984.

§288. Lista taxativa - Un sector mayoritario de la doctrina[683] sostiene que los supuestos reconocidos en el Art. 19 de la LOPA como motivos de nu-lidad absoluta son taxativos, y por ello todos son reconducibles a los supuestos allí mencionados. Por su parte, la jurisprudencia[684] ha sostenido también que se trata de un número cerrado que en principio no podría ser objeto de interpre-tación, en los términos siguientes:

> Se impone aquí a la Sala la necesidad de reiterar que a par-tir de la entrada en vigencia de la Ley Orgánica de Procedimientos Administrativos el 1° de enero 1982, los vicios que hacen a los actos administrativos «absolutamente nulos», se encuentran limita-tivamente consagrados en ésta (artículo 19 de dicha ley), por lo que tal grado de invalidez no puede ser determinado libremente ni por las partes ni por el intérprete: ya lo ha hecho la ley.

En conclusión, hasta donde nuestro conocimiento alcanza hoy no existe ni doctrinal ni jurisprudencialmente planteada alguna hipótesis de nulidad absoluta que no sea de las previstas en el Art. 19 de la LOPA.

§289. Distinción - Finalmente, la doctrina[685] sostiene que en nuestro Derecho administrativo sólo tres consecuencias diferencian la nulidad absoluta de la nulidad relativa. Las dos primeras se relacionarían con la potestad de revisión de la Administración Pública: la potestad convalidatoria reservada a los actos anulables y la potestad anulatoria reservada a los actos nulos absolutamente; y la tercera consecuencia vinculada a la potestad anulatoria del Juez administrativo.

Sin embargo, nos permitimos afirmar que existen además de las mencionadas otras diferencias que señalaremos de seguidas:

a. El carácter *excepcional* de la nulidad absoluta, frente a la común anulabilidad que surge de la ilegalidad que afecta a los actos administrativos[686].

b El acto administrativo viciado de nulidad absoluta carece de *presunción de legitimidad*, efecto que no tiene el viciado de nulidad relativa[687].

c. El vicio de nulidad absoluta es de *orden público*[688] mientras que este carácter no lo tiene la nulidad relativa[689]. Consecuencia de ello es: (i) el alegato

---

[683] Brewer-Carías, A. R., Ob. cit., nota, 199, p. 63 y 215; Urdaneta Troconis, G., Ob. cit., nota 642, 2006, p. 114 y 165; Hernández-Mendible, V. R., Ob. cit., nota 642, pp. 28, 60 y 97. Vid. asimismo Sent. CPCA del 11-06-1987, RDP N° 31, p. 79; del 29-09-1987, RDP N° 32, p. 81; y del 04-11-1987.

[684] Sent. CSJ/SPA N° 73 del 05-05-1992, RDP N° 50, p. 144; y CPCA del 21-05-1987.

[685] Urdaneta Troconis, G., Ob. cit., nota 642, 2006, p. 113.

[686] Sent. CSJ/SPA del 26-07-1984, 19-10-1989 y del 31-01-1990 en RDP N° 41, p. 84; CPCA del 06-08-1992, RDP, N° 51, p. 121.

[687] Sent. CSJ/SPA, de fechas 19-06-1980, 18-09-1980, RDP N° 4, p. 143; 18-02-1980, RDP N° p. 145; del 15-12-1980, RDP N° p. 121; del 22-04-1982, RDP N° 10, p. 146; y del 18-12-1983, RDP N° 17, p. 176.

[688] Si bien la jurisprudencia al referirse a la categorización de orden público no la define, entendemos que se debe identificar con los principios fundamentales del orden social o los intereses generales de la sociedad, y que se materializa en leyes que normalmente el mismo legislador califica de orden público, precisamente. Vid. De La Fuente, H., *Orden Público*, Ed, Astrea, Buenos Aires, 2003, p. 17.

[689] Brewer-Carías, A. R., Ob. cit., nota 199, p. 191. Vid. asimismo Sent. CSJ/SPA del 05-12-1985, RDP N° 25, p. 144; CPCA del 01-12-1983, RDP N° 17, p. 202, 07-05-1987, 10-12-1987 RDP N° 33, p. 138, 06-04-1989 y 29-03-2001; y Sent. N° 42628 del TSJ/SPA del 07-07-2005.

de la nulidad absoluta se admite en cualquier estado y grado de la causa, inclusive en alzada[690] y (ii) la nulidad absoluta puede ser declarada o reconocida de oficio por la Administración Pública en sede administrativo; y en sede judicial por el Juez también de oficio aunque no haya sido denunciado o denunciado posteriormente a la demanda de nulidad[691], a diferencia del vicio de nulidad relativa donde debe mediar petición de parte interesada[692].

d. El acto administrativo nulo de nulidad absoluta nunca puede adquirir *firmeza*[693], por lo que siempre podrán ser impugnados, ya que por el transcurso del tiempo nunca pueden llegar a ser convalidados, a diferencia del viciado de nulidad relativa.

e. El alegato de la nulidad absoluta en sede administrativa es presupuesto de la *suspensión de los efectos* del acto impugnado[694], mientras que en sede jurisdiccional es independiente de la modalidad del vicio que se denuncie, pues procede para evitar perjuicios irreparables o de difícil reparación por la definitiva[695].

f. En cuanto a la *potestad convalidatoria*, el acto administrativo viciado de nulidad absoluta no es susceptible de convalidación o saneamiento y debe ser anulado[696]; mientras que de conformidad con el Art. 81 de la LOPA sí procede en sede administrativa en cualquier momento en el caso del acto afectado de nulidad relativa[697].

g. En cuanto a la *potestad revocatoria*, la nulidad absoluta permite su ejercicio en sede administrativa respecto de los actos administrativos creadores de derechos subjetivos[698], la cual puede ser reconocida por la Administración Pública en cualquier tiempo[699]; mientras que no procede en los casos de nulidad relativa.

h. En cuanto a la *extensión* del vicio, la nulidad absoluta afecta a la totalidad del acto administrativo, mientras que la nulidad relativa puede ser tanto total como parcial[700]. Sin embargo, cabe mencionar la existencia de actos administrativos afectados sólo de nulidad absoluta parcial[701].

i. La declaratoria de la nulidad absoluta tiene efectos *erga omnes* por lo que afecta a todos, mientras que la de nulidad relativa sus efectos son sólo *inter partes*[702].

---

690 Sent. CPCA del 06-04-1989.
691 Sent. CSJ/SPA del 06-12-1979 y CPCA del 21-05-1986, del 06-04-1989, 28-07-1993 y del 09-01-1994.
692 Sent. CSJ/SPA del 09-08-1990.
693 Brewer-Carías, A. R., Ob. cit., nota 199, p. 151. Vid. asimismo Sent. CPCA del 14-02-1985.
694 Sent. CPCA del 22-04-1985, RDP N° 22, p. 163.
695 Sent. CPCA del 22-04-1985.
696 Sent. CPCA del 22-04-1985 y 06-04-1989.
697 Sent. CSJ/SPA del 31-01-1990 y CPCA del 22-04-1985.
698 Sent. CSJ/SPA del 31-10-1990.
699 Sent. CPCA del 22-04-1985.
700 Sent. CPCA del 22-04-1985.
701 Sent. CSJ/SPA del caso *Asociación de Residentes de la Urbanización de Los Palos Grandes (Asorepal)*.
702 Brewer-Carías, A. R., Ob. cit., nota 199, p. 157.

j. Si el acto administrativo es nulo, de nulidad absoluta -*quod nullum est, nullum efectum producit*- de él no pueden deri-var *derechos*[703], ya que no se pueden originar dere-chos contra la ley; mientras que si es simplemente anulable, los derechos durarán en tanto en cuanto no sea anulado (R. Entrena Cuesta[704]).

k. Y por último, mención aparte nos merece el criterio jurisprudencial sobre los *efectos temporales* al señalar que la extinción del acto administrativo absolutamente nulo tenía efectos retroactivos, *ex tunc*[705], como si el acto nunca hubiera existido; por oposición al caso de la nulidad relativa donde los efectos serían, *ex nunc*[706].

Al respecto se observa que si bien a partir de la entrada en vigencia del derogado Art. 131 de la LOCSJ, la distinción podía dejar de tener sentido puesto que el Juez al declarar la nulidad del acto impugnado, en cada caso tenía la potestad para determinar los efectos de su decisión en el tiempo, independientemente del vicio, con efectos hacia el pasado (*ex tunc*)[707], o hacia el futuro (*ex nunc*)[708], sin embargo, la doctrina jurisprudencial ha sido que en los casos de nulidad absoluta los efectos de la anulación se retrotraen a la fecha de emisión, y sólo en casos excepcionales se modifican los efectos en el tiempo de la nulidad absoluta, para lo cual se requería que así se declarara expresamente a tenor del derogado Art. 139 de la LOCSJ[709].

Veamos, pues, a continuación el estudio particular de los motivos de nulidad absoluta, atendiendo a la correlación de cada elemento esencial del acto administrativo con los vicios y la sanción de nulidad respectiva, considerándolos separadamente en cada caso.

A. Motivos de nulidad absoluta del elemento subjetivo

§290. Consagración de la competencia - El Art. 137 de la C consagra un elemento esencial del Derecho público, como lo es el principio de la competencia de los órganos y entes públicos, precepto según el cual la C y las leyes definen las atribuciones de los órganos que ejercen el Poder Público; de allí que la nulidad sea la consecuencia jurídica de la inobservancia del aludido principio[710].

Por su parte, el principio de la competencia aparece regulado también en los Arts. 18, ords. 1°, 2° y 7° de la LOPA, y 26 de la LOAP, y se traduce en la figura de la competencia administrativa[711].

Finalmente, los motivos de nulidad absoluta en el sujeto son: (i) el vicio de incompetencia; y (ii) el vicio de falta de legitimación.

---

703 Sent. CPCA del 29-03-1984, RDP N° 18, p. 173; y del 11-02-1988, RDP N° 33, p. 101.

704 Entrena Cuesta, R., *Curso de Derecho Administrativo*, Vol. I/1, 11° ed., Tecnos, Madrid, 1986, p. 257.

705 Sent. CPCA del 22-04-1985 y del 14-04-1989, RDP N° 38, p. 137.

706 Sent. CPCA del 09-12-1985.

707 Sent. CSJ/SPA del 03-06-1982, del 14-05-1985, del 05-12-1985 y del 13-04-1989.

708 Sent. CSJ/SPA del 07-06-1982 y 27-03-1985.

709 Sent. CPCA del 13-04-1989, RDP N° 38, p. 137.

710 Sent. N° 3255 del TSJ/SC del 18-11-2003, en RDP N° 93-96, p. 314; y N° 720 del TSJ/SC del 05-04-2006, en RDP N° 106, p. 197.

711 Vid. *in extenso* a Araujo-Juárez, J., *Ob. cit.*, nota 661.

§291. Concepto - La competencia administrativa se define como «*la medida de una potestad genérica que le ha sido conferida por Ley*»[712], de allí que no se presuma sino que debe constar expresamente por imperativo de la ley, tal como lo establece el Art. 4 de la LOAP[713].

Por su parte, el Art. 26 de la LOAP[714] define la competencia a través de sus elementos característicos, así: (i) es de obligatorio cumplimiento y debe ser ejercida bajo las condiciones, límites y procedimientos establecidos legalmente; (ii) es irrenunciable, indelegable -salvo los supuestos de transferencia contemplados en la ley- e improrrogable; y por último (iii) no puede ser relajada por convención alguna, salvo los casos expresamente previstos en las leyes y demás actos normativos.

a. Vicio de incompetencia

a'. Concepto

§292. Planteamiento general - El primer motivo de nulidad absoluta que hace referencia al elemento subjetivo es la incompetencia que «*se configura cuando una autoridad administrativa determinada dicta un acto para el cual no estaba legalmente autorizada*»[715].

§293. Clases - Sin embargo, si bien la premisa es que toda incompetencia es un vicio, no todo vicio de incompetencia genera la nulidad absoluta, cuya determinación se presenta como una cuestión de hecho y de interpretación. De ahí que el vicio de incompetencia admite la clasificación siguiente: (i) la incompetencia manifiesta; y (ii) la incompetencia relativa.

§294. Criterio - Si bien en sus orígenes cualquier incompetencia se llegó a considerar como generadora de nulidad absoluta con prescindencia de que fuera o no manifiesta, la jurisprudencia ha experimentado en esta materia un cambio al emplear el criterio «de ostensibilidad» al diferenciar entre: por un lado la incompetencia «manifiesta», es decir, flagrante y ostensible[716], notoria, clara, evidente, patente[717], o grosera[718]; y por el otro la incompetencia «no manifiesta» o relativa[719], dife-rencia que la doctrina y la jurisprudencia se ha encargado de establecer[720].

Así las cosas, sólo el vicio de incompetencia manifiesta comporta la nulidad absoluta de conformidad con el Art. 19, num. 4 de la LOPA[721]; por el contrario, en

---

712 Sent. CSJ/SPA del 25-07-1990, RDP N° 43, p, 65; y CPCA del 09-12-1991, RDP N° 48, p. 124; N° 2141 del 21-04-2005, N° 1115 del 10-08-2011, y N° 330 del TSJ/SPA del 26-02-2002.

713 Sent. N° 570 del TSJ/SPA del 10-03-2005, RDP N° 101, p. 160.

714 Vid. GO N° 5.890 Extr. del 31-07-2008.

715 Sent. N° 401 del TSJ/SPA del 25-03-2009, y N° 1115 del TSJ/SPA del 10-08-2011.

716 Sent. CSJ/SPA del 09-09-1990, JCSJ, N° 8/9, p. 136; CSJ/SPA-ET del 09-08-1990, RDP N° 44, p. 129; y del 17-04-1996, JCSJ, 1996, N° 4.

717 Sent. CSJ/SPA del 19-10-1989 y del 31-01-1990, RDP N° 41, p. 84; y CPCA del 06-08-1992, RDP Nª 51, p. 121.

718 Sent. N° 633 del TSJ/SPA del 12-05-2011.

719 Sent. CSJ/SPA del 09-08-1990.

720 Fraga Pitaluga, L., *La incompetencia en el Derecho Administrativo*, 2° ed., Funeda, Caracas, 2006. Vid. asimismo Sent. CSJ/SPA del 19-10-1989, RDP N° 40, p. 85.

721 Sent. CSJ/SPA del 19-10-1989, y CSJ/SPA del 31-01-1990, RDP N° 40, p. 84; N° 2141 del TSJ/SPA del 21-04-2005.

los casos donde la incompetencia no es manifiesta se sanciona la ilegalidad con la nulidad relativa de acuerdo con la cláusula residual del Art. 20 de la LOPA[722].

Finalmente, del alegato del vicio de incompetencia manifiesta derivan, según la juris-prudencia, los efectos jurídicos tanto para el interesado[723], como para el juez[724], aspecto este sobre el cual volveremos más adelante.

b'. Clasificación

§295. Plan - La clasificación fue formulada inicialmente por Brewer-Carías[725], y luego adoptada por la jurisprudencia[726], al señalarse que dentro del vicio de incompetencia manifiesta se distinguen tres categorías: (i) la usurpación de autoridad; (ii) la usurpación de funciones; y (iii) la extralimitación de funciones.

En los dos primeros casos el acto administrativo viola directa e inmediatamente el Ordenamiento constitucional de las competencias (incompetencia constitucional); mientras que en el último caso se viola el Ordenamiento legal o administrativo de las competencias (incompetencia legal).

§296. a) Usurpación de autoridad - El vicio de usurpación de autoridad o de poder está consagrado en el Art. 138 de la C que dice: «*Toda autoridad usurpada es ineficaz y sus actos son nulos*». Este vicio se configura cuando se está en presencia de la asunción de funciones públicas por parte de quien no es un funcionario público y, en consecuencia, se da cuando una persona que no tiene autoridad actúa como tal[727].

En efecto, de acuerdo con la jurisprudencia, el acto administrativo es dictado por quien «*carece en absoluto de investidura pública*» para ejercer las competencias atribuidas a la autoridad pública, que por ser una incompetencia constitucional da lugar a la nulidad absoluta[728].

§296. b) Usurpación de funciones - El vicio de usurpación de funciones se da cuando una autoridad legítima invade la esfera de competencia que la C atribuye directamente a un órgano perteneciente a otra rama del Poder Público[729]. Se trata, a diferencia del caso anterior, de un órgano con investidura pública pero que ejerce funciones o invade la esfera de competencias atribuida a un órgano de otra rama del Poder Público.

La usurpación de funciones puede ser en sentido horizontal cuando el órgano administrativo invade las materias reservadas al Poder legislativo[730] o competen-

[722] Sent. N° 633 del TSJ/SPA del 12-05-2011.

[723] Sent. CSJ/SPA ACC N° 330 del 09-12-1985, RDP N° 25, p. 108, 31-05-1988, 14-08-1889; y CPCA del 14-12-1985, RDP N° 25, p. 140.

[724] Sent. CSJ/SPA del 13-06-1994; y CPCA del 21-03-1985 y del 12-08-1993.

[725] Brewer-Carías, A. R., *Las Instituciones Fundamentales del Derecho Administrativo y la Venezolana*, Facultad de Derecho, UCV, Caracas, 1964, pp. 62 y 63.

[726] Sent. CPCA del 19-06-1997, RDP N° 69-70, p. 229; de la CSJ/SPA del 19-10-1989, y del TSJ/SPA, del 01-06-2004, 21-12-2005, 11-07-2006, 30-11-2006 y 28-11-2007.

[727] Sent. CFC del 12-06-1957.

[728] Sent. CSJ/SPA del 31-01-1990, RDP N° 41, p. 84, y del 23-02-1994, RDP N° 57-58, p. 234; y N° 1017 del TSJ/SPA del 21-10-2010.

[729] Sent. N° 1915 del TSJ/SPA del 28-11-2004, RDP N° 112, N° 13 del 14-01-2009, RDP N° 117, p. 154; y N° 1017 del 21-10-2010.

[730] Sent. CSJ/SPA del 10-11-1986, del 24-01-1988, del 8-08-1989, y del 15-12-1992.

cias que corresponden al Poder judicial[731]; o en sentido vertical cuando el órgano administrativo invade las materias reservadas a otra distinta rama del Poder Público territorial[732].

Finalmente, el supuesto señalado también es un vicio grave de incompetencia constitucional por cuanto infringe: (i) el Art. 136 de la C (principio de separación de poderes); (ii) el Art. 137 de la C (principio de legalidad); y por último (iii) la norma constitucional específica que atribuye la «función usurpada» al órgano del Poder Público de que se trate. Por tanto acarrea la nulidad absoluta[733]. Sin embargo, la usurpación de funciones constituye un vicio de inconstitucionalidad sólo cuando la autoridad usurpada tiene rango constitucional, pues en caso contrario se trata de un vicio de ilegalidad[734].

§296. c) Extralimitación de funciones - El vicio de extralimitación de funciones o de atribuciones consiste fundamentalmente en que un órgano investido legalmente invade o interfiere atribuciones que no le corresponden y que le están específicamente señaladas a otro al interior de la misma rama del Poder Público[735]; es la realización por parte de un órgano de un acto administrativo para el cual no tiene competencia legal expresa[736], o dicta un acto administrativo que constituye un exceso en las atribuciones que le han sido conferidas[737].

En consecuencia, son los casos en que un órgano administrativo eje-cuta actos sobre materias confiadas a otro órgano de igual natu-raleza (administrativa), pero tan distintas al campo de su compe-tencia y tan lejana a ellas (las funciones), que resulta evidente la invasión de funciones[738].

c'. Efectos jurídicos

§297. Planteamiento general - Del alegato del vicio de incompetencia manifiesta derivan, según la juris-prudencia[739], los efectos jurídicos siguientes:

a. Cuando el interesado alega la incompetencia del funcio-nario se invierte la carga de la prueba, y es entonces a la Adminis-tración Pública a quien le corresponde probar la competencia.
b. El Juez debe conocer y decidir en primer término la incom-petencia alegada, ya que si encuentra que ésta existe sería ocioso entrar a conocer los demás alegatos de fondo.
c. El interesado puede alegar la incompetencia, por ser de orden público, en cualquier estado y grado de la causa, inclusive en alzada.
d. El Juez puede apreciar el vicio de incompetencia en cualquier estado y grado de la causa, aun cuando no haya sido ni siquiera invocada por las partes en el curso del proceso[740].

---

731 Sent. CSJ/SPA del 23-02-1994.
732 Sent. CSJ/SPA del 30-03-1993, RDP N° 53-54, p. 205.
733 Sent. CSJ/SPA del 23-02-1994; y CPCA del 26-06-1980.
734 Sent. CPCA del 16-06-1983.
735 Sent. CF del 02-06-1958.
736 Sent. CSJ/SPA del 19-10-1989.
737 Sent. N° 1017 del TSJ/SPA del 21-10-2010.
738 Sent. CSJ/SPA del 09-08-1990, JCSJ, N° 8/9, p. 136.
739 Sent. CSJ-SPA ACC N° 330 del 09-12-1985, RDP, N° 25, p. 108; y de la CSJ/SPA del 31-05-1988.
740 Sent. CSJ/SPA del 13-06-1994; y CPCA del 21-03-1985 y del 12-08-1993.

§298. Nulidad - La doctrina[741] partiendo de los criterios normativos con arreglo a los cuales se asignan las competencias, distingue entre: por un lado, los criterios primarios que comprenden la competencia funcional (o en razón de la materia) y la competencia territorial (o en razón del territorio); y por el otro los criterios secundarios que comprenden, a su vez, la competencia jerárquica (o en función del grado) y la competencia temporal (o en función del tiempo). La presencia del vicio de incompetencia en cada uno de los supuestos da lugar a la distinción de las nulidades.

En efecto, los criterios primarios dan lugar a una determinación competencial de orden público, cuya infracción siempre vicia de nulidad absoluta el acto administrativo, y son fundamentalmente según la jurisprudencia[742]: (i) la incompetencia funcional o por la materia[743]; (ii) la incompetencia territorial; y (iii) la usurpación de funciones. Mientras que los criterios secundarios, esto es, la incompetencia jerárquica y la incompetencia temporal sólo darían lugar a la nulidad relativa, o incluso a una simple irregularidad.

En tal sentido, la jurisprudencia sostiene que la usurpación de autoridad o de poder es una incompetencia manifiesta[744], y por tanto determina la nulidad absoluta[745]. También la extralimitación de funciones y la usurpación de funciones acarrean la nulidad absoluta, de conformidad con los Arts. 137 y 139 de la C. Asimismo la jurisprudencia[746] señala que sólo la incompetencia funcional o por la materia que configura la extra-limitación de atribuciones, vicia el acto de nulidad absoluta, lo que determina la imposibilidad de subsanar el acto o su conva-lidación, y la posibilidad para el Juez de pronunciar dicha nu-lidad absoluta, aún de oficio.

Mención especial nos merece el denominado Contencioso funcionarial en donde cualquier tipo de vicio en la competencia es considerado suficiente para constituir un motivo de nulidad absoluta: son los casos de incompetencia de los actos administrativos de retiro, remoción o destitución por razón del grado jerárquico; o los casos provistos de una delegación que se revela insuficiente por ser una delegación de firma, o que siendo una delegación de atribuciones el delegante no estaba autorizado para delegar[747].

§299. Incompatibilidad - Por último, la doctrina[748] y la jurisprudencia[749] ponen de manifiesto la contradicción que existiría al alegarse simultáneamente los vicios de usurpación de funciones y de extralimitación de funciones, toda vez que la

---

[741] Parejo Alfonso, L., «La Competencia en la Organización Administrativa», en *Los Requisitos y Vicios de los Actos Administrativos. V Jornadas Internacionales de Derecho Administrativo «Allan Randolph Brewer-Carías»*, Funeda, Caracas, 2006, pp. 130-131.

[742] Sent. CSJ/SP del 19-10-1989, RDP N° 40, p. 85; y del 31-01-1990.

[743] Sent. CSJ/SPA del 23-03-1994, RDP N° 57-58, p. 235; CPCA del 29-03-2001.

[744] Sent. CSJ/SPA del 23-02-1994, RDP N° 57-58, p. 234.

[745] Sent. CSJ/SPA de la 31-01-1990.

[746] Sent. CSJ-SPA ACC N°330 del 09-12-1985, RDP, N° 25, p. 108; CSJ/SPA del 31-05-1988, y CPCA del 009-12-1985.

[747] Sent. CPCA del 25-04-1995.

[748] Fraga Pitaluga, L., *Ob. cit.* nota 720, p. 719; y Pellegrino Pacera, C. G., *Motivos de impugnación de los actos administrativos y la jurisprudecncia de la Sala Político-Administrativa (Una revisión jurisprudencial a la luz de la Ley Orgánica de la Contencioso Administrativa)*, Cuadernos de Derecho Público N° 8, 2° ed., Funeda, Caracas, 2013, pp. 39-40.

[749] Sent. N° 385 del TSJ/SPA del 30-03-2011.

extralimitación presupone que el órgano ostenta la facultad que ejerce a través del acto (aunque se excede en su ejercicio), mientras que la usurpación alude a la inexistencia de la facultad que se atribuye el órgano para emitir el acto de que se trate por corresponderle a uno distinto.

b. Vicio de falta de legitimación

a'. Concepto

§300. Planteamiento general - El segundo defecto o vicio del acto administrativo que hace referencia al elemento subjetivo es el vicio de falta de legitimación.

En efecto, la doctrina[750] incluye dentro del elemento subjetivo del acto administrativo además de la competencia a la legitimación; por su parte, la jurisprudencia[751] procede a definirla como una cierta cualidad del órgano administrativo que lo habilita para actuar válidamente en casos determinados para los cuales es competente.

b'. Clasificación

§301. Enumeración - Dentro de los vicios de falta de legitimación, la doctrina[752] menciona a la falta de quórum de deliberación del órgano colegiado, la incompatibilidad para decidir el caso específico y la falta de la necesaria intervención de otro órgano dotado de potestad de control a través del otorgamiento de autorizaciones o aprobaciones administrativas[753]. En tales casos, concluye la doctrina, el vicio no es la incompetencia sino la falta de la circunstancia habilitante legalmente exigida.

B. Motivos de nulidad absoluta del elemento causal

§302. Planteamiento general - El segundo de los elementos esenciales está constituido por la causa o los motivos del acto administrativo, que vendrían a ser los antecedentes o presupuestos de hecho y de derecho, y que son los que sirven de fundamento a la aplicación de la norma jurídica y, en ese sentido, la causa sería una causa objetiva. Por tanto, la causa del acto administrativo estaría prevista y predeterminada por la ley y es la razón justificadora del acto administrativo.

Este elemento aparece consagrado en el Art. 19, num. 2 de la LOPA al disponer que los actos administrativos serán absolutamente nulos: «*Cuando resuelvan un caso precedentemente decidido con carácter definitivo y que haya creado derechos particulares, salvo autorización expresa de la Ley*».

§303. Clasificación - El vicio en el elemento causa del acto administrativo se da en los casos siguientes: (i) la violación de la cosa decidida administrativa; y (ii) el vicio del falso supuesto.

Ahora bien, el Art. 19, num. 2 de la LOPA sólo regula el supuesto de violación de la cosa decidida administrativa, que la doctrina[754] considera como una modalidad específica de vicio en la causa del acto administrativo.

---

[750] Urdaneta Troconis, G., Ob. cit., nota 642, 1993, p. 125

[751] Sent. CPCA del 14-05-1993, RDP N° 53-54, p. 206.

[752] Urdaneta Troconis, G., Ob. cit., nota 642, 1993, p. 125.

[753] Sent. CPCA del 14-05-1993, RDP N° 53-54, p. 206.

[754] Vid. *in extenso* a Araujo-Juárez, J., Ob. cit., nota 661. Farías Mata, L. H., Ob. cit., nota 661, p. 353; y Urdaneta Troconis, G., Ob. cit., nota 642, 1993, p. 38.

a. **Violación de la cosa decidida administrativa**

a'. **Concepto**

§304. Cosa decidida administrativa - El acto administrativo se dicta con vocación de tener una cierta duración en el tiempo. Mucho se ha discutido en doctrina respecto a este carácter del acto administrativo y su denominación: estabilidad, inamovilidad, inmutabilidad, irrevocabilidad o también, cosa juzgada administrativa, expresión ésta muy difundida en la doctrina[755] y la jurisprudencia[756] que hubo adquirido carta de ciudadanía en la jurisprudencia venezolana[757], hasta el extremo de reconocérsele el carácter de principio de inviolabilidad de la cosa juzgada administrativa[758], por oposición a la cosa juzgada judicial[759].

Ahora bien, ambas nociones son bien distintas según criterio de la propia jurisprudencia[760]:

> En criterio de esta Corte, la noción de la cosa juzgada administrativa es distinta a la noción de la cosa juzgada judicial. En el ámbito del Derecho Administrativo, las decisiones administrativas no son inmutables, salvo que hayan creado derechos subjetivos a los particulares, como lo establece la propia Ley Orgánica de Procedimientos Administrativos cuando, si bien dispone en un ordinal 2° del artículo 19 como causal de nulidad absoluta de los actos administrativos la resolución de un caso procedentemente decidido con carácter definitivo y que haya creado derechos particulares, al mismo tiempo dispone el artículo 82 la posibilidad de la revocación en cualquier momento de los actos administrativos que no originen derechos subjetivos o intereses legítimos, personales y directos para un particular y el artículo 83 otorga la facultad a la administración para que en cualquier momento, de oficio o a solicitud de particulares, reconozca la nulidad absoluta de los actos dictados por ella.

Esa sí como en el Derecho comparado la doctrina[761] propuso sustituir la terminología por la más correcta de «cosa decidida administrativa», a la que nosotros nos adherimos[762], y luego también acogida por la jurisprudencia[763], queriendo significarse con ello la fuerza jurídica de las decisiones ejecutivas.

La distinción señalada está sustentada por la jurisprudencia[764] en los argumentos siguientes:

---

755 Urdaneta Troconis, G., Ob. cit., nota 642, 2006, p. 157

756 Sent. CF del 15-06-1956, N° 12, 1956, p. 123; CSJ/SPA del 21-04-1971, GO N° 1.478, Ext. del 16-07-1971, p. 14, GF N° 72, 1971, p. 29; y CPCA del 11-07-1982, RDP N° 11, p. 160 y del 02-09-1994, RDP, N° 59/60, p. 202.

757 Sent. de CF del 15-06-1956, GF N° 12-1956, p. 123; CSJ/SPA del 21-04-1971, GF N° 1.478 Ext. del 16-07-1971, p. 14 GF N° 72, 1971 p. 29; CPCA del 11-07-1982, RDP, N° 11-160.

758 Sent. CSJ/SPA del 26-08-1984, RDP, N° 19, p. 128.

759 Sent. CPCA del 20-05-1994, RDP, N° 57/58, p. 254; y del 04-08-1994, RDP, N° 59/60, p. 201.

760 Sent. CPCA del 20-05-1994, RDP, N° 57/58, p. 254.

761 Vedel, G., et Devolvé, P., *Droit Administratif*, t. I, Puf, Thémis, Paris, p. 320; y Schwartzenberg, *L'autorité de chose decidé*, Paris, 1969.

762 Araujo-Juárez, J., Ob. cit., nota 661.

763 Sent. CPCA del 02-09-1994, RDP, N° 56/60, p. 202; y del 20-05-1994, RDP N°57-58, p. 254.

764 Sent. CPCA del 04-08-1994, RDP, N° 59/60, p. 201.

...los conceptos de cosa juzgada y cosa decidida administrativa no puede ser empleados como sinónimos, la primera encuentra su fundamento en el ordinal 8 del artículo 60 de la Constitución, norma ésta que consagra un principio general del derecho aplicable a las sentencias de todos los órganos jurisdiccionales (civil, penal, laboral, contencioso-administrativo, de amparo); mientras que la segunda tiene un fundamento de rango legal, desarrollado en los artículos 19 ordinal 2 y 83 de la Ley Orgánica de Procedimientos Administrativos, y es aplicable solamente a los actos administrativos.

§305. Requisitos - Son requisitos esenciales que hacen a la existencia de la cosa decidida administrativa que el acto administrativo: (i) haya decidido un asunto con carácter de definitivo, (ii) haya adquirido firmeza, (iii) haya creado derechos subjetivos o intereses jurídicos, (iv) no esté viciado de nulidad absoluta, (v) no exista autorización expresa de la ley para su extinción o modificación[765] y (v) por último que haya sido emitido por un órgano competente[766].

§306. Violación de la cosa decidida administrativa - Según la jurisprudencia[767], el vicio de la violación de la cosa decidida administrativa consiste en el desconocimiento por parte de la autoridad administrativa de una situación jurídica anterior de carácter definitivo, que creó derechos a favor del administrado (Art. 19, ord. 2° de la LOPA).

b'. Efectos jurídicos

§307. Nulidad - La violación de la cosa decidida administrativamente, esto es, cuando un acto administrativo resuelve de manera diferente lo ya decidido por otro ya definitivo, creador y declarativo de un de-recho subjetivo o de un interés jurídico, trae como consecuencia la nu-lidad absoluta[768].

En todo caso, la jurisprudencia[769] exige que debe haber identidad en el objeto, la causa y el destinatario.

b. Vicio del falso supuesto

a'. Concepto

§308. Planteamiento general - Todo acto administrativo debe tener una razón justificadora, esto es, las circunstancias que determinen que la autoridad dicte el acto administrativo. Es por ello que además del vicio en la causa analizado más arriba de violación de la cosa decidida administrativa, el problema que aquí se plantea es la apreciación de la corrección de los motivos tanto fácticos como jurídicos del acto administrativo, que se integran como elementos estructurales del acto administrativo, a través de la noción de causa.

---

765 Sent. CSJ/SPA del 09-08-1990, RDP N° 44, p. 130.

766 Ibídem.

767 Sent. CPCA del 11-08-1989, RDP N° 16, p. 155.

768 Sent. CPCA del 11-07-1982, RDP N° 11, p. 160; del 07-12-1982, RDP N° 13, p. 122; del 18-05-1985, RDP, N° 61-62, p. 200; 11-07-1985, RDP N° 24, p. 126; del 17-10-1985, RDP N° 24, p. 127; del 07-11-1982, 11-07-1985, 09-05-1988, 05-04-1990, y 31-05-1990; y CSJ/SPA del 14-04-1985, del 19-10-1989, del 09-08-1990, del 11-02-1992, del 11-08-1993, del 06-04-1994, y del 02-06-1994; y N° 5569 del TSJ/SPA del 21-09-2009, Vid. *in extenso* a Araujo-Juárez, J., *Ob. cit.*, nota 661.

769 Sent. CPCA del 18-05-1995, RDP N° 61-62, p. 200.

b'. Clasificación

§309. 1) Planteamiento general - El vicio de falso supuesto (motivación falsa o errónea como también se le denomina), puede referirse indistintamente tanto a la existencia material (o error de hecho) como a la existencia jurídica (o error de derecho).

Hoy día tanto la doctrina como la jurisprudencia engloba bajo la denominación del vicio de falso supuesto, otra de las especies de los vicios de la causa, la falsedad de los supuestos o motivos[770], de los hechos o del derecho[771], o en fin, la tergiversación de los hechos o del derecho[772]. Es decir, la falsa, inexacta o incompleta apreciación por parte de la Administración Pública del elemento causa del acto administrativo integralmente considerada[773].

Así las cosas, el acto administrativo incurre en el vicio de falso supuesto de hecho o también denominado «error de hecho» cuando se fundamenta en hechos no comprobados o la incorrecta o errónea calificación de los hechos.

Finalmente, el otro motivo de anulación relacionado con la legalidad interna es el vicio de falso supuesto o error de derecho. En tal sentido, el órgano competente no va a conocer de los hechos que han conducido a la autoridad administrativa a dictar el acto administrativo sino de los motivos jurídicos del mismo.

c'. Efectos jurídicos

§309. 2) Planteamiento general - Ahora bien, no obstante su gravedad, al no estar incluido el vicio de falso supuesto como género en la lista del Art. 19 de la LOPA, la doctrina[774] y la jurisprudencia[775] le otorgan el carácter de nulidad relativa o anulabilidad.

C. Motivos de nulidad absoluta del elemento objetivo

a. Concepto

§310. Planteamiento general - El tercer supuesto de nulidad absoluta tiene que ver con otro elemento esencial del acto administrativo como es el objeto. Este elemento se regula en el Art. 18, ord. 6° de la LOPA, entendiéndose en el sentido más técnico que el objeto se confunde con el contenido de la decisión misma, el cual debe ser: (i) posible (criterio material); (ii) lícito (criterio jurídico); y por último (iii) determinado o determinable (criterio jurídico).

b. Clasificación

§311. Enumeración - Los vicios que pueden afectar al objeto del acto administrativo son: (i) la imposibilidad de ejecución; y (ii) la ilicitud de ejecución. Fuera de

---

770 Vid. *in extenso* a Araujo-Juárez, J., *Ob. cit.*, nota 661. Asimismo, Sent. CPCA del 07-11-1985; y N° 6065 del TSJ/SPA del 02-11-2005, RDP N° 104, p. 159.

771 Sent. CPCA del 04-11-1986, RDP N° 29, p. 91.

772 Sent. CPCA del 29-10-1986.

773 Sent. CPCA del 12-04-1988.

774 Vid. *in extenso* a Araujo-Juárez, J., Ob. cit., nota 661. Asimismo a Hernández-Mendible, V., Ob. cit., nota 642, p. 77.

775 Sent. CSJ/SPA del 21-11-1988.

estos supuestos, cualquier otro vicio que presente el objeto constituye un vicio de nulidad relativa[776].

En efecto, por cuanto sólo los mencionados están incluidos en el Art. 19, ord. 3 de la LOPA, la doctrina[777] sostiene que el vicio de indeterminación del objeto sólo originaría la nulidad relativa de conformidad con la cláusula residual del Art. 20 de la LOPA.

§312. a) Imposibilidad de ejecución - El supuesto de la imposibilidad de ejecución o imposibilidad física está referido a un problema material del acto y no jurídico, un impedimento físico en su ejecución[778]; puede ser que el objeto sea lícito pero es de tal naturaleza que no puede ser ejecutado, pues no es un problema de ilegalidad sino de ineficacia[779]: por ejemplo, una sanción disciplinaria a un funcionario fallecido, o la expropiación sobre un bien destruido.

§313. b) Ilicitud de ejecución - Por lo que respecta al objeto ilícito o de ilegal ejecución, o imposibilidad jurídica, no es propiamente la ejecución del acto administrativo lo que resulta ilegal o imposible, sino el objeto o contenido del mismo, esto es, lo que el autor ha querido disponer, autorizar u ordenar; equivale a ilegalidad del acto administrativo por vicios en el mismo[780].

Es, por ejemplo, cuando el objeto está prohibido legalmente o constituye un delito, como lo sería la expedición ilegal de permisos o licencias en contravención de una norma que establece conductas prohibitivas[781], o una conducta prohibida por la ley[782].

Finalmente, la jurisprudencia[783] ha sostenido que cuando se denuncian los vicios previstos en el Art. 19, ord. 3° de la LOPA, se deben exponer con precisión las razones que imposibilitan la ejecución del objeto o que conducen a su ilegal ejecución.

c. Efectos jurídicos

§314. Nulidad - Finalmente, de acuerdo con el Art. 19, ord. 3° de la LOPA, los motivos que dan origen a la nulidad absoluta son el objeto de imposible o ilegal ejecución[784].

D. Motivos de nulidad absoluta del elemento teleológico

a. Vicio de desviación de poder

§315. Concepto - El otro elemento esencial del acto administrativo es el fin y está relacionado con el elemento teleológico, esto es, el fin específico fijado por la ley[785],

---

776 Hernández-Mendible, V., Ob. cit., nota 642, p. 61.
777 Urdaneta Troconis, G., Ob. cit., nota 642, 2006, p. 145.
778 Sent. CSJ/SPA del 22-07-1993, RDP N° 55/56, p. 225; y N° 1664 del TSJ/SPA del 28-10-2003.
779 Sent. CSJ/SPA del 28-01-1988.
780 Sent. CSJ/SPA del 7-04-1988.
781 Sent. CSJ/SPA del 26-07-1984.
782 Sent. N° 1664 del TSJ/SPA del 28-10-2003.
783 Sent. CPCA del 28-02-1991.
784 Sent. CSJ/SPA del 26-07-1984 y CSJ/SPA del 07-04-1988, RDP N° 34, p. 97.
785 Vid. *in extenso* a Araujo-Juárez, J., Ob. cit., nota 661. Sent. CF del 24-11-1953; 28-09-1954; y 02-06-1958; CSJ/SPA del 28-09-1954; y CPCA del 14-06-1982, en RDP N° 11, p. 134.

el cual no puede ser desviado por ningún motivo, así sea plausible este, y por ende constituye un motivo del control de la legalidad del acto administrativo[786].

El vicio de desviación de poder consiste en el ejercicio de la potestad administrativa que le ha sido atribuida legalmente a la autoridad administrativa para fines distintos de aquellos previstos por el Ordenamiento jurídico[787]. Es, pues, un vicio que afecta el fin del acto administrativo, y aparece enunciado por primera vez en el Art. 206 de la C de 1961, y ratificado tanto en el Art. 259 de la C vigente como en el Art. 12 de la LOPA, constitutivo según la jurisprudencia[788] de un vicio de « ilegalidad teleológica».

§316. Requisitos - Tanto la doctrina[789] como la jurisprudencia[790] sostienen que la configuración del vicio de desviación de poder requiere la presencia de varios presupuestos. En tal sentido podemos mencionar los requisitos de fondo y de forma siguientes:

a. La autoridad que dicta el acto administrativo denunciado actúa dentro de su atribución legal de competencias[791].

b. El recurrente en la denuncia debe señalar cuál es el fin distinto o desviado que la autoridad pública persigue al dictar el acto administrativo[792].

c. El recurrente debe además señalar expresamente la ley cuyo fin ha sido alterado por el acto administrativo impugnado.

d. Y por último, el vicio de desviación de poder no se presume, sino que es necesaria su demostración o prueba[793], mediante hechos concretos que conduzcan a la plena comprobación de que el fin que se obtuvo es distinto del fijado por el Ordenamiento jurídico[794]; es necesario que el recurrente demuestre que el fin desviado fue el determinante para dictar el acto administrativo[795]. En tal sentido, un cúmulo de indicios unidos pueden revelar una situación que podría probar la denuncia de desviación de poder[796], que conduzca al Juez a la convicción razonable de que el órgano administrativo se apartó del fin jurídico que estaba obligado a seguir[797].

b. Clasificación

§317. Enumeración - El vicio de desviación de poder se manifiesta de dos maneras: (i) *subjetiva,* cuando a través del acto administrativo se persigue un fin privado o un interés particular, esto es, por consideraciones ajenas al interés gene-

---

786 Sent. TSJ/SPA del 06-02-2001.
787 Sent. CSJ/SPA del 02-11-19982 y del 19-03-1996.
788 Sent. CPCA del 16-12-1982, RDP N° 134, p. 118; y N° 1722 del TSJ/SPA del 20-07-2000.
789 Pellegrino Pacera, C. G., Ob. cit., nota 748, pp. 58 y 59.
790 Sent. N° 1713 del TSJ/SPA del 25-11-2009, y N° 1210 del TSJ/SPA del 25-11-2010.
791 Sent. CPCA del 26-05-1983, RDP N° 13, p. 118; y N° 1722 del TSJ/SP del 20-07-2000.
792 Ibídem.
793 Sent. CPCA del 26-05-1983 y CSJ/SPA del 10-10-1996.
794 Sent. CSJ/SPA del 06-04-1995.
795 Sent. CPCA del 14-06-1982, RDP N° 11, p. 134; N° 1448 del TSJ/SPA del 12-07-2001 y 20-07-2000.
796 Sent. CSJ/SPA ACC del 14-02-1991.
797 Sent. CSJ/SPA del 24-05-1995 y CPCA del 13-08-1986, RDP N° 28, p. 92.

ral[798] y (ii) *objetiva*, cuando persigue un fin de interés público pero que no coincide con fin de interés público específico previsto por la norma atributiva de competencia[799].

En ambos casos el vicio de desviación de poder demuestra un fin torcido o desviado perseguido por el órgano administrativo[800]; esto es, obtener un fin distinto de aquel buscado explícita o implícitamente[801], por la ley[802]. En tal sentido, el vicio de desviación de poder supone necesariamente la prueba de la intención del funcionario o del órgano autor del acto de obtener un fin diferente al asignado en la ley[803]; por ejemplo, el caso de encubrimiento de una venganza de la autoridad administrativa mediante medidas retaliativas[804]; o la remoción del funcionario público castigando una presunto ilícito disciplinario, sin seguir el procedimiento administrativo debido de destitución[805].

c. Efectos jurídicos

§318. Nulidad - Finalmente, el vicio de desviación de poder que consiste en la ausencia de coincidencia entre el fin fijado por la norma y el que se desprende del acto administrativo conduce a la nulidad[806], que es por sí mismo contrario a Derecho[807].

Sin embargo, por cuanto el Art. 19 de la LOPA no se hace mención alguna del vicio de desviación de poder, la doctrina[808] y la jurisprudencia[809] sostienen que el mismo no sería causa de nulidad absoluta, sino que su sanción sería la nulidad relativa o anulabilidad (Art. 20 de la LOPA).

Sin embargo, a diferencia de los demás vicios de nulidad relativa el vicio de desviación de poder es inconvalidable e insubsanable[810], asimilándosele así en sus efectos a un supuesto de nulidad absoluta.

§319. Incompatibilidad - Por último, la doctrina[811] y la jurisprudencia[812] sostienen que la denuncia simultánea o concurrente del vicio de incompetencia y del vicio de desviación de poder es improcedente, en razón de que un funcionario incompetente mal puede incurrir en desviación de poder, precisamente porque no tiene tal poder; mientras que el vicio de desviación de poder existe cuando se trata

---

798 Sent. CSJ/SPA del 24-05-1995.
799 Sent. CPCA del 14-06-1982, RDP N° 11, p. 134; 11-08-1983 y 05-04-1990.
800 Sent. CPCA del 28-11-1983.
801 Sent. CFC del 28-09-1954; CSJ/SPA del 17-06-1980 y 17-04-1997; y la CPCA del 13-08-1986, RDP N° 11, p. 184.
802 Sent. CSJ/SPA del 29-05-1984.
803 Sent. TSJ/SPA N° 1002 del 05-08-2004, RDP N° 99-100, p. 223.
804 Sent. CPCA del 13-08-1986.
805 Sent. CPCA del 21-02-1996.
806 Sent. CSJ/SPA del 13-08-1997.
807 Sent. CPCA del 14-06-1982, RDP N° 11, p. 134; y de la CSJ/SPA del 19-03-1996.
808 Urdaneta Troconis, G., Ob. cit., nota 642, 1993, p. 180; y 2006, 180; y Hernández-Mendible, V., Ob. cit., nota 642, p. 61 y 84.
809 Sent. CSJ/SPA del 31-01-1990 y del 14-02-1991, RDP N° 45, p. 102.
810 Sent. CSJ/SPA del 31-01-1990, RDP N° 41, p. 84.
811 Urdaneta Troconis, G., Ob. cit., nota 642, 2006, p. 175; Hernandez-Mendible, V. R., Ob. cit., nota 642, p. 84; y Pellegrino Pacera, C. G., Ob. cit., nota 748, p. 60. Vid. también Sent. CPCA del 26-05-1983, RDP N° 13, p. 18.
812 Sent. CSJ/SPA del 31-01-1990; CPCA del 26-05-1983; y del TSJ/SPA del 05-08-2004 y N° 1219 del 25-11-2010.

de un órgano administrativo que sí tiene competencia para actuar, pero que intencionalmente usa su competencia para un fin distinto al fijado por la ley.

E. Motivos de nulidad absoluta del elemento procedimental

a. Concepto

§320. Teoría de la forma - En el Derecho administrativo formal[813], el respeto del debido procedimiento administrativo desempeña una innegable función de garantía, tanto a favor de las personas, como en favor del interés público (M. Marienhoff)[814], pero más modernamente se sostiene persigue garantizar a través del mismo, el principio de buena Administración (J. Ponce Solé[815]).

De ahí que el acto administrativo no puede ser producido de cualquier manera, sino que ha de seguir un adecuado, un idóneo procedimiento administrativo, que se constituye en uno de sus elementos fundamentales (J. L. Villar Palasi[816]). Es, pues, el cauce obligatorio para la producción del acto administrativo, elevándose así al rango de condición de su validez (E. García De Enterría[817]).

§321. Vicio procedimental - El vocabulario jurídico corriente tiende a dar al término «forma» una acepción extensiva que englobaría también al procedimiento administrativo. Empero, la distinción debe ser hecha, puesto que las «formalidades» o trámites corresponden al procedimiento administrativo, y las irregularidades que le conciernen constituyen, entonces, un vicio autónomo: el vicio procedimental.

En efecto, el término utilizado con carácter preferente por la doctrina y la jurisprudencia como denominación genérica de todo defecto o infracción formal, es el de vicio de forma. Por tanto, se opone al vicio de fondo y comprendería toda cuestión que no se refiera al problema objeto de la actividad, debate o discusión. Si bien son frecuentemente confundidas conviene, sin embargo, distinguir la forma de las formalidades del acto administrativo. Las formalidades están constituidas por las diversas actuaciones relativas a la operación normada (el *negotium*), que condicionan la validez del acto jurídico. En cuanto que la forma, es la expresión del acto jurídico (el *intrumentum*) que traduce expresamente las condiciones de regularidad del acto jurídico en si mismo considerado (el autor, el objeto, la motivación, el fin, etc.).

En conclusión, si bien la forma y las formalidades tienen efectivamente puntos comunes, a la vez porque ambas conciernen a la elaboración del acto y su régimen contencioso es idéntico, no por ello debe dejarse de hacer la distinción, puesto que las formalidades son las operaciones que preceden al acto administrativo, mientras que la forma se vincula al acto en sí mismo considerado (P. Delvolvé[818]).

---

813 Sobre este concepto de Derecho administrativo formal vid. *in extenso* a Araujo-Juárez, J., *Tratado de Derecho Administrativo Formal*, 2° ed. 3° reimp., Vadell Hnos., Caracas, 2007; y *Derecho Administrativo General*. Vol. V *Procedimiento y Recurso Administrativo*, Editorial Paredes, Caracas, 2010.

814 Marienhoff, M., *Tratado de Derecho Administrativo*, Abeledo-Perrot, Buenos Aires, 1974, t. II, pp. 304 y ss.

815 Ponce Solé, J., *Deber de buena Administración y derecho al procedimiento administrativpo debido*, Lex-nova, Valladolid, 2001, p. 712.

816 Villar Palasi, J. L., *Apuntes de Derecho Administrativo*, t. II, Madrid, 1977, p. 117.

817 García De Enterría, E., Ob. cit., nota 16, t. I, p. 565.

818 Delvolvé, P., Ob. cit., nota 169, p. 152.

Así, el vicio procedimental se debe distinguir esencialmente del vicio de forma, por la diferencia de objeto de las reglas que son invocadas y sancionadas por la autoridad llamada a conocer de las mismas. En el vicio de forma, las normas conciernen a la expresión de la voluntad administrativa, a su presentación material o a su aspecto externo. Por el contrario, el vicio procedimental es una causa de nulidad que puede afectar al acto administrativo por violación de las normas que regulan el debido procedimiento administrativo.

En efecto, una simple interpretación sistemática del Ordenamiento jurídico procedimental nos revela que la forma y el procedimiento administrativo son elementos estructurales distintos del acto administrativo y, por tanto, el régimen de las consecuencias de sus irregularidades también deben serlo (Ponce Solé[819]). El esclarecimiento sobre el desarrollo de la actividad administrativa impone la distinción de la forma como manifestación definitiva exterior o modo de expresión (Arts. 9 y 18 de la LOPA), de la llamada forma de la voluntad creadora o proceso de formación del acto administrativo (Arts. 48 y 55 de la LOPA[820]).

En conclusión, el vicio procedimental puede y debe distinguirse del vicio de forma o formal, por lo cual se justifica un estudio separado (Drago[821]).

§322. Importancia - Como ha sido puesto de manifiesto por la doctrina más moderna[822], el procedimiento administrativo tiene relevancia por sí mismo, relevancia de rango constitucional, siendo una institución que persigue no sólo el servicio más adecuado al interés público, sino el respeto debido a los derechos e intereses de las personas.

En tal sentido sostiene Ponce Solé[823], el efectivo control de los vicios procedimentales va a lanzar el mensaje a la Administración Pública de la necesidad de respetar el debido procedimiento administrativo, evitando así la tentación de omitir el cumplimiento de formalidades o trámites procedimentales indispensables, o bien de realizar su cumplimiento de forma aparente, no efectiva. Se tratará, en definitiva, no sólo de comprobar y garantizar el seguimiento de un debido procedimiento administrativo o de comprobar que se cumplen los trámites preceptivos establecidos; sino de analizar cómo se realizan esos trámites y, desde una perspectiva sistémica, cómo se desarrolla la entera actividad procedimental, utilizando como parámetros los deberes de comportamiento y los principios procedimentales que los condensan. Por tanto, no es sólo un problema de control jurisdiccional de cantidad (de trámites), sino de control jurisdiccional de calidad en el ejercicio de la actividad procedimentalizada. Y, por supuesto, se trata, como aspecto correlativo, de la protección del derecho a un debido procedimiento administrativo[824].

Después de nosotros mismos haber sostenido el principio de instrumentalidad del procedimiento administrativo[825], más tarde empezamos a defender que de acuerdo con la doctrina contemporánea, la significación y trascendencia que tiene el

819 Ponce Solé, J., Ob. cit., nota 815, p. 774.
820 Sent. de CPCA del 22-06-1981, RDP N° 7, p. 155; 9-06-1983, RDP N° 15, p. 149; 26-04-1984, RDP N° 18-164; 2-10-1986, RDP, N° 28-96.
821 Drago, R. et Auby, J.-M., Ob. cit., nota 94, p. 287.
822 Ponce Solé, J., Ob. cit., nota 815, p. 678.
823 Ibídem, p. 704.
824 Ibídem, p. 705.
825 Para el cambio de criterio vid. *in extenso* a Araujo-Juárez, J., Ob. cit., nota 662.

vicio procedimental es muy superior a las que le asigna la doctrina tradicional, siendo un verdadero vicio procedimental con virtualidad invalidante.

Finalmente, la revitalización del procedimiento administrativo pasa por dos vías. En primer lugar, la conceptual, reafirmando la auténtica funcionalidad del procedimiento administrativo y, por tanto, las reales consecuencias de la vulneración de la obligación administrativa de seguimiento de un procedimiento administrativo debido. Y en segundo lugar, la de la práctica forense, en el sentido de aprovechar y potenciar los mecanismos de los que se disponen en la LOJCA, como es el ejercicio de la tutela cautelar, a fin de evitar que los vicios procedimentales sean controlados judicialmente largo tiempo después de producidos, cuando ya exista una decisión final adoptada, lo que siempre en más dificultosa la anulación judicial, por lo que el momento temporal de control de esos vicios, en caso de impugnación, es relevante (Ponce Solé[826]).

b. Clasificación

§323. Planteamiento general - Con respecto al elemento esencial del procedimiento administrativo, éste aparece regulado en el Art. 47 y ss. de la LOPA.

Ahora bien, en el proceso de formación del acto administrativo, incidiendo directamente en la fase procedimental pueden surgir una serie de irregularidades o vicios procedimentales que en mayor o menor medida incide en su perfección, tanto por la omisión en que se pueda incurrir como por la alteración respecto de las distintas formalidades o trámites, por medio de los cuales se desarrolla el procedimiento administrativo. Ahora bien, la sanción jurídica que corresponde asignar a los diversos vicios procedimentales que afectan al acto administrativo dependerá de la importancia que en cada caso tenga el vicio cometido y que analizaremos a continuación.

§324. Enumeración - Partiendo de la clasificación propuesta por la jurisprudencia[827], el acto administrativo estará viciado de nulidad absoluta cuando hay: (i) la carencia total y absoluta del procedimiento administrativo (vicio de ausencia de procedimiento); (ii) la aplicación de un procedimiento administrativo distinto al previsto por la ley (vicio de desviación de procedimiento); y (iii) por último, la prescindencia de los principios y reglas generales para la formación de la voluntad administrativa, o la transgresión de etapas o fases del procedimiento administrativo que constituyen garantías esenciales (vicio de indefensión).

En este último caso, los vicios procedimentales pueden ser además de dos clases: por un lado, la violación de trámites y formalidades esenciales; y por el otro la violación de los derechos de las personas en el procedimiento administrativo debido[828]. Veamos.

a'. Vicio de ausencia de procedimiento

§325. Concepto - El Art. 19, ord. 4° de la LOPA señala que el acto administrativo será absolutamente nulo cuando hubiere sido dictado *«con prescindencia total y*

[826] Ponce Solé, J., Ob. cit., nota 815, p. 777.
[827] Sent. N° 1996 del TSJ/SPA del 25-02-2001, RDP N° 85/88, p. 179.
[828] Sent. TSJ/SPA N° 1157 del 18-05-2000, RDP N° 82, p. 429; y N° 28 del TSJ/SPA del 21-01-2002.

absoluta del procedimiento legalmente establecido». Pudiera pensarse, entonces, que este supuesto no hace referencia a cual-quier vicio procedimental, sino al olvido total del procedimiento legalmente establecido.

Es así como para un sector de la doctrina[829] y la jurisprudencia[830], para que se dé la nulidad ab-soluta es imprescindible, no la infracción de alguno o algunos de los trámites por esenciales que sean (vicio aislado de procedimiento), sino la falta total de procedimiento (ausencia absoluta de procedimiento), que se haya prescindido absolutamente del procedimiento previsto en la ley para dictar el acto administrativo (González Pérez[831]).

Sería el incumplimiento to-tal del procedimiento y no el incumplimiento parcial del mismo[832]; por tanto, la arbitrariedad procedimental evidente[833], la cual es demostrada con la ausencia del expediente administrativo correspondiente[834]. O de manera menos exagerada, cuando la falta signifique la omisión de una etapa o fase[835], o de un trámite esencial del procedimiento administrativo[836]. Consecuentemente, según esta posición, sólo la prescindencia total y absoluta del procedimiento administrativo daría lugar a la nulidad absoluta[837]; mientras que la falta de un trámite o de varios trámites necesarios para la preparación del acto administrativo sólo tendrá por efecto la nulidad relativa.

Por su parte, otro sector de la doctrina[838] señala que el olvido total y absoluto del procedimiento administrativo no hay que identificarlo sólo con la ausencia de todo procedimiento administrativo. Ello significaría reducir a la nada el tipo legal, ya que, aunque sólo sea por exigencias derivadas de la organización, siempre hay ciertas formas, un determinado *iter* procedimental por simple o rudimenta-rio que sea, en el obrar de los órganos administrativos, pues difícilmente puede existir una ausencia total de las reglas de procedimiento administrativo en la produc-ción del acto administrativo.

§326. Criterio - Por tanto, «la esencialidad» de la regla (calidad) y no la falta de cumplimiento de todas ellas (cantidad) es lo determinante. Luego, el supuesto legal hay que referirlo también cuando, aún empleándose el procedimiento legalmente establecido, hay omisión o cumplimiento irregular de trámites esenciales integrantes del mismo[839], o fases que constituyen garantías esenciales[840], sin los cuales el concreto procedimiento administrativo debido es identificable[841].

---

829 Urdaneta Troconis, G., Ob. cit., nota 642, 2006, p. 188.
830 Sent. CPCA del 11-08-1983, RDP N° 16, p. 159; y CPCA del 06-11-1996, en N° 67-68, RDP p. 232.
831 González Pérez, J., *Manual de Procedimiento Administrativo*, Civitas, Madrid, p. 249.
832 Sent. CPCA del 07-03-1985, RDP N° 21, p. 134.
833 Sent. CPCA del 15-12-1988, RDP N° 37, p. 81.
834 Sent. CSJ/SPA del 05-06-1997, RDP N° 69-70, p. 233.
835 Sent. CPCA del 12-02-1987, RDP N° 29, p. 107.
836 Sent. CSJ/SPA del 11-07-1996, RDP N° 67-68, p. 227; y del TSJ/SPA N° 1131 del 29-04-2002.
837 Urdaneta Troconis, G., Ob. cit., nota 642, 2006, p. 206; y Sent. CPCA del 6-11-1996, RDP N° 67/68, p. 232.
838 García De Enterría, E., Ob. cit., nota 16, t. I, p. 633.
839 Sent. CSJ/SPA del 11-07-1996, RDP N° 67-68, p. 227.
840 Sent. N° 1131 del TSJ/SPA del 29-04-2002.
841 En el mismo sentido: Lares Martínez, E., Ob. Cit., nota 217, p. 193; y asimismo sent. CPCA del 19-11-1987, RDP, N° 32, p. 75.

b'. Vicio de desviación de procedimiento

§327. Concepto - La sanción de nulidad absoluta hay que entenderla aplicable también en todos aquellos casos en que la Administración Pública ha observado, en efecto, un procedimiento administrativo, pero no el debido fijado por la ley para ese supuesto, aunque coincidan par-cialmente uno y otro procedimiento administrativo. Este vicio que se conoce como vicio de «desviación del procedimiento», y ocurre cuando se aplica un procedimiento distinto al legalmente establecido[842]. Se trata, pues, de dos procedimientos administrativos regulados de modo diferente y teniendo cada uno condiciones propias de aplicación (De Laubadère[843]).

En consecuencia, el vicio de desviación de procedimiento resulta del hecho de que una autoridad administrativa para la consecución de sus fines utiliza un procedimiento administrativo, es decir, una vía de derecho pero diferente de aquella que lo hubiera legalmente permitido lograr el objeto que se proponía (Odent[844]). En lugar del legalmente debido procedimiento administrativo, se emplea otro previsto para otras situaciones[845], aunque coincidan parcialmente uno y otro procedimiento, pero que no era el adecuado o idóneo que debía seguirse.

§328. Nulidad - La emisión del acto administrativo mediante un procedimiento administrativo distinto al legalmente fijado lo afecta de nulidad absoluta, por ser un vicio de procedimiento grave, tal y como lo califica la jurisprudencia[846] cuando señala:

> Ahora bien, ciertamente que la Administración no procedió así. Es decir, cumplió un procedimiento, pero que no era el que debía seguirse. Por ello es necesario determinar si, con ello, se configura un caso de nulidad absoluta o de anulabilidad. La doctrina administrativa estima que se está presencia del primer supuesto «en todas aquellos casos en que la Administración ha observado, en efecto, un procedimiento, pero no el concreto procedimiento previsto por la Ley para ese supuesto».

Tales serían los casos de otorga-miento de una concesión a través de una adjudicación directa y no de la licitación pública legalmente exigida[847]; la destitución de un funcionario (sanción) a través del procedimiento de remoción (administración de personal)[848]. En conclusión, el vicio de desviación de procedimiento es un vicio procedimental, por su originalidad y su objetividad, como lo es el empleo del procedimiento administrativo inadecuado jurídicamente, y no es una especie del género desviación de poder como sostiene un autor de la doctrina nacional[849].

c'. Vicio de indefensión

§329. Concepto - Por último, el respeto del derecho fundamental a la defensa comporta a su vez el derecho del interesado de ser notificado de la medida que

---

842 Sent. CSJ/SPA del 03-06-1982, RDP, N° 11, p. 113; y del 28-02-1991.

843 De Laubadère, A., Venezia, J.-P. et Gaudmet, Y., *Traité de droit administratif*, t. I, 14ed., LGDJ, Paris, p. 541.

844 Odent, R., Ob. cit., nota 46, Fascicule V, p. 998; y Isaac, G., *La procédure administrative non contentieuse*, LGDJ, Paris, 1968, pp. 59 y ss.

845 Sent. CSJ/SPA del 27-01-1981, RDP N° 5, p. 114.

846 Sent. CSJ/SPA N° 85 del 28-02-1991, RDP N° 45, p. 105.

847 Sent. CPCA del 12-04-1983, RDP N° 14, p. 153.

848 Sent. CPCA del 21-02-1996, RDP N° 65-66, p. 225.

849 Urdaneta Troconis, G., Ob. cit, nota 642, 1993, p. 19, y 2006 p. 190.

pretende dictarse, así como sus motivos y presentar su defensa. En tal sentido se ha dicho que la totalidad de las reglas que conciernen al derecho fundamental a la defensa reconocido en el Art. 25 y 49 de la C dentro del procedimiento administrativo, convergen en tres distintas modalidades o manifestaciones, lo que implica que la Administración Pública no puede decidir sino sobre la base de pruebas, hechos y circunstancias que han sido llevados a conocimiento del interesado, y sobre los cuales éste ha podido presentar una útil defensa, lo que determina una grave indefensión si se impide su derecho a probar[850], o la falta del acto de descargos[851].

Por tanto, la Administración Pública tiene obligación, bajo pena de nulidad del acto administrativo, de hacer conocer de modo efectivo al interesado el objeto determinante del procedimiento administrativo iniciado de oficio, de tal modo que esté en condiciones de formular alegaciones y las pruebas pertinentes.

De ahí que el otro vicio procedimental que justifica que se considere irregular todo un procedimiento administrativo es la violación del derecho a la defensa[852] o vicio de indefensión grave[853].

El respeto del derecho fundamental a la defensa comporta, a su vez, el derecho del interesado de ser notificado de la medida que pretende dictarse[854], así como sus motivos y presentar su alegato de defensa[855]. Por tanto, la Administración Pública tiene también obligación, bajo pena de nulidad del acto administrativo, de hacer conocer de modo efectivo al interesado el objeto determinante del procedimiento administrativo iniciado de oficio, de tal modo que esté en condiciones de formular alegaciones y las pruebas pertinentes en beneficio de sus derechos e intereses[856].

En efecto, el derecho fundamental a la defensa ha sido considerado por nuestra jurisprudencia[857] de forma amplia, en los términos siguientes:

> ...el derecho de defensa debe ser considerado no sólo como la oportunidad para el ciudadano encausado o presunto infractor de hacer oír sus alegatos sino como el derecho de exigir del Estado el cumplimiento previo a la imposición de toda sanción de un conjunto de actos o procedimientos destinados a permitirle conocer con precisión los hechos que se imputan y las disposiciones legales aplicables a los mismos, hacer oportunamente alegatos en su descargo y promover y evacuar las pruebas de obren en su favor. Esta perspectiva del derecho de defensa es equiparable a los que en otro Estados de Derecho ha sido llamado como el principio del «debido proceso».

§330. Ámbito - El derecho fundamental a la defensa en sede administrativa es extensible en su aplicación, tanto en el procedimiento administrativo constitutivo del acto administrativo, como en los procedimientos administrativos recursivos establecidos en la ley[858].

---

850 Sent. CSJ/SPA del 14-08-1991, RDP N° 47, p. 9
851 Araujo-Juárez,J., Ob. cit., nota 661, p. 120
852 Sent. N° 1588 del TSJ/SPA del 21-06-2006.
853 Sent. N° 779 del TSJ/SPA del 22-03-2006, 961 del 06-08-2013.
854 Sent. CSJ/SPA del 14-08-1991, RDP N° 47, p. 98; y CPCA del 19-11-1981, RDP N° 32, 73.
855 Sent. CPCA del 10-06-1980, RDP N° 3, p. 122.12-07-1990, RDP N° 43, p.61
856 Sent. CSJ/SPA del 08-05-1991, 27-04-1993, 24-03-1994 y 26-04-1994.
857 Sent. del TSJ/SPA N° 769 del 01-07-2004 y 1486 del 08-06-2006.
858 Sent. CSJ/SP del 10-02-1994 y CPCA del 12-12-1985, RDP N° 25, p. 99; y 10-02-1994.

§331. Criterio - En presencia de un vicio procedimental hay que ponderar en cada caso concreto las consecuencias producidas por el mismo al interesado, la indefensión que ella haya realmente originado y, sobre todo, lo que hubiere podido variar el acto administrativo. En este sentido señala la jurisprudencia[859]:

> ...el Tribunal al conocer de dicho acto, a través del recurso de anulación por el afectado y al examinar la relación existente entre el vicio de forma y la decisión de fondo adoptada por el órgano administrativo, ponderará sobre todo, lo que hubiera variado la resolución, si se hubiera cumplido el trámite omitido, de modo que si la decisión de fondo hubiera sido la misma no tendría sentido anular por vicios formales, pero si el vicios procesal ha influido realmente en dicha decisión, al sustraes, como el presente caso, elementos de juicios necesarios para la valoración justa de la solución adoptada, la declaración de nulidad se impone por el Tribunal.

Por tanto, hay que ponderar en cada caso concreto, las consecuencias susceptible de producir «*una disminución efectiva, real y trascendente*» de garantías y, particularmente del derecho a la defensa[860].

§332. Modalidades - El vicio de indefensión existe si el derecho fundamental a la defensa ha sido severamente lesionado o limitado cuando a la persona: (i) se le desconoce el derecho a ser notificado de la apertura del procedimiento administrativo que pueda afectarlo y de la oportunidad para presentar alegatos de defensa, (ii) se le impide su derecho a la participación, (iii) se le impide el ejercicio de sus derechos procedimentales, (iv) la ausencia de notificaciones obligatorias de los terceros de interés[861], (v) se le prohíbe o impide el derecho al libre acceso al expediente administrativo[862], que se encuentra reconocido en el Art. 59 de la LOPA, (vi) se le prohíbe o impide el derecho de alegar y probar lo conducente en beneficio de sus derechos e intereses[863], (vii) se le desconoce el derecho a obtener un decisión final sobre el fondo del asunto, o el derecho a recibir una respuesta sobre su solicitud, (viii) se le desconoce el derecho a ser notificado del acto que le afecta sus derechos e intereses[864] y (ix) por último se le desconoce el derecho a ser informado de los recursos y medios de defensa en vía administrativa o en vía jurisdiccional[865].

§333. Nulidad - El problema más interesante que se plantea dentro de los vicios procedimentales es el relativo al vicio de indefensión, sin duda «*uno de los principales vicios del procedimiento administrativo*»[866], que por infringir a la vez los Arts.

---

[859] Sent. CSJ/SP del 10-02-1994, y CPCA del 11-06-1987, RDP N° 31, p. 79; TSJ/SPA del 06-07-2000, RDP N° 83, p. 238.

[860] Sent. CPCA del 29-02-1984.

[861] Sent. CPCA del 25-11-1980.

[862] Sent. CPCA del 07-03-1985, 19-11-1981, RDP N° 32, p. 73; y N° 899 del TSJ/SPA del 13-04-2000, RDP N° 82, p. 401; y N° 859 del 23-07-2008.

[863] Sent. CSJ/SPA del 08-05-1991, del 27-04-1993, del 24-03-1994 y del 26-04-1994.

[864] Sent. CSJ/SPA del 09-05-1991, RDP N° 46, p. 90; del 30-07-1997, RDP N° 47, p. 97; del 04-02-1993, RDP N° 53/57, p. 183; del 04-06-1997, JCSJ; 1997, N° 6; y CPCA del 03-09-1993, RDP N° 55-56, p. 202.

[865] Sent. CSJ/SPA del 01-12-1999; y N° 964 del 11-07-2002; del 13-07-2005, N° 2240, del TSJ/SPA del 08-02-2006, RDP N° 105, p. 97; del 11-10-2006, 31-05-2007, 07-11-2007, 17-07-2008, 29-10-2008, 04-06-2009, 05-05-2010, 07-12-2011 y del 08-12-2011.

[866] Sent. CPCA del 15-05-1986, RDP N° 26, p. 110.

25 y 49 de la C, la jurisprudencia[867] sostiene que comporta un vicio de nulidad absoluta del acto administrativo producido así, en los términos siguientes:

> El otro vicio procedimental que justifica que se considera inútil toda una tramitación administrativa, es el de la indefensión grave [....] o sea la negativa o la imposibilidad total de que un administrado se defienda, o porque no se le notificó el procedimiento en ninguna forma, o porque se le impidió ejercer el derecho a defenderse en el procedimiento negándole las pruebas o el acceso al expediente. Ello en razón de que tratándose tal derecho de una garantía constitucional, que debe respetarse en cualquier proceso, judicial o administrativo, su violación se sanciona con la nulidad absoluta de acuerdo a lo indicado en los artículos 68 [hoy 49] y 46 [hoy 25] de la Constitución, en concordancia con el ordinal 1° del artículo 19 de la Ley Orgánica de Procedimientos Administrativos.

Finalmente, el vicio de indefensión puede apreciarlo el Juez de oficio dada su naturaleza de orden público[868].

§334. Clasificación - El vicio de indefensión admite la clasificación siguiente: (i) el vicio de la notificación administrativa; y (ii) vicio por la negativa de argumentos y pruebas.

a''. Vicio de la notificación administrativa

§335. Notificación administrativa inicial - De conformidad con el Art. 48 de la LOPA, la Administración Pública debe notificar al interesado la iniciación o apertura del procedimiento administrativo del cual es su destinatario. Por tanto, debe garantizar el derecho fundamental a la defensa a través de la notificación administrativa y su incumplimiento constituye un vicio procedimental sustancial.

Ahora bien, su integración como un requisito esencial torna necesario averiguar cuál es la sanción jurídica a raíz de un vicio de esta índole.

§336. Requisitos - La notificación administrativa inicial pretende hacer comunicar de manera formal, el inicio o apertura del procedimiento administrativo en contra del interesado, pero no es menos cierto que el contenido de aquella debe ser lo más completo, de modo que aquél esté en estado de conocer los hechos que se le imputan y, de una manera general, la totalidad de los elementos y circunstancias sobre las que se basa la Administración Pública, para que pueda asegurar una defensa efectiva en la formulación de los descargos.

Por ello es absolutamente necesario que exista la notificación formal del acto, por medio de oficio, entendida como una acción administrativa dirigida a poner en conocimiento de un particular el contenido de una medida o decisión que le afecte en tanto que es una formalidad esencial para la eficacia jurídica de cualquier acto administrativo[869], pues sin ella no produce efectos[870].

---

[867] Sent. CSJ/ SPA del 09-05-1991, 06-04-1994, 07-03-1995 y del 06-04-1995; y CPCA del 10-07-1980, del 07-12-1982, RDP N° 13, p. 108; del 07-03-1985, RDP N° 21, p. 134, 12-12-1986, 12-02-1987, 03-09-1993, 12-12-1985, 09-10-1986, 12-02-1987 y del 17-03-1999.

[868] Sent. CPCA del 29-02-1984, RDP N° 17, p. 171.

[869] Sent. CPCA del 21-04-1980, RDP N° 2, p. 117.

[870] Sent. CPCA del 15-12-1991, RDP N° 48, p. 130.

Inicialmente, la notificación del acto administrativo en tanto requisito esencial para su eficacia ha sido exigida en forma rigurosa por la jurisprudencia al sostener:

> De conformidad pues, con la doctrina, jurisprudencia y definiciones legales sobre la materia, es absolutamente necesario que exista la notificación del acto, entendida ésta como una acción administrativa, realizada por las autoridades administrativas, para poner en conocimiento de un particular o de un funcionario del contenido de una medida o decisión que le afecta y sin que sea trascendente para los efectos del lapso de caducidad, el conocimiento extraoficial o pasivo que dicho particular o funcionario haya tenido de la medida[871].

Por tanto, si la notificación administrativa inicial pretende hacer comunicar de manera formal el inicio o apertura del procedimiento administrativo en contra del interesado, no es menos cierto que el contenido de aquella debe ser lo más completo, de modo que aquél esté en estado de conocer los hechos que se le imputan y, de una manera general, la totalidad de los elementos y circunstancias sobre las que se basa la Administración Pública, para que pueda asegurar una defensa efectiva en la formulación de los descargos.

§337. Clases - De lo expuesto se concluye que la notificación administrativa en general es correcta o válida cuando reúne todos los requisitos legales exigidos; y por el contrario, es defectuosa cuando no los reúne[872], bien por omisión o por errores.

En mérito a la anterior pueden darse diversas situaciones y posibilidades que originan en la notificación administrativa inicial los vicios siguientes: (i) la falta absoluta; y (ii) la notificación defectuosa.

§338. Falta absoluta - En este orden de ideas, el respeto del derecho fundamental a la defensa comporta a su vez el derecho de la persona de ser notificada inicialmente de la medida que pretende dictarse, así como sus motivos y presentar su defensa. Es cuando en la fase previa del procedimiento administrativo no se les da a la persona la oportunidad de ejercer sus derechos, al no habérseles imputado de manera específica y clara los hechos determinantes de su responsabilidad administrativa[873].

En efecto, de conformidad con el Art. 48 de la LOPA, la Administración Pública debe notificar al interesado la iniciación o la apertura del procedimiento administrativo del cual es su destinatario. Su incumplimiento constituye un vicio procedimental grave.

§339. Nulidad - Será motivo de nulidad, no sólo la negativa o imposibilidad total del derecho fundamental a la defensa, sino que también existirá indefensión grave cuando: exista falta o ausencia de notificación administrativa en forma alguna de la apertura del procedimiento administrativo[874], no exista fecha de su recepción[875], o de notificación previa de los cargos que se le imputan al presunto infractor, pues según la jurisprudencia[876]:

---

871 Sent. CPCA del 21-04-1980, RDP N° 2, p. 117.

872 Sent. CPCA del 04-06-1992, RDP N° 50, p. 140.

873 Sent. N° 912 del TSJ/SPA del 06-08-2008.

874 Sent. CSJ/SPA del 03-08-1995, JCSJ, 1995, N° 8-98; CPCA del 13-12-1982, RDP N° 13, p. 109; 09-10-1986, RDP N° 28, p. 90; N° 63 del TSJ/SE del 14-06-2000, RDP N° 82, p. 400; y N° 82, del TSJ/SPA del 13-11-2000, RDP N° 82, p. 201.

875 Sent. CPCA del 29-02-1984.

876 Sent. de CSJ/SPA N° 220 del 17-11-1983, RDP, N° 16, p. 150. En este mismo sentido: CSJ/SPA del 24-11-1983, RDP N° 16, p. 151.

Para la imposición de sanciones, es principio general de nuestro Ordenamiento jurídico que el presunto infractor debe ser notificado previamente de los cargos que se le imputan y oírsele para que pueda ejercer su derecho de defensa, antes de ser impuesta la sanción correspondiente, bien sea esta última de naturaleza penal, administrativa o disciplinaria. Tiene base el citado principio en la garantía individual consagrada en el ordinal 5° del artículo 60 de la C, a tenor del cual «*Nadie podrá ser condenado en causa penal sin antes haber sido notificado personalmente de los cargos y oído en forma que indique la Ley*». Igualmente, tiene base el principio general invocado en la inviolabilidad del derecho de defensa «*en todo estado y grado del proceso*» consagra en el artículo 68 de la C. La cobertura de estas garantías constitucionales ha sido interpretada ampliamente por la doctrina y la jurisprudencia en nuestro país, a tal punto que la aplicabilidad de los procesos en ella enunciados ha sido extendida a todas las ramas del Derecho público, allende los límites del Derecho penal y de las normas que protegen exclusivamente la libertad física del individuo, a fin de convertirlas en pautas fundamentales de la genérica potestad sancionadora del Estado.

En definitiva, la Administración Pública tiene obligación, bajo pena de nulidad del acto administrativo, de hacer conocer de modo efectivo al interesado, el objeto determinante del procedimiento administrativo iniciado de oficio, de tal modo que esté en condiciones de formular alegaciones y las pruebas pertinentes. Por tanto, se causa el vicio de indefensión al prescindir de la notificación administrativa inicial necesaria para que el interesado tenga noticias de la oportunidad de dar contestación a los cargos, requisito esencial para la validez del acto administrativo[877].

§340. Convalidación - El vicio de indefensión es un concepto relativo cuya valoración exige colocarse en una perspectiva dinámica o funcional, que permita contemplar el procedimiento administrativo en su conjunto, dado que el particular tiene oportunidades continuas de defenderse a lo largo del mismo, y sólo se exige cuando hay una disminución real y trascendente de garantías, incidiendo en la decisión de fondo.

En tal sentido, la jurisprudencia sostiene que el vicio de indefensión puede ser convalidado por la presencia de los interesados en el procedimiento administrativo o mediante el ejercicio oportuno de los recursos administrativos a que haya lugar, si aún puede alegar en contra de determinada decisión los motivos de anulación, o incluso la misma indefensión, para que el órgano revisor examine si en verdad hubo lesión del derecho fundamental a la defensa[878].

De la misma manera, si el vicio de indefensión habría de apreciarse en cada instancia, la existencia de una segunda instancia supondría un desarrollo complementario de las posibilidades del derecho fundamental a la defensa; no bastaría, pues, una indefensión inicial, lo cual contribuiría a reducir la trascendencia inicial del vicio procedimental según la jurisprudencia[879], al afirmar:

> El procedimiento administrativo y la vía del recurso ofrecen al particular oportunidades continuas de defenderse y hacer valer sus puntos de vista, lo cual contribuye a reducir progresivamente la trascendencia inicial de un vicio

---

[877] Sent. CPCA del 12-07-1990, RDP N° 43, p. 61.

[878] Sent. CPCA del 28-02-1985, del 21-03-1985, del 23-05-1985, RDP N° 21, p. 277; y del 9-10-1986, RDP, N° 28, p. 90.

[879] Sent. CPCA del 28-02-1985, RDP N° 21, p. 135.

de forma o de una infracción procedimental. Si el interesado, por ejemplo, no fue oído en el expediente original, tal omisión puede corregirse con la interposición del recurso, cuya propia tramitación incluye un nuevo período de audiencia y examen del expediente. En tal caso la falta de audiencia del interesado es subsanada a través de la revisión y actuación del órgano de alzada, pero si éste no pone remedio a la falta incurre nuevamente en las omisiones que obligaron al administrado a recurrir, parece evidente que el acto que dicte en alzada, que causa estado en la vía administrativa, al ser analizado por el órgano contencioso mostrara aquellas faltas y la ilegalidad que le es inherente.

Según la jurisprudencia[880] sería el caso de la notificación administrativa inicial, que es un acto de trámite y preparatorio, y donde los vicios pueden ser subsanados si aquella alcanza el cometido procedimental que tiene asignada[881], e incluso la falta inicial de audiencia del interesado[882]. Asimismo, ha sostenido que si la notificación administrativa inicial contiene algún defecto o no existe, pero el interesado ha podido ejercer certera y oportunamente los recursos administrativos pertinentes, en tal caso resulta el vicio de la notificación irrelevante[883].

Finalmente, la jurisprudencia sostiene que la ausencia de notificación no causa la nulidad si no se ha producido vulneración de los derechos o garantías constitucionales del interesado[884]. Tampoco la utilización de un medio no contemplado en la ley para la notificación administrativa como el telegrama[885], o el fax[886] produciría la nulidad, si se ha cumplido con su finalidad de poner en conocimiento al interesado y que este pudiera efectivamente defenderse[887].

§341. Notificación defectuosa - Si la notificación administrativa inicial pretende hacer comunicar de manera formal el inicio de un procedimiento administrativo en contra de la persona, no es menos cierto que su contenido debe ser lo más completo, de modo que aquél esté en estado de conocer los hechos que se le imputan y, de una manera general, la totalidad de los elementos y circunstancias sobre los que se basa la Administración Pública, para que la persona pueda asegurar una defensa efectiva en la formulación de los descargos.

§342. Nulidad - Como cuestión previa hay que señalar que la jurisprudencia ha sostenido que el vicio de notificación administrativa inicial defectuosa de un acto administrativo, no afecta la validez intrínseca del acto, sino sólo su eficacia[888], que en todo caso se podría sancionar con la nulidad relativa[889].

---

880 Sent. CPCA del 04-08-1986.

881 Sent. CPCA del 23-05-1985.

882 Sent. CPCA del 28-02-1985. Este criterio sostenido luego por el TSJ/SPA en los casos disciplinarios militares fue declarado contrario a dispuesto en la Carta Americana de Derecho Humanos, por la Corte Interamericana en el caso Gral Uson vs. Venezuela.

883 Sent. CSJ/SPA del 17-01-1995; CPCA del 09-10-1986 y 01-11-1984; y del TSJ/SPA del 14-08-2001, 30-10-2001 y 06-06-2007.

884 Sent. CSJ/SPA del 11-11-1993.

885 Sent. CPCA del 26-03-1987.

886 Sent. TSJ/SPA del 06-06-2007.

887 Sent. CSJ/SPA del 29-05-1996.

888 Sent. CSJ/SPA del 20-05-1985, RDP N° 48, p. 129; CPCA del 10-12-1984, RDP N° 20, p. 139; 16-10-1991, RDP N° 48, p. 129; 06-06-1985, RDP N° 23, p. 141; 24-10-1985, RDP N° 24, p. 122, 7-04-1988, RDP N° 34, p. 89.

889 Sent. CPCA del 11-08-1988, RDP N° 36, p. 78.

En mérito a lo que antecede, es por lo que la jurisprudencia[890] ha señalado que:

> El carácter estrictamente formal de la notificación envuelve una consecuencia fundamental: una notificación que no se ha hecho en la forma prescrita por la Ley, no produce efectos (artículo 74 de la Ley Orgánica de Procedimientos Administrativo), de lo cual resulta que tampoco podía producirlos contra el interesado, ya que la notificación demora el comienzo de la eficacia del acto y, desde luego, el inicio de los lapsos para su impugnación. La regla así expuesta no se aplica si el interesado hace manifestación expresa en tal sentido, o interpone el recurso que corresponde (ya que de ser otro diferente al que procede, se darán las consecuencias que señala el artículo 77 ejusdem).

En este orden de ideas, la jurisprudencia ha formulado una diferencia sustantiva entre la notificación defectuosa que se relaciona con la eficacia del acto administrativo, por un lado, y la ausencia de notificación, que se vincularía con su validez, equiparando este último supuesto a un acto administrativo inmotivado, que coloca al interesado en un estado de indefensión[891].

§343. Principio del logro del fin - Hemos sostenido más arriba que como regla general, el Art. 74 de la LOPA consagra que las notificaciones administrativas que no llenen todas las menciones señaladas en el Art. 73 de la LOPA se considerarán defectuosas y no producirán ningún efecto. Sin embargo, en esta materia regiría el denominado principio del logro del fin, en virtud del cual bastaría con que la notificación administrativa haya cumplido con su objetivo de aviso y comunicación a los interesados para que sea válida[892], a menos que una norma expresa establezca lo contrario[893], siempre y cuando no haya habido lesión de las esferas de interés de las personas[894].

Por tanto, si la formalidad de la notificación administrativa tiene por objeto imponer al destinatario que se produjo determinado acto administrativo y si de cualquier forma el interesado llega a enterarse de la decisión que pueda afectarlo, se logra su eficacia[895]: por ejemplo, la utilización de un medio no contemplado en la ley (telegrama), siempre en cuanto cumpla cabalmente con la finalidad de poner en conocimiento el interesado de la decisión que le concierne[896].

En conclusión, no es requisito indispensable que se dé cumplimiento a la formalidad notificatoria cuando los interesados se han dado por notificados voluntariamente, ya que constituiría un trámite inútil[897]. Esta regla, sin embargo, debe ser matizada en relación con el vicio en que pueda hacer incurrido la notificación administrativa y con la posibilidad de subsanación de dichas notificaciones, según lo afirma la jurisprudencia[898], así:

---

890 Sent. CPCA del 21-10-1985, RDP N° 24, p. 122.

891 Sent. CPCA del 20-05-1985, RDP N° 34, p. 89; y del 13-03-1989, RDP N° 38, p. 100.

892 Sent. CPCA del 7-06-1984, RDP N° 19, p. 128.

893 Sent. CPCA del 22-09-1983, RDP N° 16, p. 149.

894 Sent. CPCA del 26-04-1984, RDP N° 18, p. 158; CSJ/SPA del 3-10-1990, RDP, N° 44, p. 128.

895 Sent. CPCA del 10-12-1984, RDP, N° 20, p. 138; y del 9-04-1987, RDP N° 30, p. 116.

896 Sent. CPCA del 26-03-1987, RDP N° 30, p. 112.

897 Sent. CPCA del 27-11-1989, RDP N° 40, p. 72.

898 Sent. CPCA del 23-05-1985, RDP N° 23, p. 131.

> ...quiere esta Corte ratificar en esta oportunidad, que el procedimiento de regulación de alquileres es un procedimiento administrativo, donde las notificaciones no tienen carácter determinante, formal y rígido que detenta la citación en el procedimiento civil y ordinario y; en tal consecuencia, las notificaciones administrativa, de conformidad con nuestra jurisprudencia y la Ley Orgánica de Procedimientos Administrativos, son los actos de trámite y preparatorios, subsanables en cuanto a los vicios, se cumpla el cometido procedimental que tienen encomendada.

b". Negativa de argumentos y pruebas

§344. Planteamiento general - Lo esencial del derecho fundamental a la defensa consiste en la posibilidad para el interesado de presentar sus alegaciones y pruebas, las cuales necesariamente deberán ser admitidas. En efecto, el derecho fundamental a la defensa ha sido considerado por nuestra jurisprudencia[899] de forma amplia, en los términos siguientes:

> ...el derecho de defensa debe ser considerado no sólo como la oportunidad para el ciudadano encausado o presunto infractor de hacer oír sus alegatos sino como el derecho de exigir del Estado el cumplimiento previo a la imposición de toda sanción de un conjunto de actos o procedimientos destinados a permitirle conocer con precisión los hechos que se imputan y las disposiciones legales aplicables a los mismos, hacer oportunamente alegatos en su descargo y promover y evacuar las pruebas de obren en su favor. Esta perspectiva del derecho de defensa es equiparable a los que en otro Estados de Derecho ha sido llamado como el principio del «debido proceso».

Cuando la comparecencia personal es obligatoria en virtud de un requerimiento, la convocatoria del interesado debe comportar un lapso razonable para que pueda útilmente preparar su defensa. Lo esencial del derecho fundamental a la defensa consiste en la posibilidad para el interesado de presentar sus alegaciones y pruebas a la autoridad competente, razón por la cual aquellas deben ser incorporadas al expediente abierto y dentro del cual dictará el acto administrativo final.

§345. Lapso - En cuanto al lapso que dispone para presentar sus alegaciones y pruebas, ha de destacarse el carácter indicativo del plazo de diez días hábiles que prevé el Art. 48 de la LOPA, pues nada le impide realizar una actividad de alegación y prueba durante el curso del procedimiento administrativo.

c. Vicios del procedimiento de consulta administrativa

a'. Vicio de la consulta administrativa

§346. Concepto - El procedimiento de consulta administrativa constituye una suerte de sub-procedimiento que se encuentra regulado por los Arts. 54 y 57 de la LOPA. Su naturaleza se diversifica en función del alcance del informe administrativo dado por el órgano administrativo de consulta requerido, así como de la libertad de que dispone la autoridad competente para recurrir a ese sub-procedimiento.

---

899 Sent. CSJ/SPA N° 220 del 17-11-1983, RDP N° 16, p. 150; del 24-11-1983, RDP N° 16, p. 151; 23-01-1984, RDP N° 23, p. 172; CPCA del 12-12-1985, RDP N° 25, p. 99; y del 18-06-1987, RDP N° 31-76.

§347. Clasificación - En el caso del informe u opinión administrativa no vinculante, si la autoridad administrativa competente se estima erróneamente vinculada por aquél, incurre en una incompetencia negativa que se analiza en un error de derecho. Por el contrario, puede libremente seguir el contenido del informe o simplemente separarse del mismo.

En lo que respecta al informe u opinión administrativa vinculante, la consulta al órgano es necesariamente obligatoria. Por tanto, su omisión o la ausencia de conformidad con la decisión final, implica necesariamente la nulidad absoluta de esta última.

La omisión del informe u opinión administrativa vinculante o la ausencia de conformidad comportan la invalidez del acto administrativo final, la cual sólo puede ser invocada al impugnarse este último.

b'. Vicio de la consulta pública

§348. Concepto - Finalmente, en caso de incumplimiento o cumplimiento irregular del procedimiento administrativo consultivo o de consulta pública para la adopción de normas reglamentarias o de otra jerarquía de regulaciones sectoriales, establecido en el Art. 139 de la LOAP, la norma que sea aprobada o propuesta a otra instancia por parte del órgano o ente público, será nula de nulidad absoluta (Art. 141 de la LOAP).

Se trata del vicio procedimental que consiste en la omisión del trámite de consulta pública, que desde el momento en que se comete afecta a las actuaciones posteriores, en cuanto que impide valorar los puntos de vista de la pluralidad de sujetos a quienes el trámite va dirigido, puntos de vista que la Administración Pública no puede sustituir por sí (T.-R. Fernández[900]).

§349. Nulidad - En el caso específico de que la omisión del trámite del procedimiento de consulta afecte el derecho de participación ciudadana, se entiende que la decisión final deberá ser anulada, por vulneración del principio contradictorio y de la obligación jurídica contenida en el Art. 62 de la Constitución en concordancia con el Art. 139 de la LOAP. Los trámites dirigidos a posibilitar la participación ciudadana no son puras formalidades hueras de sentido, sino instrumentos para el logro de los principios democrático, de transparencia y de buena Administración (Ponce Solé[901]). En efecto, se debe señalar que el valor de la participación es un instrumento posibilitador, aparte de otros principios, al principio de la buena Administración en la toma de las decisiones y, por tanto, debe ser equiparable la omisión del necesario trámite de consulta pública imprescindible para resolver con conocimiento de causa, a la ausencia de un auténtico debido procedimiento administrativo.

Fuera de los supuestos enunciados cabría hablar, en principio, de nulidad relativa en los demás vicios procedimentales (Art. 20 de la LOPA).

F. Motivos de nulidad absoluta por determinación constitucional o legal

§350. Planteamiento general - La última causal de nulidad absoluta no está referida a elemento alguno del acto administrativo. Es el caso de la sanción de

900 Fernández, T.-R., *La Nulidad de los Actos Administrativos*, EJV, Caracas, 1979, p. 137.
901 Ponce Solé, J., *Ob. cit.*, nota 815, p. 728.

nulidad *ipso iure*, cuando así esté expresamente determinado por una norma constitucional o legal (Art. 19, num. 1 de la LOPA).

Es, por tanto, la sanción jurídica de nulidad del acto administrativo que derivaría por expresa disposición de una norma con rango de ley o la propia C (Art. 19, num. 1 de la LOPA), como sucede en los casos de actos dictados en ejercicio del Poder Público que violen o menoscaben los derechos garantizados por la Constitución y la ley son nulos, según lo establece el Art. 25 de la C, o el caso de usurpación de autoridad consagrado en el Art.138 de la C.

En consecuencia, la inconstitucionalidad del acto administrativo produce la nulidad absoluta[902].

4. MOTIVOS DE NULIDAD RELATIVA

§351. Planteamiento general - La LOPA reconoce junto al sistema de lista de los vicios que com-portan la nulidad absoluta del acto administrativo, una cláusula residual consistente en considerar de nulidad relativa o anulables todos aquellos vicios no contemplados en el Art. 19 de la LOPA. Rige, repetimos, la regla de la presunción de nulidad relativa o anulabilidad y sólo, excepcionalmente, tiene lugar la nulidad absoluta.

§352. Efectos jurídicos - Los efectos jurídicos de la nulidad relativa son los siguientes: (i) puede ser convalidada (art. 81 de la LOPA), (ii) no permite solicitar la suspensión de los efectos, (iii) puede ser total o parcial, (iv) no puede ser declarada si el acto administrativo creó derechos subjetivos o intereses jurídicos (Art. 82 de la LOPA)[903], (v) pueden ser revocados en cualquier momento por la Administración Pública y (vi) si el acto administrativo adquiere firmeza no puede ser revocado, pues se incurre en nulidad absoluta[904].

A. Vicios del elemento subjetivo

§353. Plan - Si el vicio de incompetencia no es manifiesta sino no manifiesta, simple o relativa, la consecuencia no es la nulidad absoluta sino la nulidad relativa o anulabilidad[905].

El vicio de incompetencia no manifiesta en el supuesto del elemento subjetivo está referido a los casos siguientes: (i) la incompetencia jerárquica; (ii) la incompetencia temporal; (iii) la incompetencia territorial.

a. Incompetencia jerárquica

§354. Concepto - El desconocimiento de la competencia jerárquica o por razón del grado por parte de la autoridad administrativa en razón de que no es una incompetencia manifiesta[906], sólo produce como regla general un supuesto de incompetencia relativa y, por consiguiente, sólo origina la nulidad relativa[907].

---

[902] Sent. CPCA del 26-06-1980, RDP N° 3, p. 133.
[903] Sent. CSJ/SPA del 19-10-1989; y CPCA del 22-04-1985.
[904] Sent. CSJ/SPA del 14-05-1985 y 10-03-1987.
[905] Sent. CSJ/SPA del 24-01-19995 y 14-11-1996.
[906] Sent. CPCA del 29-03-2001.
[907] Sent. CSJ/SPA del 23-03-1994, RDP N° 57-58, p. 25-236; y CSJ/SPA ET del 14-11-1996, RDP N° 67-68, p. 224.

En este caso, en virtud del principio del *favor acti* es posible convalidar este vicio de anulabilidad, reconociendo tanto la validez del procedimiento administrativo previo como la legalidad del acto administrativo[908].

§355. Supuestos - Según la jurisprudencia[909], la incompetencia jerárquica se da en las hipótesis siguientes: (i) cuando un superior jerárquico conoce cuestiones que son de la competencia exclusiva de un órgano inferior[910], (ii) cuando un organismo inferior conoce y resuelve cues-tiones de la competencia reservada al superior jerárquico, y (iii) cuando un órgano administrativo actúa en virtud de una delegación de competencia que estaba prohibida o para la que no estaba autorizado el órgano delegante. Aquí hay una doble incompetencia: la del órgano que delegó lo que no podía delegar y la del que actuó en virtud de esta delegación ilegal. No obstante, hay que entender, que el vicio es de simple anulabilidad, por la apariencia jurídica que la delegación produjo.

b. Incompetencia temporal

§356. Concepto - Es sabido que la competencia otorgada a la autoridad administrativa es, por regla general, permanente, en cuanto puede ejercerla en cualquier tiempo. Pero en ciertos casos, sólo puede ejercerla por un lapso determinado; se dice, entonces, que la competencia es temporaria (*ratione temporis*).

Empero, como regla general, la actuación administrativa fuera del tiempo no implica la invalidez del acto administrativo. La obligación de actuar en un determinado plazo sólo pretende, normalmente, evitar retrasos injustificados en la actuación administrativa. En otras ocasiones, por el contrario, la propia naturaleza del término o plazo da lugar a que su incumplimiento determine la nulidad del respectivo acto administrativo.

§357. Nulidad -Los actos administrativos dictados fuera del tiempo fijado sólo producirán la nulidad relativa o anulabilidad cuando así lo imponga la naturaleza del término o plazo, o cuando el tiempo es esencial para la emanación del acto administrativo[911]. En estos casos, la irregularidad sólo dará lugar a la posible exigencia de responsabilidad al funcionario público causante de la demora, si hubiese lugar a ello, de conformidad con lo dispuesto en el Art. 3 de la LOPA.

En este orden de ideas, la doctrina (J. M. Auby, M. Waline, R. Odent, G. Isaac, R. Hostiou y A. De Laubadère[912]) sostiene que los plazos previstos para la emisión de su acto administrativo son considerados, en principio, como indicativos -conminatorios- y excepcionalmente imperativos -de rigor-, lo cual comporta que su transgresión no vicia el acto de incompetencia.

El criterio mencionado ha sido compartido por la jurisprudencia[913] al establecer lo siguiente:

---

908 Sent. CSJ/SPA del 23-03-1994, RDP N° 57-58, p. 25-236; y CSJ/SPA ET del 14-11-1996, RDP N° 67-68, p. 224; de la CSJ/SPA del 19-10-1989; y de la CPCA del 06-08-1992.

909 Sent. CPCA del 23-03-1994

910 Ibídem.

911 Sent. CPCA del 22-06-1981.

912 Auby, J.-M., «L'incompetence «ratione temporis», RDP 1953, p. 50; Waline, M., Note sur CE del 10-07-1963, RDPSP, 1964, p. 440; Odent, R.,Ob. cit., nota 45, Fascicule II, p. 351; Hostiou, R., *Procedures et formes de l'acte administratif unilateral en droit francais*, LGDJ,Paris, 1975, p 126; y De Laubadère, A., Ob. cit., nota 843, t. I, p. 670.

913 Sent. CPCA ACC del 06-10-1981, RDP N° 8, p. 99.

Al respecto esta Corte observa: si tomamos como referencia el régimen de los actos administrativos, tenemos que aquellos adoptados fuera el lapso fijado, adolecerían de un vicio de incompetencia «ratione temporis»; en tal sentido, la regla es que los actos administrativos deben ser adoptados en el lapso temporal establecidos en la Ley o en la norma en la cual se basan, es decir, que la autoridad administrativa debe ejercer su competencia en el tiempo en que la tiene atribuida. Sin embargo, no todos los actos realizados o adoptados fuera del lapso son susceptible de ser anulados por el juez de lo Contencioso Administrativo.

Por lo general se considera que cuando una norma prevé un plazo o fecha para la adopción de un acto administrativo, este plazo o fecha tiene un carácter indicativo salvo que la propia norma le dé un carácter imperativo. Sólo cuando el acto fuera del lapso afecte al administrado, es cuando este es anulado, como ejemplo se afecte la jubilación anticipada, una designación realizada antes de que el cargo esté vacante, etc. Tampoco se anulan los actos adoptados fuera de tiempo, cuando a pesar de la tardanza persiste la obligación para la administración de adoptarlos.

Es así como no constituye un vicio procedimental invalidante el exceso de duración de un procedimiento administrativo más allá del lapso legalmente fijado[914], a no ser que la naturaleza del término o plazo imponga su nulidad. Asimismo, el incumplimiento de los lapsos procedimentales en materia administrativa, sólo es motivo de nulidad cuando la falta signifique la omisión de una etapa o fase total de un debido procedimiento administrativo o una grave lesión al derecho fundamental a la defensa[915].

En todo caso, la obligación de respetar un plazo impuesto a la autoridad competente sólo concierne a la adopción del acto administrativo; por tanto, se entiende que ha sido observado el plazo si es adoptado dentro del mismo, aun en el caso de que aquél no haya sido notificado o publicado.

B. Vicio del elemento causal (inmotivación)

a. Concepto

§358. Motivación - La motivación constituye un elemento de forma del acto administrativo, el cual es exigido con carácter general para los actos administrativos, de conformidad con los Arts. 9 y 18, num. 5 de la LOPA, excepto para los actos de trámite[916] y los de carácter normativo o reglamentos[917]. En tal sentido, la obligación de la motivación del acto administrativo es considerada como un elemento esencial que se sanciona rigurosamente cuando señala que todo acto administrativo deberá contener: «*Expresión sucinta de los hechos, de las razones que hubieren sido alegadas y de los fundamentos legales pertinentes*».

Ahora bien, el transcrito num. 5 del Art. 18 de la LOPA constituye la base legal al precisar los requisitos necesarios de una motivación correcta, y con ello se

914 Sent. CSJ/SPA del 03-10-1985, RDP N° 24, p. 126; CPCA del 18-04-1990, RDP N° 42, p. 90; y del 18-05-1995, RDP N° 61-62, p. 185.
915 Sent. CPCA del 06-12-1982, RDP N° 13-123; y del 12-12-1987, RDP N° 29, p. 107.
916 Sent. CSJ/SPA del 02-04-1984, RDP N° 18, p. 167.
917 Sent. CSJ/SPA del 17-03-1990, RDP N° 42, p. 99.

está en condiciones de poder determinar, caso por caso, si el acto administrativo se encuentra debidamente motivado.

Finalmente, el requisito formal de la motivación ha de analizarse según la jurisprudencia en función de los objetivos siguientes:

> La Corte considera, que la motivación de un acto administrativo tiene dos aspectos: formal el uno, y material el otro. El primero consiste en la expresión de los motivos fácticos y jurídicos en que se apoyó la autoridad para dictar la decisión. Y el segundo, la comprobación de la existencia de esos motivos. En este sentido, los antecedentes administrativos, cuando en ellos se encuentran contenidos la prueba de los motivos que se señalan en el acto correcto[918].

En consecuencia, es el derecho de la persona a conocer las razones de hecho y de derecho, y preservar el acto administrativo de la arbitrariedad y permitir a los órganos competentes el control de la legalidad administrativa[919], en cuanto a la forma, oportunidad y contenido de la motivación.

§359. Concepto - La jurisprudencia ha destacado la importancia de la motivación del acto administrativo por estar íntimamente vinculada al derecho fundamental a la defensa, si bien se ha mostrado exigente en cuanto a la exigencia de la motivación, no lo es en cuanto a la forma que puede revestir la misma. En tal sentido sostiene que la motivación no está sometida a ningún formato o modelo determinado[920], señalándose que la motivación debe ser sucinta pero también suficiente[921], esto es, que sea informativa e ilustrativa de las razones de hecho y de derecho del acto administrativo de que se trate.

Luego, el vicio de inmotivación supone un defecto en la exposición de las razones de hecho o de derecho que tuvo la Administración Pública para la emisión del acto administrativo, por cuanto de su texto no es posible colegir los motivos o razones de hecho y de derecho que tuvo la Administración Pública para dictarlo[922], no pudiendo el interesado conocer las mismas y que le impiden argumentar las diferencias que pueda tener contra el acto administrativo[923]; por lo que sí están suficientemente explicadas las razones no se da el vicio de inmotivación[924].

b. Clasificación

§360. Enumeración - El vicio de inmotivación admite diversos grados, y la jurisprudencia[925] ha procedido a efectuar la distinción siguiente: (i) la inmotivación absoluta, (ii) la motivación insuficiente, (iii) la motivación contradictoria, y por último (iv) la motivación sobrevenida.

---

918 Sent. CPCA del 11-08-1983, RDP N° 16, p. 155.

919 Sent. CSJ/SPA del 13-06-1985, 14-10-1999; CPCA del 11-12-1997; y del TSJ/SPA del 24-01-2007 y 09-01-2008.

920 Sent. CSJ/SPA del 30-07-1984.

921 Sent. CPCA del 21-03-1984, RDP N° 18, p. 165; y del 20-05-1994, RDP N° 57-58, p. 242; y N° 1076 del TSJ/SPA del 11-05-2000.

922 Sent. CPCA del 03-05-1990 y del 29-05-1996.

923 Sent. CPCA del 18-04-1996.

924 Sent. CSJ/SPA del 14-11-1996; y de la CPCA del 10-08-1993.

925 Sent. N° 6497 del TSJ/SPA del 13-12-2005, RDP N° 104, p. 161; N° 2779 del 07-12-2006, RDP N° 108, p. 167.

§361. a) Inmotivación absoluta - Este primer supuesto consiste en la ausencia absoluta de motivación[926], y se configura por un vacío total en la información dirigida a esclarecer o evidenciar los motivos o razones en que se fundamenta la autoridad para dictar el acto administrativo[927].

§361. b) Motivación insuficiente - Este otro supuesto tiene lugar cuando a pesar de que la motivación no está sometida a un formato o modelo determinado, el acto administrativo debe contener una expresión referida a las razones de hecho o de derecho aplicado y, sin embargo, éstas presentan determinadas características que inciden negativamente en la motivación: por ejemplo, cuando la misma es escueta o se presenta con tal exigüidad que no se logran conocer los motivos que dieron lugar al acto administrativo[928], por no reunir las condiciones mínimas necesarias[929].

Por otro lado, en la línea de informalismo la jurisprudencia ha admitido como suficiente la motivación que sólo hace referencia a la norma aplicada cuando el supuesto de hecho contenido en la misma es unívoco o simple[930]: sin embargo, no acepta la simple mención de la norma cuando ésta no es unívoca[931], o cuando la norma utiliza un concepto jurídico indeterminado[932].

§361. c) Motivación contradictoria - El vicio de inmotivación también se produce en el caso de la motivación denominada antitética, contradictoria o ininteligible, que supone una discordancia entre los motivos del acto[933], y se configura cuando se han expresado las razones, pero los motivos se destruyen entre sí por ser contrarios o contradictorios[934]: esto es, de modo incomprensible, confuso, ininteligible o discordante[935]. Cuando existen contradicciones tan graves que implican su destrucción recíproca[936].

§361. d) Motivación sobrevenida - Este último supuesto del vicio de inmotivación es cuando se procede a efectuar la corrección de la motivación con posterioridad al dictado acto administrativo que causa estado[937].

En este orden de ideas, la jurisprudencia[938] ha extendido la noción de motivación sobrevenida a los casos donde de manera irregular el Juez administrativo ha procedido a la sustitución de la base jurídica y, por ende, a motivar de manera sobrevenida un acto administrativo del que estaba conociendo, sustituyendo de

---

926 Sent. CPCA del 15-03-1990; 30-03-2000, RDP N° 81, p. 207; y N° 551 del TSJ/SPA del 30-04-2008.
927 Sent. N° 1115 del TSJ/SPA del 10-08-2011.
928 Ibídem.
929 Sent. N° 1117 del TSJ/SPA del 19-09-2002.
930 Sent. CPCA del 29-02-1984 y 24-08-1989.
931 Sent. CPCA del 02-10-1986, 14-03-1988 y del 12-10-1990.
932 Sent. CSJ/SPA del 08-10-1989.
933 Sent. N° 1115 del TSJ/SPA del 10-08-2011.
934 Sent. CPCA del 22-11-1984; 03-03-1988 y del 14-04-1988, RDP N° 34, pp. 91-92; del 07-02-2001, CSJ/SPA del 09-05-1991; N° 1117 del TSJ/SPA del 19-09-2002.
935 Sent. del TSJ/SPA N° 1930 del 27-07-2006, y N° 1217 del 11-07-2007.
936 Sent. N° 623 del TSJ/SPA del 30-06-2010.
937 Sent. N° 1076 del TSJ/SPA del 11-05-2000, RDP N° 82, p. 431.
938 Sent. N° 09-1362 del TSJ/SC del 27-07-2010.

manera irregular a la Administración Pública y con grave desconocimiento del principio de separación de poderes; o cuando ha sido ejercida la vía contenciosa administrativa y la Administración Pública pretende suplir el vicio en el acto de contestación[939].

c. Efectos jurídicos

§362. Nulidad - La presencia del vicio de inmotivación constituye un serio indicio de que no han sido respetadas las directivas de actuación establecidas por el principio de buena Administración (Ponce Solé[940]). De ahí que el requisito de la motivación debiera ser mirado por la Administración Pública, no como una simple formalidad para cumplir un mandato de ley, sino como una necesidad derivada de la misma naturaleza del Estado de Derecho[941].

Por lo que respecta a la sanción del vicio de inmotivación, la jurisprudencia ha sido oscilante y se ha pronunciado en el sentido que produce la nulidad absoluta[942], cuando se trata de actos sancionatorios o disciplinarios[943]; o cuando su ausencia tenga una incidencia directa en el derecho a la defensa del interesado, restringiéndolo injustificadamente al impedir totalmente éste conocer los motivos de hecho y de derecho que sustentan la decisión adoptada[944]; y de consiguiente la posibilidad de su apreciación de oficio[945].

Por el contrario, la jurisprudencia también ha sostenido que el vicio de inmotivación sólo acarrearía la sanción de nulidad relativa[946], siendo convalidable o subsanable en vía de revisión por el superior jerárquico al resolver un recurso jerárquico, quien deberá expresar en tales casos las razones que lo llevan a confirmar el acto recurrido[947], salvo que lleve implícita la afectación del derecho fundamental a la defensa[948].

Finalmente, la jurisprudencia ha sostenido con mejor criterio que el vicio de inmotivación por incidir en el derecho fundamental a la defensa de las personas es de orden público: por tanto, afectado de nulidad absoluta, el acto administrativo de que se trate no puede ser convalidado, no es subsanable con motivaciones sobrevenidas, porque el vicio es insubsanable[949], o porque no se notifique al interesado los actos que lo afecten[950].

---

939 Sent. CPCA del 17-07-1986.
940 Ponce Solé, J., Ob. cit., nota 815, pp. 749-750.
941 Sent. de CSJ/SPA del 13-06-1967, GF N° 56, 1967, p. 216.
942 Sent. CPCA del 21-06-1984 y 18-04-1996, RDP N° 65-66, p. 227.
943 Sent. CSJ/SP del 25-07-1990, 03-10-1990 y 03-12-1991.
944 Sent. CSJ/SPA del 14-10-1999 y del TSJ/SPA del 9-01-2003 y del 31-05-2007.
945 Sent. CPCA del 15-02-1989.
946 Urdaneta Troconis, G., Ob. cit, nota 641, p. 206; Véanse Sent. CSJ/SPA, del 14-05-1985, del 23-10-1986 y del 14-08-1989.
947 Sent. CSJ/SPA del 11-08-1989; 14-08-199, CPCA del 7-11-1996 y del TSJ/SPA del 11-05-2000.
948 Sent. N° 5659 del TSJ/SPA del 21-09-2009.
949 Sent. CPCA del 27-11-1989, RDP N° 40-84.
950 Sent. CSJ/SPA del 09-05-1991.

C. Vicio del elemento formal

a. Concepto

§363. Planteamiento general - El Derecho administrativo es muy formalista. Con respecto al elemento esencial referido a la forma externa o forma *strictu sensu* del acto administrativo -por oposición al procedimiento administrativo-, este aparece prolijamente regulado en los Arts. 14, 15, 16, 17 y 18, nums. 1 al 8 de la LOPA.

Por lo que respecta a los vicios de forma en general, ellos pueden ser más o menos graves, comportando diferencias consecuencias jurídicas. En tal sentido, si bien tradicionalmente se les había otorgado escasa virtud invalidante a las infracciones formales, la jurisprudencia se apoya hoy día en las con-secuencias de las nulidades y en las razones que justifican su existencia, más que en el requisito formal mismo. Se busca si los defectos formales han sido o no de tal naturaleza para ejer-cer una influencia determinante sobre el respectivo acto administrativo. Si no son susceptibles de influir en el sentido de la decisión, se está en presencia de vicios formales irrelevantes y no serán de naturaleza a comportar la anulación del correspondiente acto administrativo.

b. Clasificación

§364. Enumeración - Para la validez del acto administrativo es requisito esencial que el mismo se encuentre debidamente firmado por su autor, y este requisito queda cumplido cuando la firma del autor ha sido estampada en el documento original contentivo del acto administrativo.

En tal sentido, los actos administrativos pueden estar viciados de nulidad relativa en los casos siguientes: (i) los actos administrativos de los cuerpos colegiados que no estén firmados por todos sus miembros son ilegales[951], (ii) la ilegibilidad de la firma del funcionario es un vicio que afecta la exteriorización del acto administrativo que le afecta de nulidad relativa[952], (iii) las copias certificadas cuando carecen del requisito esencial para su validez como lo es la firma del funcionario competente[953] y (iv) en fin, cuando las formas correspondientes hayan sido observadas de manera irregular[954].

D. Vicio del elemento procedimental

§365. Criterio de la esencialidad - En el caso del vicio procedimental, si no se produce una disminución efectiva, real y trascendente de las garantías de la persona, sino que representa sólo fallas o irregularidades parciales, el vicio es sancionado sólo con la anulabilidad[955].

Lo anterior da lugar a la distinción de cuño civilista, entre las formalidades esenciales o sustanciales de aquellas que no lo son, lo que incidirá en la gravedad del vicio y, por ende, para decidir si la violación de la forma debe comportar su nulidad. En tal sentido, la jurisprudencia[956] expresó que sólo la omisión de las

---

951 Sent. CPCA del 16-12-1980.
952 Sent. CSJ/SPA del 07-11-1996.
953 Sent. CSJ/SA del 17-01-1996.
954 Sent. CPCA del 22-06-1981.
955 Sent. N° 5669 del TSJ/SPA del 21-09-2005.
956 Sent. CPCA del 22-06-1981 y 06-06-1988.

formas esenciales requeridas acarrea la nulidad absoluta, mientras que la observancia irregular sólo conduce a la anulabilidad. Esto es, sólo el vicio de forma relevante para la decisión final conduce a la nulidad[957].

Estaremos ante una formalidad esencial, cuando su desconocimiento puede tener una incidencia sobre el contenido del acto; por el contrario, si se estima que la formalidad desconocida no tiene incidencia sobre el contenido, cuya inobservancia no impide lograr el fin previsto por la norma (principio de finalidad), no se anula el acto administrativo[958], como sería el caso de la falta de publicación del acto de delegación de competencia[959]. En la práctica, la determinación del carácter esencial o no puede ser algo compleja, puesto que se trata de una cuestión de analizar caso por caso.

E. Vicio de la cláusula accesoria

§366. Planteamiento general - La aplicación del sistema de la particularización de los vicios se complementa con el estudio de los vicios o defectos que hacen al contenido eventual del acto administrativo, es decir, las cláusulas accesorias.

En efecto, por una derivación del principio de accesoriedad, el vicio que afecte una cláusula de este tipo no invalida, en principio, la totalidad del acto administrativo, produciendo tan sólo su nulidad parcial.

En tal sentido, CASSAGNE[960] señala que para que opere la nulidad parcial de la cláusula accesoria y proceda la reducibilidad del acto administrativo a sus elementos esenciales válidos, se exigen dos requisitos fundamentales: (i) la independencia o separabilidad de la cláusula accesoria de los restantes elementos del acto administrativo, y (ii) que no constituya la esencia del acto o razón principal que hubiere llevado a la Administración Pública a dictarlo.

Finalmente, la doctrina sostiene que no parece dudoso sostener que la invalidez de la cláusula accesoria afecte solamente a la cláusula accesoria concreta, sin que haya fuerza expansiva ni contagio a todo el acto administrativo, en virtud del principio *favor acti* (GARCÍA-TREVIJANO[961]).

5. MOTIVOS INTRASCENDENTES

A. Teoría de los vicios intrascendentes

§367. Planteamiento general - Por último, en el Derecho administrativo formal existen irregularidades que afectan a la licitud del acto administrativo y que, sin embargo, no dan lugar a su invalidez (VILLAR PALASI[962]). Se trataría en estos casos de infracciones o vulneraciones leves, menores o simplemente meras irregularidades que no ha tenido ninguna incidencia en el fondo de la decisión, no ha causado indefensión o no ha impedido que el acto alcance su fin o que produzca sus efectos jurídicos[963].

---

957 Sent. CPCA del 04-08-1986.

958 Sent. N° 247 de la CSJ/SPA-ET del 17-04-1996, JCSJ, 1996, N° 4, p. 37.

959 Sent. N° 1763 del TSJ/SPA del 07-11-2007, RDP N° 112, p. 559.

960 Cassagne, J. C., *El Acto Administrativo*, 2° ed. actualizada, Abeledo-Perrot, Buenos Aires, 1978, pp. 297-299.

961 Ibídem, p. 182.

962 Villar Palasi, J. L., Ob. cit., nota 816, t. II, p. 82.

963 Sent. CSJ/SPA del 17-04-1996, TSJ/SPA del 30-11-2006; y CPCA del 11-11-1993.

Es lo que la doctrina conoce como la teoría de los vicios intrascendentes (Araujo-Juárez, Hernández-Mendible[964]), vicios inoperantes (Auby, Isaac, Hostiou[965]), o en fin irregularidades no invalidantes (Bocanegra Sierra[966]).

En el Derecho positivo, no obstante no existir ninguna mención de la misma en la LOPA, la jurisprudencia ha ido desarrollando la teoría de los vicios intrascendentes[967].

§368. Fundamento - Hoy en día existe la tendencia a aceptar que ciertas irregulari-dades del acto administrativo, cuando son de menor gravedad, es decir, irrelevantes o intrascendentes, no afectan su validez y eficacia, puesto que en realidad no constituyen verdaderos defectos o vicios[968]. De tal modo, habría irregularidades que no obstante afectar el acto administrativo emitido, no han causado inde-fensión o daño irreparable y, por ende, no producirían su anulabilidad ni mucho menos su nulidad[969].

Se trataría de aquellos supuestos que se justifican por la aplicación del principio de economía procesal a los vicios procedimentales que no han afectado a la corrección jurídica de la decisión final (Bocanegra Sierra[970]). La posibilidad del régimen de irregularidades no invalidantes ha sido confirmada por la jurisprudencia sobre la base del principio de eco-nomía procedimental, al sostener que no procede anular el acto administrativo cuando la corrección del vicio procedimental no comporta una variación en el contenido; si éste es correcto en el fondo debe ser mantenido.

En conclusión, el vicio procedimental es intrascendente o inoperante cuando la transgresión a las normas que rigen lo concerniente a los requisitos del acto adminis-trativo no hubieren podido provocar una situación distinta, aun si el vicio no se hubiera cometido, como es el haber dictado el acto adminis-trativo fuera de lapso[971].

B. Convalidación

§369. Planteamiento general - La jurisprudencia[972] ha sostenido que si la Administración Pública puede convalidar los actos administrativos que padecen un vicio que los hace anulables, con mayor razón puede convalidar un acto administrativo que tiene vicios intrascendentes, que en nada inciden sobre la decisión final.

---

964 Araujo-Juárez, J., Obs. cits., notas 22 y 661; y Hernández-Mendible, V., «Los vicios intrascendentes», en *Procedimiento Administrativo, Proceso y Justicia Constitucional*, Vadell Hnos. Editores, Caracas, 1997.

965 Auby, J.-M., «Les moyens inoperants dans la jurisprudence administrative», AJDA, Paris, 1966, p. 5; Isaac, G., *La procédure administrative non contentieuse*, LGDJ, Paris, 1968, pp. 312 y ss; y Hostiou, R., Ob. cit., nota 530, pp. 297 y ss.

966 Bocanegra Sierra, R. *Lecciones sobe el acto administrativo*, Civitas, Madrid, 2002, p. 171.

967 Hernández-Mendible, V. R., Ob. cit., nota 964, p. 96. Sent. CSJ/SPA del 01-07-1980, RDP N° 3, p. 123; CSJ/SPA-ET del 19-12-1996, N° 868, JCSJ, N° 1996, N° 12, p. 187. En el mismo sentido: CSJ/SPA-ET del 13-11-1997, JCSJ, 1997, N° 11, p. 191.

968 Sent. CPCA del 01-02-1989, RDP N° 37, p. 105.

969 Sent. CSJ/SPA ACC del 01-07-1980, RDP N° 3, p. 128.

970 Bocanegra Sierra, l, Ob. cit., nota 966, p. 171.

971 Sent. CSJ/SPA del 04-07-1990, RDP N° 43, p. 74.

972 Sent. CSJ/SPA del 01-08-1961, 11-08-1983; y CPCA del 21-05-1987.

§370. Notificación administrativa - La notificación puede afectar a la vinculación o sujeción del interesado al acto administrativo, mas no su existencia. De ahí que por cuanto el cumplimiento de los requisitos formales que deben acompañar la notificación tiene carácter instrumental[973], existe la posibilidad de que puede convalidarse la notificación defectuosa por actos expresos del destinatario, siempre y cuando de estos actos se desprenda que ha superado por sí mismo el peligro del vicio de indefensión, en virtud del principio del logro del fin[974], lo que ciertamente no se asegura por el mero hecho de exteriorizar la certeza de que la notificación se ha practicado en los casos siguientes:

a. El interesado interpone el recurso o acción pertinente, en la sede administrativa o en la jurisdicción contencioso administrativa[975], respectivamente, no obstante los defectos que pueden haberse cometido, como la ausencia de señalamiento de los recursos[976], o no satisfacer los requisitos[977]. Contrariamente, no surte efecto cuando el interesado interpone un recurso o acción que no es el pertinente o el interesado no hace nada (Vivancos[978]).

b. El interesado voluntariamente manifiesta de modo expreso que se da por notificado, no obstante la ausencia absoluta o los defectos contenidos en la notificación administrativa, pues notificarle lo que ya el conoce constituiría un trámite inútil[979].

c. Si la notificación administrativa contiene el texto íntegro del acto administrativo y omite lo relativo a los recursos, será válida en cuanto *conditio iuris* para la eficacia del acto, pero no comenzarán a discurrir los plazos para interponer los recursos o acciones que procedan[980]. Por el contrario, si la notificación administrativa no contiene el texto íntegro del acto, más que defectuosa la notificación, en este supuesto, puede considerarse como inexistente, al no dar traslado al interesado de la integridad de lo que tiene derecho a conocer, sin que exista posibilidad de convalidación, aunque reúna los restantes requisitos legales.

d. Finalmente, si del expediente administrativo o de la actuación del interesado surgiera claramente que por un medio distinto al expresamente previsto por la norma conoció el acto administrativo de que se trata, se lo tendrá por notificado desde que tal circunstancia quedó demostrada o

---

973 Sent. CPCA del 04-06-1992, RDP N° 50, p. 140.

974 Sent. N° 1939 del TSJ/SPA del 28-11-2007, RDP N° 112, p. 5569; y CPCA del 27-04-2000, RDP N° 82, p. 418.

975 Sent. CSJ/SPA del 24-03-1980, RDP N° 2, p. 120; 15-07-1982, RDP N° 11, p. 164; 19-05-1983; 26-01-1988, RDP N° 33, p. 97; 16-01-1991, RDP N° 48, p. 129; 07-04-1988, RDP N° 34, p. 89; 11-11-1992, RDP N° 52, p. 121; 7-11-1995, JCSJ, 1995, N° 11-14-141; 14-11-1995, JCSJ, 1995, N° 11, p. 11; 11-07-1996, JCSJ, 1996, N° 6-67; CPCA del 21-03-1985, RDP N° 22, p. 162; 6-06-1982, RDP N° 23, p. 141; 06-06-1985, RDP N° 23, p. 141; 24-10-1985, N° 22, p. 162; 26-01-1988, RDP N° 33, p. 97; 26-05-1988, RDP N° 35, p. 92; 04-06-1992, RDP N° 50, p. 140; 22-07-1993, RDP N° 55/56, p. 228.

976 Sent. CPCA, 11-07-1985, RDP N° 24, p. 122.

977 Sent. CPCA del 09-06-1988.

978 Vivancos, E., «El recurso de reposición y la notificación defectuosa en la sentencia de 11-10-1963», en RAP, N° 47, 1965.

979 Sent. CPCA del 27-11-1989, RDP N° 40, p. 72.

980 Sent. CSJ/SPA del 20-05-1985, RDP N° 23, p. 139.

evidenciada de forma fehaciente o indubitable, pues ella subsana la falta del requisito legal[981].

Como se advierte, no se trata de la convalidación de una notificación administrativa irregularmente hecha, sino de una notificación, ya que de otro modo ese conocimiento producirá efectos retroactivos al día en que se hizo la notificación incorrecta, lo que no ocurre en aplicación de la denominada teoría del conocimiento adquirido. Por tanto, los defectos de una notificación sólo se subsanan por la manifestación expresa o presunta del particular interesado (H. ESCOLA[982]). Supuesta la notificación del acto administrativo de efectos particulares, su eficacia jurídica se despliega plenamente, manifestándose en una serie de consecuencias, las cuales son: la ejecutividad y la ejecutoriedad ya analizadas ampliamente en otra obra nuestra[983].

Por último, en algunos casos es la propia Administración Pública la que, admitiendo que determinada notificación no ha sido correctamente efectuada, decide de oficio hacer una nueva notificación del mismo acto administrativo, con el fin de rectificar las omisiones o errores advertidos en la primera. Esta segunda notificación, correctamente efectuada, viene a sustituir la anterior. Aunque de ordinario se dice que subsana los defectos de la primera, pero más que de subsanación de lo que se trata es de una nueva notificación, que produce todos sus efectos legales, a partir de la cual se cuenta el plazo para recurrir. Por su relación con este extremo, es de señalar con carácter general, que una segunda notificación de idéntico acto administrativo ya notificado correctamente, no hace revivir un plazo de recurso -en sede administrativa o en sede judicial- expirado, pues la primera ha sufrido todos sus efectos.

En conclusión, la notificación administrativa debe ser completa, es decir, que el interesado esté en situación de conocer la naturaleza del acto administrativo, la identidad de su autor, su contenido exacto, los recursos, órganos y plazos legales, y así poder apreciar su regularidad. Así, ella debe contener el texto íntegro del acto administrativo (principio de integridad).

Por último, dentro de los casos que no producen la nulidad se menciona a la designación del acto administrativo de manera distinta a la establecida en la ley[984]. O la sustitución de la firma autógrafa en un acto, mediante un troquel o cualquier otro instrumento mecánico o electrónico que no lo afecta con vicio alguno que incida en la validez[985].

---

981 Sent. CSJ/SPA del 17-01-1996, JCSJ, 1996, N° 1; del 08-02-1996, JCSJ, 1996, N° 2; del 06-08-1997, JCSJ, 1997, N° 8/9-125; CPCA del 01-11-1984, RDP N° 20, p. 137; y del 10-12-1984, RDP N° 20, p. 138.

982 Escola, H., H., *Compendio de Derecho Administrativo*, Vol. II, Depalma, Buenos Aires, 1984, pp. 506 y ss.

983 Araujo Juárez, J., Ob. cit., nota 188.

984 Sent. CPCA del 13-12-1982.

985 Sent. CSJ/SPA del 14-11-1996.

X

LA EXCEPCIÓN DE ILEGALIDAD*

1. PRESUPUESTOS

A. Introducción

§371. Advertencia - El objeto de este último capítulo es examinar a la luz del Derecho positivo, el estado actual de la figura jurídica de la ilegalidad como excepción, en tanto que medio de control y tutela jurisdiccional concreto del principio de legalidad o de juridicidad, que si bien muy tempranamente fue consagrada en nuestra Jurisdicción Contenciosa Administrativa, no había recibido la suficiente atención por parte de la doctrina[986] y jurisprudencia.

§372. Planteamiento de la cuestión - Hablar de la Jurisdicción Contencioso Administrativa es evocar la excepcional victoria que constituye el control jurisdiccional de la Administración Pública y que se debe, esencialmente, a los caracteres específicos que se manifiestan en unas instituciones originales, organizada mediante un elenco de medios o módulos procesales ejercitables por los justiciables. Cada uno de los módulos procesales persigue inmediatamente por sí mismo, un fin específico; y todos, en función del sistema una finalidad general. Del juego ordenado del conjunto resulta la vigencia efectiva del principio de juridicidad de la actividad de la Administración Pública y, por consiguiente, la tutela integral de los derechos de las personas que ella desconoce o vulnera.

§373. Clasificación - Con el contencioso de anulación se pretende que el Juez administrativo anule un acto contrario a Derecho de la Administración Pública, con el objeto de asegurar su conformidad al Derecho, el respeto del principio de juridicidad.

En el derecho positivo, bajo la vigencia de la derogada LOCSJ, mencionábamos más arriba, el contencioso de anulación se concretaba a través de dos módulos procesales conocidos como: (i) la «acción de nulidad» que obraba contra un acto

---

* Este capítulo ahora enteramente revisado fue inicialmente publicado en «La Excepción de Ilegalidad en la Ley Orgánica de la Corte Suprema de Justicia», en RTD N° 8, San Cristóbal, 1996.

986 Es digno de mencionar el artículo de Pérez Salazar, G. «Algunas notas sobre la excepción de ilegalidad en Venezuela», en RDA, N° 5, Caracas, 1999; y la muy completa y novedosa obra de Muci Borjas, J. A., *La 'Excepción de Ilegalidad' en el Derecho Administrativo*, EJV, Caracas, 2013.

general o de efectos generales -*rectius* normativo o reglamento administrativo-sub-legal, en orden a su extinción, y (ii) el «recurso contencioso administrativo de nulidad» que obraba contra un acto administrativo individual o de efectos particulares[987], en orden a su extinción.

Así, la pretensión procesal de nulidad tanto del reglamento administrativo como del acto administrativo era, sin duda alguna, la característica más esencial de la división del contencioso de anulación hasta la entrada en vigencia de la LOJCA que los une bajo la denominada ahora «demanda de anulación de actos administrativos» (Arts. 23.5, 24.5, 25.3 y 76).

B. Plazo de impugnación

§374. Planteamiento general - La admisibilidad de los procesos que tengan por objeto pretensiones procesales de nulidad se subordina a que su ejercicio se haga en cumplimiento de las condiciones procesales para la admisibilidad de la demanda analizados más arriba. En lo que nos es de consideración presente, el contencioso -o demanda- de anulación de los actos administrativos de efectos particulares -a diferencia de los actos de efectos generales- antes de la expiración de un plazo de impugnación fijado legalmente.

Ahora bien, el plazo de impugnación se caracteriza por su brevedad, y traduce una exigencia que tiene que ver con la consideración que es del interés general que la suerte de los actos jurídicos del Poder Público sea decidida lo antes posible. Es por ello que si bien les incumbe a los justiciables ser diligentes, se hace necesario el establecimiento de un régimen legal de las causales de inadmisibilidad si no simple, al menos claro, que excluya en lo posible el riesgo de incertidumbres y errores, dentro de los cuales se debe mencionar el plazo de impugnación.

§375. Plazo de impugnación - El contencioso de anulación en sus inicios se consideraba como acción personal, recogida por el Derecho común, y como tal sometido a una prescripción de veinte años[988]. Luego el Art. 120, ord. 12 de la Constitución del 07-07-1931[989] estableció un plazo de trece meses: esto es, introduce la caducidad pues el ejercicio del derecho de accionar depende de que lo sea dentro de un espacio de tiempo predeterminado por la ley[990].

Después de varios cambios legislativos, se dicta el Art. 32 de la LOJCA, en virtud del cual las acciones de nulidad deben ser instauradas en el término de ciento ochenta días continuos, contados a partir de la notificación al interesado, o cuando la Administración Pública no haya decidido el correspondiente recurso administrativo en el lapso de noventa días hábiles, contados a partir de la fecha de su interposición. Sin embargo, las leyes especiales podrán establecer otros lapsos de caducidad, según consagración expresa.

En mérito a lo expuesto, la consecuencia más inmediata de la expiración o vencimiento del plazo de impugnación es la inadmisibilidad del contencioso de nulidad, o en otros términos, la caducidad de la acción (Art. 35, num. 1 de la LOJCA): esto es, la extinción del derecho de acción que descansa en el transcurso del tiempo.

---

987 Vid. Arts. 124 y 134 de la derogada LOCSJ.
988 Sent. CFC/SF del 28-02-1930, M., 1931, pp. 135-135.
989 Véase GO del 07-07-1931.
990 Sent. CFC/SF del 06-03-1951, GF, N° 7, 1951, p. 141.

C. Acto administrativo firme

§376. Concepto - La consecuencia más inmediata de la expiración del plazo de caducidad señalado según la expresión jurisprudencial en cuanto al acto administrativo es que deviene en «firme», con lo cual se quiere significar que el mismo no será susceptible de ser objeto de un contencioso de anulación por haber caducado el lapso legalmente previsto, ya que es un plazo objetivo, no puede interrumpirse y se cumple fatalmente[991].

Sin embargo, ello no significa que el acto administrativo firme debería ser tenido por válido, o conforme a Derecho, a diferencia de las sentencias devenidas firmes que deben ser consideradas como la expresión de la cosa juzgada. En otros términos, la improcedencia del contencioso de anulación no es sinónimo de patente de legalidad (*brevet de légalite*) (CHAPUS[992]).

En tal sentido, los actos administrativos que han quedado firmes pueden ser extinguidos cuando: (i) exista autori-zación expresa de la ley (Art. 19, ord. 2° de la LOPA), o (ii) se trate de actos viciados de nulidad absoluta (Art. 83 de la LOPA).

En efecto, la posibilidad de que exista todavía un control de legalidad del acto administrativo firme es factible en sede administrativa a través de: (i) la acción de nulidad en sede administrativa que consagra el Art. 83 de la LOPA[993], (ii) el recurso de revisión consagrado en el Art. 98 de la LOPA[994], y (iii) por último en sede jurisdiccional mediante la denuncia de la ilegalidad por vía de excepción consagrada en el Art. 32 de la LOJCA, figura esta última que será el tema de desarrollo de la parte final de esta obra.

2. EXCEPCIÓN DE ILEGALIDAD

A. Introducción

§377. Antecedentes - La figura de la excepción de ilegalidad tiene un origen de rango constitucional y se remonta a la Constitución de 1931 al consagrar que «*la ilegalidad, como excepción, puede sí oponerse siempre*» (Art. 120, ord. 12 -*in fine*-), y reiterada en las Constituciones de 1936, 1945 y 1947[995]. Luego, desaparecida de la Constitución a partir de 1953, pasó a ser regulada por la Ley Orgánica de la Corte Federal y de Casación y de los demás Tribunales de la Republica de 1941[996], al disponer que: «*...La ilegalidad del mismo acto puede oponerse siempre como excepción, salvo que la Ley disponga lo contrario*».

Posteriormente se recoge en los Arts. 134 y 84, ord. 3 de la derogada LOCSJ al disponer: «*...Sin embargo, aún en el segundo de los casos señalados, la ilegalidad del acto podrá oponerse siempre por vía de excepción, salvo disposiciones especiales*».

Finalmente, la disposición anterior fue ratificada por el Art. 32, num. 1 de la LOJCA vigente, en los términos siguientes:

---

991 Sent. CF del 20-05-1955, GF, N° 8, 1955, pp. 102-104.

992 Chapus, R., Ob. cit., nota 102, N° 586.c), p. 515.

993 Vid. GO N° 2.828 Extr. del 01-07-1981. Véase Sent. N° 452 de la CSJ-SPA del 14-08-1991, RDP N° 47, 1991, pp. 112-114.

994 Sent. N° 424 de la CSJ/SPA del 01-08-1990, RDP No. 43, p. 75.

995 Pérez Salazar, G., Ob. cit., nota 986, pp. 221-234.

996 Esta ley fue derogada sucesivamente por la Ley Orgánica de la Corte Federal de Casación del 14-08-1945, la Ley Orgánica de la Corte Federal del 22-08-1953.

Artículo 32. Las acciones de nulidad caducarán conforme a las reglas siguientes:

1. En los casos de actos administrativos de efectos particulares, en el término de cientos ochenta días continuos, contados a partir de su notificación al interesado, o cuando la administración no haya decidido en el lapso de noventa días hábiles, contados a partir de la fecha de su interposición. La ilegalidad del acto administrativo de efectos particulares podrá oponerse siempre por vía de excepción, salvo disposiciones especiales.

[...]

Las acciones de nulidad contra los actos de efectos generales dictados por el Poder Público podrán intentarse en cualquier tiempo.

§378. Fundamento - La doctrina y jurisprudencia relativa a la excepción de ilegalidad se encuentra dividida entre dos preocupaciones igualmente legítimas: (i) el interés de asegurar la estabilidad de las situaciones jurídicas, y (ii) el interés de evitar la permanencia de la ilegalidad administrativa (Chapus[997]).

En el caso de la excepción de ilegalidad prevalece la preocupación del principio del control jurisdiccional de la legalidad administrativa en los términos siguientes[998]:

> En tal sentido, la jurisprudencia nacional señala que se ha consagrado en la ley la facultad del justiciable de hacer valer la ilegalidad del acto administrativo en la oportunidad de su comparecencia, sin límite de tiempo por lo que respecta a la vigencia del mismo. Con tal régimen, la ley quiso tutelar al máximo la legalidad de la actividad administrativa, en forma tal que los actos administrativos viciados no adquieren firmeza al vencerse el término para su impugnación, ya que pueden ser declarados inválidos una vez extinguido el término, si opuesta su ilegalidad, el juez administrativo la constata y declara. Es como se señaló, «la máxima tutela que el Derecho otorga a la legalidad de las actuaciones administrativas».

B. Concepto

§379. Planteamiento general - El término «excepción» no se debe tomar en el sentido corriente, como se le conoce en la teoría general del proceso: esto es, el medio de defensa que se opone a la pretensión o acción principal, en sentido amplio. De ahí la importancia en distinguir la figura de la excepción de la figura de la defensa, pues si bien toda excepción es una defensa, no toda defensa es una excepción, por las diferentes consecuencias procesales que cada una de ellas produce, y con ese motivo entramos al fondo del problema.

La excepción de ilegalidad no es, pues, una excepción «impropia», precisamente porque puede -y debe- ser decidida *incidenter tantum* en el marco del proceso ya existente (Muci Borjas[999]), sino un medio de defensa procesal frente a la ejecución judicial de actuaciones administrativas[1000], y presenta características particulares en la medida en que se invoca la ilegalidad del acto administrativo denunciado

---

997 Chapus, R., Ob. cit., nota 102, p. 681.

998 Sent. CPCA del 14-02-1985, RDP N° 21, p. 150.

999 Muci Borjas, J. A., Ob. cit., nota 986, p. 133 y 134.

1000 Sent. N° 1802 del TSJ/SPA del 20-11-2003.

a título principal, no de manera directa y en razón de vicios propios que lo invalidarían, sino de manera indirecta, en segundo grado, en razón de una ilegalidad que concierne a otro acto administrativo, pues es necesario que la Administración Pública dicte un acto o realice una actuación tendente a obligar al administrado a realizar un acto que este considere ilegal[1001].

En consecuencia, la declaración de nulidad del acto administrativo que es objeto de la pretensión procesal de nulidad planteada por vía principal, es solicitada como consecuencia de la ilegalidad de otro acto administrativo firme anterior, ilegalidad que hubo contaminado al acto administrativo dictado con fundamento en dicho acto o que es su aplicación.

§380. Naturaleza jurídica - En tanto que se cuestiona la ilegalidad de un acto administrativo firme, la excepción de ilegalidad se asemeja al contencioso de anulación. Pero hasta allí la semejanza, por cuanto difiere en un punto esencial, como es el alcance de la pretensión procesal. Mientras que en el contencioso de anulación es, insistimos, una acción directa y principal contra el acto administrativo, y persigue su nulidad; por el contrario, la excepción de ilegalidad no constituye una acción autónoma e independiente sino «*un medio extraordinario ante la consumación de la caducidad*»[1002]; que «*sólo puede ser opuesta por vía incidental*»[1003]. Por tanto, es sólo un cuestionamiento incidental planteado en un proceso principal, y donde la ilegalidad de dicho acto administrativo firme no es ni el objeto de la pretensión procesal, ni el asunto principal de la misma. Por tanto, el control jurisdiccional es incidental y especial[1004], por supuesto, salvo disposiciones especiales[1005].

En tal sentido, la pretensión procesal de anulación propuesta como el objeto principal de la causa, es una acción autónoma e independiente de toda otra. Dicha acción no tiene carácter incidental, sino solo cuando la ilegalidad del acto administrativo motivo de la impugnación ha sido planteada como excepción en apoyo dentro del marco de un proceso administrativo principal. Por tanto, tal defensa no puede ejercerse por vía principal de la demanda, según se deriva de la expresión «*por vía de excepción*» que la LOJCA emplea al referirse a la invalidez como defensa frente al acto administrativo firme[1006].

En definitiva, la excepción de ilegalidad no constituye un modo alternativo del contencioso de anulación, no constituye una segunda modalidad de control de la legalidad alternativa a la nulidad como sostiene la doctrina (Muci Borjas[1007]) sino, por el contrario, tal figura se concibe como un medio de control jurisdiccional concreto del principio de legalidad administrativa que tiene carácter «*extraordinario ante la consumación de la caducidad*»[1008], y que sólo puede hacerse valer al extinguirse el contencioso de anulación[1009].

§381. Derecho de las partes procesales - La excepción de ilegalidad es, pues, un medio de defensa que se origina en la ilegalidad de un acto administrativo

---

1001 Sent. N° 366 de la CSJ/SPA del 11-06-1998.
1002 Vid. CSJ/SPA del 10-10-1989, RDP N° 40, pp. 90-91.
1003 Sent. TSJ/SP del 19-11-2003.
1004 Sent. CFC/CP del 22-12-1945, M. 1946, p. 144.
1005 Sent. CPCA del 12-04-1983, RDP N° 14, p. 171.
1006 Sent. N° 266 de la CSJ/SPA del 10-10-1989, RDP N° 40, p. 90.
1007 Muci Borjas, J. A., Ob. cit., nota 986, p. 131.
1008 Sent. CSJ/SPA del 10-10-1989, RDP N° 40, pp. 90-91.
1009 Ibídem.

firme, y que se invoca en el curso de un proceso administrativo principal: (i) el propio actor en apoyo de su pretensión procesal, (ii) el demandado puede oponerse a la pretensión procesal del actor, y (iii) por último, incluso por los terceros intervinientes (Muci Borjas[1010]).

Por tanto, con la expresión excepción de ilegalidad se quiere también significar, el derecho de las partes procesales a promover de manera incidental, la cuestión de ilegalidad de un acto administrativo firme en el curso de un proceso administrativo principal. Es, pues, el ejercicio de un derecho -sustancial y no procesal- de impedir mediante su oposición la aplicación de un acto administrativo firme pero ilegal.

En definitiva, la invocación de la excepción de ilegalidad para las partes dentro del curso del proceso administrativo *a quo* es un argumento de defensa -según la terminología de Couture[1011]-, bien para fundamentar la tutela jurídica que el acto administrativo impugnado recaba, o bien para oponerse a la pretensión procesal planteada por el actor y como tal, las reglas del contencioso de anulación le resultan aplicables.

Finalmente, existe una antigua sentencia aislada que interpreta erróneamente que la norma vigente para la época -LOCF- se contrae a los supuestos en que el demandado -no el demandante- puede oponer, como excepción, la ilegalidad de un acto administrativo[1012].

C. Régimen jurídico-procesal

a. Competencia

§382. Cuestión previa - El autor Moles Caubet[1013] sostiene que la Constitución de 1961 (Art. 206) instauró en Venezuela un verdadero sistema contencioso administrativo con todas sus consecuencias. En tal sentido, la Constitución comenzó indicando en qué consiste definiéndola por su objeto, en razón de lo cual advierte que la jurisdicción administrativa constitucionalmente garantizada, se refiere al contencioso de los actos unilaterales, el contencioso típico. Así, la Jurisdicción Contencioso Administrativa se define por su objeto, que en el contencioso de anulación es el acto administrativo antijurídico, con lo cual las consecuencias de la antijuricidad constituyen el contenido de las pretensiones aducidas en el proceso, y en definitiva de los pronunciamientos de la sentencia[1014].

Por tanto, cualesquiera que sean las particularidades organizativas, el contencioso administrativo es, sobre todo, jurisdicción, una jurisdicción especial, distinta de la ordinaria -la civil y la penal- que tiene por objeto hacer definitivo el Ordenamiento jurídico, controlar el ejercicio de competencias y procurar finalmente la seguridad jurídica.

[1010] Muci Borjas, J. A., Ob. cit., nota 986, pp. 143-144.

[1011] Couture, E., «Las garantías constitucionales del proceso civil», en *Estudios de Derecho Procesal en Honor Hugo Alsina*, Buenos Aires, 1946, p. 179.

[1012] Sent. CSJ/SPA del 02-06-1964, GO N° 27.474 del 25-06-1964.

[1013] Moles Caubet, A., «Introducción. El Sistema Contencioso Administrativo Venezolano en el Derecho Comparado», en *Contencioso Administrativo en Venezuela*, EJV, Caracas, 1989, p. 9.

[1014] Ibídem, p. 20.

Por otro lado, el contencioso de anulación, referido a actos administrativos -de efectos particulares o generales según la terminología legal-, se fundamenta en la noción de «contrariedad al Derecho», de la cual derivan consecuencias jurídicas. Ahora bien, un acto administrativo «contrario a Derecho» es aquel que viola el Ordenamiento jurídico general, y eso acontece no sólo cuando se contradice la legalidad sino también cuando se desconoce la Constitución y el bloque de convencionalidad. En consecuencia, tanto la ilegalidad como la inconstitucionalidad y la inconvencionalidad, son motivos o razones para demandar la anulación de todo acto administrativo.

De lo anterior se colige que constitucionalmente (Art. 259 de la C), la Jurisdicción Contencioso Administrativa es sólo competente para ejercer el control jurisdiccional del principio de legalidad administrativa por (i) vía directa y (ii) por vía indirecta o incidental y, por consiguiente, sólo ella puede conocer de la excepción de ilegalidad.

Por tanto, no obstante lo sugestiva que pudiera parecer y la intención loable de Muci Borjas en orden al control jurisdiccional del principio de legalidad, estimamos que la tesis del control difuso de la legalidad de los actos administrativos no tiene asidero constitucional. De ahí que resulta claro que fuera del contexto jurisdiccional en sede de la Jurisdicción Contencioso Administrativa, no es posible aplicar la excepción de ilegalidad, y los tribunales civiles serían incompetentes para resolver sobre la ilegalidad de un acto administrativo[1015]. Además podríamos agregar que tal figura se encuentra regulada en la propia LOJCA, y no en el CPC o en la LOPJ.

En consecuencia, mantener dentro de la competencia de la Jurisdicción Contencioso Administrativa la definición sobre la legalidad de un acto administrativo firme en nada lesiona los derechos de los justiciables, pues ha tenido abierta la posibilidad de demandar su nulidad y aún de pedir su suspensión provisional, la cual, cuando verdaderamente hay un manifiesto desconocimiento del Ordenamiento jurídico, se debería conceder en un breve lapso que garantiza la vigencia efectiva del principio de legalidad o de juridicidad, habida cuenta de los amplios poderes cautelares con que cuenta hoy día el Juez administrativo.

§383. Principio de plenitud de jurisdicción - En virtud del principio tradicional de la teoría general del proceso de la plenitud de jurisdicción, esto es, el juez de la acción es el juez de la excepción, se desprende que desde el momento en que un Juez administrativo es competente para decidir sobre el fondo del asunto del cual conoce, el mismo tendrá competencia para pronunciarse sobre el conjunto de excepciones y defensas que se le presenten en el curso de la instancia, aún si sobre dichas cuestiones no posee competencia para conocerlas por vía principal.

De ahí que la excepción de ilegalidad podría plantear un problema de modificación de la distribución interna de competencia de la Jurisdicción Contencioso Administrativa, pero no es posible para los tribunales ordinarios en las materias que estos conozcan, resolver por vía de excepción la ilegalidad de un reglamento o acto administrativo, pues ello plantea la necesidad de una decisión previa por parte de los Jueces administrativos[1016].

[1015] Sent. CSJ-SCC del 10-02-1993, JCSJ 55, N° 2, p. 85. En sentido contrario Muci Borjas, J. A., Ob. cit., nota 986, p. 127; y Pérez Salazar, G., Ob. cit., nota 986, p. 226.

[1016] Sent. CSJ-SCC del 10-02-1993, JCSJ 55, N° 2, p. 85.

Un vez que el asunto principal es de su competencia, el Juez administrativo tendrá siempre competencia para apreciar la legalidad de un acto administrativo firme cuestionado por vía de excepción, aún si no tuviera competencia para conocer del mismo por vía principal. En otras palabras, la denuncia de ilegalidad de un acto administrativo firme por vía de excepción de ilegalidad supone una crisis procesal objetiva consistente en que, al lado del objeto principal surge otro secundario o accidental que se conoce con el nombre de incidencia, el cual deberá resolverse en el mismo proceso administrativo principal.

En consecuencia, el Juez administrativo general podría ser competente para conocer de una excepción referente a la legalidad de un acto administrativo que deba conocer una jurisdicción administrativa especial. Y viceversa, la jurisdicción administrativa especial tendrá competencia para apreciar la legalidad por vía de excepción de actos administrativos que normalmente debería conocer la jurisdicción administrativa general.

b. Teoría de la causalidad

§384. Concepto - Adicionalmente y en este mismo sentido, teniendo en cuenta que es la Jurisdicción Contencioso Administrativa la única competente para conocer de la excepción de ilegalidad, su invocación debe hacerse aportando el acto administrativo firme que se denuncia por ilegal, en cumplimiento de lo dispuesto en el Art. 32 de la LOJCA. La condición de aplicación de la figura de la excepción de ilegalidad por parte de la Jurisdicción Contencioso Administrativa es que medie una contradicción manifiesta o grosera del Ordenamiento jurídico y si esta no es advertida por el Juez natural del acto administrativo que sería objeto de desaplicación por ilegalidad, es claro que la figura resulta improcedente. Incluso si es admisible, la vía de excepción de ilegalidad planteada dentro de un proceso administrativo principal contra un acto administrativo previo que se hubo convertido en firme, sólo será procedente en la medida en que existe entre dicho acto administrativo firme y el acto administrativo impugnado directamente una relación de causalidad, esto es, que la ilegalidad imputable al primer acto administrativo firme haya podido tener una influencia sobre la legalidad del segundo acto administrativo de aplicación. Si no hay tal, la excepción de ilegalidad será improcedente.

Lo anterior implica necesariamente que la alegada excepción de ilegalidad que se invoque por cualquiera de las partes deberá ser acreditada por éstas, aportando para el efecto el acto administrativo firme que se denuncia por ilegal, expresando por qué lo es de nulidad absoluta y, finalmente, cuál es la relación que éste tiene con el interés que se debate en el proceso principal en el que se invoca la mencionada excepción de ilegalidad.

Por último, la apreciación de la existencia o no de la relación de causalidad puede ser fácil o delicada, según se trate de: (i) un acto normativo o reglamento administrativo[1017], o (ii) un acto administrativo, como analizaremos a continuación.

[1017] Este supuesto es distinto a cuando se demanda la nulidad de un acto administrativo y al mismo tiempo la del acto normativo que le sirva de fundamento, donde existe un caso de acumulación de acciones conjuntas, a la par que de pretensiones de anulación, a fin de evitar sentencias contradictorias y garantizar de esa manera la seguridad jurídica y la economía procesal. Véase el excelente trabajo de Silva Aranguren, A., «La impugnación conjunta de actos normativos y actos individuales», en *El Contencioso Administrativo Hoy*, FUNEDA, Caracas, 2004, p. 229.

§385. Reglamento administrativo - Por lo que respecta a la regulación de la excepción de ilegalidad con respecto a los denominados por la legislación actos administrativos de efectos generales -posición que no comparto por las razones expuestas más arriba-, o más propiamente normativos o simplemente reglamentos administrativos, la LOJCA no los menciona. Ahora, como muy bien señala Muci Borjas[1018], ese silencio no puede conducir a afirmar que no procede contra los mismos, sino que ha de arribarse a la conclusión contraria, y afirmar que la excepción puede serles opuesta.

A nuestra manera de ver las cosas, a pesar de lo sugestivo que pudiera parecer la tesis de la modalidad de control difuso de la legalidad *strictu sensu* de las normas propuesta por Muci Borjas[1019], podemos afirmar por nuestra parte que la excepción de ilegalidad contra un reglamento administrativo será procedente sólo si la ilegalidad del acto administrativo objeto de la pretensión procesal de nulidad está subordinada a la legalidad de aquél acto normativo. Es necesario, pues, que el acto administrativo impugnado directamente haya sido dictado sobre la base o sustento legal del reglamento administrativo incidentalmente cuestionado, esto es, que constituya un acto administrativo concreto de aplicación o de ejecución.

Ahora bien, la vocación de permanencia de los reglamentos administrativos dará lugar a un número indefinido de aplicaciones, lo cual conduce a admitir la aplicación indefinida del reglamento ilegal, situación que contraría el Ordenamiento jurídico. Ello ha conducido a sostener que los justiciables pueden, en todo momento, invocar la ilegalidad del reglamento administrativo para obtener la nulidad de un acto administrativo dictado en aplicación de aquél.

Por lo tanto, el presente supuesto supone que el justiciable impugna un acto administrativo de aplicación de un reglamento administrativo, ya se trate aquél de un acto administrativo o incluso un nuevo acto normativo, pero estará referido sólo a las disposiciones que han servido de fundamento al acto administrativo de aplicación o de ejecución, y no a las otras disposiciones.

Ahora bien, el TSJ/SPA sostiene que su jurisprudencia «*ha venido restringiendo cada vez más esta figura excepcional*» a las demandas de nulidad contra los actos administrativos de efectos particulares[1020], lo cual origina un grave detrimento tanto del derecho fundamental a la tutela jurisdiccional efectiva como del principio del control universal de la Jurisdicción Contencioso Administrativa de rango constitucional.

En todo caso como el reglamento administrativo se puede demandar en cualquier tiempo, la excepción de ilegalidad del mismo es un supuesto extraordinario, pues este no adquiere firmeza y siempre cabe demandar la nulidad del acto administrativo de ejecución y de la disposición reglamentaria que le sirve de fundamento aunque sea ilegal.

§386. Acto administrativo - Frente al acto administrativo firme, constituye también una condición de procedencia de la excepción de ilegalidad, la influencia del mismo sobre la ilegalidad del acto administrativo impugnado directamente de anulación, esto es, que la legalidad de éste último esté subordinada a la del acto administrativo firme anterior. Por ejemplo, en el ámbito del contencioso

[1018] Muci Borjas, J. A., Ob cit., nota 986, pp. 67 y ss.
[1019] Ibídem, pp. 85 y ss.
[1020] Sent. N° 1802 del TSJ/SPA del 20-11-2003.

funcionarial, la validez del retiro de un funcionario público cuestionada sobre la base del acto administrativo de remoción ilegal, siempre y cuando se instaure la pretensión procesal contra el acto administrativo de retiro dentro del lapso legal correspondiente.

§387. Efectos jurídicos - En el Derecho positivo los actos administrativos tienen eficacia inmediata hasta que no sean declarados nulos en virtud de la presunción de legitimidad que les otorga plena eficacia y obligatoriedad[1021]. Presunción de legitimidad que comporta -en sustancia- una presunción de regularidad del acto administrativo y la consiguiente obligación de que sea cumplido, como uno de los elementos característicos de la actividad administrativa.

Se trata -por supuesto- de una presunción *iuris tantum*, de ahí que pueda ser desvirtuada en sede jurisdiccional, pero entretanto se dilucida la conformidad o no a Derecho precisa -en principio- que el acto administrativo pueda desplegar los efectos que le son propios, esto es, la eficacia.

De todo lo anterior se concluye que la llamada excepción de ilegalidad consiste en el derecho de una persona de impedir mediante su oposición la aplicación de reglamento o de un acto administrativo firme pero ilegales. Por tanto, se dirige a que el Juez administrativo no anule sino que los desaplique, ignore o desatienda, en todo o en parte (Muci Borjas[1022]), dentro del trámite de un contencioso de anulación o de un contencioso de derechos sometido a su conocimiento, un acto administrativo firme o un reglamento que resultan contrarios al Ordenamiento jurídico. Dicha desaplicación puede llevarse a cabo en respuesta a una pretensión procesal de anulación o de suspensión provisional formulada en la demanda, o ya a una excepción de ilegalidad propiamente tal aducida por el actor o el demandado, o incluso puede ser pronunciada por el Juez administrativo de oficio.

c. Módulos procesales

a'. Contencioso de anulación

§388. Planteamiento de la cuestión - En primer lugar, la excepción de ilegalidad de un acto administrativo firme puede ser denunciada en apoyo de un contencioso de anulación donde se cuestiona a su vez un acto administrativo, tanto por el actor como por el demandado.

En el primer caso, el actor sostiene que el acto administrativo que se cuestiona a título principal -aún si está exento de todo vicio propio- es ilegal o mal fundado, en razón de que ha sido dictado en aplicación de otro acto administrativo firme, donde a su vez cuestiona la ilegalidad por vía de consecuencia. En el segundo caso, es el demandado quien invoca de manera incidental para oponerse a las pretensiones procesales del actor, la ilegalidad de un acto administrativo firme.

a''. Elemento objetivo

§389. Planteamiento de la cuestión - Es un principio fundamental del Derecho procesal administrativo, el que un acto administrativo que no ha sido cuestionado o denunciado en el plazo legal en principio se convierte en firme, cualquiera que sea la ilegalidad de que adolezca.

1021 Sent. CF del 9-08-1957, GF N° 17, 1957, p. 134.

1022 Muci Borjas, J. A., Ob. cit., nota 986, p. 57.

Dicho principio plantea a su vez dos preocupaciones igualmente legítimas: (i) asegurar la estabilidad de los actos administrativos de efectos particulares y situaciones jurídicas derivadas de los mismos; y (ii) evitar la perpetuidad de las ilegalidades (Chapus[1023]).

En consecuencia, se plantea un conflicto entre dos principios de igual rango y valor: (i) la intangibilidad del acto administrativo que se ha convertido en firme; y (ii) el principio de legalidad administrativa. El conflicto se resuelve de manera diversa, según que sea: por un lado, un contencioso de anulación, ya tenga por objeto un reglamento administrativo o ya un acto administrativo; y por el otro, un contencioso de derechos, como analizaremos a continuación.

§390. Reglamento administrativo - Frente al reglamento administrativo, de conformidad con el Art. 32 de la LOJCA, las acciones o demandas de nulidad podrán intentarse en cualquier momento, sin que pueda oponérsele la caducidad, esto es, la pérdida irreparable del derecho que se tenía de ejercer la acción por haber transcurrido el tiempo útil dentro del cual podía hacerse valer aquella[1024].

En efecto, en virtud de un principio tradicional que prohíbe al Juez aplicar un reglamento administrativo que esté en desacuerdo con las leyes en ejercicio de la facultad judicial de enjuiciamiento normativo previo[1025], se desprende que la ilegalidad del reglamento administrativo puede ser invocada en cualquier momento: la excepción de ilegalidad es perpetua[1026].

Ahora bien, con anterioridad a la entrada en vigencia de la LOCSJ se sostuvo un criterio jurisprudencial conforme al cual en un mismo contencioso de anulación podía solicitarse la nulidad de un acto administrativo particular y la de un reglamento administrativo sobre la base del cual se hubiera dictado aquél[1027]. Posteriormente bajo la vigencia de la LOCSJ, la jurisprudencia sostuvo que no son acumulables la impugnación de actos administrativos de efectos generales -reglamentos administrativos- y de actos administrativos de efectos particulares, esto es, por indebida acumulación de acciones cuyos procedimientos son incompatibles a tenor del Art. 124, en concordancia con el Art. 84, ord. 4 de la derogada LOCSJ[1028], salvo el supuesto que habilitaba el también derogado Art. 132 de la LOCSJ.

Por el contrario, en el supuesto de la excepción de ilegalidad, el principio tradicional admite tal posibilidad de acumulación, para lo cual establece dos exigencias: (i) que el acto administrativo cuya nulidad se solicita por vía principal debe constituir un acto administrativo de aplicación de aquél reglamento administrativo cuya ilegalidad es invocada por vía de excepción, y (ii) que la legalidad de aquél ha de estar subordinada a la legalidad de éste último.

El problema que aquí se plantea es la calificación del acto -normativo o administrativo- cuya ilegalidad se denuncia, por vía de acción directa o por vía de excepción de ilegalidad.

1023 Chapus, R., Ob. cit., nota 102, p. 681.

1024 Sent. CSJ/SPA del 13-12-1995, JCSJ N° 12, p. 118; y del 08-02-1996, JCSJ N° 2, p. 69.

1025 Sent. CPCA del 27-04-1978.

1026 En el mismo sentido Silva Aranguren cuando sostiene que es la manera de compatibilizar la posibilidad de ejercicio de un recurso que no tiene establecida caducidad y otro que si la tiene. Ob. cit., nota 1017, p. 236.

1027 Sent. CFC/CP del 22-12-1945, M., 1946, p. 144.

1028 Sent. CPCA del 09-06-1983, RDP N° 15, p. 163.

§391. Acto administrativo - Por lo que respecta al acto administrativo propiamente dicho, el régimen de admisibilidad de la excepción de ilegalidad está dominado por la distinción fundamental entre el acto administrativo firme y el que no se ha convertido en firme.

Es sabido que el contencioso de anulación tiene un lapso de interposición que, una vez vencido sin que lo haya sido hace que el acto administrativo se torna en firme. Con dicho término, si bien se quiere significar que el acto administrativo de que se trate no es susceptible de impugnación, no significa que además se le deba considerar legal; o en otras palabras, la caducidad *per se* jamás hace legal lo ilegal (BREWER-CARÍAS[1029]). Es por ello que la facultad del justiciable de hacer valer también la ilegalidad del acto administrativo firme es *«sin límite de tiempo por lo que respecta a la vigencia del mismo»*[1030].

Por último, no puede una misma persona atacar de ilegalidad en forma indirecta un acto administrativo cuando ya se impugnó directamente, pues resulta un verdadero contrasentido que quien directamente ataca de nulidad por determinada ilegalidad un acto administrativo, frente a la excepción de caducidad de la acción que no es otra cosa que la falta de cumplimiento de un presupuesto procesal, venga a oponer en forma indirecta, la misma ilegalidad invocada originalmente[1031].

b". Motivos de anulación

§392. Nulidad absoluta - El establecimiento de la ilegalidad del acto administrativo firme por vía de la excepción de ilegalidad sólo será posible mediante la denuncia de los motivos de anulación o vicios de nulidad absoluta que establece el Art. 19 de la LOPA (ARAUJO-JUÁREZ[1032]).

Es sabido que el ejercicio del contencioso de anulación está sujeto a lapso de caducidad y, por ende, al no intentársele oportunamente precluye el derecho a ejercerlo. En efecto, el acto administrativo inválido o ilegal, jurídicamente, es aquel que no puede producir efectos, que en el caso de los calificados nulos absolutamente, por la propia ley, no podrían producirlos jamás. Sólo que por tratarse de vicios de nulidad absoluta, el transcurso del tiempo no puede convalidarlos. En tal caso, señala la jurisprudencia, aun cuando hubiere precluído el contencioso de anulación, en cualquier tiempo los particulares pueden lograr su anulación: primero, en vía administrativa mediante la denominada acción de nulidad (Art. 83 de la LOPA); y segundo, de serles negada tal anulación pueden aún ejercer jurisdiccionalmente el correspondiente contencioso de anulación, no contra el acto administrativo primitivo, pero si contra la negativa de la Administración Pública de declarar la nulidad de un acto administrativo viciado de nulidad absoluta.

Queda claro, pues, que los actos administrativos absolutamente nulos, si bien producen efectos, y que las acciones en su contra pueden precluir, en realidad no adquieren firmeza puesto que, en sede administrativa, la Administración Pública

---

1029 Brewer-Carías, A. R., «Consideraciones sobre el contencioso administrativo como un derecho constitucional a la tutela judicial efectiva frente a la Administración», en *Liber Amicorum Libro Homenaje a José Muci Abraham*, EJV, Caracas, 1995, p. 339.
1030 Sent. CPCA del 10-02-1985, RDP N° 21, p. 150.
1031 Sent. CSJ/SPA del 09-07-1968, GF N° 61, 1968, pp. 9-12.
1032 Araujo-Juárez, J., Ob. cit., nota 661.

de oficio o mediante la respectiva solicitud de parte interesada, puede en cualquier tiempo declararlos o reconocerlos como nulos de nulidad absoluta[1033].

Y es que mucho antes de la promulgación de la LOPA, la jurisprudencia, al examinar las situaciones de ilegalidad del acto administrativo diferenciaba el supuesto de nulidad absoluta del supuesto de la nulidad relativa o anulabilidad. Y sostenía que la nulidad absoluta no desaparece por el transcurso del tiempo, ni por ningún acto administrativo de confirmación, ratificación o ejecución voluntaria[1034], pero que en todo caso debía ser objeto de una declaración porque siempre existiría una apariencia que será necesario destruir[1035].

A raíz de la mencionada jurisprudencia quedó establecido que la nulidad absoluta es la consecuencia de mayor gravedad derivada de los vicios del acto administrativo, y que lleva a que éste no pueda en forma alguna producir efectos, ya que siendo absolutamente nulo se tiene como no dictado, por ello no podría ni puede producir efectos. Y que es la naturaleza de orden público de los vicios de nulidad absoluta impide que el acto administrativo afectado produzca efecto alguno, y lo que justifica que en el ámbito administrativo la LOPA le haya otorgado a la Administración Pública la potestad de reconocer la nulidad en cualquier momento, de oficio o a solicitud de parte[1036].

Por tanto, se trata de una autorización legal a tenor de lo previsto en el Art. 19, num. 2 de la LOPA para que la Administración Pública vuelva sobre sus decisiones, porque el acto administrativo viciado de nulidad absoluta no genera derecho a favor de su destinatario, porque no produce efecto jurídico alguno, en fin, no modifica, creando o extinguiendo la esfera jurídica de aquél.

De modo que el interesado solicitante en vía administrativa una vez producida expresamente la negativa de la Administración Pública de reconocer la nulidad absoluta que afecta a uno de sus actos administrativos, o vencido el plazo para hacer tal pronunciamiento podrá ocurrir ante el órgano jurisdiccional competente dentro del plazo legal.

§393. Acto administrativo inexistente - Un sector de la doctrina defiende la teoría de que la nulidad del acto administrativo jurídicamente inexistente puede ser invocada ante el juez administrativo en todo momento, en la medida en que no puede convertirse en firme por el transcurso del tiempo y, por tanto, puede ser siempre impugnado por vía principal y declarada su nulidad. En consecuencia, frente a un acto administrativo inexistente jurídicamente, tanto el contencioso de anulación como la excepción de ilegalidad no estarían sometidos a ninguna condición de plazo.

Al respecto sostenemos -a pesar de la impropiedad terminológica en que incurre el Art. 26 de la LOAP- que la teoría de los actos administrativos inexistentes presenta grandes inconvenientes desde el punto de vista de nuestro Derecho positivo, que nos lleva a señalar categóricamente que se encuentra desterrada «*la inexistente figura de la inexistencia*» (ARAUJO-JUÁREZ[1037]).

[1033] Sent. N° 452 del 14-08-1991, RDP N° 47, 1991, pp. 112-114.
[1034] Sent. CFC/SF del 11-12-1935.
[1035] Sent. CFC/SF del 04-04-1938.
[1036] Sent. CSJ/SPA del 06-04-1994, JCSJ-OPT N° 4, 1994, pp. 80-86.
[1037] Araujo-Juárez J., Ob. cit., nota 187.

Por su parte, la jurisprudencia en igual sentido afirmó que no existe en la legislación venezolana la aplicación de la teoría denominada de la inexistencia de los actos, en virtud de la cual, ante supuestos o reales vicios considerados como insubsanables de un acto, el órgano administrativo pudiera dejar de aplicarlos o ignorar su existencia. En nuestro Ordenamiento jurídico, los actos normativos sólo pueden ser inaplicados por el Juez y derogados por el órgano competente[1038].

c''. Oportunidad

§394. Planteamiento general - Finalmente, la excepción de ilegalidad podrá ser planteada en cualquier etapa del proceso administrativo principal, con tal de que el Juez administrativo tenga la posibilidad de considerarla al pronunciar la sentencia definitiva, y deberá tramitarse dentro del mismo proceso sin dar lugar a incidentes y se resolverá en la sentencia definitiva.

Sin embargo, la jurisprudencia ha sentado que si el acto administrativo recurrido queda firme debido a la perención de la instancia no es posible alegar, por vía de excepción, la ilegalidad de dicho acto administrativo[1039]. Asimismo, en ningún caso podrá proponerse como un incidente «*en la ejecución de una sentencia firme*»[1040].

Por último, Pérez Salazar[1041] sostiene que en razón de que el acto de informes constituye la última actuación de las partes en relación con la materia litigiosa que sea objeto del juicio o de la incidencia de que se trate, la oposición de la excepción de ilegalidad sólo puede oponerse hasta la fase de informes con fundamento en el derecho a la defensa[1042].

b'. Contencioso de derechos

a''. Demandas patrimoniales

§395. Planteamiento general - En segundo lugar, la excepción de ilegalidad puede también ser invocada en apoyo de un contencioso de derechos, como lo sería una demanda patrimonial ocasionada por un acto administrativo firme, que constituye a su vez un supuesto de falta del servicio o funcionamiento anormal de la actividad administrativa, y si concurren las circunstancias y requisitos para que el particular deba ser indemnizado.

Sobre este importante tema, la jurisprudencia ha sostenido el criterio siguiente:

> Pero si el ilícito tiene su origen en un acto administrativo, el cual como faceta propia de su condición ejecutoria, goza de una presunción de legalidad y, además, dada la existencia de procedimientos especiales para su impugnación que abarcan tanto la sede administrativa como la sede judicial, entonces la vía para el reclamo de los daños y perjuicios de él derivados será la del recurso de plena jurisdicción, en caso que así lo decida el recurrente, o la del juicio ordinario.

[1038] Sent. CSJ/SPA del 19-03-1996, JCSJ N° 3, p. 121; en el mismo sentido Sent. CPCA del 22-04-1985, RDP N° 22, p. 163.

[1039] Sent. CSJ/SCC del 29-08-1988.

[1040] Sent. CFC/SP del 23-07-1940, M., 1941, p. 443.

[1041] Pérez Salazar, G., Ob. cit., nota 986, p. 227.

[1042] Sent. CSJ/SPA del 03-10-1963.

En este último caso, la prueba del ilícito debía provenir de la sentencia que hubiese declarado el acto administrativo firme lesivo, o bien del acto administrativo de revocatoria dictado por la propia Administración Pública en ejercicio de la potestad de autotutela. De aquí entonces que no era dable la reclamación autónoma de daños y perjuicios contra un acto administrativo considerado ilícito, sin vincular tal reclamación al resultado -sentencia- del correspondiente contencioso de anulación de la emisión de un acto administrativo de revocatoria del acto administrativo originalmente dañoso o lesivo.

De tal modo, planteada en forma simplemente autónoma, sin las vinculaciones antes señaladas, la pretensión procesal de condena de daños y perjuicios producidos por un acto administrativo no podía prosperar por la imposibilidad de demostrar la ilicitud del acto administrativo[1043].

Al respecto observamos que en el campo del Derecho administrativo constituye una afirmación de principio señalar que la responsabilidad de la Administración Pública procede no sólo por la actividad material o no formal (la actividad y la inactividad), sino también por la actividad propiamente formal o jurídica (actos administrativos, contratos, etc.). Ahora bien, el contencioso-administrativo en éste último caso tiene particularidades propias que la alejan del régimen de la acción de la responsabilidad por daños y perjuicios.

En el supuesto de actos administrativos ilegales, la indemnización de daños y perjuicios no sólo responde a la necesidad de compensar el detrimento injusto operado en la integridad patrimonial del particular perjudicado (que es la finalidad primordial de la categoría de la responsabilidad administrativa), sino que además está concebida también como la secuela necesaria que produce todo acto administrativo ilegal y dañoso que ha sido ejecutado en virtud de la potestad de autotutela. Es, como afirma la doctrina, una inexcusable contrapartida del formidable privilegio de autotutela de la Administración» (GARCÍA DE ENTERRÍA[1044]).

En tal caso se trataría de un acto administrativo firme que está viciado de nulidad absoluta y su ejecución causa un daño al particular en su persona o en sus bienes. De acuerdo con la doctrina más autorizada, la ejecución de dicho acto administrativo firme constituye una falta, y la existencia de dicha falta, en el supuesto donde haya originado un daño o perjuicio, comprometerá la responsabilidad patrimonial de la Administración Pública. En efecto, la caducidad del derecho a impugnar por vía principal un acto administrativo aún firme no impide que se demanden los daños y perjuicios ocasionados por un acto administrativo, luego de vencidos los lapsos de caducidad para solicitar directamente su anulación, pues el proceso de las demandas es autónomo y no depende de un proceso de anulación previo (ORTIZ-ÁLVAREZ[1045]). Esto es, deja subsistente el derecho a accionar contra el Estado por los daños que causa al particular la ejecución material de dicho acto administrativo firme lesivo.

[1043] Sent. CSJ/SPA del 25-02-1996, JCSJ N° 1, p. 108.

[1044] García de Enterría E., y Fernández, R.-T., Ob. cit., nota 16, p. 364.

[1045] Vid. *in extenso* a Ortiz-Alvarez, L., *La Responsabilidad Patrimonial de la Administración Pública*, EJV, Caracas, 1995, p. 18; y Ortiz-Alvarez, L.,»El principio de responsabilidad patrimonial de la Administración Pública», en *Principios fundamentales del Derecho Público. Desafíos actuales. Libro conmemorativo de los 20 años de la publicación de la Constitución de 1999* (Coords. Brewer-Carías, A.R. y Araujo-Juárez, J.), EJVI, Caracas, 2020.

b''. Demandas de condena

§396. Planteamiento general - Desde el punto de vista de la forma del ejercicio de las pretensiones procesales de responsabilidad administrativa, el estado actual del Derecho venezolano ofrece al particular para obtener satisfacción distintas vías. En efecto, la regulación positiva es amplia y generosa, ya que junto a los preceptos constitucionales que regulan con carácter general el principio de la garantía patrimonial de las personas y, consecuentemente, laresponsabilidad patrimonial de la Administración Pública (Araujo-Juárez[1046]), aparece además la vigente LOJCA que permite acumular la pretensión procesal de anulación y la pretensión procesal de condena en los más amplios términos.

En efecto, el justiciable afectado en su persona o en sus bienes por un acto administrativo ilegal dispone de dos bloques de vías de derecho para demandar la declaración y la consiguiente reparación de los daños y perjuicios, así: además del contencioso de anulación analizado, el contencioso patrimonial.

En el primer caso, el interesado se limitaría a impugnar el acto administrativo ilegal y demanda su anulación por la vía del contencioso de anulación. Pero es claro que la sola pretensión procesal de nulidad no es un medio suficiente para obtener una condena de reparación. Caso en el cual, si se declara con lugar su pretensión procesal, esto es, el acto administrativo es declarado nulo, es que recién se podrá demandar la reparación con el ejercicio posterior de una pretensión procesal de condena, con todo el menoscabo que representa su postergación para el ejercicio pleno del derecho a una tutela judicial efectiva.

El segundo caso es la aceptación de la acumulación de las pretensiones procesales de anulación y de condena, con fundamento expreso en el Art. 259 de la C y la vigente LOJCA que le otorga al Juez administrativo un poder de apreciación muy amplio sobre las consecuencias y efectos del acto administrativo anulado. En este caso, la pretensión procesal de condena indemnizatoria es accesoria y subordinada a la pretensión procesal principal de anulación; no podrá utilizarse la primera sin la segunda. Se trataría de la posibilidad de un contencioso de anulación al que se acumula una pretensión procesal de condena que se le atribuye a dicho acto, y que se tramita como accesoria de la demanda de anulación en un único procedimiento[1047]. En todo caso, tratándose de acumulación de pretensiones sucesivamente condicionadas, la procedencia de la segunda pretensión procesal supone necesariamente la satisfacción de la primera[1048].

Por último, frente al supuesto de la regla de la anulación previa indispensable, como autoriza a hacerlo el referido Art. 76, num. 1 de la LOJCA, el reconocimiento del derecho a reparación y la consecuente condena a la reparación de daños y prejuicios, puede ser planteada de modo autónomo e independiente con respecto a su pretensión procesal de anulación (Art. 56 de la LOJCA). Se trataría en este caso de una demanda patrimonial, que no es accesoria ni complementaria de otro contencioso de anulación. En tal caso, la excepción de ilegalidad es un medio que invoca el actor en apoyo de las pretensiones de su demanda, tendente a demostrar la ilicitud del acto administrativo firme del cual se derivan consecuencias, en forma

---

1046 Araujo-Juárez, J., Ob. cit., nota 24.
1047 Sent. CPCA del 28-09-1994.
1048 Sent. CSJ/SPA del 08-07-1993.

directa y necesaria, y donde el pronunciamiento del Juez administrativo consiste en declarar la ilegalidad -pero nunca su nulidad- y condenar a la reparación de daños y perjuicios conforme a los principios que rigen la responsabilidad administrativa, que han sido desarrollados en profundidad por la más autorizada doctrina nacional y extranjera[1049].

En todo caso, la competencia indemnizatoria por parte del Juez administrativo sólo puede ejercerse cuando sea indiscutible y evidente la consecuencia del acto administrativo productor del daño en forma directa e inmediata[1050].

d. Sentencia

a'. Desaplicación

§397. Planteamiento general - La resolución de toda denuncia de ilegalidad de un acto administrativo firme se ha de producir, normalmente, mediante sentencia. En tal sentido, cuando varios motivos de impugnación de ilegalidad han sido denunciados como fundamento de la excepción de ilegalidad, el Juez administrativo debe tener en cuenta los datos en que se concreta y resolver todos y cada uno de los motivos de impugnación planteados.

Además, el Juez administrativo ante el cual se tramita el juicio principal puede apreciar de oficio la ilegalidad del reglamento o del acto administrativo firme que sirve de fundamento al acto administrativo impugnado, cuando dicha ilegalidad reviste un carácter de nulidad absoluta y la misma surge del expediente.

§398. Desaplicación - Si la excepción de ilegalidad es procedente, o si ella es apreciada de oficio por el Juez administrativo, este declarará la ilegalidad del acto administrativo firme o del reglamento cuestionado de manera incidental, y sacará sus conclusiones para la resolución del asunto principal.

Ahora, la mencionada declaración de ilegalidad no comporta -repetimos- la declaratoria de nulidad del acto administrativo firme o del reglamento. En efecto, el acto administrativo firme o reglamento declarado ilegal subiste, y es solo su inaplicabilidad o desaplicación dentro del proceso principal a lo que se reducen los efectos jurídicos de la sentencia estimatoria de la excepción de ilegalidad.

En el mismo sentido, la jurisprudencia ha sentado que la denuncia de ilegalidad planteada por vía de excepción únicamente puede conducir a descartar la aplicación del acto administrativo firme o del reglamento; si el Juez administrativo reconoce la nulidad absoluta lo desaplica, pero el reglamento o el acto administrativo firme e ilegal subsisten[1051].

b'. Efectos materiales y procesales

§399. Frente al acto impugnado - Los efectos jurídicos sobre la solución de fondo de la materia serán diferentes -negativo o positivos- según que se haya denunciado la violación o la aplicación del acto administrativo firme objeto de la excepción de ilegalidad.

[1049] Ortiz-Alvarez, L., Ob. cit., nota 1045; Saavedra Becerra, R., *De la Responsabilidad Patrimonial del Estado*, 3 Vols., Editorial Ibañez, Bogotá, 2018; y González Pérez., J., *Responsabilidad patrimonial de las Administraciones Públicas*, Ed. Civitas, Madrid, 2016.

[1050] Sent. CSJ-SPA del 07-03-1995.

[1051] Sent. CSJ/SPA del 02-07-1992, RDP N° 51, p. 116.

En el primer caso, el Juez administrativo estima el motivo basado en el desconocimiento del acto impugnado declarado ilegal y, por consiguiente, desaplicado. En el segundo caso el Juez administrativo estima la demanda si se han cumplido los demás requisitos en la demanda de nulidad, y declara la nulidad del acto administrativo impugnado por vía principal. En el caso de la demanda de contenido patrimonial se condenará a la reparación de los daños y perjuicios causados de manera directa y principal por el acto impugnado lesivo declarado ilegal y, por consiguiente, desaplicado.

§400. Frente a la Administración Pública - El acto impugnado que ha sido declarado ilegal por la sentencia de la excepción de ilegalidad no podría ser nuevamente aplicado por la Administración Pública, pues va a correr el riesgo de que los nuevos actos administrativos de aplicación puedan, a su vez, ser impugnados por nuevos contenciosos de anulación. Si actúa de esa manera, la Administración Pública cometerá nuevas ilegalidades, por lo cual debería abstenerse de aplicarlos o proceder en vía administrativa a su reforma o nulidad expresa.

§401. Frente a terceros - En este punto, la distinción esencial entre la declaración de ilegalidad pronunciada por la vía de excepción de ilegalidad y la declaración de nulidad pronunciada por vía de la acción directa del contencioso de anulación es evidente.

Mientras que la sentencia de nulidad por vía de la acción directa del contencioso de anulación tiene efectos *erga omnes*, y la autoridad absoluta de la cosa juzgada que puede ser declarada de oficio y se explica por la naturaleza misma del contencioso de anulación -en tanto que medio procesal destinado también a asegurar la restablecimiento de la legalidad o juridicidad-. Por el contrario, la declaración de ilegalidad por la vía de excepción sólo tiene el efecto de la autoridad de la cosa juzgada relativa; no vale sino para las partes en litigio, estos es, sólo surte efectos en el caso concreto debatido y no alcanza, por lo mismo, sino a las partes interesadas en el conflicto[1052]. Por tanto, no puede ni beneficiar ni perjudicar a terceros ni a otros procesos.

En tal sentido, en el primer caso, si se plantea nuevamente la pretensión procesal de anulación por vía principal del acto administrativo anulado, la nueva demanda deberá ser declarada sin objeto, no habría materia sobre la cual decidir pues se reputa no haber existido nunca. Mientras que en el segundo caso, el Juez administrativo entrará a examinar de nuevo la legalidad del acto administrativo firme sin referencia a la decisión anterior, sin perjuicio del efecto del precedente judicial.

§402. Conclusión y reflexión final - En mérito a lo antes expuesto se concluye sobre la figura de la excepción de ilegalidad, por vía de resumen, en lo siguiente:

a. La Jurisdicción Contencioso Administrativa constitucionalmente garantizada se refiere al contencioso de anulación de los denominados en el Derecho positivo actos administrativos de efectos generales y de actos administrativos de efectos particulares contrarios a Derecho.

b. La consagración de la figura de la excepción de ilegalidad se remonta a la Constitución de 1931, y a pesar de que es susceptible de generar tantos

[1052] Sent. CFC/CP del 22-12-1945, M., 1946, p. 144.

aspectos de interesantes análisis, la doctrina no le había prestado la debida atención, salvo muy contadas y valiosas excepciones.

c. Es un extraordinario mecanismo de defensa de control y de tutela jurisdiccional del principio de juridicidad, formulado en cualquier módulo procesal administrativo por cualquiera de las partes procesales y aún por los terceros intervinientes.

d. El pronunciamiento de la excepción de ilegalidad no conduce a la nulidad del acto administrativo cuya nulidad se cuestiona, sino solo a su desaplicación.

e. Por último, el pronunciamiento de la sentencia sobre la excepción de ilegalidad no produce efectos *erga omnes*, pues solo tiene efectos *inter-partes*. Por tanto, no puede beneficiar ni perjudicar a terceros ni a otros procesos.

BIBLIOGRAFÍA

AAVV, *El control jurisdiccional de los Poderes Públicos en Venezuela,* IDP-UCV, Caracas, 1979.

AAVV, *Principios Fundamentales de Derecho Público. Desafíos actuales. Libro conmemorativo de los 20 años de la Publicación de la Constitución de 1999* (Coords. Brewer-Carías, A.R. y Araujo-Juárez, J.), EJVI, Caracas, 2020.

AGUILAR C., Ramón Alfredo, «La conciliación en el proceso contencioso administrativo», en Brewer-Carías, A. R. y Hernández-Mendible, V. R. (Dirs.), *El Contencioso Administrativo y los Procesos Constitucionales,* Colección Estudios Jurídicos N° 92, EJV, Caracas, 2011.

ALI ARANGUREN, J. C., *Los paradigmas de la legalidad y la justicia en el Derecho Administrativo Francés,* Universidad Pública de Navarra, 2008.

ALIBERT, R., *Le controle juridictionnel de l'administration au moyen du recours pour excès de pouvoirs,* Paris, 1926.

ANDUEZA, J. G., «Actos recurribles por inconstitucionalidad en la Ley Orgánica de la Corte Suprema de Justicia", en *El control jurisdiccional de los poderes públicos en Venezuela,* IDP, UCV, Caracas, 1976.

ARAUJO-JUÁREZ, J., *Derecho Administrativo Constitucional,* CIDEP-EJV, Caracas, 2017; y *Derecho Administrativo Constitucional,* Ediciones Olejnik, Chile 2020.

- Derecho Administrativo General.
- Vol. I *Concepto y Fuentes,* Ediciones Paredes, Caracas, 2012.
- Vol. II *Administración Pública,* Ediciones Paredes, Caracas, 2011.
- Vol. III *Acto y Contrato Administrativo.* Ediciones Paredes, Caracas, 2010.
- Vol. IV *Servicio Público,* Ediciones Paredes, Caracas, 2010.
- Vol. V *Procedimiento y Recurso Administrativo,* Ediciones Paredes, Caracas, 2010.
- «La configuración constitucional del contencioso administrativo, en Venezuela. Antecedentes, origen, evolución y consolidación» en Hernández-Mendible, V. R. (Dir.), *La actividad e inactividad administrativa y la jurisdicción contencioso-administrativa,* EJV, Caracas, 2012.
- *La Nulidad del Acto Administrativo,* Ediciones Paredes, Caracas, 2016; y *La Nulidad del Acto Administrativo,* Edición revisada y actualizada, Ediciones Olejnik, Chile, 2020.
- «Los Principios Fundamentales de la Ley Orgánica de la Jurisdicción Contencioso Administrativa», en *Comentarios a la Ley Orgánica de la Jurisdicción Contencioso Administrativa,* Vol. I, FUNEDA, Caracas, 2010.

- *Principios de Derecho Administrativo Formal*, 2° ed., 2° reimp., Ed. Vadell Hnos, Caracas, 2001.
- *Principios Generales de Derecho Procesal Administrativo*, Ed. Vadell Hermanos, Caracas, 1996.
- *Teoría del control público de la Administración Pública del Estado. Noción y clasificación*, en *El control y la Responsabilidad en la Administración Pública*, EJV-CAJO, Caracas, 2012.
- *Tratado de Derecho Administrativo Formal*, 3° reimp., Vadell Hnos., Caracas, 2007.

AUBY, J. M., «Les moyens inoperants dans la jurisprudence administrative», AJDA, París, 1966.

- «L'incompetence «ratione temporis», RDP, 1953.

AUCOC, L., *Conférence sur l'administration et le droit administratif*, t. I, 3° ed., Dunod, 1885.

AYALA CORAO, C., «Hacia el control de convencionalidad», en *Libro Homenaje al Dr. Néstor Pedro Sagües La Justicia Constitucional en el Estado Social de Derecho*, (Coord. G. Pérez Salazar), Caracas, 2012.

BADELL MADRID, R., «El recurso de anulación» en AA.VV.: *Derecho Contencioso Administrativo*. Instituto de Estudios Jurídicos del Estado Lara. Barquisimeto, 2006.

- «El Recurso de Nulidad», en *Derecho Contencioso Administrativo, Libro homenaje al Profesor Luis Enrique Farías Mata*, Barquisimeto, 2006.
- «La demanda de anulación», en *XXXVIII Jornadas J. M. Domínguez Escobar. Avances Jurisprudenciales del contencioso administrativo en Venezuela*, Instituto de Estudios Jurídicos Ricardo Hernández Álvarez, Barquisimeto, 2013.

BARNÉS VAZQUEZ, J., «Introducción» a *La Justicia Administrativa en el Derecho Comparado*, Civitas, Madrid, 1993.

BLANCO-URIBE QUINTERO, A., «La intervención adhesiva en el contencioso administrativo», RDP N° 59-60, EJV, Caracas, 1994.

BOCANEGRA SIERRA, R., *Lecciones sobre el acto administrativo*, 3° ed., Thomson-Civitas, Madrid, 2004.

BONNARD, R., «Le pouvoir discrétionnaire des autorités administratives et le recours pour excès de pouvoir», en *RDPSP*, París, 1923.

- *Precis de droit administratif*, 4° ed., Paris, LGDJ, 1943.

BONNIN, Ch. J., *De l'importance et de la necessité d'un code administratif*, Paris, 1808.

BRAIBANT, G., «La juridiction administrative en droit comparé», en *Deuxième centenaire du Conseil d'Etat*, vol. II, RA, PUF, 2001.

BREWER-CARÍAS, A. R., «Algunos aspectos del proceso contencioso-administrativo», en *Ley Orgánica del Tribunal Supremo de Justicia*. 2° ed. actualizada, EJV, Caracas, 1991.

- «Aspectos generales del procedimiento contencioso-administrativo», en *Jurisprudencia de la Corte Suprema 1930-74 y Estudios de Derecho Administrativo*, t. V, vol. 1, IDP, UCV, Caracas, 1978.
- «Aspectos procesales de la decisión sobre la admisibilidad o inadmisibilidad en los recursos contencioso administrativos de anulación», en *Contencioso Administrativo en Venezuela*, 3° ed., EJV, Caracas, 1989.

- «Consideraciones sobre el contencioso administrativo como un derecho constitucional a la tutela judicial efectiva frente a la Administración», en *Liber Amicorum Libro Homenaje a José Muci Abraham*, EJV, Caracas, 1995.
- «Consideraciones sobre la ilegalidad de los actos administrativos en el Derecho venezolano», en *RAP*, N° 43, Madrid, 1964.
- *El Derecho Administrativo y la Ley Orgánica de Procedimientos Administrativos. Principios del procedimiento administrativo*, EJV, 6° ed., Caracas, 2002.
- «Introducción general al régimen de la Jurisdicción Contencioso Administrativa» en *Ley Orgánica de la Jurisdicción Contencioso Administrativa*, 2° ed., EJV, Caracas, 2011.
- *Jurisprudencia de la Corte Suprema (1930-1974) y Estudios de Derecho Administrativo*, T. III, *La Actividad Administrativa*, Vol. I, *Reglamentos, Procedimiento y Actos Administrativos*, Caracas, 1976.
- *La Constitución de 1999. Derecho Constitucional Venezolano*, t. I, EJV, Caracas.
- *Las Constituciones de Venezuela*, UCAT-CEC-IEAL, Madrid, 1985.
- *Las Instituciones Fundamentales del Derecho Administrativo y la Jurisprudencia Venezolana*, Tesis, Caracas, 1964.
- *Ley Orgánica del Tribunal Supremo de Justicia*, Col. Textos Legislativos N° 28, EJV, 2004.
- «Los diversos tipos de acciones y recursos contencioso-administrativos», en RDP, N°25, 1986.
- *Nuevas tendencias en el contencioso-administrativo en Venezuela*, EJV, Caracas, 1993.
- «Sobre el control de convencionalidad ejercido por los Tribunales nacionales y el Derecho Administrativo», en Hernández-Mendible, V. R. y J. L. Villegas Moreno (Dirs.), *Hacia un Derecho Administrativo para retornar a la democracia. Liber Amicorum al Profesor José R. Araujo- Juárez*. CERECO-CIDEP, Caracas, 2018.
- y ORTIZ ÁLVAREZ, L., *Las Grandes Decisiones de la Jurisprudencia Contencioso Administrativa (1961-1996)*, EJV, Caracas, 1996.
- y CALCAÑO DE TEMELTAS, J., *Ley Orgánica de la Corte Suprema de Justicia*, Col. Textos Legislativos N° 8, 3° ed. actualizada, EJV, Caracas, 1994.
- y HERNÁNDEZ-MENDIBLE, V., *Ley Orgánica de la JurisdicciónContencioso Administrativa*, 2° ed., Col. Textos Legislativos N° 47, EJV, Caracas, 2011.
- y HERNÁNDEZ-MENDIBLE, V., *Ley Orgánica del Tribunal Supremo de Justicia, El Tribunal Supremo de Justicia y los procesos y procedimientos constitucionales y contencioso electorales*, Col. Textos Legislativos N° 48, EJV, Caracas, 2010.

CABALLERO ORTIZ, J., *Contencioso de plena jurisdicción y demás contra los entes públicos*, EJV, Caracas, 1989.

CALCAÑO DE TEMELTAS, Josefina, «Aspectos generales del régimen legal de la Corte Suprema de Justicia», en *Ley Orgánica del Tribunal Supremo de Justicia*. 2° ed. actualizada. EJV, Caracas, 1991.

- «La responsabilidad extracontractual de la Administración Pública», en *Las Formas de la Actividad Administrativa*, II Jornadas Internacionales de Derecho Administrativo Allan Randolph Brewer Carías.

CANOVA GONZÁLEZ, A., *Reflexiones para la reforma del sistema contencioso administrativo venezolano*, Editorial Sherwood, Caracas, 1998.

- «Perspectivas del contencioso-administrativo venezolano». En AA.VV., *El contencioso-administrativo a partir de la Ley Orgánica del Tribunal Supremo de Justicia*, FUNEDA, Caracas, 2009.
- HERRERA ORELLANA, L. A., RODRÍGUEZ ORTEGA, GRATEROL STEFANELLI, R. y G., *El TSJ al servicio de la Revolución*, Editorial Galipán. Caracas, 2014.

CAPITANT., D.,»Punto de vista francés sobre la Ley Alemana de la Justicia Aministrativa», en *Ley de la Justicia Administrativa Alemana, Análisis comparado y traducción*, Abeledo Perrot, Buenos Aires, 2009.

CARRILLO ARTILES, Luis: *Ley Orgánica del Tribunal Supremo de Justicia*, 2° ed., FUNEDA, Caracas, 2004.

CASSAGNE, J. C., *El Acto Administrativo*, 2° ed. actualizada, Abeledo-Perrot, Buenos Aires, 1978.

- GOTTSCHAU, E. P., y ABERAUSTURY, P., «Reflexiones sobre la Leyde la Justicia Administrativa Alemana. Desde el Derecho Administrativo Argentino», en *Ley de la Justicia Administrativa Alemana, Análisis comparado y traducción*, Abeledo Perrot, Buenos Aires, 2009.

CASSARINO, S., «El problema de la jurisdicción administrativa» en *Documentación Administrativa*, N° 248-249, 1997.

CHAPUS, R., *Droit du contentieux administratif*, 5° ed., Ed. Monchrestien, Paris, 1995.

- *Droit du contentieux administratif*, 13° ed., Ed. Monchrestien, Paris, 2008.

CHEVALLIER, J., *L'elaboration historique du príncipe de separation*, Paris.

CORDÓN MORENO, F., *El proceso contencioso-administrativo*, 2° ed. Editorial Aranzadi,Pamplona, 1999.

COUTURE, E., «Las garantías constitucionales del proceso civil», en *Estudios de Derecho Procesal en Honor Hugo Alsina*, Buenos Aires, 1946.

DAVID, R., «La depassement du droit et les systemes de droit contemporains», en *Archives de philosophie du droit et de sociologie juridique*, Paris, 1963.

DE LA MARDIÈRE, C., «La redécouverte du plein contentieux», en *Le juge administratif à l'aube du XXIe siecle*, Presses universitaires de Grenoble, 1995.

- *Recours pour excès de pouvoir et contentieux administratif de l'mpot*, LGDJ, Paris, 2002.
- «Vers la fin du recours pour excés de pouvoir?», en *Melanges Braibant*, Dalloz, 1996.

DE LAUBADÈRE, A.; VENEZIA, J. P. y GAUDMET, Y., *Traité de droit administratif*, t. 1, 14° ed., LGDJ, París, 1996.

DE OTTO, I., *Derecho Constitucional. Sistema de Fuentes*, Ariel Derecho, 7° reimp., Barcelona, 1999.

DELVOLVÉ, P., *L'acte administratif*, Sirey, París, 1983.

DE LA CUÉTARA MARTÍNEZ, J. M., *La actividad de la administración*, Tecnos, Madrid, 1983.

- «Potestades administrativas y poderes constitucionales», en *REDA,* N° 38, N° 1983.

Díaz Revorio, F. J., *Valores superiores e interpretación constitucional,* Colección Estudios Constitucionales, Madrid, 1997.

DIEZ-PICASO, L. M., «El Poder Judicial. Independencia del Ministerio Público», *El Derecho Público de finales de siglo. Una perspectiva iberoamericana,* Civitas, 1997.

DRAGO, R. y AUBY, J. M., *Traité de Contentieux Administratif,* 2 Vols., 2° ed., LGDJ, 1975.

DUGUIT, L., *Traité de droit constitutionnel,* 2 vols., 3° ed., Ed. De Boccard, 1928.

DROMI, J. R., *Prerrogativas y Garantías Administrativas, 2° Parte. Garantías del Administrado,* UCT, Tucumán, 1979.

DUEZ, P., et DEBEYRE, G., *Traité de droit administratif,* Dalloz, Paris, 1952.

ESCOLA, H., *Compendio de Derecho Administrativo,* 2 Vols., Depalma, Buenos Aires, 1984.

ESTEBAN, E. /P. ESTEBAN, «El concepto de exceso de poder en el derecho administrativo francés: Apología y decadencia de un mito jurídico-lingüístico», en *Revista de llengua i dret* N° 47, Escola d'Administració Pública de Catalunya, Barcelona, España, 2007.

FALCON, G., «Italia. La justicia administrativa», en *La Justicia Administrativa en el Derecho Comparado* (Coord. J. Barnés Vázquez), Civitas, Madrid, 1993.

FARÍAS MATA, L. H., «Introducción General», en *Avances Jurisprudenciales del Contencioso Administrativo en Venezuela, XIII Jornadas J. M. Domínguez Escobar,* t. I, IEJEL, Barquisimeto, 1993.

- «Los Motivos de Impugnación en el Contencioso Administrativo», en *Tendencias de la Jurisprudencia Venezolana en Materia Contencioso Administrativa,* VIII Jornadas Dr. J. M. Domíguez Escobar, IEJEL, Barquisimeto, 1983.

FERNÁNDEZ, T. R., *La nulidad de los actos administrativos,* Colección Monografías Jurídica N° 11, EJV, Caracas, 1979.

FIGUEIREDO, D.: «Control de la actividad administrativa». Traducción de Víctor Hernández-Mendible y Eustaquio Jiménez Rodríguez. En: Rodríguez, L. (Dir.) y Delpiazzo, C. (Coord.): *El control de la actividad administrativa. Volumen I en homenaje al profesor Diogo de Figueiredo,* IIDA-EJV-Editorial Temis. Bogotá, 2018.

FIORINI, B. A., *Derecho Administrativo,* t. I, 3° ed., Abeledo-Perrot, Buenos Aires, 1995.

FRAGA PITTALUGA, L., *El vicio de incompetencia en el Derecho Administrativo,* 2° ed., Caracas, 2006.

GARCÍA DE ENTERRÍA, E., *La batalla por las medidas cautelares. Derecho Comunitario Europeo y proceso contencioso-administrativo español.* 2° ed. ampliada. Editorial Civitas, S.A. Madrid, 1995.

- *La lucha contra las inmunidades del poder,* Cuaderno Civitas, 3° ed., Madrid.
- *Las transformaciones de la Justicia Administrativa: de Excepción Singular a la Plenitud Jurisdiccional. ¿Un cambio de Paradigma?,* Thomson-Civitas, Pamplona, 2007.
- *Revolución Francesa y Administración contemporánea,* Taurus, Madrid, 1984.
- y FERNÁNDEZ, T. R., *Curso de Derecho Administrativo,* 2 tomos., 12° ed., Madrid, Thomson-Civitas, 2004.

GARCÍA PELAYO, M., *Derecho Constitucional Comparado*, Madrid, 1959.

GARCÍA-TREVIJANO, J. A., *Los Actos Administrativos*, Civitas, Madrid, 1986.

GARCÍA TREVIJANO-FOS, J., *Tratado de Derecho Administrativo*, t. I, Reus, Madrid.

GARCÍA-TREVIJANO GARNICA, E., *El silencio administrativo en el Derecho español*, Civitas, Madrid, 1990

GAZIER, «Essai de présentation nouvelle des ouvertures du recours pour excés de pouvoir», EDCE, París, 1951.

GIANNINI, M. S., *Diritto Amministrativo*, Vol. 2, 3° ed., Giuffrè editore, Milano, 1993.

GIRÓN, S., *El Control Fiscal, La Contraloría General de la República. Organización y Procedimientos*, Madrid, 1968.

GIMENO SENDRA, V., GARBERÍ LLOBREGAT, J. y GONZÁLEZ-CUELLAR SERRANO, N., *Derecho Procesal Administrativo*, Tirant lo blanch, Derecho, Valencia, 1993.

GONZÁLEZ PÉREZ, J., «Acto administrativo y pretensión procesal», en Jorge Fernández Ruiz (coordinador), *Perspectivas del derecho administrativo en el siglo XXI*, México, Universidad Nacional Autónoma de México, 2002.

- *El derecho a la tutela jurisdiccional*, Cuadernos Civitas, 2° ed., Madrid, 1989.
- *Manual de derecho procesal administrativo*, 3° ed, Civitas, Madrid, 2001.
- *Manual de Procedimiento Administrativo*, Civitas, Madrid, 2000.
- Original del *Discurso Inaugural* de las VI Jornadas de Derecho Administrativo. Cien Años de Derecho Administrativo en Venezuela, San Cristóbal, mayo, 2009.
- *Responsabilidad patrimonial de las Administraciones Públicas*, Ed. Civitas, Madrid, 2016.

GONZÁLEZ-VARAS IBÁÑEZ, S. J., *Comentarios a la ley de la jurisdicción contencioso administrativa*, Madrid, Editorial Tecnos, 1999.

GORDILLO, A., *Problemas del control de la Administración Pública en América Latina*, Cuaderno Civitas, Madrid, 1981.

GUASP, J., «Administración de justicia y derechos de la personalidad», en RE, N° 17.

- *La pretensión procesal*, Col. Civitas, Aranzadi, Madrid, 1985.

GUEVARA MARTÍNEZ, R., «Entre la citación y la notificación. Recordatorio». En: Brewer-Carías, A. y Hernández-Mendible, V. R. (Dirs.): *El Contencioso Administrativo y los Procesos Constitucionales*. Colección Estudios Jurídicos N° 92. EJV. Caracas, 2011.

GUICCIARDI, E., *La giustizia amministratia*, Padova, 1943.

GUYOMAR, M. /B. SEILLER, *Contentieux administratif*, Dalloz, 4° ed., Paris.

HAURIOU, M., *Précis de droit administratuif et de droit public*, 4ª ed., Sirey, París.

- *Précis de droit administratif et droit public*, 12° ed., París, 1933.

HERNANDEZ-MENDIBLE, V. R., «El proceso administrativo por audiencias», en *Ley Orgánica de la Jurisdicción Contencioso Administrativa*, 2° ed., Col. Textos Legislativos N° 47, EJV, Caracas, 2011.

- *Estudio jurisprudencial de las nulidades, potestades de la Administración y poderes del juez en el Derecho Administrativo (1930-2011)*, 2° ed., Funeda, Caracas, 2013.
- «La Convencionalización del Derecho Público en América», en Hernández-Mendible, V. R. y J. L. Villegas Moreno (Dirs.), *Hacia un Derecho Administrativo para retornar a la democracia. Liber Amicorum al Profesor José R. Araujo-Juárez*, CERECO-CIDEP, Caracas, 2018.
- «La ejecución de sentencias en el proceso administrativo venezolano» en 20 años de FUNEDA y el contencioso administrativo. Volumen II, FUNEDA, Caracas, 2015.
- *La tutela judicial cautelar en el contencioso administrativo*, Editores Vadell Hermanos, Valencia-Caracas, 1998.
- «Las condiciones de admisibilidad de las demandas y el contenido del auto de admisión en el proceso administrativo», en Brewer-Carías, A. y Hernández-Mendible, V. R. (Dirs.): *El Contencioso Administrativo y los Procesos Constitucionales*, Colección Estudios Jurídicos N° 92, EJV, Caracas, 2011
- «Los vicios intrascendentes», en *Procedimiento Administrativo, Proceso y Justicia Constitucional*, Vadell Hnos. Editores, Caracas, 1997.

HERNÁNDEZ G., J. I.: *La interpretación jurisprudencial del primer año de aplicación de la Ley Orgánica de la Jurisdicción Contencioso Administrativa*. Ponencia presentada en el Seminario sobre la Ley Orgánica de la Jurisdicción Contencioso Administrativa organizado por FUNEDA y realizado en la ciudad de Caracas el 10-06-2011.

HOSTIOU, R., *Procedures et formes de l'acte administratif unilateral en droit francais*, LGDJ, París, 1975.

IMBERT, I., *L'évolution du recours pour excès de pouvoir. 1872-1900*, Dalloz, Paris, 1952.

IRIBARREN MONTEVERDE, H., *¿Existe en Venezuela un recurso autónomo de plena jurisdicción?* RFPGR N° 1. Caracas, 1986.

- *El principio del respeto a las situaciones jurídicas subjetivas en el Derecho Público Venezolano*, Academia de Ciencias Políticas y Sociales. Caracas, 2013.

ISAAC, G., *La procédure administrative non contentieuse*, LGDJ, Paris, 1968.

JÈZE, G., «Exposé d'un théorie en faveur au Conseil d'Etat sur la clasification des recours en annulation et recours de pleine juridiction», *RDP*, 1908.

KING ALDREY, M.: «La legitimación pasiva en el proceso administrativo» en Brewer-Carías, A. y Hernández-Mendible, V. R. (Dirs.): *El Contencioso Administrativo y los Procesos Constitucionales*. Colección Estudios Jurídicos N° 92. EJV, Caracas, 2011.

KIRIAKIDIS LONGHI, J., «El amparo constitucional contra los entes de la Administración Pública. (Cifras 2007 al primer semestre de 2011) de la Sala Constitucional y de las Cortes Contencioso-administrativas)» en *Crisis de la Función Judicial*. Colección Estado de Derecho. Serie Primera. Tomo IX. Acceso a la Justicia, FUNEDA-Universidad Metropolitana, Caracas, 2012.

- El *contencioso administrativo venezolano a la luz de la Ley Orgánica de la Jurisdicción Contencioso Administrativa*. FUNEDA, 2° ed., Caracas, 2013.

LAFERRIÉRE, E., *Traité de la juridiction administrative et des recours contentieux*, 2vols., Berger-Levrault et Cie, 1887, reedición LGDJ, París, 1989.

LAMPUÉ, M. *Cours de doctorat,* Paris, 1943-1944.

LANDON, P., *Histoire abrégée du recours pour excès de pouvoir des origins a 1954,* LGDJ, Paris, 1962.

LAREZ MARTÍNEZ, E., *Manual de Derecho Administrativo,* 13° ed., Caracas, 2008.

LINARES BENZO, G., «Ex Tunc: toda nulidad es retroactiva. La derogatoria de la potestad del juez contencioso de «determinar los efectos de la decisión en el tiempo», en *RDP,* N° 135, EJV, Caracas, 2013.

LOEWENSTEIN, K., *Teoría de la Constitución,* Edic. Ariel, Barcelona, 1979.

LOCHAK, D., *La justice administrative,* Monchrestien, Clefs-Politique, Paris, 1992

LONG, M., WEIL, P., BRAIBANT, G., DELVOLVÉ, P. et GENEVOIS, B, *Los Grandes Fallos de la Jurisprudencia Administrativa Francesa,* Ed. Librería del Profesional, Bogotá, 2000.

MARIENHOFF, M., *Tratado de Derecho Administrativo,* T. III-A, Abeledo-Perrot, Buenos Aires, 1974.

MARQUEZ AÑEZ, L., «Aspectos procedimentales en la Ley Orgánica de la Corte Suprema de Justicia», en *El control jurisdiccional de los poderes públicos en Venezuela,* IDP, UCV, Caracas, 1976.

MAYER, O., *Derecho Administrativo Alemán,* 3 Vols, trad. española del original francés de 1903, Buenos Aires, 1949-1951.

MEIER E., H., *Teoría de las Nulidades en el Derecho Administrativo,* Ediones ALBA, Caracas, 1991.

MELLERAY, F., «Déclaration de droits et recours pour excés de pouvoior», en *RDP,* Paris, 1988.

MEJÍA, J. A.: «Las cuestiones e incidencias previas en el proceso administrativo y constitucional» en Brewer-Carías, A. R., y Hernández-Mendible, V. R. (Dirs.): *El Contencioso Administrativo y los Procesos Constitucionales*. Colección Estudios Jurídicos N° 92, EJV, Caracas, 2011.

MERK, A., *Teoría General del Derecho Administrativo,* Comares, Granada, 2004.

MOLES CAUBET, A., «El Sistema Contencioso Administrativo venezolano en el Derecho Comparado», en *Estudios de Derecho Público,* Acosta-Hoenicka, O., (Compilador), UCV, Caracas, 1997.

- «Estado y Derecho (Configuración Jurídica del Estado)», en *Estudios de Derecho Público,* (Oswaldo Acosta-Hoenicka-Compilador), UCV-FCJP-IDP, Caracas, 1997.
- «Rasgos generales de la Jurisdicción Contencioso-Administrativa», en *Estudios de Derecho Público,* Acosta-Hoenicka, O., (Compilador), UCV, Caracas,1997.
- «Vicisitudes del procedimiento administrativo venezolano», en *Estudios de Derecho Público,* Acosta-Hoenicka, O., (Compilador), UCV, Caracas, 1997.

MUCI BORJAS, J. A., *La «Excepción de Ilegalidad» en el Derecho Administrativo,* EJV, Caracas, 2013.

MORAND-DEVILLER, J., *Derecho Administrativo,* Traducido de la 14° edición (2015) por Zoraida Rincón Ardila y Juan C. Peláez Gutiérrez, Universidad Externado de Colombia/Bogotá, 2017.

ODENT, R., *Contentieux administratif,* 6 Vols., Les Cours de Droit, Polygraphie, 6e editioin, París, 1976-1981.

ORLANDO S., F. J., «El sistema de control interno según la Ley Orgánica de la Administración Financiera del Sector Público», en *El Derecho Público a los 100 números de la Revista de Derecho Público. 1980-2005*, EJV, Caracas, 2006.

ORTIZ-ALVAREZ, L. A., *La protección cautelar en el Contencioso-administrativo*, Colección tratados y estudios de Derecho Comparado N° 1. Editorial Sherwood. Caracas, 1999

- *La Responsabilidad Patrimonial de la Administración Pública*, EJV, Caracas, 1995.
- *Revolución Francesa y Justicia Administrativa*, Colección Cuadernos No. 7, Editorial Sherwood, Caracas, 2003.

PAREJO ALFONSO, L., «La Competencia en la Organización Administrativa», en *Los Requisitos y Vicio de los Actos Administrativos. V Jornadas Internacionales de Derecho Administrativo «Allan Randolph Brewer-Carías»*, Funeda, Caracas, 2006.

PELLEGRINO PACERA, C. G., *Algunas consideraciones sobre el procedimiento administrativo y el expediente administrativo*, Revista de la Facultad de Derecho de la Universidad Católica Andrés Bello, N° 64, Caracas, 2009.

- *Motivos de impugnación de los actos administrativos y la jurisprudencia de la Sala Político-Administrativa (Una revisión jurisprudencial a la luz de la Ley Orgánica de la Jurisdicción Contencioso Administrativa)*, Cuadernos de Derecho Público N° 8, 2° ed., FUNEDA, Caracas, 2013.

PÉREZ LUCIANI, G., «La representación judicial de los Poderes Públicos nacionales en el proceso administrativo y constitucional», en Brewer-Carías, A. y Hernández-Mendible, V. R. (Dirs.): *El Contencioso Administrativo y los Procesos Constitucionales*. Colección Estudios Jurídicos N° 92. EJV. Caracas, 2011.

- «Los medios de impugnación», en *Tendencias de la jurisprudencia venezolana en materia contencioso administrativa*, UCV, 1983.

PÉREZ SALAZAR, G. «Algunas notas sobre la excepción de ilegalidad en Venezuela», en *RDA*, N° 5, Caracas, 1999.

PIETRI, L., «Una democracia sin control fiscal es como la libertad sin Ley», en *Revista de Control Fiscal*, N° 38, 1965.

PONCE SOLÉ, J., *Deber de buena administración y derecho al procedimiento administrativo debido. Las bases constitucionales del procedimiento administrativo y del ejercicio de la discrecionalidad*, Lex Nova, Valladolid, 2001.

RENAULT, M.-H., *Histoire du droit administratif*, Ellipses, Paris, 2007.

RIVERO, J., «Derecho administrativo francés y derechos administrativos extranjeros», en *Páginas de derecho administrativo*, Temis, 2002.

- «L'Etat moderne sent'il être encore un etat de droit», en *Annales de la Faculté de Droit de Liège*, 1957.
- *La reforme du contentieux administratif*, RDPSP, Paris, 1953.
- «Le juge administratif francais, un juge qui gouverne», en *Dalloz*, Paris.
- y WALINE, J., *Droit administratif*, 21° ed., Dalloz, París, 2006.

RODRIGUEZ R., L., «Los Sistemas de Control Jurisdiccional de la Administración en el Derecho Comparado», en *El Control y la Responsabilidad en la Administración Pública, IV Congreso Internacional de Derecho Administrativo*, Coord. A. Canónico, EJV, Caracas, 2012.

ROMANO, A., «I caratteri originari della giurisdizione amministrativa e la loro evoluzione» en *Diritto processuale amministrativo*, 4/1994.

ROMANO, S., *Ordenamiento Jurídico*, trad. del italiano, Madrid, 1973.

ROSADO PACHECO, S, «La Jurisdicción Contencioso-Administrativa en España», en *Modelos Europeos de Justicia Contencioso-Administrativa*, Ciencias Jurídicas y Sociales, Madrid, 2007.

SAAVEDRA BECERRA, R., *De la Responsabilidad Patrimonial del Estado*, 3 Vols., Editorial Ibañez, Bogotá, 2018.

SANDULLI, A., «Apuntes de Derecho Procesal Administrativo Italiano», *Corso di diritto amministrativo direto da Sabino Cassese*, 2° ed., Giuffré Editore, Milano, 2013.

SANTOFIMIO, GAMBOA, J. O., «Convencionalidad y Derecho administrativo: interacciones sistémicas en el Estado Social de Derecho que procura la eficacia de los derechos humanos, el Derecho Internacional Humanitario y el derecho de gentes», en *Constitucionalización del Derecho administrativo, XV Jornadas Inrternacionales deDerecho Administrativo*, Ed. A. Montaña Plata y A. F., Ospina Garzón, Universidad Externado de Colombia, Bogotá, 2014.

- *El concepto de convencionalidad. Vicisitudes para su construcción sustancial en el sistema interamericano de Derechos Humanos. Ideas rectoras.* (Investigación Post Doctoral), Madrid, 2016.

SAUVEL, R. *La justice retenue de 1806 à 1872*, en R.D.P., Paris, 1970.

SCHWARTZENBERG, *L'autorité de chose decidé*, Paris, 1969.

SILVA ARANGUREN, Antonio, «La impugnación conjunta de actos normativos y actos individuales», en *El Contencioso Administrativo Hoy*, FUNEDA, Caracas, 2004.

SILVA BOCANEY, José Gregorio: «Anotaciones sobre las pruebas en el proceso administrativo (III)» en *Ley Orgánica de la Jurisdicción Contencioso Administrativa. Un balance a los tres años de vigencia*, FUNEDA, Caracas, 2014.

SILVA CIMMA, E., *El Control Público, Filosofía-Principios*. Ed. CGR, Caracas, 1976.

SOMMERMANN, K.-P., «El papel de la ley alemana de la justicia administrativa para la realización del Estado de Derecho», en *Ley de la Justicia Administrativa Alemana*, Fundacion Konrad Adenauer, Abeledo-Perrot, Buenos Aires, 2009.

- «La Justicia Administrativa Alemana», en *La Justicia Administrativa en el Derecho Comparado*, Barnes Vazquez, J., Civitas, Madrid, 1993.

SOSA GÓMEZ, C., «La nulidad de Derecho Público en Venezuela», en REDA, N° 12, Caracas.

SUÁREZ MEJÍAS, J. L., «La acumulacióndе pretensiones de anulación y condena en la nueva Ley Orgánica de la Jurisdicción Contencioso Administrativa» en Hernández-Mendible, V. R. (Dir.), *La actividad e inactividad administrativa y la Jurisdicción Contencioso-Administrativa*. Colección Estudios Jurídicos N° 96, EJV, Caracas, 2012.

TORREALBA SÁNCHEZ, M. A., «El ámbito objetivo de aplicación del control de la jurisdicción contencioso administrativa a la luz de la obra de José Araujo-Juárez. Luces y sombras del artículo 8 de la LOJCA» en Hernández-Mendible, V. R. y J. L. Villegas Moreno (Dirs.), *Hacia un Derecho Administrativo para retornar a la democracia. Liber Amicorum al Profesor José R. Araujo-Juárez*, CERECO-CIDEP, Caracas, 2018.

- *La ejecución de sentencias en el proceso administrativo iberoamericano. España, Perú, Costa Rica, Colombia y Venezuela*. Colección Monografías N° 6, CIDEP-EJV, Caracas, 2017.
- «La enumeración de los entes y órganos sometidos al control contencioso-administrativo segúnel artículo 7 de la Ley Orgánica de la Jurisdicción Contencioso Administrativa (o cuando elLegislador sí se equivoca)», Revista Venezolana de Legislación y Jurisprudencia N° 10-III. Edición Homenaje a María Candelaria Domínguez Guillén, Caracas, 2018.

- «Las demandas de contenido patrimonial» en AA.VV., *Comentarios a la Ley Orgánica de la Jurisdicción Contencioso Administrativa*, v. II, FUNEDA, Caracas, 2011.
- *Manual de Contencioso Administrativo*. Editorial Texto. 2° ed. Caracas, 2007.
- «Notas sobre algunos criterios recientes de la Sala Político-Administrativa en la aplicación de la Ley Orgánica de la Jurisdicción Contencioso Administrativa (primera parte)», RDP, N° 128, EJV, Caracas, 2011.

TROTABAS, L. *Contentieux fiscal et juridiction administrativa*, Melanges Negulesco, Bucarest, 1935.

UHLE Y MARC LEHR, A. «La protección jurídica-administrativa de la Republica Federalde Alemania», en *Ley de la Justicia Administrativa Alemana*, Fundacion Konrad Adenauer, Abeledo-Perrot, Buenos Aires, 2009

URDANETA TROCONIS, G., «Avances Jurisprudenciales sobre los Motivos de Impugnación en el Contencioso-Administrativo Venezolano, en *Avances Jurisprudenciales en el Contencioso Administrativo en Venezuela, XVIII Jornadas»J. M. Dominguez Escobar»*, t. III, IEJEL, Barquisimeto, 1993.

- «Los Motivos de Impugnación en la Jurisprudencia Contencioso Administrativa Venezolana de las Tres Últimas Décadas», en *Derecho Contencioso Administrativo, Libro Homenaje al Profesor Luis Enrique Farías Mata*, IEEL, Caracas, 2006.

UROSA MAGGI, D.: «Las pretensiones procesales en la nueva Ley Orgánica de la Jurisdicción Contencioso Administrativa» en AA.VV., *Comentarios a la Ley Orgánica de la Jurisdicción Contencioso Administrativa*, v. I., FUNEDA, Caracas, 2010.

- «Origen y evolución del contencioso administrativo en Venezuela ¿influencia francesa o española? Repercusiones en la situación actual de la Justicia Administrativa venezolana y en sus perspectivas de cambio», *Boletín de la Academia de Ciencias Políticas y Sociales*, N° 147, Caracas, 2009.
- *Tutela judicial frente a la inactividad administrativa en el Derecho Español y Venezolano*, FUNEDA, Caracas, 2003.
- HENÁNDEZ G., J. I. «El estado actual de la Justicia Administrativa en Venezuela» en *Justicia Administrativa*. Serie Primera. Tomo III. Colección Estado de Derecho y Justicia, Acceso a la Justicia-FUNEDA-Universidad Metropolitana, Caracas, 2012.
- «Las pretensiones procesales administrativas en el Derecho Venezolano», *Anuario Iberoamericano de Justicia Administrativa*, N° 1, IJ Editores,. Argentina, 2018.

VEDEL, G., et DELVOLVÉ, P., *Droit administratif*, T. 1, PUF, Thémis, Droit public, Paris, 1992.

VIGUIER, J., *Le contentieux administratif*, Dalloz-Droit public, Paris, 1998.

VILLAR PALASI, J. L., *Apuntes de Derecho Administrativo, Parte General*, T. II, Madrid, 1977.

WALINE, J., *Droit Administratif*, Dalloz, 26° édition, Paris, 2016.

WALINE, M., *Traité Elémentaire de Droit Administratif*, París, 1950.

- *Précis de droit administratif*, t. 1, Montchrestien, 1969.
- *L'action du Conseil d'État dans la vie francaise*, LJCE.

WEIL, P., *Derecho Administrativo*, trad. Española, Civitas, Madrid, 1986.

La edición de Editorial Olejnik de

LA JUSTICIA ADMINISTRATIVA Y EL CONTENCIOSO DE ANULACIÓN,
de JOSÉ ARAUJO-JUÁREZ, se imprimió
en la República Argentina en diciembre de 2020.

www.ingramcontent.com/pod-product-compliance
Lightning Source LLC
LaVergne TN
LVHW040417051026
849517LV00002B/353